心理文化学研究丛书

人、国家与国际关系
心理文化学路径

HUMAN CONSTANT(JEN),
THE STATE AND INTERNATIONAL RELATIONS

A Psycho-Culturological Approach

尚会鹏 著

社会科学文献出版社
SOCIAL SCIENCES ACADEMIC PRESS (CHINA)

序　言

　　1996～1998 年，原北京大学国际政治学系、国际关系研究所与亚非研究所合并，建立北京大学国际关系学院。我原在亚非研究所从事地区研究，合并到国际关系学院后，面临两个新的问题。第一，原亚非研究所以科研为主，没有本科生，只招收研究生，而新成立的国际关系学院既有本科生又有研究生，教学工作增加，我不得不花更多的时间为学生授课。第二，地区研究（我的专长是印度、日本研究和大规模文明社会比较研究）虽然也可包括在广义的国际关系研究中，但"国际关系学院"名称中的"国际关系"对我来说还是一个具有挑战性的新领域。经过一段时间的思考和准备，我尝试将心理文化学引入国际关系理论研究领域。我与李义虎老师为博士生合开了"国际政治的理论与实践"课程，我们的分工是：李义虎老师重点讲授主流国际关系理论，我重点讲授国际关系理论的中国视角问题。与此同时，我还为硕士生开设了同样视角的"文化与国际关系"课程。2017 年我从北大退休，到华侨大学任教，负责华侨大学心理文化学研究所的工作，并为学生讲授"心理文化学与国际关系"课程。自进入国际关系研究领域以来，我从心理文化学角度对该领域的一些问题进行了思考并将思考内容陆续在一些杂志上发表，也陆续有年轻学者进入这个视角的研究。① 此书就是在我已发表论文的基础上写成的。此书与刚刚出版的笔者另一部著作《日本人与日本国——心理文化学范式下的考察》（尚会鹏、张建立、游国龙等著，社会科学文献出版社，2021）一起，算是这些年在该领域探索的总结。

---

　　① 　关于心理文化学与国际关系研究的进展，参见游国龙、刘曦《21 世纪以来心理文化学与国际
　　　　关系研究的进展与问题》，《国际政治研究》2020 年第 6 期。

从学科发展角度看，国际关系学科并无自己独立的方法，它一直在借鉴其他学科（如经济学、社会学、心理学、历史学等）的研究方法。本书将心理文化学引入国际关系研究算是借鉴其他学科诸种尝试之一种。心理文化学是研究"人"的学问，这种路径的国际关系分析就是把"人"的研究视角引入到国际关系领域。我深知在国际关系领域要做出一些新东西是很困难的，本书并非要在国际关系研究领域创立一个什么新学派，而是想做这样一个探索：国际关系领域引入"人"的视角后，能否对诸如国家、和平、战争、国际体系等国际关系议题得出一些新的看法。从心理文化学这方面说，该书是心理文化学的一个应用，分析的对象从人的心理、行为和人际关系模式转到国家行为以及国家间关系。这个分析是符合心理文化学学理逻辑的，因为根据心理－社会均衡原理——它是心理文化学理解社会与文化的基本原理，不同的基本人际状态有不同的心理社会均衡模式，国家形式及国家间关系模式也受基本人际状态的影响，人们对外国、异文化（属于心理－社会均衡模型的第0层，即"外部世界"）亦会有不同态度，从而形成一个族群特有的对"外部世界"的看法和与外部世界交往的模式。对国家行为和国家间关系的分析是对"人"分析的自然延伸，而从"人"的视角分析国际关系也是心理文化学理论的一个拓展和检验。

2019年末我将书稿交出版社，当前新冠病毒在全世界肆虐，巨大的灾难降临人类。新冠肺炎疫情期间，我心情郁闷，天天看世界各地疫情报道及各国的抗疫表现，也从本书视角思考了国际关系的一些问题。疫情爆发已经过去了1年多，目前还没有结束，疫情对国际关系的影响已经显露，对今后世界的影响还难以估计。疫情发生在一本探讨国际关系理论的新著出版之际，作为书的作者，有必要表达对这个问题的看法。

新冠肺炎疫情期间，笔者感触最深的是，中美两个大国因对疫情的认识和应对方式不同而引起相互指责以及由此造成的两国关系的恶化。这坚定了我在本书提出的一个观点，即从文明体和组织体两个侧面看待国家行为体是必要的。从组织体层面看，美国是"尽可能限制国家权力、尽可能保障个人权利"模式，这种模式在对付病毒这种需要全社会动员、限制个人自由的特殊敌人方面，显露出其缺点。而中国是大政府、小社会模式，政府有较强的动员能力。

在当时没有有效疫苗和药物的情况下，隔离，这种最原始的方法对付病毒传播却是最有效的。但这需要民众的配合，需要民众牺牲部分自由和权利。这就涉及人们的价值观和行为方式问题，涉及国家的文明体侧面。自由与安全、个人权利与社会秩序、获得充分信息与社会稳定、保护隐私与他人安全等，这些对人类都是有价值的，但这些价值经常是矛盾的，无法兼得，人们必须对其进行排序，在行为上有所选择和侧重。中国人的价值观系统更强调人的安全、纪律、服从和与他人的关系，人们对国家、政府寄予更大期望，在个人自由与社会稳定、个人隐私与群体安全之间，能够让渡较多的自由与隐私以获得稳定与安全。这种价值观取向在疫情中的极端表述是："命都没了，自由还有什么意义？"而美国人的价值观系统更看重个人的自由、权利和隐私，他们无法接受把人隔离在家里或隔离点的做法，公民不相信政府能保护自己而更相信自己的力量。这种价值观在疫情中的极端表述是"give me liberty or give me death"（"不自由，毋宁死"）。但这种价值取向存在的问题是：自己的行为会影响他人，把病毒传染给他人可能会导致他人死亡。美国和中国的抗疫做法都有其民众基础，民众的行为方式都是价值选择的结果，各有所长并都须付出相应代价。

中国取得的抗疫成就有目共睹。尽管美国和西方一些国家对中国多有指责，但他们仍不能不承认中国的做法在应对病毒感染问题上比美国的做法更有效，不得不承认在病毒肆虐的今日，中国是世界上少数几个成功阻止了病毒传播的国家之一这一事实。但中国抗疫成功也付出了其他国家难以承受的巨大代价。通过这次疫情，我们看到这个世界上事实上存在着一个以美国为代表、以西方工业国家为主要成员的"俱乐部"，该共同体成员在国家的组织体方面大体都属于"限制国家权力、保障个人权利"的制度模式，在文明体方面有相近的价值观基础。它们彼此可相互预期对方的行为，有较高的信任度，在应对疫情问题上也有较大的相同性。中国还不是这个"俱乐部"的成员。中国应继续走与世界体系接轨、和平融入国际体系的道路，但这个道路还很漫长。作为一个中国人，笔者为自己处于一个因抗疫成功带来的安全环境中而感到欣慰，但也担心，在应对病毒这一特殊敌人方面的成功可能会使我们忽视存在的不足，掩盖我们为此付出的巨大代价，中断在国家的组织体和文明体两个侧面继续改革以适应已变化了的世界环境这一进程。中国的进路或许在于：将中国文明体与现代国家组织体的优点结合起来，在个人自由与社会秩序、个人权利与社会安全、个人活力与社会稳定之间选择某种平衡。这也是本书的逻辑结论。

笔者对这次疫情的另一感触是对国际关系进行预测的困难性。在国际关系理论界，肯尼斯·沃尔兹（Kenneth Waltz）的新现实主义理论被批评为对国家的认识太过简单，把国际关系简化为一种权力关系。这个理论简约、优美，看似符合科学法则，实则距离事实很远，故未能预测到冷战的结束以及后来的中国等新兴国家的崛起。亨廷顿为代表的"文明学派"更重视国家的文明属性，对国际关系和国际体系的把握不像新现实主义理论那样科学、简约，但其对世界的预测似乎更接近事实：西方基督教文明与伊斯兰世界的冲突以及疫情以来中美关系恶化显露出的中国传统价值观与西方个人社会价值观的冲突等似乎验证了亨廷顿的某些预测。本书的研究取向与新现实主义研究取向相反，它把国家、国际关系和国际体系作为更复杂的对象来把握，这种研究取是向人类行为复杂性的回归。即便这样，本书也不认为对于国际体系这样一个复杂巨系统做出预测是可能的。这次疫情对世界体系这个复杂巨系统的影响再次证明了这一点：一个偶然的机会一个冠状病毒发生了基因突变，这个突变恰好发生在控制与人体蛋白结合的那一部分，使得病毒获得了感染人的能力。这个基因突变了的病毒在一次偶然机会感染了某个人，在全世界引起大流行。疫情造成许多国家内部族群撕裂和排外情绪高涨，也引起了对全球化带来的当前世界经济分工体系的反省，加速了世界"去全球化"趋势。一个小小病毒的基因随机突变引起世界如此意想不到的变化，再次警告人们不要对人类认识复杂事物的能力估计太高，不要对包括本书在内的任何国际关系理论的预测能力抱过高期望。

在本书出版之际，我要感谢华侨大学心理文化学研究所的几位同仁。游国龙教授一直跟随我在这个领域里耕耘，书中的许多内容与他讨论过，他都比较熟悉，本书第十五章由他撰写。王冠玺教授的法学功底好，对台湾政界十分了解，他采用心理文化学视角研究两岸关系，多有独到见解。蔡晶副教授在组织教学方面很出色。我在华侨大学本科生中开设的"心理文化学与国际关系"课程采用的是线上与线下混合教学法，她在线上授课方面有丰富经验，与学生有很好的沟通，一些线上讨论、考核都是她组织的。李太龙博士是俄罗斯人，专业是俄罗斯研究，爱质疑，爱钻研问题，我常与他讨论心理文化学、国际关系以及科学方面的问题。研究所的研究助理林秋双女士，平时撰写申报材料、财务报销、文章复印、查阅材料、与出版社联系等，做了大量琐碎却是必不可少的工作。我们是一个团队，大家潜心向学，各有专长，从相互切磋中共同提高。我为这样的团队感到骄傲。

感谢中国社会科学院日本研究所的张建立研究员和河南农业大学文法学院的青年教师刘忠魏博士，他们也是心理文化学研究路径的认同者，都阅读过本书的大部分章节并提出过很好的建议。

感谢北京大学和华侨大学上过我课的博士生和硕士生们，他们认真阅读书稿，提出了许多问题，帮我完善了本书的内容。

这里我还要感谢《国际政治研究》的编辑庄俊举博士。他在编辑我的文章时常提出一些中肯的意见，修正了一些表达方式和文字上的错误。还要感谢《世界经济与政治》杂志的编辑以及多位不具名的稿件评审者，他们做了大量编辑工作，提出了一些有益的建议。

最后，还要感谢社会科学文献出版社国别区域分社总编辑高明秀和责任编辑宋浩敏两位女士，她们为该书出版付出了艰辛的劳动。

尚会鹏

2021 年 5 月于修改于厦门杏林湾畔

CONTENTS 目 录

1

第三部分 "个人"与当代国际体系

第四部分　日本、印度的国家形式与国际体系

CONTENTS **图表目录**

第一部分
心理文化学与国际关系：
视角与范式

导　言

本书第一部分是对国际关系理论与视角的探讨，共由四章组成。第一章梳理了主流国际关系理论的脉络，分析了其局限性，并对"中国学派"这个提法进行了审视。作者认为目前创建中国学派的瓶颈在于缺乏新学科和新研究方法的引进。新的方法需要考虑非西方文明经验，需要文化、文明的视角，需要引入把握"人"的视角。这一章还对中国学者秦亚青提出的"关系理论"进行了学术批评。

第二章介绍了作者在美籍华裔心理人类学家许烺光大规模文明社会比较研究理论的基础上创立的心理文化学的视角和理论框架。重点阐述了心理文化学的两个核心范式——"基本人际状态"和"心理－社会均衡体"，指出以这两个新范式为核心，心理文化学提供了一种整体把握人的模型，这个模型构成一种类似人类"生存频谱"的东西，可检视不同文明中人的基本存在状态以及在此基础上积累起来的文明经验。这一章还介绍了心理文化学的特点及其与中国文化的关系，认为它是一种可以使中国文明经验得以学理性提升的工具，也可以将其用于研究和分析国家行为和国际关系。这是全书所依据的理论来源。

第三章阐述了将心理文化学用于国际关系研究的一个中间环节，即国家的"文明体"与"组织体"两个侧面。国家是文明体与组织体的结合，国家行为受到记录在文明体内的"文化基因"的影响，而"基本人际状态"是文明体属性的重要内容。不同基本人际状态构成不同文明体的特性，而文明体又会影响国家组织体层面。这样，就将"基本人际状态"的分析与对国家行为的分析连接起来了。

第四章对以新现实主义为代表的主流国际关系理论的单一本体论进行了批判，提出一个逻辑上自洽的国际关系本体论基础。在单元层次，构成国际关系的单元是考虑了文明体与组织体两个侧面的多元国家；在关系层次，国际关系是一种由人类多维活动构成的复杂网络；在体系层次，国际关系是人类在国际场域中多元社会共现的演化系统。

这一部分的讨论尝试为学理性提升非西方文明经验，进而创建一种考虑了非西方文明经验因而也更具解释力的新国际关系理论提供工具和方法。

第一章
主流国际关系理论
与创建"中国学派"的尝试

一 当代主流国际关系理论的
发展脉络及其局限

人类活动可分为个体、家庭、次级集团、社会、民族、国家、国际等多个层次，外国、异文化构成我们的"外部世界"。人类在历史的大部分时间内都是生活在相对封闭的环境中，"国际"这个层次的活动是国家（确切地说，是近代民族国家）出现以后的事情。以前我们对于本族群以外的"外国"一般接触甚少或根本无接触，或仅有一些道听途说的知识。近代以来，出现了一种新的群体形式，即独立的"民族国家"，在其之上出现了现代国际秩序。一般认为1648年《威斯特伐利亚条约》的签订是现代国际秩序确立的标志，这样算来，还不到400年时间。因此，与人类其他层面活动比较，我们在国际层面积累起来的理论和知识相对贫乏。

教科书上把国际政治解释为国际社会中各种国际政治行为主体之间的政治关系，又称国际关系。通常所说的国际政治是指产生于近代欧洲的当代国际秩序下民族国家之间的政治关系。但直到20世纪，西方人才开始将国家间交往的活动加以总结并尝试在社会科学体系下将其理论化，国际政治（或国际关系）理论才开始形成。汉斯·摩根索（Hans J. Morgenthau）于1948年出版的

《国家间政治》①被认为是当代国际关系理论确立的标志。

学术界一般认为，当前主流国际关系理论有三大流派，即现实主义（包括新现实主义）、自由主义和建构主义。

被认为是现实主义学派鼻祖的汉斯·摩根索，在其《国家间政治》一书中以六项原则表述其主要观点：（1）政治受客观法则的支配，客观法则根植于人性；（2）以权力定义利益；（3）以权力定义的利益是普遍适用的客观原则；（4）普世道德不能用来指导国家行为；（5）国家道德不等同于普世道德；（6）政治现实主义是独立的理论学派。学界认为摩根索奠定了国际关系理论的基础，其理论后被称为现实主义学派（realism）。

摩根索认为人性追求权力和利益的最大化是影响国际关系的主要因素。但这里有一个问题，即人性不能证伪，它不能成为一个可操作的变量，因而也无法成为一个科学分析工具。学者们希望国际关系理论应像自然科学那样，用几个可操作的变量表达国际关系的发展规律。1979年肯尼斯·沃尔兹（Kenneth Waltz）出版《国际政治理论》一书②，他借鉴古典经济学理论，认为国际体系是一个市场，国家可视为市场中的买卖者，国际体系建立后便不受国家的限制，而是像市场一样成为一种自在、独立、凌驾于买卖者之上的东西。由于这个体系是无政府的，国家只能谋求自我保护以获得生存，因此国际体系是一"自助"体系，国家为生存而自助。在这个逻辑中，国际体系结构决定国家行为，国家行为也能影响国际体系。他的理论有三个基本假设：（1）国家是国际政治最重要的行为体；（2）武力是一种可用且有效的政策工具，尽管其他工具也可以使用，但使用武力或武力威胁却是行使权力的最有效工具；（3）军事安全最重要，它主导着经济和社会事务。国际体系的权力根据主要行为体的数量及其重要性来分配，如单极、两极、多极、分散等，就像经济学家将市场体系结构分为完全竞争、垄断竞争、寡头垄断和完全垄断一样。沃尔兹的理论被称为新现实主义（Neorealism），以区别摩根索的古典现实主义。称其为"新"，主要是指他用古典政治经济学中的"理性人"假设取代了摩根索学说中的"人性"

①〔美〕汉斯·摩根索：《国家间政治：权力斗争与和平》，徐昕、郝望译，北京大学出版社，2006。

②〔美〕肯尼斯·华尔兹：《国际政治理论》，信强译，苏长和校，上海人民出版社，2003。

这个无法证伪的概念，被认为完成了现实主义理论的科学化工作。

国际关系理论中的另一有影响力的流派是自由主义学派。这个流派以美国前总统伍德罗·威尔逊为代表、在第一次世界大战后曾产生了广泛影响的理想主义思潮为思想基础。理想主义对人性的估计比现实主义要乐观，认为人性可以改造，利益可以调和，战争可以避免，国际机构可以实现世界和平。不过，随着二战的发生，理想主义受到严重打击。在苏联解体、冷战结束后，国家间合作的氛围高涨，强调国际合作的自由主义学派重新受到重视，其代表人物是约瑟夫·奈（Joseph Nye）、罗伯特·基欧汉（Robert O. Keohane）等，他们被称为"新自由主义学派"（Neoliberal Institutionalism）。新自由主义学派秉承理想主义对人性的基本判断，认为国家间的关系不会一直处于权力斗争之下，经由人们的努力，可往好的方面发展。在新自由主义者看来，无政府状态并不意味着没有秩序。既然国际社会成员都有国际社会的概念，说明国际社会有一定的行为规范。虽然国家都谋求自己的利益，但利益不一定带来冲突，也可能带来合作。因此在新自由主义的逻辑里，国家之间的相互作用构成了国际体系的进程，这种进程又反过来影响国家行为。

尽管如此，新自由主义并没有否定新现实主义的基本假设，而是在承认新现实主义的前提下展开争论。如奈和基欧汉都承认，他们不是抛弃现实主义理论的洞见，而是建构一个更为广泛的理论框架，既能将现实主义者对权力结构的关注包括在内，同时也可对国际系统进程的变迁提出解释。因此，可以认为新现实主义与新自由主义属于相同范式（paradigm）下的争论，只是解释的角度和侧重点不同。

尼可拉斯·奥鲁夫（Nicholas Onuf）、亚历山大·温特（Alexander Wendt）等人把社会学的研究方法引用进国家关系研究中，形成了一种被称为"建构主义"（constructivism）的研究流派。在 20 世纪末，"建构主义"成为与新现实主义、新自由主义鼎足而立的重要国际关系理论。该学派的代表作品有《国际政治的社会理论》①及《建构世界中的国际关系》②等。与新自由主义

---

① 〔美〕亚历山大·温特：《国际政治的社会理论》，秦亚青译，上海人民出版社，2000。
② 〔美〕温都尔卡·库芭科娃、尼古拉斯·奥鲁夫、保罗·科维特：《建构世界中的国际关系》，肖峰译，北京大学出版社，2006。

一样，建构主义同样也没有否定沃尔兹提出的国际体系结构。但温特把国际体系的结构视为由社会共有观念所建构，并使这种结构具有动力。社会共有观念就是温特所定义的文化，它是社会成员在社会场景中通过互动产生的共同观念，是社会成员共同具有的理解和期望。温特说过一句话非常有名，"500 件英国核武器对美国的威胁不如 5 件朝鲜核武器的威胁大"。因为使这些武器产生意义的是共同的理解，使毁灭力量具有意义的是这种力量置身于其中的关系，即建构国家间暴力的共有观念。这些观念可以是合作性质，也可以是冲突性质。他在《国际政治的社会理论》里提出了三种无政府文化：（1）霍布斯文化。国家相互定位是"敌人"角色，敌人没有生存和自由的权利，结果就是以纯粹"现实主义"的态度对待国际关系。（2）洛克文化。国家的相互定位是"竞争对手"，竞争对手有生存和自由权利，但不具有免于暴力的权利，结果出现军事竞争。有时也会爆发战争，但战争会被控制在有限范围之内。（3）康德文化。国家的相互定位是"朋友"，朋友之间相互承担义务，不使用暴力解决争端，在出现被侵略的情况下相互帮助，结果就是多元安全与集体安全。尽管建构主义接受了现实主义对于国际体系结构的基本假定，也把国家定为国际关系的主要行为体，但由于温特强调文化在国际结构形成过程中的作用，因此国家间互动方式不同可以产生不同的文化。沃尔兹认为国际体系结构决定国家的行为，国家行为也能影响国际体系，而温特则从社会共有观念的角度解释国际体系结构的形成，国家间的互动形成国际体系结构，国际体系结构又反过来建构国家的身份和利益。因此在建构主义逻辑里，新现实主义所描述的无政府状态国际体系只是其中的一种文化而已。

以上极简略地介绍了当前占主流地位的三大国际关系理论范式。当然，还有其他视角的国际关系理论，如方法论上以强调历史的、思辨方式为特点的"英国学派"，以罗伯特·杰维斯（Robert Jervis）为代表的从个人心理层面分析国家决策者的心理认知如何对国家政策产生影响的心理学派[1]，以及亨廷顿[2]、

---

[1] 〔美〕罗伯特·杰维斯：《国际政治中的知觉与错误知觉》，秦亚青译，世界知识出版社，2003。

[2] 〔美〕塞缪尔·亨廷顿：《文明的冲突与国际秩序的重建》，周琪、刘绯、张立平、王圆译，新华出版社，2002。

福山①等为代表的从文明角度把握国际关系的观点（或可称其为"文明学派"）等，但这些都不是国际关系理论的主流，详细梳理国际关系理论亦非本书目的，恕略。

应当说，主流国际关系理论对于现有以民族国家为基础的国际秩序具有一定的解释力。所以，只要现有国际秩序不变，主流国际关系理论仍将是主流。但主流国际关系理论也存在明显的局限性，笔者认为其局限性主要表现在以下三个方面。

第一，从产生的背景来看，三大主流国际关系理论主要基于西方文明经验。现代国际秩序源自近代欧洲，是欧洲内战的产物。关于这个秩序的理论，原是西方国与国打交道的经验总结，后来这种秩序逐渐向外扩散，终在世界上占据主导地位，该经验总结便成了今日国际关系理论。美国是西方个人社会的一个版本，由于战后美国力量强大，成为国际体系的核心行为体，主流国际关系理论的三大流派均产生于美国，因此甚至将现代国际关系理论视为在战后美国经验基础上总结出的理论亦无不当。人类历史上当然还存在过其他类型的国际体系，但非西方国家原本不在现代国际体系之内，故解释现代国际体系的主流理论自然也没有考虑这些非西方国际体系。这就产生了这样的问题：在现有国际体系下被认为理所当然的事情（如强调权力、无政府性、均势等），在其他类型的国际体系中未必如此，如后所述，至少在古代东亚体系下就非如此。目前国际体系存在深层次的问题在很大程度上与一种特殊的文明经验——建立在个人社会基础上的西方文明经验——相联系。认识到这一点，能够使我们客观地看待今日国际体系，能够认识到现有国际体系的弊端，以及或能通过借鉴非西方文明的经验以考虑一种更理想的新世界秩序。

第二，考察国际关系理论的学术史可知，国际关系研究没有自身的方法，国际关系理论都是借用其他学科方法而构筑。由于现代国际层面是人类诸多活动层面中出现较晚的一个层面，故在把握国际关系时大量借用了其他社会学科积累的概念工具和方法。例如现实主义学派借鉴古典经济学方法，心理学派借

---

① 〔美〕弗朗西斯·福山：《历史的终结与最后的人》，陈高华译，孟凡礼校，广西师范大学出版社，2014。

鉴心理学方法，建构主义学派借鉴社会学方法，以及文化、文明学派借鉴历史学方法等。国际关系属于族群之间的活动，国际社会亦由各个行为体所组成，这与社会的组成十分类似，因此，国际关系学借鉴研究社会的学科——经济学、社会学、人类学的概念工具比较多。由于历史较短，又缺乏独立的研究方法，所以国际关系学长期依附于其他学科（如政治学、历史学、社会学）。现在虽然经过国际关系理论研究者（主要是美国学者）的努力，国际关系学已摆脱附属地位，但其理论和方法仍存在很大争议，在社会科学中仍属较后进学科。一个表现就是：国际关系学从其他学科借鉴了诸多概念工具和研究方法（或可把国际关系理论界看作一个多种社会科学方法和概念的实验领域），却少有其他学科从国际关系学科借鉴概念工具和方法。国际关系理论的这一特点使它缺少对概念和方法适用性的检视，因而几乎所有的国际关系理论在方法论上都存在明显的不足，在解释国际秩序和国际事务上至多只是部分有效，并常引起极大争议。

第三，从基本假设来看，三大主流国际关系理论采用的是对现代社会科学影响甚大的一个对人的假设，即"理性人"（或"经济人"）假设。该假设预设人皆自利，并都为自身利益而竞争。新现实主义假设国家行为体都是相同的，国际社会被视作一个由买家卖家构成的市场，遵循市场规律而不考虑行为体的文化差异以及情感因素。自由主义和建构主义学派也都不否认这个假设。显然，这一假设对于建构一种简约、确定、追求因果联系解释的科学理论很有利，因为研究对象变量越少就越容易像设计机器人程序一样来建构理论。但事实上"理性人"假设是大可质疑的，建立在此基础上的古典经济学就受到了广泛质疑。无论是人还是国家，都是行为体，其行为都具有更为复杂的动机，如民族感情，行为体对地位、承认的要求以及文化等因素都会影响行为体的行为。这种复杂性甚至让我们怀疑任何建立在把行为体的行为简单化的假设基础上的社会科学理论。任何社会科学理论的产生都脱离不开文化背景，笔者认为，作为包括主流国际关系理论在内的许多社会科学前提的"经济人"假设，与西方个人社会（或更确切地说，是近代资本主义发展以来的西欧社会）的特殊经验分不开，因为在个人社会，个体的存在（包括利益、权利以及各种需要）被认为是第一位的，"经济人"或"理性人"是这种人的存在状态的一种理念上的极端形式。尽管这个假设甚至也不符合个人社会的事实，但建立在这种假设基础上的国际关系理论对国家行为所起的暗示作用是不容忽视的。在现实中，那些把"国家利益"挂在嘴上、奉行赤裸裸的现实主义被认为理所当然的政治家、学者、官员乃至一般民众似乎越来越多，这不能说与现实主义理论的暗示无关。现在是深入思考主流国际关系理论的局限性及其所带来的负面暗示作用的时候了。

二　"中国学派"的讨论及其背景

国际关系研究可以分为技术和理论两个方面。技术方面的研究是关注国家之间的关系，跟踪国际事件并做出分析，告诉人们目前国际社会发生了什么、向什么方向发展以及如何应对等。理论方面的研究是对国际关系的理性把握，是关于人在国际层面的活动的规律性认识。国际关系理论中的三大主流范式——现实主义、自由主义和建构主义，都可算在理论之列。

客观地说，中国国际关系研究多为技术方面的，理论研究极为薄弱。中国至今仍没有形成自己的国际关系理论。总的来看，除少数学者外，从事这方面的研究人员仍基本上处在翻译、评论西方论著的水平上，以至于有西方学者得出或许有些偏颇的结论说，中国在这方面的研究论文"只不过是深刻一点的新闻报道"。[1]

近年，中国国际关系研究界已认识到理论研究薄弱的问题，出现了建立国际关系理论的"中国学派"的呼声。这种呼声是与近年中国经济发展的现实以及中国学者对现有国际关系理论局限性的不满分不开的。

中国经济的快速增长成为自 20 世纪末以来世界最引人注目的事情。与近代以来世界其他力量的崛起不同，中国幅员辽阔，人口众多，有悠久的历史，具有丰富而独特的文明经验，在过去相当长时期内都处在一个独特的国际体系——朝贡体系[2]——的中心位置。随着中国经济的发展和在国际社会中重要

---

[1]　秦亚青：《关系与进程》，上海人民出版社，2012，"前言"，第3页。

[2]　这一体系有不同的称呼。美国著名汉学家费正清称之为"朝贡体系"（tributary system），日本学者滨下武志称之为"朝贡贸易体系"，也有的学者称之为"华夷秩序""天朝礼制体系""册封体制"等。本书采用"朝贡体系"这一比较常用的称呼。

性的提高,"中国是谁"这个在当前国际体系下中国的自我认知和身份定位问题日益突出,而所谓"中国学派"问题正是在这种背景下提出的。

"中国是谁"对中国自身来说是一个自我身份认同问题,或中国文明的自我定位问题。悠久的历史、辉煌的文明与积贫积弱的近代经验之间的落差,使中国在追求现代性过程中产生了自我认同的焦虑。近代中国面对西风东渐,不能不对几千年引以为傲的自身文明做出反思。近代西方的强大不仅仅是科学技术方面的,它有其文明基础,是技术、制度、价值观、文化乃至国际体系全方位的。这引出了这样的问题:中国近代落后是中国文明本身造成的吗?如何才能实现自身的现代化?在这个问题上,我们的认识常常随着形势的变化而出现摇摆。清末时期的"中学为体、西学为用"是一种判断,而五四运动之后对中国文化的根本怀疑甚至出现了"全盘西化"的观点则是另一种判断。中国改革开放以后在经济上取得的巨大成就,一度使一些中国人认为可以不要西方的制度和价值观而只需吸收科技和发展经济,这似乎又回到了那种"中学为体,西学为用"的立场。随着改革的进一步深入,遇到了制度、价值观和文化上的障碍,这是中国发展后遇到的深层次的身份认同问题。中国对于国际关系理论中的中国因素的呼声,是近代中国一直未解决的自我认同问题在学术界的一个反映。

历史上,中国曾是东亚国际体系——朝贡体系的核心行为体,但在该体系崩溃后,长期被排斥在现代国际体系之外。从一体系的核心到另一体系的边缘地位的变化是造成身份认同困惑的另一重要原因。自秦汉以来到近代的 2000 多年里,中国不需要考虑在国际体系中的身份认同问题,因为中国是该体系的核心,或者几乎可以说就是体系自身,其身份明确且毋庸置疑。但近 100 多年来,中国相对于国际体系出现了自我身份定位的困惑。过去,没有受到中华文化影响的地区是"蛮夷",而现在,在西方文明面前,似乎我们自己成了"蛮夷"。由于直到改革开放中国长期被排斥在现代国际体系之外,中国与国际体系并无实质性接触,故身份定位问题还不是很严重。而改革开放以后,中国开始真正融入现代国际体系,不得不认真思考如何与该体系下其他国家交往以及如何融入国际社会的问题,自我认同问题才真正凸显出来。当前关于建立国际关系理论的"中国学派"问题可以说是在此背景下对一种更有效解决中国在当前世界体系中定位问题的话语体系的追求。

对世界来说，"中国是谁"的问题是一个如何认识中国的行为、如何平顺接纳中国为世界体系一员的问题。建立"中国学派"的呼声是对现有国际关系理论没有考虑包括中国在内的非西方文明经验的不满。中国的经济奇迹是在中国文明土壤上创造的，这使得世界不得不对中国文明的巨大活力和特性进行重新评估。当年所谓"亚洲四小龙"创造的经济成就，已使世界对其文明基础——中国儒家文明——有了初步认识，现在是中国这条巨龙的崛起，其意义更为深远，对世界带来的冲击更大，世界如何重新认识中国文明经验、如何接纳中国为国际体系之一员的问题更为突出地显现出来了。中国加入国际体系后，其身份和行为方式发生了变化。作为一个古老文明体的中国，过去所熟悉的国家之间交往的规则、行为方式，现在已经失灵，它对新体系的规则还有一个熟悉、适应的过程。在这个过程中，它的想法和行为不可避免地会带有过去的烙印，无法完全依照现代国际体系规则解释其行为，这种不确定性自然引起了世界的疑惑和某种不安："中国是谁？""它的做法为什么和我们不一样？""中国会不会遵守国际规则？""中国强大后会不会侵略别的国家？"等，是世界上为什么出现"中国威胁论"的认知上的原因。事实上，不仅中国自身有某种自我认同的焦虑，同时，还存在着以"中国威胁论"为代表的至少是世界上部分人和国家对中国的某种认知上的恐惧倾向。这样，中国遇到的挑战是双重的，即在如何认识自己的同时如何向世界解释自己。中国近代以来屈辱的历史使中国有一种强烈的、有时是躁动的寻求世界承认的需要，它对外部世界如何看待自己十分敏感。从中国成功举办奥运会到阅兵活动以及中国在世界加强、推广中国软实力的行动，都是中国的地位发生变化以后试图给外部世界一个良好形象的努力。中国国际关系学界关于中国学派的呼声似可视为这种努力在学术上的表现。

通过以上分析可知，目前创建国际关系理论的所谓"中国学派"的重要背景是一些学者想为当前中国取得的成就寻求理论解释以获得外部世界的承认。这种努力是完全可以理解的，但笔者认为"中国学派"这个概念需要从视角和方法两方面进行一番审视才能使用，否则容易使人走入误区。

第一，在研究视角上，不能走入忽视人类共同文明成就和共同价值观的误区。中国的确有其独特的文明经验，不过我们的文明经验中也有许多不适应世界变化潮流的负面东西。必须看到近代西方无论是物质文明、精神文明还是政治文明都走在中国的前面，这些成就已成为全人类的共同财富，不分东、西和中、外都能享用。今日中国之成功乃是改革开放以后接受包括科学技术、管理经验、价值观在内的现代西方文明成就基础上取得的，为中国成就寻求理论解释从根本上说就是为中国较为成功地借鉴世界文明成就寻求解释。如果创建"中国学派"建立在过分强调"中国特色""中国模式"基础之上，可能会忽视人类共同的文明成就和普遍性价值，从而阻碍中国融入现代世界潮流。"中国学派"应是指国际关系领域里一种参考了中国文明经验的更具解释力的理论而不是对当下某种做法的权宜性和特殊主义的诠释。

第二，在研究方法上，不能走入忽视科学、理性方法的误区。中国的文明经验需要采用合适的概念工具和方法进行学理性提升，但必须承认传统中国的学术传统没有提供完成这项工作所需要的工具和方法。自近代形成的以清晰概念、实证方法、严密逻辑为特点的科学思考方法是我们认识世界、检视不同文明经验的基本方法，这种方法已经成为人类共同的文明财富和人类知识体系的一部分，亦不分东、西和中、外都能享用。脱离这样的方法，很可能只是"自说自话"，甚至有可能滑入我们批评的"西方中心主义"的反面——"东方中心主义"（或"中国中心主义"）的歧途。对于缺乏理性、缺乏追求确定性思维传统的中国来说科学思维的方法仍不是太多而是太少。对中国文明经验需要置于世界科学知识体系中加以检视，而不是脱离它，回到模糊的传统中国学术话语系统。

现代国际体系是人类文明演化的成就，目前中国正在融入世界秩序。这个古老的文明正在适应环境的新变化。但中国同时也对现有国际秩序有所保留，它不会也不可能成为与西方国家完全一样的行为体。同时，源于西方的现有国际体系的确也存在弊端，在现有国际体系下，国家之间的竞争导致了包括两次世界大战在内的多次战争，国家的自利行为带来了严重的环境破坏问题，目前的核武器困境、恐怖主义等可以说均源于现存国际体系本身。人们对国际秩序中的道德原则、消除国际关系中的"自然状态"的呼声渐高，而在中国等非西方文明经验中可能包含着解决问题的启示。中国的崛起可能既不是对现有国际体系的挑战，也不是完全被其同化，而是在现有国际秩序下某种程度上降低"西方"的分量，形成一种与现有国际秩序并行不悖的地区性新国际秩序。有西方学者担心中国崛起的未来世界是一个"没有西方的世界"，其实这是多虑。现有国际体系虽源于西方，但它已被世界广泛内化并仍有足够的生命力，中国不可能（也没有必要）推翻现有体系另搞一套，内化现有国际体系下的规则以融入该体系仍是崛起的中国的任务之一。但这并不是说中国应仅仅止于融入和"内化"，中国能够以自己的文明经验成为新世界秩序的共同构建者，有可能在自身文明经验基础上提出新的东西以弥补当前国际体系存在的弊端。目前遇到的问题是，主流国际关系理论无法提供将中国文明经验进行学理性提升的话语体系，需要尝试建立一种融入了中国（可能还有其他非西方国家）文明经验的新型国际关系理论。从这个意义上说中国学者关于创建中国学派的讨论或包含着向非西方文明寻求克服当前世界秩序弊端之道的努力。

三　建立国际关系理论"中国学派"的切入点在哪里？

中国学者对于如何建立国际关系理论的"中国学派"问题有种种看法。如有学者认为中国国际关系理论的来源应包括四个方面：①马克思主义关于国际关系的理论；②新中国的国际关系理论及实践；③中华文化精粹；④外国国际关系理论。① 秦亚青指出了中国学派的三种思想和实践渊源：第一，儒家文化的天下观和朝贡体系的实践；第二，中国近代主权思想和中国的革命实践；第三，中国的改革开放思想与融入国际社会的实践，② 等等。除少数学者的探讨外，总的来说，目前建构国际关系理论"中国学派"的尝试

---

① 参见俞正樑《建构中国国际关系理论创建中国学派》，《上海交通大学学报》（哲学社会科学版）2005 年第 4 期，第 5~8 页。

② 秦亚青：《国际关系理论中国学派生成的可能和必然》，《世界经济与政治》2006 年第 3 期。

还缺乏新概念工具和方法的支撑，许多讨论还只停留在哲学层面，笔者将其称为是"应然"层面的讨论，即讨论的问题较多地集中在"应当如何"之类的问题上。有的所谓的"中国学派"仅是一种美好的愿景。所谓国际关系理论的"中国学派"不能只停留在"应该如何"以及"共性""特殊性"等哲学层面上的讨论，应寻求切入点，进到"实然"层面，探讨具体的视角、概念工具和方法。

许多论者都强调用马克思主义指导建立国际关系理论的中国学派，① 但是，马克思主义体系中没有国际关系的理论，一些学者所做的工作只是将马克思主义创始人的一些与国际秩序、国际关系有关的、在不同地方的话语收集在一起。笔者认为创建中国学派不能脱离当前国际关系理论发展脉络进行，只能在认识主流国际关系理论局限性的基础上有针对性地提出补充、矫正和创新。若不从克服主流国际关系理论的局限性出发探索解决办法，任何创建新理论学派的努力都有陷入空洞和教条主义泥潭之虞，至多也只能对现有主流国际关系理论做些修修补补的工作。

有鉴于此，笔者认为，寻求建立国际关系理论的"中国学派"的切入点应从下面三个方面入手。

首先，必须引入一种能够考虑非西方文明经验的新研究视角。这需要把主要建立在现代民族国家分析基础上的现代主流国际关系理论相对化，将其视为主要基于西方个人社会经验的产物。近些年在国际关系研究领域出现的建立"全球国际关系学"的呼声，可能至少代表了一部分学者对这个问题的认识。② 在由阿米塔夫·阿查亚提出的"全球国际关系学"六个核心要素中，突出了

① 如梁守德《国际政治学理论》，北京大学出版社，2000；梁守德：《中国国际政治学理论建设的探索》，《世界经济与政治》2005 年第 2 期；李滨：《什么是马克思主义的国际关系理论?》，《世界经济与政治》2005 年第 5 期；傅耀祖：《关于建设中国国际关系理论的几点思考》，《外交评论》2005 年第 5 期；郭树勇主编《国际关系：呼唤中国理论》，天津人民出版社，2004；等等。

② 作为一个例子，巴里·布赞（Bary Buzan）和阿米塔夫·阿查亚（Amitav Acharya）在 2005 年发起了"为什么没有非西方国际关系"的研究项目，提出了"全球国际关系学"的理念。见阿米塔夫·阿查亚《全球国际关系学与国际关系理论的中国学派：两者是否兼容》，《世界经济与政治》2015 年第 2 期。

从人类文明的角度把握国际关系的重要性，[①] 认为"传统国际关系理论几乎全部源自西方历史，其他文明的历史、声音和贡献都被边缘化了"。"以文明研究的思考作为民族国家视角的补充。民族国家的视角，让我们回到 500 年前，而文明的视角能让我们回到 5000 年前。民族国家的视角与西方的主导地位相一致，而文明的视角显示出人类进步的多元力量。"[②] 这个视角与所谓的"国际关系理论本土化"的概念不一样。"本土化"虽有本土经验的考量，但主要是通过学习、借用已有理论以解释本土现象，比如，中国版的现实主义、自由主义及建构主义等。本土化的结果至多是对西方理论的地方性解释和验证。而国际关系理论的中国学派应是将中国与西方社会置于同一个平台之上，从全人类经验的视角总结中国文明经验，将其进行学理性提升并融入国际关系理论中去。这就必须从研究范式上寻求突破，使用能够容纳非西方文明经验的更具解释力的研究范式。

其次，需要引进新的学科方法。前面指出，国际关系研究本身没有自己的方法，国际关系理论诸流派都是借用了其他学科的研究方法。由此可推断，若无新学科及新方法的引进，任何建立新理论学派的努力将归于徒劳。目前建立中国学派遇到的真正瓶颈不是缺少什么理论来指导，而是缺乏新学科方法的引入。没有适当的工具和方法就无法解决问题，正像没有桥、船等工具就无法过河一样。国际关系理论借鉴多种学科方法这一特点，有利于中国学者借鉴其他学科的工具和方法建构理论学派。笔者认为，既然国际关系是人类活动的一个层次，借鉴社会学、人类学在研究人类文化方面积累起来的方法是合适的。建构主义在目前中国国际关系研究领域比较盛行的一个重要原因是，相对于其他两种理论（即结构现实主义和新自由主义）较多地借鉴研究自然物的方法，

---

① 这六个核心要素为：第一，全球国际关系学建立在一种多元化的普遍主义之上；第二，全球国际关系学以世界历史为基础；第三，全球国际关系学，包含而非取代现有的国际关系理论和方法；第四，全球国际关系学融合了地区主义与区域研究，中国学派受到欢迎；第五，全球国际关系学，避免了例外主义；第六，全球国际关系学承认能动性的多种来源和形式，包括抵抗力、规范行为，以及全球秩序的地区架构。见阿米塔夫·阿查亚《全球国际关系学与国际关系理论的中国学派：两者是否兼容》，《世界经济与政治》2015 年第 2 期。

② 阿米塔夫·阿查亚：《全球国际关系学与国际关系理论的中国学派：两者是否兼容》，《世界经济与政治》2015 年第 2 期。

建构主义使用了具有较大柔性的"文化""观念"等分析工具，为理解像中国这样的古老文明体的经验提供了更大的空间。当然，称这些概念具有"柔性"不是否认其科学性，而是说相对于结构现实主义基于"经济人"假设所追求的"确定性"，建构主义的路子与社会学、人类学的路子更接近，更适合研究人、国家这种有情感、其行为受环境影响的行为体。人和国家的行为都具有模糊性，无法像描述自然现象那样加以描述，但研究人的行为仍需要科学的思维方法。这正像"模糊性"不是科学，但研究模糊性的"模糊逻辑""模糊数学"是科学一样。本书将引入的心理文化学的研究范式和方法即属于这个方向的尝试。

最后，需要一种更具解释力的把握"人"的理论。当前主流国际关系理论并非脱离了对人的把握，而是如前所述，主流国际关系理论预设人是相同的，国家行为体也相同，而且都可进一步简化为"经济人"或"理性人"。根据笔者的看法，这种预设产生于西方"个人"社会的经验，所涉及的"人"是一种特殊的生存形态（我们称之为"基本人际状态"），即"个人"。实际上，人是生活在一个系统中的，不同社会文化中的人处在不同的存在状态，或换而言之，不同文明是建立在不同的基本人际状态基础之上的。这就需要一种更具解释力的把握人的模式，这种模式需要考虑人行为的复杂动机，考虑行为体的情感因素，将人视为一个"心物交互多维动态平衡体"。在这个视角下，"个人"只是人类多种生存状态中一种特殊类型，而基于"个人"社会经验的现代主流国际关系理论只具有相对意义。这样，我们才可能洞察现有国际秩序的深层缺陷，带着对人类命运的关怀而将注意力投向非西方文明经验的总结。从这个视角得出的结论或许不像主流国际关系理论那样简约、明确，但可能更接近实际。

应当指出，源于近代西方个人社会的当前世界体系具有极大的包容性，非西方社会基本上都被包容在这个体系中。当前国际体系的普遍化是与人的"个人化"和国家的"民族国家化"这两个相互联系的世界性进程相一致的，从根本上说，它是人的个体性被开发的表现。建立中国学派不是要从根本上否定当前国际体系以及解释这种秩序的主流国际关系理论，而是对非西方文明经验进行学理性提升以丰富人们在这方面的知识积累，强调用非西文明自身的话语体系来解释其经验的重要性，因为每一种文明的经验都是独特的、相对的。

自然科学与社会科学的根本不同在于，前者的研究对象是物质世界而后者的研究对象是人。国际关系研究的对象是国家及其相互关系，国家由人组成，而人本质上是一种文化的存在，人在特定社会文化背景中积累起来的经验和历史记忆会产生不同的社会表征体系和知识体系构成的"集体经验"，从而形成了不同的文化。也就是说在不同地理环境和历史条件下，人们的社会实践和互动方式是不同的。基于这样的事实，学术界对社会是否存在可描述的客观规律甚至社会科学是否应该称为"科学"还存有争议。在国际关系研究领域，特别是在冷战结束后，建立在"理性人"假设基础上的被认为最具科学性的结构现实主义理论由于在解释诸如苏联突然解体、新兴国家崛起等重大问题上缺乏效力而受到更多的批评，因此，该领域出现以文化或文明学派的兴起为标志的所谓"文化转向"是很自然的。① 有人批评强调文化视角的研究方法，反对把一切说不清的问题都放到文化之"筐"中。的确，文化概念本身有其模糊性，文化亦非决定一切，② 但忽略文化，对国家及国家间关系难有深刻的认识。在国际交往层面，文化不仅在确定国家对外政策目标中起着重要作用，也对一个国家对外政策制定的过程、外交的方式和风格产生重要影响。国家之间的相互往来是国际关系的基本内容，而一般来说国家只有通过其内部结构培育出来的代表国家利益的精英人物才能在国际事务中发挥作用和影响。文化会影响人的交往模式，也会影响对外部世界的判断。国家行为体既是一文明体也是一组织体（详后），文化则通过文明体影响国家行为。主流国际关系理论排斥（或者说忽视）对国家的文化差异性分析，而新的视角须考虑文化差异。

---

① 美国学者亨廷顿、福山等是这个流派的代表人物，这方面的代表作有：〔美〕塞缪尔·亨廷顿：《文明的冲突与国际秩序的重建》（周琪、刘绯、张立平、王圆译，新华出版社，2002）；〔美〕塞缪尔·亨廷顿、劳伦斯·哈里森主编《文化的重要作用：价值观如何影响人类进步》（程克雄译，新华出版社，2010）；〔美〕弗朗西斯·福山：《历史的终结与最后的人》（陈高华译，孟凡礼校，广西师范大学出版社，2014）；〔美〕弗朗西斯·福山：《政治秩序的起源》（毛俊杰译，广西师范大学出版社，2014）等。

② 关于文化、文明的定义，笔者做过专门界定，详见尚会鹏《心理文化学要义：大规模文明社会比较研究的理论与方法》，北京大学出版社，2013，第14～18页。

四 关于国际政治"关系理论"的几个
问题：与秦亚青教授商榷①

秦亚青教授在《世界经济与政治》2015年第2期上发表的《国际政治的关系理论》一文中，将其关于国际关系的新观点命名为国际政治的"关系理论"，这可看作秦亚青教授常年研究成果的新的正式表述（系统表述在他的《关系与过程》② 著作中）。"关系理论"可简述如下：目前三大主流国际关系理论（结构现实主义、新自由主义和建构主义）都忽视了"关系"的重要性，需要"借鉴建构主义国际关系理论的一些基本假设和一些社会性因素为主的分析构架，吸收社会学关于社会型关系的论述"，采用"关系性"（relationality）这个中国元素与西方国际关系理论的立论方式相结合，设计一种"过程建构主义"的国际关系理论（36）。他对"关系性"做出了四个假定，构成了其理论的基本框架：①关系本位假定。关系是社会生活的关键枢纽，是分析社会生活的基本单位。②关系理性假定。西方的理性排除了关系要素，理性人是独立分离的行动者，而"关系理性"是指，人们对利害的权衡在社会关系网络场域中展开。③关系身份假定。关系确定身份，个人的身份只有在关系中才能确定。④关系权利假定。有两层含义：关系孕化权利和关系即权利（61～67）。他将中国的"阴阳"思想作为一种"元关系"，构成"关系理论"的哲学基础，将中国传统中的"中庸辩证法"作为方法论基础，并以此理论解释中国融入国际秩序（76～111）、"全球治理"（120～157）以及东亚地区合作（168～246）等目前国际社会中的重要问题。

笔者认为，秦亚青并没有止于"应然"③ 层面的讨论而是进入到探讨可操作的方法和工具的"实然"层面，在当前中国国际关系理论界建构所谓"中

---

① 本节内容发表在《国际政治研究》2017年第2期，收入本书有修改。

② 秦亚青：《关系与过程》，上海人民出版社，2012。下文括号内数字为引文所在书页码。

③ 笔者把他的另一篇论文《国际关系理论中国学派生成的可能和必然》（《世界经济与政治》2006年第3期）以及其他学者的一些只讨论"应该如何如何"的著述，如傅耀祖《关于建设中国国际关系理论的几点思考》（《外交评论》2005年第5期）和郭树勇主编《国际关系：呼唤中国理论》（天津人民出版社，2004）等，称为"应然"层面的讨论。

国学派"的若干尝试中,"关系理论"最为接近一个理论流派所具备的条件:具有核心概念工具以及本体论和方法论的支撑。这是他"在理论化和概念化上面做出实质性的创新努力"。(3)但笔者在思考这一理论的过程中,也遇到几个困惑的问题,这里提出来与秦亚青教授商榷。任何严肃的学术观点和流派都是在质疑、讨论中形成的,"关系理论"建构者若能阐释笔者的这些困惑,或能使这个理论更为完善。

第一,主流国际关系三大理论范式是否忽视了国家间关系的讨论。秦亚青教授认为现在主流国际关系研究理论强调进程而忽视关系。"可以说,西方主流国际关系理论虽然将学科定名为国际关系学,但却没有形成真正的讨论'关系'的理论。"(41)说主流国际关系学不讨论关系,的确是一个很大胆的判断,如若成立,确实能对三大主流国际关系理论(以肯尼斯·沃尔兹为代表的结构现实主义、以罗伯特·基欧汉等人为代表的新自由主义和以亚历山大·温特为代表的建构主义)乃至整个国际关系学起到釜底抽薪的作用。但做出这个判断,恐怕需要准备应对对方这样的辩解:我们使用的国际政治的"结构""体系""秩序"等概念,本来含义就是指国家行为体之间的互动,就是一种关系。我们讨论国家间的和平、冲突、战争、妥协、规则、合作、均势、制衡等问题,不都是对国际关系的分析吗?亚历山大·温特或会辩解:我在《国际政治的社会理论》中讲的三种文化,即霍布斯文化、洛克文化和康德文化,不是说的关系类型吗?他们或许会说,我们只是解释国际关系的角度不同,强调的重点不同:结构现实主义强调物质力量,新自由主义强调制度与合作,建构主义强调观念和身份的建构。如果离开国家间的互动或关系,这些还有意义吗?显然,要驳倒他们的辩解,论证他们讨论的不是关系,是比较困难的。但如果我们承认他们讨论的也是关系,只不过是一种特殊类型的关系,即一种把国家行为体预设为"经济人"或"理性人"的、独立民族国家之间的"契约"关系,是一种基于西方个人社会特殊文明经验的关系类型,似乎更容易被接受。国际关系理论中使用的"结构""体系""功能"等概念,皆借用自人类学、社会学,在人类学和社会学中,学者们用"社会系统"、"强制性合作伙伴"、"制度"、"整合"和"责任和义务网络"等来定义"社会结构",但无论哪一种定义,结构都是一种超越个体的存在,都离不开行为体的互动关系。国际关系学中的"结构"概念似乎也应解释为国家行为体之间的某种关系网络。① "西方社会的个人本位决定了西方社会理论将独立的个体作为社会的基本单位和核心纽结。我们可以想一下卢梭的《契约论》和洛克的《政府论》，为什么他们会提出政治领域的契约问题呢？只有将个体视为社会中的核心本体，并且将他们的身份视为独立和分离的，才会将社会性契约作为约束和规范他们之间关系的基本规则。西方现代国际体系的形成也是这样发展起来的。1648 年威斯特伐利亚国际体系建立，把国家比作这个社会中的成员，其基本内涵与以个体构成的西方社会是一样的。正因为如此，人们才会发明出主权这种重要的契约制度，来保证个体国家的生存与安全，规范和约束个体国家之间的行为。西方国际关系的实践如此，西方的国际关系学也势必以此为基础。"（43）这话是对的②，但这需要承认，契约关系也是一种关系。由此看来，判断三大主流国际关系理论忽视"关系"需要谨慎，与其说主流国际关系理论忽视"关系"的讨论，不如说它们只关注了一种基于西方个人社会经验之上的特殊类型的关系，即独立的民族国家之间的关系，忽视了其他类型的关系。

第二，行为体（包括国家和人，这里主要指国家行为体）的行为是否完全决定于"关系"或"关系类型"。关系理论建立在这样一种对人行为的基本判断之上："关系性意味着任何社会人做出决定和采取行动的基本依据是关系，是依其此时此地所处的关系网络中的位置以及这一位置与关系网络中其他行为体的相对关系来判断情势和进行决策的。"③ 这涉及行为体的主体性和行为动机问题。虽然作者也承认存在一种有明显主体的关系，但"关系理论"认为，"决定一个体系特征的是这个体系中行为单元之间的关系类型而不是行

---

① 顺便指出，结构现实主义从人类学、社会学中借用的"结构"概念，在人类学学界早已有了新的观点，例如，美籍华裔人类学家许烺光，针对结构分析方法的缺陷，提出了更具效用的"内容"分析法［参见许烺光《许烺光著作集9：彻底个人主义的省思》，许木柱译，（台北）南天书局，2002，第269页］。内容分析法似乎也可以引入到国际关系理论中来，但这属于另一个问题，故不在此讨论。

② 关于"个人社会"与现代国际秩序的起源，更细致的考察还可参考尚会鹏《"个人"、"个国"与现代国际秩序——心理文化的视角》，《世界经济与政治》2007 年第 10 期。

③ 秦亚青：《国际政治的关系理论》，《世界经济与政治》2015 年第 2 期。

为单元的自身特征。不同的关系类型，导致了不同体系的不同统治形式、治理模式和秩序原则，如威斯特法利亚体系、朝贡体系、德川幕府体系。"① 这样，这个理论就否定了行为体的主体特性和行为动机在决定体系特征中的作用。必须承认，关系类型是行为主体采取某种行为时参考的重要环境变量，但不管是人还是国家，作为一个行为体，还具有主体性的一面，还有基于行为单元自身的要求和需要的主动性行为，因此还需要考虑行为体的动机和单元自身特征。完全取决于环境变量的行为是不存在的，正像完全不考虑环境变量的行为不存在一样。所谓"关系类型"，可以看作行为体为了满足自身的要求而在环境变量下与其他行为体互动的模式。国际关系模式与人际关系模式的一个不同之处在于：国家间缺乏共同的道德规范、宗教信仰和价值观等因素，因此那些强有力的行为体的行为模式更容易在一个系统中占据优势，这就是为什么我们在一种国际秩序中总是可以看到某种核心行为体行为模式的原因，例如，古代东亚秩序下中国人的行为模式，现代国际秩序下美国（及某种意义上的西方国家）的行为模式，以及古代南亚国际秩序下印度人的行为模式等。一定意义上说，一种既成的国际秩序或体系，总是能够看到某种占优势地位的行为体的行为模式及文化因素，而那些非核心行为体，都是或出于自愿或被迫将核心行为体的行为模式与文化做了不同程度的内化（或称社会化）。如果国家行为体的行为完全取决于"单元之间的关系类型而不是行为单元的自身特征"（这样的行为体是不存在的。即便是软体动物水母，也有其主体性），在一种秩序中也就观察不到在核心行为体主导下的某种一致性，也就无法把握该秩序的特征，甚至能否构成某种秩序也值得怀疑。完全从无主体性的关系出发把握国际关系是不可能的，国际关系应当是国家行为体主体性和关系性的结合。行为体（人或国家）的主体性和关系性，分别对应于人的"个体性"与"相互性"两大基本属性。"个体性"是指每个行为体都是一个既不能被分开又不能被合并这一事实，"相互性"则指行为体每时每刻都处在与他者的互动之中。正像基本粒子具有"波粒二相性"一样，行为体的存在是个体性和相互性的结合。主流国际关系理论趋于强调行为体的主体性，而忽视相互性（关系性），这是一种

① 秦亚青：《国际政治的关系理论》，《世界经济与政治》2015 年第 2 期。

基于西方个人社会经验的把握问题的方式。但若走向另一个极端，即完全将关系作为行为本体而不考虑主体性，不仅理论上有问题，也与现实不符，因为几乎不存在没有核心行为体的国际秩序。现实中不仅美日关系、美韩关系这类明显不对称型关系表现出明显的主体性特征，即便是如美俄、中印这样的势均力敌（或接近如此）的大国关系，也不能说没有主体性。

第三，在对立意义上使用"理性"与"关系性"两个概念是否合适。现在学界使用的"理性"或"理性主义"概念，一般依据的是马克斯·韦伯的权威解释。韦伯把人的行为分为两大类型，即理性与非理性行为。理性行为又分为目的取向的"工具理性"和价值取向的"价值理性"，而非理性行为则包括遵从风俗、习惯的传统性行为和受感情和情绪影响的情绪性行为。[①] 根据这个分类，中国的儒家思想也是理性（属于"价值理性"）学说。如果理解无误，关系理论中所使用的"理性"或"理性主义"指的是构成现代科学思维方法基础的"工具理性"。秦亚青教授虽然也承认中国的"关系"理念也是一种理性（他称为"关系理性"），但在他的语境中，一直是在与理性相对立意义上使用"关系性"概念的。似乎是两种不同的思维方法：前者是可计算的、追求简约、确定的因果关系，后者是一种模糊、不强调确定的因果关系，因而人们更容易将后者理解为"非理性"。从逻辑上讲，与"理性"相对应的是"非理性"，或者，是理性的两种类型——"工具理性"与"价值理性"——的相互对应，而不是与"关系性"的对应。与"关系性"相对应的是什么概念呢？在关系理论语境中，"关系性"在大部分情况下是指行为体之间的联系性或联系状态，那么与之相对应的就应是行为体的独立性或独立状态，即"个体性"或"主体性"。"关系性"和"个体性"是基于人（或行为体）的两大基本属性：相互性和个体性。社会文化的不同，对人的这两种基本属性的强调是不同的，从而形成不同的生存状态。秦亚青教授所谓的中国文化传统中的重要理念"关系"，实指"强调人的相互性、弱化人的个体性"的中国社会对人的一种把握模式。而"理性"与"非理性"，或者同属理性范畴下的"工具理性"与"价值理性"思维传统，也与对人的把握方式相关。工具理性

---

① 〔德〕马克斯·韦伯：《经济与社会》上卷，林荣远译，商务印书馆，1997，第56页。

（近代科学思维方式之基础）思维传统是强调人的"个体性"的西方个人社会的产物，因为在强调个人的社会（可称之为"个人社会"）中，人被视为独立、自主的个体，人趋于等距离地看待他人，人与人之间亦趋于陌生化，社会趋于由陌生人组成，陌生人以"契约"为纽带相连接。在这种状态下，"自由"成为人之为人的根本标志。"自由"即成为"自己"，而"自己"只能通过"永恒"不变者才可达成。这样，人的情感控制便转向"目的理性"，追求永恒的、确定性知识成为一项自由事业。在古希腊，一个人若没有对科学的追求就不配成为一个真正的人，这就是理性主义的思维传统。而在中国，个体生活在以血缘关系为中心的圈子中，人不是自主独立的个体，而是一种"关系体"。儒家把人际关系的处理当作人之根本，人际关系的调和成为整个文化的理想。在此生活模式下，生活的重心是"情"（亲情）而不是"理"（理性）。人的情感控制便转向"价值理性"模式，转向人之理（伦理）而非物之理（理性）。故发展出高度角色化的、具有相对性的规范，如孝、悌、仁、忠、敬、信等。精英文化的表现形式更多的是礼学、伦理学等规范个人和群体行为方式的学问，核心价值观也多基于此，而对纯粹理性的确定性知识的追求占据次要地位。秦亚青教授引用冯友兰的观点，认为"对于西方人的认识和思维而言，认识和控制物质世界是最为重要的东西；而对于中国人的认识和思维而言，认识和控制人的心灵是最为重要的东西。如果说西方的基本思想和实践是在物质世界中寻找幸福，……中国在力求认识在我们自己内部的东西，在心内寻求永久的和平。"（20），所以，理性所追求的确定性也就失去了意义。但"认识和控制人心灵"或"在心内寻求永久和平"，更通常的做法是用宗教或心理分析和控制的办法。如果中国文化重点解决的是人的心灵问题，宗教应当发达，文化会带有明显的自省特点，但中国似乎不是这样。中国文化重点解决的与其说是心灵问题不如说是人与人的关系问题，或者说中国人的"心内永久和平"主要是通过寻求和谐的人之间的关系达到的。中国缺乏工具理性主义思维传统使中国人把生活的重点放在了解决人与人关系上了，因为价值理性比工具理性更有利于联结人，更有利于达到人与人的和谐状态。

　　第四，用"关系性"概括中国儒家思想是否合适。"关系"是中国本土社会学、本土人类学和本土心理学的词语，也广泛用于中国社会科学界和日常用语中。但许多人或许不知道，汉语中的"关系"与"个人""社会"等词一样，都是"外来语"，关系是英语 relation 或 relationship 的译语，是近代从日语借用的地道"和制汉语"。中国传统语境中并无"关系"一词，只有与此概念相近的表述，如"人伦"和"伦常"等，其含义为以亲属为核心向外推、将人分成远近亲疏的对人的认知模式。故现代汉语语境下的"关系"有两方面含义。一个是从 relation 或 relationship 翻译过来的含义，指独立、界限清晰的个体之间的关系；另一个是与中国人特有的生存状态相联系的含义，即从一个主要由亲属关系组成的亲密圈子出发，一圈一圈外推的人际关系网络，即"人伦"之意，其中包括利用个人所拥有的人际资源以谋求政治或经济上的利益好处，日常生活中的"托关系""拉关系"等即出自此意义之行为。中国传统语境中只有后一种意义上的关系，因此，确切地说，是"人伦"或"伦常"而不是"关系"，才构成了中国人"在长期历史时间中积淀下来的文化要素和背景知识"。① 人类学、社会学最早注意到中国语境中"关系"的特殊含义大约是在 20 世纪七八十年代，一些西方文献把这个意义上的"关系"定义为"一种特殊的人际关系"（special relationship）或"特定关系"（particularistic ties）。有的则定义为"朋友关系"（friendship）、"交往联系"（connection）、交易（exchange）、"社会资源或社会资本"（social capital）等。这些定义分别从不同侧面描述了关系的某些特征，但都无法概括关系概念的全貌，故一些人类学著作干脆将"关系"直译作"*guanxi*"，这或许是最恰当的处理。这种意义上的关系实际上是指中国人基于"人伦中心"生活方式的经验，这种经验有忽视人的个体性、忽视普遍性规则（契约）等缺点，因此无法作为一种具有普适性的东西进行推广，亦不能直接将其用于补充西方个人社会的"契约"关系。关系理论从中国本土社会学和人类学中借用"关系"概念，这种努力值得称道。但"关系"或"关系性"在中国本土社会学、人类学及心理学领域已有较清晰的界定和较精确的审视，而关系理论借用的是未经辨析和审视的概念。若将此概念直接用于新理论的建构，会带来"将特殊经验普适化"（目前

---

① 秦亚青：《国际政治的关系理论》，《世界经济与政治》2015 年第 2 期。

主流国际关系理论就存在这样的问题）的风险，也无法解释当下中国需要（事实上也正在）融入国际秩序、内化国际规则（它的通俗表述是"与世界接轨"）的现实。"关系性"如果作为中国人对人的一种认知模式，即"强调人的相互性、弱化人的个体性"的认知模式，是具有普适意义的，但只有部分的普适性，因为它是建立在忽视人的另一基本属性——"个体性"——前提上的。只有做了这样的辨析，把关系提升到"对人的把握模式"层次来认识，中国的文明经验才能与西方文明经验对话，才能考虑对基于西方文明经验的主流国际关系理论缺陷的修补问题。"关系理论"的提出者应考虑把一个未经辨析的外来词"关系"概括为中国的重要思想并将之作为一种理论的关键词是否合适的问题。

　　第五，采用何种方法提升中国的文明经验。秦亚青教授认为，传统中国哲学中的阴阳概念，是一种"元关系"，阴阳及其平衡思想构成关系理论的哲学基础。在方法论上，他提出了与黑格尔辩证法相对应的、基于中国儒家思想的"中庸辩证法"。他认为中庸式的包容和互系变通，不是把关系理解成相互对立的，而是和谐中庸，这是关系理论的认识论和方法论基础。当秦亚青教授称自己的理论为"过程建构主义"时，尚可认为他采用的是建构主义的方法（社会学方法），关系理论是一种中国版本的建构主义，但他将传统中国的阴阳、中庸概念引入关系理论后，似乎是要在方法论和认识论上摆脱建构主义，回到中国传统哲学的方法。但这里有几个问题至少尚不明确。其一，黑格尔辩证法的完整内容是否可以理解成秦亚青教授所归纳的那样？其二，在中国文化资源库中，是否能归纳出一种称作"中庸辩证法"的与黑格尔辩证法相对立的辩证法系统？其三，阴阳思想是一种很模糊的哲学思想，万物划分为阴阳几乎可以说是随意的，而且阴与阳之间可存在任何关系。将这样的概念作为关系理论的哲学基础，在理论效用上是否会出现"看似能解释一切，实则等于什么都没解释"的结果？我们暂且将这几个问题撇开，检视一下向中国传统哲学方法论回归后的关系理论解释现实问题的效度。如果对现实问题的解释更具效力，那么我们就可倒推回去，承认这种方法论上的回归是可行的。但总体上看，或许由于作者对"不确定性"的偏好（主流国际关系追求"确定性"，作者似反其道而行），或许是由于与一种模糊的哲学和方法论结合（二者可能是一致的），新理论对现实问题的解释效度，至少要低于笔者的预期值。例如，用阴阳学说和中庸价值观解释强盛后的中国也不会对世界形成威胁（这个命题本身就暗含一个前提：国家行为体是行为主体），似乎并不比"中国者中道之国，人道之国也""中国者，中庸之国、和合之国也"之类的旧论更具学理性支撑。再如，用关系理论解释东亚地区合作（《关系与过程》第五、六章），给人的印象是：东亚地区的合作正在进行，有多种力量，多种脉络，制定了很多软性规则，各方都在积极"参与"，但没有什么实质性结果，具有很大的不确定性。这里有结构，有规则、制度，有共有观念，但无法从某一单一因素解释这个地区的现实。关系理论并没有解释东亚地区的合作为什么是此模式而非彼模式（如欧盟模式、南亚模式），也没有提供基于新理论的某种程度的预测。如果新理论解释说，它强调的只是一个过程，是这个过程中"流动着的关系"，并不追求确定性结论，也不解释因果联系，那么，它可能也会像阴阳论一样，受到"可解释一切，但等于什么也没解释"之类的批评。从中国的阴阳思想获得某种灵感是可能的，但必须承认，这终究不是一种精确的方法。中国本土社会学、本土心理学和人类学各利用自己的方法和工具使中国传统语境中的"关系"概念更清晰了，但在关系理论中，因与阴阳、中庸概念的结合，它似乎变得又模糊起来。这也增强了笔者这样一种看法：将中国文明经验进行学理性提升并将其引入国际关系理论从而创建一种带有中国文化痕迹的国际关系流派，可能还是要采用理性科学的方法和相对精确的概念工具，而不是摆脱理性思维方法回到模糊的阴阳、中庸路子上。

第二章
心理文化学：核心概念与研究路径

上一章指出，寻求建立国际关系理论的"中国学派"的切入点应从下面三个方面入手，即借鉴其他学科的方法、引入一种能够考虑非西方文明经验的视角和更具概括力的把握"人"的理论。笔者认为，在借鉴许烺光的心理人类学理论基础上形成的心理文化学似具备这样的条件。本章将对心理文化学做一简要介绍。

一　两个核心概念："心理－社会均衡体"
与"基本人际状态"

心理文化学是从现代心理人类学分离出来的、以美国心理人类学家许烺光倡导的心理与文化相结合的视角和方法，主要从事大规模文明社会比较研究的学问。其前身可溯至20世纪二三十年代的"文化与人格"学派，其理论框架和核心概念是由美籍华人心理人类学家、国民性研究的代表人物许烺光（Francis L. K. Hsu，1909—1999）提出，并经笔者补充和完善发展起来的。它以"心理－社会均衡体"和"基本人际状态"两个相互联系的核心概念为基础，提供了一个试图整体把握人的模型。[①]

[①]　参见尚会鹏《心理文化学要义：大规模文明社会比较研究的理论与方法》，北京大学出版社，2013；尚会鹏、游国龙：《心理文化学——许烺光学说的研究与应用》，（台北）南天书局，2010。

1. "心理–社会均衡体"

心理文化学把人的存在视为一个系统，一种状态，是一个由内而外、共分8层的"场"（图2–1），这个"场"称为"心理–社会均衡体"（Psycho-social Homeostasis，简称 PSH）。

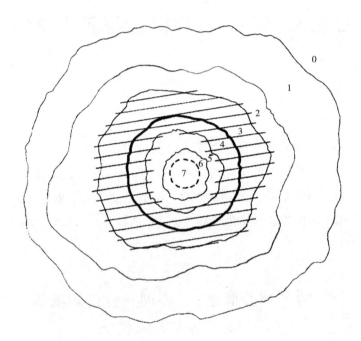

注：7. 潜意识（unconscious）；6. 前意识（preconscious）；5. 限表意识（unexpressed conscious）；4. 可表意识（expressed conscious）；3. 亲密的社会关系与文化（intimate society and culture）；2. 运作的社会关系与文化（operative society and culture）；1. 较远的社会关系与文化（wider society and culture）；0. 外部世界（outer world）

图2–1 心理–社会均衡体示意

说明：图中的斜线部分是"基本人际状态"，即中国文化语境中"人"的概念。此图式由许烺光提出*，尚会鹏对其进行了补充，并将其作为描述人类生存状态的基本框架——生存谱。**

* 见 Francis L. K. Hsu, "Psychosocial Homeostasis and Jen-Conceptual Tools for Advancing Psychological Anthropology", *American Anthropologist*, Vol. 73, No. 1 (1971), pp. 23–44.

** 详可参阅尚会鹏《心理文化学要义：大规模文明社会比较研究的理论与方法》，北京大学出版社，2013，第三章。

第7层和第6层"潜意识"和"前意识"，这是人内心最深层的东西，属于压抑或半压抑的内容。弗洛伊德的精神分析学说对这两层有详细阐述，故许烺光没有详述。

第5层"限表意识"，每个人都有一些隐藏在内心深处、自己意识到但一般不传递给他人的东西。不传递他人的原因主要有：或出于害怕（例如虽对上司不满但怕报复而不敢表达），或即使想传递给他人也由于内容过于私密化而他人无法理解，或难于用语言表达，或羞于表达等。

第4层"可表意识"包括意念、感觉、感情、思想和信仰等，如爱、恨、贪婪、嫌恶、恐惧，大到国家、民族、世界、自由、孝道、妇女贞操观念，小到餐桌礼仪、问候方式等各种文化规范。这些内容可以相互交流而且很容易被人了解、接受或回应。

第3层"亲密的社会关系与文化"，这一层是每个人强烈依恋的部分，包括有亲密关系的人、物品和文化规范。有亲密关系的人是指那些能够解除心理戒备而互诉衷肠、得到安慰、同情和支持而不必考虑报答之人。每个人都愿意和另外一个或一群人发生亲密关系，这样我们才感到存在的意义，获得心理和生理上的稳定而感到舒适。物品包括心爱之物如收藏品等，此等物品不仅对我们有用，更重要的是我们对其有感情，即我们很在乎它们的存在，宠物亦属于这一类。文化规范包括宗教信仰、理想等。这一层的内容对我们来说犹如食物、空气和水一般重要，是人获得安全感、认同感和满足感的基础。上述第4层"可表意识"的内容主要是针对这一层的。这一层内容的丧失或改变会给个人带来强烈影响。譬如，亲人亡故，珍藏的古董被打碎，理想破灭了等等。如果缺少此层内容，我们会动用其他层面的内容来弥补以达到新的平衡。如果此层长期得不到补充，或者此层的剧烈变化长期施加于个体，个体多半会产生心理问题、精神病甚至自杀。此层的内容因文化的差异而不同，有的东西在有的文化中属于第2层而在另一些文化中可能属于第3层（例如，神明对多数中国人来说属于第2层，而对多数印度教徒则属于第3层）。人们还常常会认为其他文化中人的第3层内容不合理。

第2层"运作的社会关系与文化"，此层中的人、物品与文化规范对我们来说主要是有用，而我们对其未必有感情。我们与这一层中的人一般只是角色关系，如教师与学生、商人与客户、雇主与雇员、统治者与臣民等等，他们是在扮演角色，而扮演角色并不要求投入亲密情感。物品包括交通工具、货币、器皿乃至烟灰缸、扇子等对我们有用的东西。文化规范包括交通规则、测验和考试、礼仪习俗、问候方式、买卖方式和机器的使用方法等等。这一层的文化规范与第三层的文化规范不同的是，我们循其行事仅仅是因其有用而非对它们有感情。所以一般而言人们对此层的变化不会像对第三层的变化那样产生很大的抵触。

第 1 层"较远的社会关系与文化"出现在更大的社会范围内的人、物品和文化规范，它们对我们的生活可有可无。如兵马俑之于大多数中国人，金字塔之于现代墨西哥人，一般人与产醋的工厂和电力局的关系等等。一般来说我们与它们既不是角色关系也不是感情关系。

第 0 层"外部世界"包括其他社会的人、习俗及物品，即"异文化"。一般来说社会的大多数成员很少接触这一层，或缺乏认识，或只有一些错误的认识。

根据许烺光的阐述，可将该原理的基本要点归纳如下：

（1）人的存在可以理解为一个由人与人、人与物、人与文化规范、内心世界与外部世界相互影响的"社会文化场"。这个"场"由内向外分为 8 个不同的层次。

（2）人都需要对某些人、某些物以及某些文化规范投入更多情感，从而建立起更密切的关系以使其生活富有意义。也就是说，每个人都有一个至关重要的"亲密的社会关系与文化"层（第 3 层）。

（3）人与"亲密的社会关系与文化"层的关系大体处于一种动态的均衡之中，不均衡就会带来某种心理紧张并力图恢复均衡。假如这一层少了某些人、某些东西或某些文化规范，人就会动用其他层的内容来填补。

（4）主要由人的"可表意识"层与"亲密的社会关系与文化"以及部分"限表意识"层和部分"运作的社会关系与文化"层构成人的"基本人际状态"，这就是"人"的概念。人的社会心理的动态均衡过程主要是在这个范围内进行的，这是人之为人的本质。

（5）心理-社会均衡模型不仅有个体的差异，还有文化的差异。了解心理-社会均衡模型的特点以及如何实现动态均衡的过程，是了解文化和社会的特性及变化的关键。

2. "基本人际状态"

在这个由人、物、文化规范组成的"场"中，人都需要对某些人、某些物和某些文化规范投入更多情感，从而建立起更密切的关系，即每个人都有一个至关重要的"亲密的社会关系与文化"层（第3层）。这一层，有我们的亲密之人，有心爱之物，有我们执着的理念。我们对这一层的人、物、文化规范带有强烈的感情。我们人的所有需要，特别是高层次的需要，大部分是在这一层中获得满足的，其重要程度不亚于空气、水、食物之于我们，故可称为人的"生命包"。在这个模型中，由"可表意识"（第4层）与"亲密的社会关系与文化"（第3层），再加上部分"限表意识"（第5层）和部分"运作的社会关系与文化"层（第2层），就构成了"基本人际状态"（human constant）（图2-1中斜线部分）①。许烺光认为，这个概念就是中国的"人"（仁）的概念。此概念更好地体现了人存在的本质，因此建议用"人"（Jen）取代心理学中的"人格"概念。②"基本人际状态"是人存在的基本方式，就是我们所称的"人"。"基本人际状态"比现代社会科学中"个人"（个体之人）的概念大，比"集团"概念要小，它是理解、把握人和社会的最小单位。所谓人的"社会-心理均衡"过程就是在这个"场"内进行的。"基本人际状态"与PSH这两个概念的关系是：PSH是对人的社会和心理均衡过程的描述，而"基本人际状态"指的是作为生物主体的人的系统，是对人与人相互认知和交流系统的统称。每个人的交往圈子和感情倾注的事物不同，故"基本人际状态"呈现出个体差异。不仅如此，基本人际状态还由文化所模塑，每个社会都有经过文化模塑的、占优势地位的"基本人际状态"。此概念是了解社会文化系统的关键，是我们对大规模文明社会进行比较研究的最基本的操作单元，亦是心理文化学的核心概念。

因此，此时如果你问："人是什么？"心理文化学会这样回答："就是个人，加上生命包，以及你与生命包的动态均衡模式。"这个回答跟经济学、社

---

① 日语译为"人间常相"，台湾版本译作"不变的人性常数"。

② Jen是汉字"人"的威妥玛式拼音，首次出现在Francis L. K. Hsu, "Psychosocial Homeostasis and Jen-Conceptual Tools for Advancing Psychological Anthropology"（*American Anthropologist*, Vol. 73, No. 1, 1971, pp. 23-44）一文中。

会学、心理学等现代主流社会科学对人的认识都不一样，它更接近我们中国人日常生活中对人的定义：在人际关系中定义人，人是一个关系体。我们日常说"做一个人不容易"，就是说要处理好人际关系，特别是处理好与生命包的关系，不容易。说"学做人"，人是需要"做"的。你或许会说，人必须是独立的，自由的，和有尊严的。这话不错，但必须说，这里的人，不是原型的人，是我们经过学习特别是接受现代社会价值观之后建构出来的理念人。而现代社会所谓的独立、自由之"人"（即"个人"），乃是人（基本人际状态）的一种特殊形式，是人为冻结"生命包"及其心理 - 社会均衡因素之后的形式，这种形式在西方社会受到推崇，并随着西方价值观的扩散，影响到今日我们对人的定义。而作为原型人，必须考虑人存在的更为复杂的因素，考虑人是有欲望、有情感的，一刻也离不开与他者的互动、其行为经过文化模塑等因素，即把人视为一个"心物交互多维动态平衡体"。

"基本人际状态"是决定一种文化性质的最基本的人之联结状态，是保持人的社会文化属性的最小单位。它具有相当稳定的性质，是文化中较难改变的部分。"基本人际状态"的类型有个体差异，即同一文化背景下不同个体的生命包类型以及心理 - 社会均衡模式是不同的；还有文化的差异，即不同文化中人的生命包类型及心理 - 社会均衡模式也是不同的。分析基本人际状态及其动态均衡的特点，是了解文化和社会的特性及变化的关键。从基本人际状态的角度看，社会不是建立在个人与集团的二元对立（尽管这种模式是个人社会的一种特殊形式）基础之上，而是建立在不同基本人际状态基础之上的。以基本人际状态为基本操作单元进行研究，才能真正破解文明社会的遗传密码。

"心理 - 社会均衡体"概念回答了人行为的根本动机问题。把人的行为动机理解成一个个体为获得安全、地位、交往等多项要求的满足而与"生命包"中的人、物以及文化规范互动的过程，人们从事政治、科学、艺术、宗教等活动只是这个动态均衡过程的一部分。不同的基本人际状态类型给个体带来不同的安全感，因而个体有不同的心理 - 社会均衡模式和行为模式。以这两个范式为支撑的上述心理社会均衡模型，或可看作是人的"生存谱"。采用心理文化学思路分析人类社会，一定意义上说，就是在"生存谱"中对某一社会做出鉴别和定位。这种方法或类似于自然科学中采用光谱分析法研究物质。我们知

32

道，可见光经过折射可显现出不同色彩，形成光谱。而每种物质（原子）都吸收和发射特殊波段的光，在光谱中显示出独特的谱线。物质的谱线犹如人的指纹，各不相同，因此可根据光谱来鉴别物质的化学组成，甚至可以此法来了解宇宙深处天体的物质构成。人类社会进化出不同的社会文化，在处理人与人、人与自然、人与超自然、意识与物质关系方面形成不同的模式，因而对待心理－社会均衡模型中各层的态度和处理方式也不同，形成独特的基本人际状态和心理－社会均衡模式。如果把心理－社会均衡模型比作自然界的光谱，那么，每个族群独特的基本人际状态和心理－社会均衡模式，就可比作在光谱上显示出的独特谱线，这可在"生存谱"中得到相应的描述。

二 "基本人际状态"的类型

要将基本人际状态作为了解大规模文明社会的基本单元来使用，就必须对其作出分类，这是我们要对这个概念所做的一个重要补充。

对基本人际状态进行分类的根据，是我们人类的两种基本属性，即个体性和相互性。所谓"个体性"，指我们是一个能够独自判断、独自决定和独自行为的、既不能被合并也不能被拆开的实体。所谓"相互性"，指我们每时每刻都处在与他者的联系和互动中。人的存在，实际上处在既与他者联系又相互独立的动态平衡之中。但由于生存环境（自然环境和社会环境）的不同，我们人类对这两种属性的强调不同，由此形成不同的基本人际状态。

第一大类基本人际状态是以强调人的"个体性"为特点的"个人"（the individual）形态。这是一种以"强调人的独立性、弱化人的相互性"为特点，"在独立、自由等理念下，特意将个体与他人的联系切断或减少交往中对他人的依赖，或者崇尚这种状态的人的系统"。[①] 从"生存谱"上看，此类

_____

① 此定义是笔者在参考 L. 杜蒙关于"个人"的定义 ［见 Louis Dumont, *Homo Hierarchicus*: *The Caste and Its Implications*, translated by Mark Saintsbury, Louis Dumont and Basia Gualti, Nature of Human Society（NHS），1980, p. 18］以及日本学者浜口惠俊关于"个别体"的定义（见濱口惠俊『日本研究原論：「関係体」としての日本人と日本社会』、有斐閣、1998 年、55、75 頁）基础上提出的。

基本人际状态较强调第 4 层以内（个体之人）的部分，人的存在系统与作为个体的人大体重合。在此种状态下，行为主体以个体人为感知单位，生活较趋近有机体的基础，较强调有机体的需求和期盼，较强调个体的独立和自由，个体与他者有清晰的区别。以"个人"为基础的社会称为个人社会，此类社会以西方（尤其是盎格鲁－萨克逊人）社会为典型。反映这种基本人际状态的价值观体系称为"个人主义"，它在西方社会得到了最丰富和最完备的表达。通常所说的"西方文明"，可以说就是人类在这种基本人际状态基础上创造的。

在这里，有必要把"个人"与"个体之人"加以区分。法国社会学家 L. 杜蒙（Louis Dumont）曾指出，"个人"有两种含义，一种是指在各种社会都能看到的、有血肉之躯、能行走、会思考、有情感的行为主体，即个体之人；另一种含义是作为理性存在和制度规范主体的个人，并与自由平等之类的价值观相联系的"人的系统"，是"西方社会所特有、由西方社会制造出来的理念型、理想型的表象"。① 这种含义上的"个人"实指一种由文化模塑的基本人际状态，它在西方社会占优势。在中国、日本和印度教的印度等社会中，存在个体之人，但作为一种基本人际状态的个人并不占优势。

作为一种基本人际状态模式的"个人"又可以分为几种亚类型："古以色列型"、"古希腊型"和"近代欧美型"。在美国社会得到充分发展的基本人际状态是"极致个人"，它是"个人"的一个精致版本。②

第二大类基本人际状态是以强调人的另一属性——相互性——为特点，我们可把这种基本人际状态定义为"个体认识到无法摆脱所处的情境以及与他者的具体、特定的关联性，故以包容的形式与他者处在相互依赖状态之中，或

---

① Louis Dumont, *Homo Hierarchicus: The Caste and Its Implications*, translated by Mark Saintsbury, Louis Dumont and Basia Gualti, Nature of Human Society (NHS), 1980, p. 18.

② 就其完整意义上讲，"个人"以及关于"个人"的价值观体系——个人主义是欧洲文艺复兴后出现的，但是这并非说作为一种基本人际状态的"个人"是近代才产生的。本章的人类学路径要求暂时冻结讨论对象的产生和演变问题。不过我们可以先简要指出的是，历史演变方面的材料与我们的观点并不矛盾：有证据表明古希腊的家庭结构和基本人际状态就具有更强调个体的特点。"个人"这种基本人际状态有不同的形态，欧洲文艺复兴后出现的"个人"只是其现代形态。文艺复兴运动是要"复兴"古希腊的个人传统（"个人"的古典形态之一），没有这种传统就无所谓"复兴"，例如我们就无法在中国或印度"复兴"个人传统。

者认为这种状态为人之常态并在自 - 他领域中进行相互关联控制的人的系统"。[1] 从生存谱上看，此类基本人际状态比较强调第 4 层以外的部分，人的系统与个体人并不重合，要大于个体人，此种基本人际状态下人生存的意义不在个体而在与他人的关系，人不是以个体而是以"关系体"的形式存在。人的"相互性"与"个体性"同样重要，甚至可能比个体性更重要，因为从我们已积累的知识来看，世界上以这种状态为基础的族群比以第一类状态为基础的族群更多。

如果将以强调个体性为特点的基本人际状态称为"个人"的话，那么以强调相互性为特点的基本人际状态也应有一个相应的概念来表述。这里遇到了现有的知识框架和范式局限性问题。现在的知识框架和研究范式基本上是基于西方"个人社会"之经验，这样的经验当然是很重要的，我们人类在这种框架和范式下积累了关于人类生活的丰富而精确的知识。但这还不全面，因为所谓"个人"只是一种具有特殊 PSH 模型的"人的系统"，只是人类基本人际状态的一种形式。人类还有另一种同样重要（如果不是更重要的话）的以强调人的相互性为特点的基本人际状态。但由于建立在第一类基本人际状态上的西方社会近代以来取得了惊人的物质成就，基于这种社会经验而产生的当代社会科学的主流，对同样重要的人类另一种基本人际状态的经验认识很不够并有诸多误解。我们语境中原无"个人"概念，日语把英语的 individual 译为"个人"是明治维新之后的事情。中国从日语借用了这个译词。此概念虽译成了汉字，但我们通常只是在个体人而不是基本人际状态意义上使用这个概念的。而事实上我们的社会虽然也由个体人构成，但基本人际状态却不是"个人"。现代社会科学范畴中与"个人"相对应的只有"群体"或"集体"，而此类概念无法用来描述我们"人的系统"这一现实。

鉴于此，我们用日本学者浜口惠俊提出的"间人"概念，来指称与"个人"相对应的另一种基本人际状态。"间人"的生活较趋近于人与人之间的联结而非个人的欲求和期盼，强调的不是个体的独立和自由而是集团内的人与人

---

[1]　此定义是笔者在参考日本学者浜口惠俊关于"个别体"的定义（见濱口惠俊『日本研究原論：「関係体」としての日本人と日本社会』、有斐閣、1998 年、55、75 頁）的基础上提出的。

之间的联系或相互依赖。建立在"间人"基础上的社会可称为"间人社会"。间人社会的构成单位也是"人",不过这是另一类型的"人的系统"。间人社会的价值观体系可称为"间人主义"。"间人"与"个人"是我们人类两大生存状态。

浜口惠俊本人用"间人"这一概念来指称日本人的基本人际状态,但实际上,不仅日本人的基本人际状态属于"间人",中国人、印度教徒以及许多其他非西方社会的基本人际状态也属于这种类型。两大类型又各分出若干亚类型,各类型的名称及其关系用可用图2-2表示。

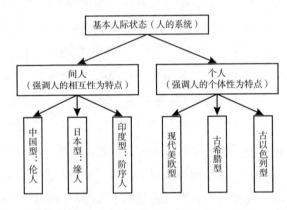

图2-2 基本人际状态(人的系统)类型

需要说明的是,两大类基本人际状态的划分,只是比较而言对人的"个体性"和"相互性"强调的不同,不是只基于一种属性而完全没有另一种属性。譬如,在"个人"这种基本人际状态下,也有人的相互性表现,但这种相互性是不在影响个体独立条件下的相互性。同样,在"间人"这种基本人际状态下也不是没有个体性,而是说这种状态下的个体性需要较多地考虑与他人的关系,是在与他人相互联系中界定个体性的。

三 基本人际状态的维度

基本人际状态是一个包括心理和社会互动的人的生存"场"。说它是一种

"场"，只是向我们提示了一种把握人的视角和工具，为了便于把握和使用这个工具，我们还需将其区分出若干维度。基本人际状态由外而内可区分为四个维度，即集团维度、交换维度、自我认知维度和情感控制维度。前两个维度属于人的社会文化（S）存在状态，后两个维度属于心理（P）状态。

这四个维度可用图式这样表示：在 PSH 图式的第 4 层和第 3 层之间的线上任意取一点，以此为中心，以 PSH 图式中虚线部分为半径画一个圆，放大后如图 2 - 3。

图中 K 线，是生存谱中第 4 层（可表意识层）和第 3 层（亲密的社会关系与文化层）的分界线，为个体人的最外边界。K 线左侧为人的心理部分，包括第 4 层全部和第 5 层（限表意识）的一部分，"情感"和"自我认知"两个维度大体与这一部分相关。右侧为社会部分，包括第 3 层（亲密的社会关系与文化）全部和第 2 层（运作的社会关系与文化）的一部分，"交换"与"集团"两个维度大体与这一部分相关。

作为"人"存在的这四个维度，与人的认知、评价、决定、实行和手段管理相关联，它包括了人的心理和社会两方面。所谓"人"，乃由这四个维度构成。

以下分别阐述各个维度及其特点。

1. 集团维度

此维度说明的是人缔结群体的样式，或者，人以怎样的方式与他人缔结群体，可以称其为基本人际状态的外形象。这是我们人生很重要的一个方面，属于 PSH 模型的第 3 层和第 2 层（部分也涉及第 1 层）的内容。其中，亲属集团的性质和特点决定了个体人获得安全感的难易程度，亦影响了 PSH 均衡模式和主要次级集团的缔结。当一种集团成为第 3 层中的主要内容时，其他集团的作用就会降低，其位置亦会移到其他层。不同的基本人际状态下，人们缔结亲属集团以及主要次级集团的方式不同，从而形成带有不同特点的亲属集团和主要次级集团，而这样的集团又构成人所处的最重要的社会文化脉络，反过来又对人的心理和行为产生重要影响。

2. 交换维度

此维度说明的是在特定社会文化脉络中个体与他人是怎样的互动模式，其内容主要属于 PSH 的第 3 层和第 2 层（部分涉及第 4 层和第 1 层）。"交换"

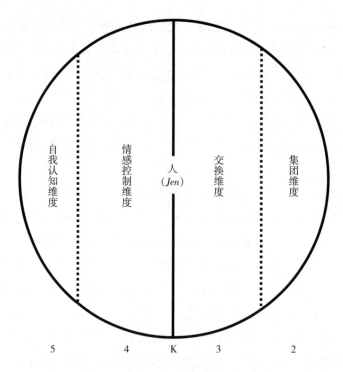

图 2 – 3　基本人状态的四个维度

本属于经济学研究的范围，但是经济学以及现代交换理论的视角忽视文化的作用，而心理文化学的视角重点在于阐述交换模式与基本人际状态的关系。我们在价值中引入情感因素，提出情感价值、等意义交换之类的概念。人的关系本质上可以还原为各种交换关系。在交换过程中，人们根据价值观来确定什么有意义、什么没有意义以及意义的大小，因而交换有不同的模式，遵循不同的规则。不同的基本人际状态有与其相一致的、占主导地位的交换模式，测量交换是否平衡的尺度和心理－社会均衡体模型有密切关系。对交换模式的分析可以把握人与人互动模式的特点。

3. 情感控制维度

情感控制是基本人际状态在心理层面的一个维度。情感控制是 PSH 的重要动力，主要在 PSH 的第 4、3 层（也涉及少许第 4 层以内部分）部分进行。人的情感在总量上是一定的，若向某些人、某些物或某些文化规范投入较多的

38

情感，就会对相应地对另一些人、物、文化规范投入较少的情感。而人的情感总是要寻求一个动态的平衡。情感的控制机制有文化差异，不同的基本人际状态下，人的情感控制机制具有不同的模式。其中，对性欲的控制，构成情感控制的重要内容。

4. 自我认知维度

认知是个人对外部信息的处理过程，自我认知主要是指对人以及人际关系的认知。对人的认知中又分"自我"认知和对"他人"的认知。自我认知是人的社会化的一个重要方面，此一维度可称为基本人际状态的"内形象"。自我意识源于过去的生活经验，是由生活经历获得的关于自我的认识性概括。一般来说，知道自己是一个怎样的人，处理与自己有关的信息，就形成一个关于自己形象和特点的认识结构。这个结构影响个体对他人或事件的解释，亦影响信息的处理方式。不同的基本人际状态下人的自我认知有不同特点，从而形成不同的自我观，而这些特点均可在 PSH 模型中解读成对不同层次内容的强调。

需要指出，每个维度在"生存谱"中有部分是重合的。集团维度大致涉及"运作的社会关系与文化"与"亲密的社会关系与文化"两层，交换维度大约涉及从"运作的社会关系与文化"到"可表意识"，自我认知维度大约涉及从"亲密的社会关系与文化"到"潜意识"，情感控制维度大致涉及从"可表意识"到"前意识"区段。

这四个维度的内在联系是：情感维度是基本人际状态心理层面的主要内容，情感的配置和控制模式决定着人生活的意义。自我认知是基本人际状态的内化形象，它与情感的配置和控制模式相互影响。交换维度是基本人际状态社会层面的主要内容，是与他者的互动方式，交换维度与情感维度相互影响。集团维度是基本人际状态的外部表现形式，它受人的交换维度的影响，是交换维度向外的延伸，但同时也影响人的交换方式。

由此看来，这几个维度的有机结合和相互影响，就构成了"整体人"，基本人际状态可谓这四个维度的统合体。这四个维度包括了人与人、人与物、人与文化理念的关系。简单说来，要想真正把握人，至少需要从四个方面入手：人与他人的关系是何种模式，人所处的群体有何特点，人是如何界定自我以及人的情感模式是怎样的。

四 均衡方向与均衡度:"心理-社会均衡体"的动力学关系

了解了基本人际状态的类型和维度,还需要了解基本人际状态四个维度与类型之间的动力学(dynamics)关系。

我们把图 2-1、2-2 和 2-3 结合起来,考虑文化变量,得到一个说明心理-社会动态均衡过程与文化关系的示意图(2-4)。

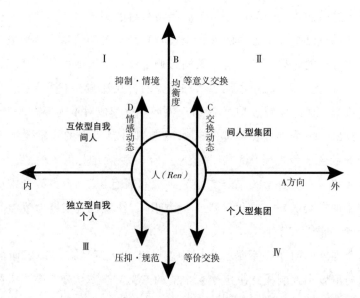

图 2-4 心理-社会动态均衡过程示意

为了描述说明心理-社会动态均衡过程,这里引入了以下几个概念。

1. 心理-社会均衡方向 由图中左右方向的 A 轴表示。这个概念原存在于许烺光的心理-社会均衡模型(本书的图 2-1)中。如前所述,"心理-社会均衡体"共分为 8 层,以第 3 和第 4 层的中间线为界,向左指向个体的内心世界,依次为"可表意识"、"限表意识"、"前意识"和"潜意识"。这部分主要与人的"情感性需要"相关,是心理活动的主要内容;向右指向人的社会关系,依次为"亲密的社会关系与文化"、"运作的社会关系与文化"、"较远的社会关系与文化”和“外部世界”。此部分主要与指人的身体以外的世界，与人的“社会性需要”相关。“心理－社会均衡方向”这个概念表明，人的心理－社会均衡可从不同方向得到。当我们动用其他层的内容来弥补第3层变化造成的不均衡的时候，就有一个是向内还是向外的方向问题。这个概念不仅能表示人的内心和外部世界的区分，亦能较精确地描述不同层次的动用情况。

2. 心理－社会均衡度　由上下方向的 B 轴表示，指人获得心理－社会均衡的难易程度。文化不同，人的 PSH 中第3层的内容、性质和稳定程度亦不同，因此人的社会和情感要求满足的难易程度亦异。该轴向上表示均衡度高，这对个体来说意味着 PSH 模式较稳定，获得情感满足较容易；对社会集团来说，意味着集团内情感度较高，较能容易满足个人的情感性要求。B 轴向下则表示均衡度低，这对个体而言表示 PSH 模式较不稳定，个体获得社会和情感均衡较难；对集团来说意味着情感度较低，满足人的情感要求较不容易。均衡度概念可用来测量由文化造成的个体获得安全感的难易程度。譬如某种基本人际状态使个体有一个稳固的 PSH 第3层，个体就较容易获得安全感，我们就可以说这种模式的 PSH 均衡度较高，否则，均衡度较低。

A 轴和 B 轴将图式分为四个象限。“间人”在第 I 象限和第 II 象限（A 轴的上方）；“个人”在第 III 和第 IV 象限（A 轴的下方）。

3. 情感动态　在描述人的情感均衡方面引入“情感动态”（图中的 D）概念。这是指人依据文化设计原理的情感配置模式和控制的动态机制。个体的情感动态均衡是通过情感配置和情感控制机制达到的，文化塑造的情感配置模式和控制机制是不同的。情感动态线上下位移表明情感控制机制的变化，其一端是基于某种规范的“压抑”机制，另一端是基于情境的“抑制”机制。情感动态概念能够较精确地描述人的情感维度在不同的文化变量下的动态均衡情况。

4. 交换动态　在描述个体的人际关系均衡方面引入“交换动态”（图中 C）概念。这是指人在与他人之间的物、服务、信息、情感的流动机制。个体在各种集团中与他者建立各种交换关系，这种交换大体处于动态平衡状态。交换动态线的上下位移表示交换中物与情感平衡的变化，其一端是完全去情感的"等价交换"，典型形式是"商品交换"；另一端是带有高度情感的"等意义交换"，其形式有赠予、送礼等。这两类交换最终都是平衡的，但前者是交换价值的平衡，其衡量的尺度通常是货币，后一种交换是情感价值的平衡，其衡量的尺度是感情。由物的平衡到情感的平衡，中间经过了"价值转换"，平衡是通过价值转换达到的。交换动态概念能够使我们较精确地描述人的交换维度的动态均衡情况。

这几个概念所揭示的心理－社会均衡过程与文化变量之间的关系可简要表述如下。

第一，"间人"以及"间人型集团"都在 A 轴之上，表明与较高的 PSH 均衡度相关联。而"个人"以及"个人型集团"都在 A 轴之下，表明与较低的 PSH 均衡度相关联。这与间人和个人两种基本人际状态特性相关。

第二，强调相互依赖的间人和强调独立的个人位于 B 轴的左侧。这部分表示的主要是人的心理内容，即基本人际状态的情感维度和认知维度；而间人型集团和个人型集团位于 B 轴右侧，这部分表示的主要是人的社会内容，即基本人际状态的交换维度和集团维度。

第三，在情感均衡方面，间人趋于 E 轴的上端，这意味着个体的情感控制趋于"抑制"型，个体行为趋于依据"情境"；个人趋于 D 轴的下端，这意味着个体的情感控制趋于"压抑"型，个体行为趋于依据"规范"。

第四，间人型集团趋于 C 轴上端，这意味着这种集团内的交换关系趋于附带更多的情感成分，即趋于"等意义交换"。而个人型集团位于 C 轴的下端，这意味着这种集团内的交换关系更趋于去情感的"等价交换"。

第五，所谓 PSH 均衡过程，就是 PSH 的方向、均衡度、情感动态和交换动态四个要素相互影响的综合动态过程。例如，均衡度（B）影响方向：均衡度较低会使个体投向内外各层以寻求均衡，而方向轴的内外移动实际上指"情感动态"线与"交换动态"线的左右移动，代表了情感配置和交换关系在不同层次上的变化。"情感动态"线与"交换动态"线上下移动则分别与均衡度的高低相关联，如此等等。

五 PSH 理论和"基本人际状态"：两个新范式的特点与意义

由许烺光提出并经过笔者完善的"心理－社会均衡体"（PSH）和"基本人际状态"，是心理文化学的两个核心概念，也是新的研究范式。我们的全部分析工作可以说就是建立在这两个范式基础上的。这个研究具有以下几个重要特点。

第一，这两个概念将人理解为一种"社会文化场"而不是孤立的个体，摆脱了完全从"人格"角度把握族群性格特点的局限。

人类生存最根本的要素是人际连锁关系（interpersonal nexus）而不是个人。"基本人际状态"是研究人类社会和文化的最小单位，是个人加上"生命包"以及与之互动模式。这个概念考虑了人存在的更为复杂的因素，与更大的社会和文化脉络联系起来进行把握，这符合人这个"心物交互动态平衡多维整体"的特点。这个理论的一个预设前提是：人无法完全独立存在，需要与他人建立各种联系。人类生存最根本的要素是人际连锁关系而非个体人。"基本人际状态"概念以一种类似物理学看待基本粒子的立场来看待个体之人。量子理论告诉我们，自然界既没有完全孤立的基本粒子，也没有与其他粒子完全结合、不具任何个别性的粒子，粒子实际处在自律的个别性与完全结合之间的状态，这就是所谓基本粒子的"波粒二象性"。粒子与其他粒子的相互作用越强，其个别性就越弱。L. 杜蒙在研究了印度的种姓制度后认为，这种情况也适用于人类社会。在人类社会中，完全独立的、与其他个体没有关联的、自我充足的个体是不存在的，个体通常是全体中的个体。即便是在崇尚独立、自由的个人社会，个体也处在与他者的种种联系之中，完全独立、自由之"个人"只是一种理念。另外，也不存在没有任何独立性、完全与他人结合在一起的个体。即便是在那种被称为高度"集体主义"的社会里，个体也都有独立判断、独立决定和独立行为。人的"个体性"与"相互性"之关系，类似基本粒子的"波粒二象性"。"场"的视角正体现了对人的这种特性的把握。西方社会中的"个人"可视为一种特殊形式的"人的系统"，一种冻结或弱化人的相互性属性的特殊形式的"场"。基于"场"的理论可概括"个人",但基于后者的理论却无法概括前者。此模型可称为人的生存谱。生存谱可比作物理学中的光谱图,而每种类型的基本人际状态(人)则可比作具有特定波长和频率的单色光,各种生存状态均可在该图谱中找到相应的位置并得到相应的描述。

个人社会强调人的个体性,正像物理学中强调粒子的实体性一样,可以说强调的是人存在的一种特性。间人社会强调人的相互性,可比作是物理学中的强调粒子是一种"波",强调的是人存在的另一种特性。而心理文化学的"基本人际状态"则是把人视为具有"波粒二象性"的存在。如果说,强调人个体性的看法类似古典力学理论的话,那么认识到人的"波粒二象性"的心理文化学,则可比作量子力学理论。从这一点来看,无论是个人社会的价值观和文化理想所强调的"个人的彻底自由",还是像中国社会这样的间人社会的文化理想所强调的"人与人之间的彻底协调",都是把人的一个方面加以强调,并设想出在这个方面的理想状态,因而都是不可能实现的。

由弗洛伊德创立的精神分析学派注重前意识和潜意识,这涉及"人"最内的两层(即PSH的第7、6层),弗洛伊德的学说可以说主要是建立在对潜意识的认识之上的。"文化与人格学派"使用的"人格"概念也是基于人的这两部分,即个体的"内在力量",着重于个人内部复杂不安的精神状态而不是与社会文化的互动。这样的"人格"概念较适合"个人"状态下的人,因为在"个人"这种基本人际状态下,个体更关注个体的情感、感觉、欲望与本能而非与他者的关系。因此,弗洛伊德的精神分析学派、"文化与人格"以及人格心理学所涉及的"人格"概念,多数情况下只是个人主义的人格。强调人的潜意识和前意识这两层的重要性,显然较适合"对人的界定主要限于作为生物体基础的个体"(即PSH中的第4层以内)这种基本人际状态。而源于许烺光理论的心理文化学,更强调人所处的社会文化脉络(及PSH的第4、3层),基于此,许烺光建议不用"人格"概念而改用中国的"人"的概念。"基本人际状态"概念强调"社会文化场"之重要性,这就使得对人的研究跳出了西方以个人为中心的模式,转到了更具普遍性的社会中心(socio-centric)模式上来。

第二，从心理－社会动态均衡角度把握人，符合人是一个动态平衡体的特点。

从人的某种单一欲望来解释人的行为动机在西方有悠久的历史。从卡尔·马克思的人们首先必须吃、喝、住、穿，然后才能从事政治、科学、艺术、宗教等看法，到弗洛伊德的性趋力是包括政治、科学、艺术、宗教活动在内的各种各样活动的本源动力的表述，再到国际关系理论中的现实主义学派对国家行为体"利益"和"权力"动机的强调，都是一脉相承的。"心理－社会均衡"概念既不是完全从社会文化的角度，也不是完全从心理的角度，而是从社会文化与心理动态均衡的角度来把握人，把人视为一个人与人、人与物、人与文化规范、心理活动与社会环境的动态均衡体。作为生物体的个体，每个人都力求在其控制下的器官组织维持一致及有利的生理稳定，也力求在其精神及与他者的关系中维持平衡。显然，这种动态均衡的分析方法更适合对"人"这种有欲望、有情感、会选择、经过文化模塑的活体的研究。"生存谱"中的第3层构成我们的"生命包"，检视生命包的构成特点和均衡模式是揭示人的行为以及文化奥秘的重要线索。譬如，在传统中国，狗和猫属于人们的第2层的成员，即人们饲养它们主要是因为有用：狗用于守护，猫用于捉老鼠。但在西方社会，它们是"宠物"，人对它们有情感，属于第3层。现在中国许多住在都市的人也饲养宠物，狗和猫由第2层变成了第3层成员。这是因为中国人的第3层内容发生了变化：生活中缺少了某种亲密的人际联系，便通过饲养宠物来弥补。由此，PSH原理是一个看似简单、内容却十分深刻的理论。谓其简单是说它讲的是一个类似人"饿了想吃，吃饱了不饿"的常识，谓其深刻是说人的心理与行为的奥秘正与这一简单道理相关联。真理都是简单的，正因其简单而常被忽略。

六　国家关系研究的心理文化学路径

学界呼吁把对"人"的把握融合到国际关系研究中去，但缺乏如何具体把握，并可操作之法。把握人需要新的视角和工具，心理文化学提供这样的视角和方法："整体人"的视角以及"心理－社会均衡体"和"基本人际状态"

两个把握人的操作工具。

按照这一路径，每一国家行为体都与某种独特的基本人际状态相联系，易言之，不同类型的基本人际状态构成不同文明的基础，亦构成国家行为体的"文化基因"。学者罗伯特·阿德里（Robert Ardrey）将生物体的社会视为一种进行划分势力范围、确定群内序列、进攻和防卫的游戏，一种"通过规定的手段以获得规定的奖品为目标的竞争游戏"。人类的这种游戏可分为两大类：一类是以个体为单位的游戏，一类是以集团为单位的游戏。从我们的视角看，把人类文明看作人类在两大类基本人际状态下玩出来的游戏似更妥当：一类是在"个人"系统下玩出来的游戏，玩者是"个体"；另一类是在"间人"系统下玩出来的游戏，玩者是一种"关系体"。① "个人"只是基本人际状态的一种特殊形式，这种"人的系统"在西方社会占优势，西欧文明（我们把今日美国以强调个人的独立、摆脱传统羁绊、控制大自然、重视个人权利、重视法律等为特点的文明视为其一种精致形式）是建立在这种基本人际状态之上的。在这样的社会中，基本人际状态与作为生物体基础的个体的人大体重合，而多数非西方社会的"人的系统"并非"个人"。因此，现代主流国际关系理论将人简化为"个人"并进而简化为"经济人"的把握方法，说到底主要是基于西方个人社会的经验。

笔者认为，文明体的内核不是宗教而是"基本人际状态"。亨廷顿从宗教角度划分文明的做法带来了这样的问题：某一文明体有时分属于不同的宗教意义上的"文明"，譬如韩国被认为属"儒教文明"，只能说历史上如此。而今日韩国人中有超过一半的人信奉儒教之外的宗教，而在信教者中，佛教徒和基督教徒几乎相当。② 根据亨廷顿的划分，"西方文明"也应划分为基督教（新教）文明和天主教文明，因为既然同是源于基督教的东正教是一独立文明，基督教（新教）和天主教就没有理由不划分成两个文明。

---

① 这后一类游戏又分两种情况：（1）共同体式，集团之间有竞争，但集团内个体之间平等性较高；（2）阶序式，为了避免集团间竞争，集团内部个体之间有严格的阶序排列。参见 Robert Ardrey, *The Territorial Impertive*: *A Personal Inquiry into the Animal Origins of Property and Nations*, New York: Dell Publishing Co., 1966, 转引自〔日〕公文俊平『情報文明論』、東京：NTT 出版株会社、1994 年、209 頁。

② 据 2017 年统计，基督教徒占其人口的 20.3%，佛教徒占其人口的 19.6%。

宗教固然是文明体的重要标志，但根据我们的看法，宗教只是特定基本人状态在特定心理文化取向下经过整合的价值观的表述体系。基本人际状态是人存在的基本系统，它携带着社会和文化的遗传信息藏于文明体中，属于"文明的原理"，虽然也会受社会变化的影响，但它类似生物体的基因，具有更稳定的性质。文明可能会衰落、灭亡，宗教信仰可能会改变，但只要构成文明体的人不被消灭或打散，这些人还会依据某种原理排列出相同的基本人际状态。

"心理－社会均衡"概念则涉及行为体行为的原动力问题，"心理－社会均衡体"原理为我们研究"文化对国家行为的影响"这一命题提供了具体的根据。此概念把人理解为一个人与人、人与物、人与文化规范互动的动态均衡"场"，人们从事政治、科学、艺术、宗教等活动只是"人"与"场"动态均衡过程的一部分。国家行为体对"外部世界"（他国或异文化）的态度和行为，与该主体对人的认知模式以及与之相联系的人际关系模式相关联。心理－社会均衡模型告诉我们，"外部世界"是"人"这个社会文化"场"的一部分，而且处于这个"场"的最外围，包括异文化、异民族，乃至外星球。一般来说由于"外部世界"与"内部世界"是异质的存在，故这种折射常常产生错误认识和错误行为。对外部世界的看法与行为与对内的看法和行为是有联系的，是人处理所面临的世界的一部分。从这个意义上说，一个族群或国家没有特别的"对外看法"和"对外关系"。"国际观"源于"国内观"，前者可视为后者的自然延伸（当然会有一些差异）。一般来说，我们对"外部世界"这一层的人没有直接接触，只有很少或错误的认识。人们一般会将对第3层、第2层的人的看法和交往方式投射到这一层，处理国家之间的关系是他们处理国内人与人之间关系的一种反映。是否有足够的安全感是影响我们对外部世界（敌或友、安全或威胁等）作判断的重要因素，人的安全感主要来自心理－社会均衡模型第3层（"亲密的社会关系与文化"），所以，是否有一个稳定的第3层是判断个体，进而判断族群乃至国家行为体是否有足够安全感的重要因素。不同的基本人际状态有不同的心理－社会均衡模式。有的基本人际状态类型能够给个体以较大的安全感，而有的带给个体的安全感就相对较小，这是国家行为体对外部世界持不同态度和行为的重要原因。此外，"心理－社会均衡"概念还要求在把握人以及国家行为体的行为模式时，要考虑地位、安全、交往等需要的满足这类更为复杂的心理和情感因素。

由此看来，国际关系研究的心理文化学路径与结构现实主义完全不同，它强调被结构现实主义抽掉的行为体的文化或文明"属性"，并开发了工具和方法。不是把行为体做简化处理而是赋予其复杂的个性，它并不追求简洁、具有普遍性的"科学"结论，而是致力于揭示差异化、相对性的意义。心理文化学路径尝试把对国家行为体置于一个新的框架之下，用新的工具进行把握，从而有可能为认识基于西方个人社会经验的当前主流国际关系理论的局限性以及对非西方文明经验的学理性提升提供一个更具兼容性的操作平台。将"基本人际状态"和心理－社会均衡原理引入国际关系研究领域意味着需要以一种新的视角认识当前国际关系及其原则，由此在下述几个重要问题上或可得出新的认识。

第一，目前被普遍接受的国际秩序及其原理，可能只是具有相对意义。它既非天然如此亦非本应如此，它源自"个人"这种特殊类型的基本人际状态占优势地位的西方个人社会，是西方"个人"的外推，也是今日非西方国家"内化"的结果。

第二，当前某些重大的国际问题之所以难解决，根本原因可能在于当前这种源自个人社会的国际秩序本身。例如目前的核武器困境难以解决的根本原因在于目前处理此问题的游戏规则是强者规则，拥有核武者若不首先放弃核武，可以预期拥有核武器的国家还会越来越多。再如防止污染问题，只要国际行为体的自利行为不收敛，其解决前景亦不乐观。

第三，心理文化学的路径支持从非传统安全角度理解国际关系。从个体层次上看，一个人的安全感并不一定与其物质实力成正比，真正的安全感是建立在人际关系和心理之和谐基础上的，一个富足、强壮的人并不一定比一个贫穷、瘦弱的人更有安全感。同样，国际行为体的真正安全感主要不是来自经济和军事力量的强大而是与他国的和谐关系。军事力量强大的国家不一定更有安全感，例如不能说强大的美国就比弱小的不丹更有安全感。

第四，源于西方个人社会的近代民族国家以及在此基础上的国际秩序是国际行为主体之间不信任乃至冲突的根源。这暗示着可能还存在基本人际状态不是"个人"的社会以及建立在这种社会基础上的国际秩序。那里通行的未必就是利益和实力原则，国家强大了亦未必扩张，这可以解释为什么历史上一些文明比另一些文明更具扩张性，也有可能为总结非西方社会经验并将其用于建立某种"后现代国际秩序"提供理论上的可能性。

第三章
人、国家与国家间关系[*]

从上一章简要介绍的心理文化学的理论可知，"基本人际状态"构成一种社会、一种文明的主要"内涵"，而"心理－社会均衡体"则是解释个人和社会变动的原理。在将"基本人际状态"和"心理－社会均衡体"两个核心概念引入到国家行为乃至国家间关系的分析时，还需要补充一个中间环节，即国家的两个层面：文明体与组织体。基本人际状态的信息记录在文明体中，一种文明的内核是通过文明体影响到国家行为体的。

一 作为国家行为体的两个侧面："文明体"与"组织体"

当国际关系理论的现实主义鼻祖汉斯·摩根索宣称基于人性之恶国家之间争夺权力和利益不可避免时，他实际上把国家行为体预设为一头毫无文明可言的怪兽。而当文明学派的代表人物塞缪尔·亨廷顿强调文明的重要性，并预言未来世界的冲突将主要发生在各大文明之间时，[1] 文明在他那里似乎成了另一

---

* 本章内容发表在《国际政治研究》2013年第4期，收入本书有修改。

① 塞缪尔·亨廷顿产生了广泛影响和巨大争议的"文明冲突"观点集中在他的《文明的冲突与世界秩序的重建》一书中。参见〔美〕塞缪尔·亨廷顿《文明的冲突与世界秩序的重建》，周琪等译，新华出版社，2002。

副面孔的怪兽。亨廷顿强调文化（他常将文化与文明相混淆①）的重要作用是对的，但他没有阐明"文明"与"国家行为体"之间是何种关系，他的"文明"概念庞大而含混，以至于我们根本无法把他所谓的文明作为一个可操作的分析单位用于国际关系研究。譬如，他所说的伊斯兰文明、儒家文明等，事实上都不是一个整体而是包括多个国家行为体，只能说若干国家行为体大体处于一种相似的、模糊的文化背景，而处在相似文明背景下的国家之间的矛盾和冲突，并不少于其他文明背景下的国家。亨廷顿为了说明文化的重要性，曾举出这样一个著名例子：20世纪60年代非洲的加纳和韩国的经济统计数据十分相似，但30年后，韩国成为一工业巨人，经济名列世界第14位，而加纳却没有发生这样的变化，其人均国民生产总值仅相当于韩国的1/14。他认为是韩国人的"节俭、投资、勤奋、教育和纪律"价值观造成了这种差异。② 这个例子看似很具说服力，实则是把文化与国家之间的关系简单化并夸大了文化的作用。按照亨廷顿的逻辑，贬低文化论者也可以举出这样一个相反的、说服力可能更强的例证加以驳斥：同属于一种文化的韩国和朝鲜，60年前本是一个国家，应同样有节俭、投资、勤奋、教育、纪律之价值观，而现在（2011年）朝鲜的国民生产总值仅相当于韩国的1/34。

尽管亨廷顿的文明冲突说引起了广泛的批评，但在他之后国际关系研究领

① 他认为文明和文化都涉及一个民族全面的生活方式，文明是放大了的文化，它们都包括价值、规则、体制和一个既定社会中历代人赋予了头等重要性的思维模式。参见〔美〕塞缪尔·亨廷顿《文明冲突与世界秩序的重建》，周琪等译，新华出版社，2002，第24~25页。然而，许多学者并不同意他这种把文明与文化混淆的做法。具有文化人类学背景的日本国际关系学者平野健一郎就批评亨廷顿把"文明"与"文化"概念简单地相提并论，平野把文明看成文化的机械性与制度性要素之集合，认为文化的层次高于文明。参见〔日〕平野健一郎《国际文化论》，张启雄等译，中国大百科全书出版社，2011，第31~32页。笔者认为，日本学者公文俊平对文明与文化的区分是妥当的：文化"是社会成员几乎在无意识情况下学习、适应和传承下来的人的行为诸方面的原理，以及文明的设计原理的复合体"；文明是"在文化设计原理作用及环境等各种因素的影响下人类有意识地产生出来的、在精神和物质两方面的社会生活类型的复合体或装置群，是人生活的制度"。参见〔日〕公文俊平『情報文明論』、東京：NTT出版株会社、1994年、17頁。文明可比作生物体的表现型，有成长、发育、衰老、死亡的变化，而文化可比作生物体的基因，比文明更稳定、更具根本性。

② 〔美〕塞缪尔·亨廷顿、劳伦斯·哈里森主编《文化的重要作用：价值观如何影响人类进步》，程克雄译，新华出版社，2010，第9页。

域开始对文明和文化的重视①却是不争的事实。自然，在这一研究领域，讨论的重点并非如前述那样的"价值观对社会发展的作用"之类的社会学和文化人类学视角的问题，而是文明作为国际政治施动者的作用是否成立，以及文明之间关系的本质等问题。亨廷顿的观点被批评为"本质主义"，认为他把范围广泛、边界不清的文化共同体作为世界政治中至关重要的因素。批评者认为，文明对于国家中心的国际关系研究用处甚微，不是影响国家之间关系的最重要属性。这两种观点可谓各视一面、各执一词。事实上，国家行为体既是"文明体"同时又是"组织体"。当亨廷顿说价值观的重要作用时，他是在"文明体"意义上讨论国家行为的，但文明不是行为体，因为文明本身不会行动，它只是一种"装置群"，"是个人或集团在社会生活中有意识地生产、享用的各种有形或无形的人工造物（artifacts）"，② 文明所体现的价值观必须通过国家行为体（组织体）的行为才能表现出来。他所称的韩国文化传统中的"节俭、投资、勤奋、教育和纪律"价值观（如果是这样）乃是通过人们缔结成一定集团、通过国家一系列制度设计和政策实施方能体现出来。而贬低文化作用的论者则没有看到，虽然今日朝鲜和韩国经济、社会发展差距巨大，但人们仍共享着某种文化内核，即人们在价值观、行为方式上仍有共同之处，譬如朝鲜人和韩国人仍共享着节俭、勤奋、纪律等价值观，以及对家庭、组织、国家的忠诚心。文化内核与不同的集团组织、制度和政策相结合，朝着不同方向发展，产生了不同的结果。

国家行为体由"文明体"和"组织体"两方面构成，"文明体"可视为文化与国际关系的中间环节。"国家行为体"、"组织体"与"文明体"三者的关系如图 3 - 1 所示。

国家由人组成，作为文明体和组织体，由同一群人构成，但二者强调的是不同侧面。文明体可视为一种知识、信仰、规范、观念的共同体，它强调的是人的生存状态、情感模式、价值观和行为方式等；而组织体是集团、制度的集合体，强调的是社会结构、制度等。作为组织体的国家可分类为民主国家、专

---

① 标志可能是 2007～2012 年美国国际关系学者帕特里克·杰克逊和彼得·卡赞斯坦主编的文明三部曲出版。

② 公文俊平『情報文明論』、東京：NTT 出版株式会社、1994 年、3 頁。

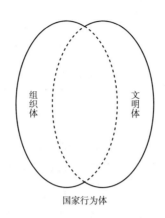

图 3 - 1 国家行为体及其两个侧面

制国家等。而作为文明体的国家，则可以从人的生存状态（"基本人际状态"）划分为建立在"个人"社会之上的国家和建立在"间人"① 社会基础上的国家。

需要指出，这里的"文明体"概念既包括作为"社会生活类型的复合体或装置群"的文明，也包括作为"文明原理"的文化。这里的文明与文化的关系，不是亨廷顿所说的大与小的关系，而是类似生物表现型与基因的关系。文明体与组织体是相互影响的。一方面，文明体影响组织体，并通过后者影响国家行为体对外部世界的看法及与他国的关系；另一方面，组织体也会影响文明体。从性质上看，组织体变化较快，也很容易观察到，而文明体则变化较慢，具有较大的延续性。一个社会制度层面的急剧变化（对这方面研究构成所谓"现代化"研究的重要内容），会影响文明体的变化，但这种变化主要表现在作为"社会生活类型的复合体或装置群"的文明上，而作为"文明的原理"的文化则不易变化。只有把国家既理解为组织体又理解为文明体，才能正确把握国家行为体的行为。伊曼纽尔·阿德勒把文明体视为一种"实践共同体"，他对文明体与组织体意义上的国家之关系的表述是对的："一方面，实践共同体赋予政治实体以行动的属性，政治实体可以代表实践共同体的知

---

① 心理文化学认为，在"人的系统"意义上，与"个人"相对应的不是"集体"或"群体"，而是"间人"。参见尚会鹏《心理文化学要义》，北京大学出版社，2013，第60~63页。

识、身份、话语和规范采取独特的行动。另一方面，政治实体通过实践手段，强化实践共同体的知识和话语，并将其合法化和制度化。"① 从此意义上看，美国攻打伊拉克是一种组织体行为，但美国宣称要在伊拉克乃至中东推行自由、民主制度和价值观时，可以说是要做文明体意义上的事。

处于同一种文明背景下的国家可能是完全独立的国家（如儒家文明圈中的中国、越南、朝鲜、韩国，印度文明圈中的印度、尼泊尔等），这些国家都有文明体和组织体两侧面，只是它们有共同的文明背景，或者说是一个更大文明共同体的分支。但有时，作为文明体是统一的，而作为组织体可能是分裂的，如美国独立战争时期和其后与英国等。文明体通常与组织体结合而构成国家行为体，但也不尽然，也有这种情况：作为组织体的国家灭亡了，或者长期缺乏作为组织体意义上的国家形式，但作为一种文明体却一直延续。例如，印度文明在相当长时间内和相当广的区域内兴旺发达，却少有完整的作为组织体的国家形式，亦缺乏强大的军事力量和有效的政治形态，不断内乱和被外来民族征服。组织体是制度、组织的集合，而文明体是生存方式的集合。组织体可以被摧垮而文明体无法用武力摧垮。苏联的垮台说明了作为组织体的国家无论建立在怎样高科技武器和强大经济基础之上，都可被轻易摧毁，但苏联解体了，俄国人的价值观和生活方式并没有被摧毁。

基于此，文明体与组织体的关系或可比作营养液与菌株的关系：营养液通过菌株获得存在形态，菌株无法脱离营养液而成活，一种营养液可培育多株独立菌株。只有将文明体与组织体结合起来，才能有效地把握文化对国家行为体的影响，所谓"世界政治中的文明"才能定位，"多元、多维的文明视角"② 才能成立。

必须承认，虽然自亨廷顿之后，对文明和文化的讨论开始在国际关系理论研究中受重视，但这方面尚存在诸多争议并远没有成为国际关系研究的主流，

---

① 〔美〕彼得·卡赞斯坦主编《世界政治中的文明：多元多维的视角》，秦亚青等译，上海人民出版社，2012，第76页。

② 〔美〕彼得·卡赞斯坦主编《世界政治中的文明：多元多维的视角》，秦亚青等译，上海人民出版社，2012，第1页。

构成现代主流国际关系理论的应当说仍是以国家为中心、把国家行为体预设为某种"经济人"或"理性人"的现实主义和自由主义学派。主流国际关系理论强调的是国家的组织体侧面，如沃尔兹把国际体系视为一种无政府状态。若仅从组织体层面看，他的看法是对的，因为国际上的确不存在一个具有权威的、类似世界政府的组织体。但这一视角完全冻结了国家的文明体层面，而缺乏文明体视角的任何理论，无论有多么简洁、优美的形式，其解释力注定有局限性，因为国家行为体不能简化为单纯的组织体。既然如此，那么为什么这种理论能够成为今日国际关系理论的主流呢？这可能是由两个容易被研究者忽视的原因所致：第一，文明体本来隐于组织体中，而现代国际秩序产生时的国家行为体处于同一文明（即西方文明）背景之下，作为组织体的国家——民族国家和作为文明体的国家重合在一起，国家的文明体侧面变成了"民族体"，而国家的行为亦可简化为组织体行为。而当这种源于西方的秩序普遍化为一种涵括了非西方国家的国际秩序时，人们仍沿袭旧的思维定式，忽略文明体侧面。人们在同一屋子中活动，屋子对行为者的影响相同，故可忽略不计。但若考察住在不同屋子（文明）中人的活动，就不能忽略所处环境（屋子）的影响。第二，现代主流国际关系理论（许多社会科学学科亦如此）为了追求"科学性"，必须冻结文化、文明等不易把握的变量，基于"经济人"假设把国家简化为争取自身利益最大化的理性行为体，更容易"科学"地概括出简洁而优美的定律，更容易形成一门科学理论的坚硬内核，从而更容易被认为是一种科学理论。

或许是受主流国际关系理论的影响，人们对于今日之中国往往仅从组织体侧面把握，即仅视其为西方意义上的"民族国家"而忽略其文明体侧面。其实不仅中国，今日南亚、非洲、南美洲、中东等地区的大多数国家严格说来都不是西方意义上的"民族国家"，在把握其行为时都不能仅关注其组织体侧面而无视其文明体性质。一些学者注意到了这个问题，但因现有国际关系理论框架中缺乏适当的表述系统，常出现概念混乱。譬如，英国学者马丁·雅克在其题目有些耸人听闻的著作《当中国统治世界》中指出，现代民族国家的概念不适合称呼中国，中国不是"民族国家"而是"文明国家"，认为今日中国人政治行为背后的一些原理仍遵循传统中国的政治经验。"这么说不是否认中国

55

发生了根本性的变化，而是要强调中国的特点还包括极具生命力的联系性——做一个科学上的类比，它的 DNA 仍然完整如初。"① "今日中国的主要面貌，包括社会关系和习俗、生活方式、优越感、国家观念和对统一的执著，都是中国文化的产物，而不是近代成为民族国家的表现。表面上它似乎像民族国家，但骨子里是文明国家。"② 另有人则把今日中国称为一个将"民族国家"与"文明国家"融为一体的"文明型国家"（civilizational-state），认为是"……一个把'民族国家'和'文明国家'的长处结合起来的国家，这本身就是一个奇迹，体现了中国文明的巨大整合能力"。③ 然而，这个说法是有问题的。他们所使用的"文明国家"或"文明型国家"相对应的概念应为"野蛮型国家"或"蒙昧型国家"，若称中国为文明国家或文明型国家，难道其他国家是野蛮国家不成？国家本来就有文明体和组织体两个侧面，如果说当今中国在经济和社会方面取得了什么成就，那不是因为什么"把民族国家和文明国家的长处结合起来"的"奇迹"，而是中国的文明体性质即中国人独特的生活方式与价值观和作为组织体的性质即独特的国家制度与政策相结合的产物。如果说世界对今日中国的行为还无法了解甚至有诸多误解，那多是因为中国在表达自己的诉求和解释自己的行为时不得不将记录在文明体中的丰富信息挤压在狭窄的组织体（民族国家）侧面，世界也趋于据此理解中国的行为而忽略其文明体侧面。解决问题的办法是：不仅从组织体侧面，也应从文明体侧面把握今日中国的行为。中国不是"民族国家"，至少不是现有主流国际关系理论中界定的"民族国家"。"文明体"概念或许更能解释今日中国所具备的诸多与当代民族国家不同的特征。④

① 〔英〕马丁·雅克：《当中国统治世界：中国的崛起和西方世界的衰落》，中信出版社，2010，第 332 页。
② 〔英〕马丁·雅克：《当中国统治世界：中国的崛起和西方世界的衰落》，中信出版社，2010，第 332 页。
③ 张维为：《中国震撼：一个"文明型"国家的崛起》，上海人民出版社，2011，"前言"。
④ 文明体似乎也不能由"民族体"取代："民族体虽已成为中国社会科学'想象的共同体'，但却不能解释现实上依旧具备那么多文明体特征的当代中国；反过来说，文明体的概念虽不如民族体成熟和流行，但却能解释现实上依旧'多元一体'的中国。"参见王铭铭《中国：民族体还是文明体？》，《文化纵横》2008 年第 12 期。

二 文明体与国家间关系

人是生活在文明体中的，人的行为原理及人际关系模式的信息记录在文明体中，文明体通过人影响到国家的行为和国家间的关系。建构主义所称的"共有知识"、"观念"（如利益、威胁、安全等）的建构也是通过人完成的，因此，也受文明体的影响。国家行为体之间的关系当然不能简单还原成人与人之间的关系，但肯定是受后者的影响，这是因为：（1）一个国家的政治制度由人运作；（2）国家组织和集团由人构成；（3）国家的外交政策由人制定和执行；（4）国家对他国乃至整个外部世界的判断和认知由人完成。一般来说，生活在同一社会文化系统中的人在处理问题、待人接物等方面与生活在另一社会文化系统中的人比较起来具有更大的相似性，这使得一个国家的外交模式不同于另一个国家，对外部世界的判断，以及外交政策的制定和实行也打上了文化烙印。从这一视角判断，人们在国际政治中的知觉、判断和决策，不仅有个体差异，还有文化的差异。人的存在系统（基本人际状态）与动机系统（心理－社会均衡模式）（这些都记录在文明体中）便构成一个国家对外部世界认知的重要背景，并以潜移默化的方式对国家外交政策和对外行为产生影响。为什么说"国家也是人"和"国家之间的关系也是人际关系"？学理上的根据是心理文化学关于基本人际状态和心理－社会均衡理论：人的行为模式受基本人际状态模塑，心理－社会均衡模式的特点决定对外部世界的态度和行为。处理人际关系的原理会延伸、投射到国家间关系上。文明体概念对于说明人与国家行为、人际关系与国家间关系的联系提供了工具。

正像应当把"人"从"个人"还原为一种系统（基本人际状态）一样，也应把国家从组织体（民族国家）还原成一种由组织体与文明体结合的系统。当我们考虑了文明体侧面之后，国家就不能仅仅理解为"民族国家"（尽管它是现在国家行为体的主要形式），国家之间的关系也不仅仅是组织体之间关系，它同时还是一种文明体之间的关系。二者之间有联系，但不是一回事（如表3－1所示）。

表 3-1　文明体与组织体的区别

	构成基础	影响力	关系形式	连带
组织体	集团、制度功能体:家庭、社会集团、国家形式、政治制度等	硬力量:军事力、经济力、政治力	合作或对抗:各种国际组织、军事结盟等	国际条约、国际法等
文明体	文化信息载体:基本人际状态、价值观、行为方式	软力量:吸引力、诱导力、说服力	文明整合:文化冲突或融合	共同价值观、共同的判断等

（左侧圆圈：国家行为体，含 组织体、文明体；右侧圆圈：某种意义上的世界政府、人类文明共同体，最右侧：未来世界秩序）

从构成基础上看，组织体是由家庭社会集团、国家形式、政治制度等组成的功能体（即主流国际关系理论所称的"结构"），而文明体是文化信息载体，是由基本人际状态、价值观、行为方式、共有知识等构成的信息共同体。

从影响力上看，组织体主要体现的是"硬力量"，包括军事力、经济力、政治力；而文明体的影响力主要是"软力量"，包括吸引力、诱导力、说服力。

就关系形式而言，组织体之间的关系形式是国家间的合作或对抗、政治上的结盟与对抗，并由此产生各种国际组织、军事结盟组织、地区合作组织等。而文明体之间的关系形式是文明之间的相互借鉴、价值观的相互渗透、国际文化交流活动，以及由此产生的文化冲突或融合。

组织体之间一般是通过国际条约、国际法等联结的，而文明体之间的连接纽带是共同的价值观和对人类前景的共同的担心所产生的判断等（建构主义所称的"共有知识"，包括这两种连结纽带）。

在各种国际条约、国际法连接下的组织体意义上的国家，通过互动会逐渐出现各种国际组织及某种国际性制度（如今日的联合国等），最终可能（只是可能）出现某种世界性管理组织——世界政府。而作为文明体的国家，则以人类的最低道德守则和某些共同价值观约束彼此，最终可能出现某种"人类文明共同体"。

考虑到文明体与组织体的两个侧面，国家行为体之间的关系可以排列组合出下属四种类型：（1）相同（或相似）文明体下，不同组织体国家间的关系。中国历史上的分裂时期各地方国家之间的关系，朝鲜与韩国的关系等；（2）相同（或相似）组织体下，不同文明体国家间的关系，如今日美国与日本的关系，美国与韩国的关系，冷战期间社会主义国家（如中国与苏联）的关系；（3）不同文明体下，不同组织体国家间的关系。朝鲜与美国的关系，中国与美国的关系，伊朗与美国的关系等；（4）相同（或相似）组织体下，相同（或相似）文明体国家间的关系。美国与英国的关系，一定意义上的"欧盟"国家之间的关系，以及朝贡体系下中国与韩国、越南等国家的关系。

这四种类型的国家间关系可用图 3-2 表示。

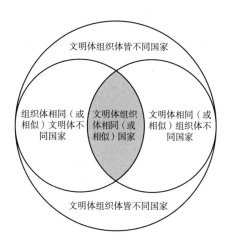

图 3-2 四种类型国家间关系*

注：*这四种国家间关系及其示意图是根据游国龙博士的建议提出的。

这四种类型可概括所有国家间关系，而且只有如此概括才更接近国家之间关系的事实。从这一视角看，我们现在使用的"国际关系"（international relations）概念明显具有局限性：它主要是指独立的民族国家之间的关系。民族国家起源于近代西方，这些国家大体上可视为"文明体、组织体皆相同"的国家（大体属于第4种类型），当把国际关系概念扩大到所有国家之间的关系时，仍趋于将文明体因素忽略。所以严格说来，目前使用的国际关系只是我们所概括的国家间关系的一部分，而现代国际政治理论所称的"体系""结构"等概念的充分有效性，也只是在这一类型的国家间关系中才成立。

上述这四种关系类型，都既可能发生冲突也可能不发生冲突。国家行为体之间是否发生冲突，取决于组织体的性质（社会制度、政权性质）、文明体的性质（基本人际状态和人的心理－社会均衡模式），以及国家行为体对安全、利益的判断等复杂因素。相同文明体下的国家之间不一定没有冲突，今日朝鲜半岛的对抗（可能是今日世界最严重的）也是发生在文明体性质相同的国家之间。即便是相同文明体、相同组织体国家之间，也并不一定比不同文明体、不同组织体国家间敌意更少，譬如，两次世界大战皆发生在文明体、组织体皆相同的国家之间。

从文明体层面考虑国家的行为，我们需要承认文明体具有延续性和不同特点的内核，此内核会对国家的行为产生持续而重要的影响。文明体的内核赋予文明体以某种"性格"，使国家行为体的行为表现出差异性：或更为积极、主动，或比较内敛、温和、保守等。① 从这个视角出发，我们对未来的判断是，具有国际意义的冲突仍将是发生在以某种文明为背景的国家行为体之间而不是如亨廷顿所预言那样在含混的"文明"之间。我们的提醒是，人们在判断这个问题时需要超越仅从"民族国家"（或"地缘政治"）角度思考的局限而对文明体的性质给以必要的重视。以中国为例，近些年，随着中国的崛起，至少在西方世界出现了对"中国威胁论"的担心。从我们视角看，这种看法主要基于近代民族国家（产生于近代西方的个人社会）的经验，而忽略了中国独特文明体侧面，即中国人的基本人际状态、价值观和文化传统对国家行为体的

---

① 汉斯·摩根索也承认这种差异："有些原始民族缺乏制度化的教育，但他们一般是爱好和平而且乐于接受外来文化的影响，甚至达到了自我毁灭的地步。也有其他的民族，例如日耳曼人，受教育程度很高，又有古典文化的熏陶，但他们在历史的大部分时间里都是民族主义的和好战的。"参见〔美〕汉斯·摩根索《国家间政治：权力斗争与和平》，徐昕等译，北京大学出版社，2007，第13章。

影响。当年，美国发动越南战争及后来又与越南改善关系的一个重要借口就是要防止中国的扩张。许烺光曾从心理文化的视角揭示了中国人的生活方式、对外部世界的态度和行为特点，列举了大量例证回应了当时盛行的"中国扩张论"。他指出，"中国扩张"的看法只是一种神话。① 这个问题今天仍没有解决，今日的"中国威胁论"可以说是当年"中国扩张论"的延续和翻版，我们也可以从同样的视角指出，今日的"中国威胁论"也是西方依据自己的经验得出的判断。当然，这不是说未来中国完全不会与其他国发生冲突，如前所述，国家行为体之间是否冲突取决于更为复杂的因素，如果未来中国完全内化现有国际秩序，中国文明体的性质也会发生改变，国家行为体对外行为或许会变得更为积极、更为富有进攻性。但文明体性质的改变正如生物体的基因改变一样，是极其缓慢的，从目前来看，中国文明体的性质还没有大的改变。思考国家行为体的行为时把文明体的性质考虑在内，至少可以避免仅仅从组织体方面考虑问题带来的局限性，它有利于思考国家行为体之间的合作、世界政治中持续的文明对话，以及文明共生的重要意义，有助于理解彼此的社会，理解它们是如何走到了今天，以及在其发展的背后保持着怎样的传统因素和民族心性。唯有如此，我们才能知道自己所处的位置及在与他国交往中什么是最适当的方式。

从这个视角亦可以思考现有国际秩序的一些深层次问题。例如，目前世界面临的一些重大问题难以解决，其根本原因在于当前这种源自个人社会的国际秩序背后的两种基本驱动原理：利益和力量。环境污染问题的根源是产生于西方后向世界扩散的消费主义生活方式，倘若这种生活方式不收敛，其解决前景不容乐观。目前，核武器困境难以解决的根本原因在于目前主导世界的基本原理仍是事实上起作用的力量原则，拥有核武者若不首先放弃核武，可以预期拥有核武器的国家还会越来越多。这两个原理与现有国际秩序密切相连，而现有国际秩序源自西方以"个人"为基本人际状态的社会，带有明显的文明特点，因而也不大可能依靠该秩序本身解决这些问题，解决之道或许需要一种整合了

---

① 许烺光的《中国扩张主义的神话》（"The Myth of Chinese Expansionism"，*Journal of Asian and African Studies*，Vol. XIII，Nos. 2 – 4，1979，pp. 184 – 195），部分内容收录在《许烺光著作集7：美国梦的挑战》，单德兴译，（台北）南天书局，1997，第 109 ~ 125 页。

包括非西方文明在内的各大文明经验的新文明。换句话说，像中国、印度这样的大规模文明体所记录的文明经验或可构成未来人类文明共同体的组成部分，为解决此类深层次问题提供借鉴。

必须指出，对中国来说，强调国家的文明体侧面并非说中国不需要熟悉现有国际秩序、不需要内化国际法则而自行其是。必须看到，世界各文明体之间融合的趋势导致各独立国家之间的信息知识的共享、价值观的相互渗透越来越明显，未来世界有可能在出现某种世界政府的同时也出现某种世界性的文明体。对中国而言，一方面，作为文明体，中国已经有几千年的历史，我们对于记录在文明体中丰富的文明经验要有足够的自信；另一方面，中国作为近代民族国家才有几十年的历史，在这方面经验还不足，在阐释自己的行为和接纳现有国际规则方面还面临诸多繁重任务。譬如，领土、主权、国家平等都是现代民族国家的概念，中国作为现代民族国家，不能不申明其明晰的边界和排他性主权，而这常常与作为文明体的中国边界不清晰、统治消于无形的历史经验相左。不言而喻，我们不能完全以自身的文明经验看待世界和处理今日国家间关系，譬如不能把古代"普天之下，莫非王土，率土之滨，莫非王臣"的观念用于今日的对外关系。今日中国不能无视国际秩序的变化，要成为国际秩序的一员，就不能因为强调自己独特文明经验或强调自己不是现有国际秩序和国际法则的制定者而无视国际法则和国际组织的约束。

三 国际关系理论中的"中国学派"问题：新视角和新范式的引入

中国学界讨论如何创立国际关系理论的"中国学派"（它的另一种表述是"中国特色的国际关系理论"）问题已有多年。这些年，强调社会、文化因素的建构主义学派和文明学派在中国国际关系研究领域受到关注不是没有道理的，因为现实主义、自由主义学派已经把理论的硬核搞得很硬、很精确，已无大的发挥余地。而建构主义和文明学派强调文化、观念等"软"的方面，似乎能够为提升包括中国在内的非西方文明经验提供较大空间。应当说，建构主义学派注意到了国家的文明体侧面，然而从学科背景来看，无论是建构主义学派抑或文明学派，与现实主义、自由主义理论是一脉相承的。其基本假设相同，使用的话语体系相同，只是强调的方面不同，故在解决中国面临的问题时，它们能提供的借鉴资源恐亦有限。而若无新学科、新视角和新概念工具的引进，现有国际关系理论的局限性就无法克服，任何关于新学派的讨论都只能陷入空谈。

当我们把主流国际关系理论中对行为体的假设由"个人"转换到"人的系统"（基本人际状态）、把行为体的动机假设由"利益满足"转换到"心理－社会均衡"模式之后，这就从根本上动摇了现代主流国际关系理论的基础，开拓出一个更广阔的话语空间。新的话语空间犹如一个可运行不同系统的电脑操作平台，各种基本人际状态下的人类游戏皆可放在该平台上运行，无需再把"拔河"的游戏规则放在"抢椅子"游戏系统中检视。利用这样一个新的操作平台，我们至少可以在以下几个方面获得新的认识。

第一，当放宽了对国家行为体的理论界定，将人的生存状态、心理－社会均衡模式概念作为国家行为体的重要因素加以考虑后，目前以国家为主要分析对象的主流国际关系理论的局限性更显清楚。现有主流国际关系理论的有效性是有一定条件的，即它所分析的行为体基于"个人"这种西方社会特殊的基本人际状态之上。在我们所了解的人类几种重要的基本人际状态中，"个人"这种基本人际状态是一种个体最难获得安全感的设计。这种方式把个体打造得最为"清爽"，个体最大限度地摆脱了对他者的依赖，获得了最大限度的自由，但同时也意味着最难获得密切的人际关系及由此带来的安全感。在这种基本人际状态之上的国家行为体的安全感的缺乏，与这种状态下个体焦虑、不安的内心世界具有相同心理文化基础，将前者视为后者的一种群体性外部投射亦无不当。这样，我们就可以理解现代国际关系中所谓"霍布斯恐惧"的深层心理文化原因。现实主义理论告诉我们，国家间的冲突和战争源自人类对利益和权力追求的本性。这种看法的基本逻辑是：人性本恶故有国性恶，国性恶故导致国家间的冲突。现有国际关系经典理论中的重要概念如"无政府状态""结构""权力""利益""主权""国家对外政策""战略及安全"等，可以说都是建立在"人性恶"这种基本判断之上，而这种判断乃是基于个人社会的经验。沿着这一思路我们还可以进一步分析这样的问题：西方社会的基本人际状态——"个人"——与现代国际秩序起源问题；美国人的基本人际状态及其对美国外交往模式的影响。还可以对奴役、自由与西方社会的基本人际状态的关系、美国人的基本人际状态与美国的软力量——"人权""自由""平等"观念的关系等问题做新的探讨。当我们以相对的眼光看待现有国际秩序时，既削弱了国际关系理论中现实主义解释体系中对实力的崇拜，也削弱了自由主义认为普世的、世俗的自由主义规范具有超出其他规范的观点。它可以解释像欧洲产生的那种超越国家的集体认同现象，也为亚洲等具有相似文明背景的国家产生同样的集体认同预留了理论空间。

第二，从组织体与文明体两个侧面把握国家行为体，可以使亨廷顿提出的命题变得具有学理性支撑和容易操作。由于文明经验主要记录在文明体中，强调从文明体侧面把握国家行为体，对于理解像中国、印度等具有悠久文明传统的新兴国家行为体的行为显得意义重大。如前所述，中国、印度等都不是现代意义上的"民族国家"，其行为都无法仅从民族国家的角度进行解释。在现有国际秩序下，它们或出于自愿或出于被迫，内化了源于西方社会的国家行为原理，但并不那么完全、彻底。其行为仍遵循着自身的逻辑，带有自己独特的文明经验和对国际秩序的独特理解。正像无法把中国人的基本人际状态的内涵挤压在"个人"概念中一样，我们也无法（亦无必要）把中国文明体的内涵完全挤压在狭隘的民族国家框架（即组织体）中，因为这种与现代民族国家的"距离"或许正是中国基于其独特的文明经验对国际秩序做出新贡献的空间。如果理论无法解释现实，错的必定是理论而非现实。从这个视角我们还可以对下述问题提出新解释：中国人的基本人际状态与国家形态是怎样的关系？中国人的基本人际状态与国际秩序——"天下体制"的原理及其心理文化基础，"和谐"理念的心理文化基础分析。这为提升中国的文明经验提供了空间。当然，这一视角也可以尝试解释中国以外的非西方国家的行为。

第三，当我们考虑了文明体侧面从而扩大了国家行为体的界定时，"国家"这个概念在一定程度上是传统中国语境中"国"概念的回归。回归后的国家概念既包括现代国际关系语境中的国家（独立的"民族国家"）之间的关系，也包括同一文明体下不同组织体之间的关系（如中国历史上"春秋五霸"之间，三国时代魏、蜀、吴之间的关系等）。

　　对于国际关系中的中国学派问题，笔者一直秉持这样的看法：与其高喊建立什么学派，莫如先考虑这样的一些问题：在解决中国崛起所面临的问题时现有国际关系理论有何局限性？引入怎样的新视角和新概念工具才能克服这种局限性，以使中国的文明经验得以学理性提升。引入了心理文化学主要概念工具和方法的国际关系理论或许会变得不那么"科学"，或许更难以得出简洁优美的结论，但可能更接近事实，更能解释中国的现实问题。如果中国学者采用了不同的概念工具、从新的视角经过缜密思考解释了许多具体问题并皆有足够的学理性支撑，那么称其为"中国学派"乃是水到渠成。当然，这或许需要几代人的努力。

第四章
从"国际政治"到"国际关系"[*]
——审视世界强联结时代的国际关系本体论

英国苏塞克斯大学国际关系学系教授贾斯廷·罗森博格（Justin Rosenberg）在 2016 年发表的一篇论文中针对国际关系学提出了一个多少令人惊讶的判断：国际关系学一直受缚于"政治学囚笼"，未能解决本体论的单一性问题。① 若从 1919 年英国威尔士大学首次设立国际关系学教席算起，国际关系学已有百年历史。一个诞生了整整一个世纪的学科竟一直没有解决本体论问题，此论听起来似乎不可思议，但细思却又不得不承认这基本是事实。作为对罗森博格所提问题的回应，笔者拟对国际关系理论诸学派本体论的三个层次——单元、关系和体系进行再度审视，尝试提出国际关系的新本体论基础，并以世界强联结时代的现实加以检验。

需要指出，哲学意义上的"本体论"（ontology）是探究一切实在的最终本性的理论，它包含"实在"和"本性"两层含义。在国际关系研究领域，"实在"是指国际关系的"研究对象"，"本性"则是对研究对象本质的概括。

---

* 本章内容发表在《世界经济与政治》2020 年第 2 期，收入本书有修改。

① Justin Rosenberg, "International Relations in the Prison of Political Science," *International Relations*, Vol. 30, No. 2, 2016, pp. 127 – 153（中译本参见贾斯廷·罗森博格《政治学囚笼中的国际关系学》，《史学集刊》2017 年第 4 期，第 4 ~ 21 页）；Justin Rosenberg, "Kenneth Waltz and Leon Trotsky: Anarchy in the Mirror of Uneven and Combined Development," *International Politics*, Vol. 50, No. 2, 2013, pp. 183 – 230（中译本参见贾斯廷·罗森博格《肯尼思·沃尔兹与列夫·托洛茨基——不平衡与综合发展视角下的无政府状态》，《史学集刊》2014 年第 3 期，第 39 ~ 64 页）。

国际关系的研究对象可分为单元（国际行为体）、结构（国际行为体之间的关系）和系统（国际体系）三个层次，不同层次反映了不同研究对象所处的位置。罗森博格就是在这个意义上提出了国际关系本体论的单一性问题，笔者亦在此意义上使用本体论概念。还需要说明的是，国际关系本体论意义上的研究对象与肯尼思·沃尔兹（Kenneth N. Waltz）等学者提出的国际关系层次分析法中的三个层次——个人、国家和体系不完全相同。在层次分析法中，国际行为体之间的关系不被视为一个独立的分析层次，它在沃尔兹理论中属于"结构"的范畴。事实上，笔者认为层次分析法中的第三个层次——体系可细化为国际关系与世界体系两个层次。笔者使用的"本体论"概念把个人和国家视为单元层次，把行为体之间的关系视为一个独立的层次，把由这些关系构成世界系统视为体系层次。

一 国际关系理论诸学派的本体论基础

新现实主义（又称结构现实主义）、新自由主义和建构主义被称为主流国际关系理论的三大流派，其中尤以沃尔兹提出的新现实主义理论影响最大。该理论是建立在著名的"无政府假设"基础上的。由于在独立的国家之上没有权威机构来保障国家安全，这就派生了国际关系的两个基本特征：第一，国家行为体必须靠自身力量维护安全，国际体系是自助体系；第二，国家推行权力政治，国家间的竞争和冲突是常态。[1] 这一假设影响巨大，以至于被称为国际关系理论的"罗塞塔石碑"。[2]

新现实主义的无政府假设简约而优美，但在本体论上存在严重缺陷。沃尔兹受"行为主义科学革命"潮流的影响，把"系统定义为一系列互动的单元，从一个层次来说，系统包含一个结构"，"在另一个层次上，系统包含互动的

---

[1] 对这一理论的阐述集中在沃尔兹的《国际政治理论》一书第四至第六章中。参见〔美〕肯尼思·华尔兹《国际政治理论》，信强译，上海世纪出版集团，2003。

[2] 〔美〕大卫·A. 鲍德温：《新现实主义和新自由主义》，肖欢容译，浙江人民出版社，2001，第4页。

单元"。① 沃尔兹认为在国际政治中，行为体的行为随着结构的变化而变化，结构是系统中的一系列约束条件，是系统中单元运转的原因，可以决定单元的形态并最终使单元的运转产生某种性质相同的结果。这一假设像几乎所有受行为科学影响的社会科学理论一样，都有一个共同的缺陷，即为刻意追求经典自然科学的简约性而将认识对象过度简化，希冀把世界转化成几条简单规则。在本体论上，新现实主义的无政府假设所依据的是一个过度简化的本体论基础：从单元层次看，构成国际体系结构的基本单元被简化为单个的、遵循理性选择原则的政治单位——"民族国家"，这些国家行为体类似桌面上一个个孤立的小球，只有在外力作用下小球才会发生联系；从关系层次看，国际关系被简化为一种权力关系，国际政治是一种没有中央权威的国内政治的延伸；从体系层次看，国家行为体构成的"结构"（或系统）更接近某种简单的物理系统，结构与功能的关系被简化为线性关系。

以罗伯特·基欧汉（Robert Keohane）和约瑟夫·奈（Joseph S. Nye）等为代表的新自由主义对新现实主义的批评主要集中在以下几点：第一，国际社会虽处于无政府状态，但行为体之间是相互依存的，理性国家之间并不必然冲突；第二，新自由主义承认民族国家扮演着重要角色，但同时也重视非国家行为体、超国家和跨国组织在国际层次上的作用；第三，国际制度是国际体系最重要的特征。② 在国际体系结构不变的情况下，国家仍会表现出不同的行为和行为取向，其原因是不同的国际体系的制度化程度存在差异。新自由主义所认识的国际行为体内涵比新现实主义有所扩大，但并没有触及后者的本体论基础。在单元层次，新自由主义仍以民族国家为基本分析单位，在体系层次仍以现实主义的无政府假设为基本前提，只是在关系层次补充了国家间合作、制度和规则的重要性。所以沃尔兹评论道，新自由主义"以新现实主义为其理论核心，他们只不过试图将这一核心加以拓展而已"。③

在形形色色的批判新现实主义的理论流派中，以亚历山大·温特

---

① 〔美〕肯尼思·华尔兹：《国际政治理论》，信强译，上海世纪出版集团，2003，第42页。

② 〔美〕罗伯特·基欧汉编《新现实主义及其批判》，郭树勇译，北京大学出版社，2002。

③ 〔美〕肯尼思·华尔兹：《国际政治理论》，信强译，上海世纪出版集团，2003，第18页。

（Alexander Wendt）为代表的建构主义的影响最为广泛。① 温特认为："无政府状态……本身根本没有什么逻辑可言，一切都要取决于国家之间共有的观念结构。无政府状态是国家造就的。"② "自助性和权力政治的产生是国际体系成员的互动进程和实践活动导致的，与无政府性没有直接的因果关系"，"是国家间互动的产物。"③ 建构主义并不否定新现实主义的无政府假设，而只是说无政府状态是由国家造就的，是行动者在互动的社会实践中建构起来的。"无政府性是一种观念结构"这一论断有三层含义：其一，无政府性不是客观存在，而是建构出来的，这表明它本身是可以变化的；其二，无政府性是一种观念而非物质结构；其三，国家在互动中有多种路径和方式，故无政府状态有多种逻辑。霍布斯式的"每个人反对每个人的战争"的无政府逻辑只是其中一种，另外还有"洛克状态"和"康德状态"。④

建构主义对新现实主义"结构"的质疑本有可能触动支撑无政府性假设的单一本体论基础，但温特并没有沿着这个思路分析下去，却从新现实主义的物质结构跳到难以捉摸的"观念结构"上，陷入相对主义的解释。⑤ 学术界一般认为建构主义是国际关系研究中"社会学回归"的标志，⑥ 但这种看法并不妥当。温特并没有对国际关系做出更加社会学式的解释，当他用"观念"解构了"结构"这一源于社会分析的概念时，与其说是"社会学回归"不如说是偏离了社会学。建构主义只是在承认新现实主义单一本体论的基础上做了一些修正而已。由于建构主义的"观念"具有较大弹性，故受到许多对现有国

---

① 中国的国际关系研究对新现实主义的批评基本上是沿着建构主义路径。参见秦亚青《国际体系的无政府性——读温特〈国际政治的社会理论〉》，《美国研究》2001年第2期，第135~145页；刘永涛：《西方新现实主义理论与建构主义批评》，《世界经济与政治》1998年第11期，第26~30页；袁正清：《无政府状态的建构主义审视》，《太平洋学报》2003年第2期，第36~44页。

② 〔美〕亚历山大·温特：《国际政治的社会理论》，秦亚青译，上海人民出版社，2000，第41页。

③ 秦亚青：《国际体系的无政府性——读温特〈国际政治的社会理论〉》，《美国研究》2001年第2期，第135~145页。

④ 〔美〕亚历山大·温特：《国际政治的社会理论》，秦亚青译，上海人民出版社，2000，第313~383页。

⑤ 温特2015年出版了新著，参见 Alexander Wendt, *Quantum Mind and Social Science*：*Unifying Physical and Social Ontology*, Cambridge：Cambridge University Press, 2015。从书名来看，温特似乎决心把对问题的解释向更难理解的方向推进。

⑥ 参见袁正清《国际政治理论的社会学转向：建构主义研究》，上海人民出版社，2005。

际政治概念不满的国际关系学者的欢迎。他们把政治以外的内容（包括哲学概念、美好愿景之类缺乏科学方法支撑的因素）都塞到建构主义框架中，从而使那些试图沿着这一路径弥补新现实主义缺陷的各种"建构主义"理论都或多或少带有某种模糊性和随意性。①

因此，主流国际关系理论的三大流派都有相同的本体论基础，它们都把民族国家作为国际关系的基本单元，把国家间的关系局限于政治关系，将国际体系理解为一种缺少了中央权威的国内政治体系。所以，把主流国际关系理论的三大流派视为一种范式下的三个分支可能并无不当。如果我们接受罗森博格的"政治学囚笼"之说，新自由主义和建构主义对新现实主义的批评只是对这个"囚笼"做了一些修补工作而已。

20世纪80年代复杂性科学（complexity sciences）的出现标志着系统科学的发展进入新阶段。复杂系统（complex system）是一种非线性系统，它是由基于局部信息做出行动的自适应性主体和多个相互依赖、协同作用的子系统构成的复杂系统，具有涌现性（emergent properties）和共同进化（coevolving）的特征。此后，一些研究者批评了新现实主义太过简化的缺陷，认为国际关系研究应借助复杂性科学的成果。美国学者罗伯特·杰维斯（Robert Jervis）于1997年出版了《系统效应：政治与社会生活中的复杂性》一书，这被认为是复杂性研究真正进入国际关系领域的标志。② 也有中国研究者认为，复杂性科学基础上的国际关系研究应以"非线性、自组织、涌现模式"代替传统研究中的"稳定、均衡、线性模式"。③ 在此视角下，国际关系的基本单位无法还原为单个的国家行为体。其中的行为体不是某种物质性的而是生物性的"自适应主体"，国家间的关系也不是简单的线性权力关系，而是多维的非线性关系。国际体系是由复数行为体构成的复杂系统。理论上，对一个复杂系统做出预测是不可能的，因为系统内的任何微小变化都可能引起一系列复杂影响

---

① 秦亚青提出了国际政治的"关系理论"，称其为一种"过程建构主义"理论。参见本书第一章第四节。

② 〔美〕罗伯特·杰维斯：《系统效应：政治与社会生活中的复杂性》，李少军、杨少华等译，上海人民出版社，2008。

③ 刘慧：《复杂系统与世界政治研究》，南京大学出版社，2011，第1~2页。

（即所谓"蝴蝶效应"），无法知道何时以"涌现"方式出现质的变化。不过，该批评也存在问题：复杂性科学本身是 20 世纪末才发展起来的，基本属于哲学层面的思辨，其对于如何以"非线性、自组织、涌现模式"代替传统国际关系研究中的"稳定、均衡、线性模式"并没给出明确回答。新现实主义的"国际关系系统"经过了双重简化处理，一重简化是方法论意义上的，即将复杂系统简化为一种线性因果关系的简单系统；另一重简化是本体论意义上的，即将复杂的国际关系简化为政治权力关系。来自复杂科学路径的批评只涉及方法论问题，并未触及其本体论缺陷。

在三大主流国际关系理论之外，有的研究者完全从文明的视角看待国际关系。以提出文明冲突论而著称的塞缪尔·亨廷顿就是这方面的代表性学者。他认为冷战后意识形态的冲突不再重要，国际冲突将发生在他所归纳的世界八大文明之间。由于后来发生在美国的"9·11"事件，亨廷顿的观点在世界上产生了广泛影响。[①] 其实，亨廷顿的贡献不在于他的告诫与后来世界各地发生的恐怖活动相印证，而在于他提出了既被主流国际关系理论完全忽略又被冷战掩盖了的文明因素。但亨廷顿的文明概念庞大而含混，对文明之间关系的看法也过于简单。毕竟，国际关系不单是文明际关系，现在和将来具有国际意义的冲突仍将发生在以某种文明为背景的国家行为体之间，而不是发生在边界模糊的文明之间。

从文明视角理解国际关系的另一个重要代表学者是彼得·卡赞斯坦（Peter Katzenstein）。他批评了一元文明观，尝试赋予国际关系以"多元、多维"的本体论基础。[②] 在文明关系上，卡赞斯坦的看法与亨廷顿相反，认为"文明间的接触与跨文明的交融是主流，而文明的冲突则是偶发的支流"。[③]

这两位学者都尝试把文明因素引入到国际关系中，但都没有解决好文明与国家的关系问题。从本体论上看，在他们那里，构成国际关系的基本单元似乎

---

① 〔美〕塞缪尔·亨廷顿：《文明的冲突与世界秩序的重建》，周琪等译，新华出版社，2002。

② 〔美〕彼得·J. 卡赞斯坦主编《世界政治中的文明：多元多维的视角》，秦亚青等译，上海世纪出版集团，2012。

③ 彼得·卡赞斯坦：《一个多重与多元文明的世界》，《北京大学学报》（哲学社会科学版）2010年第 1 期，第 14 ~ 17 页。

不是国家，而是文明。国家间关系变成了文明间关系。所以，他们涉及的与其说是国际关系学的本体，不如说是文明关系学的本体。

以罗伯特·吉尔平（Robert Gilpin）和保罗·肯尼迪（Paul Kennedy）等为代表的一派则强调经济因素的重要性，认为国际关系的变化动力最终在于各国经济和技术水平的变化。吉尔平认为在国际无政府状态下国家之间会为了追求权力和财富而进行无止境的斗争。① 该视角的研究认为在国际关系舞台上追求经济利益对于任何国家而言都是最重要的目标，一国的经济权力在很大程度上决定了其在国际结构中的地位。在本体论上，该视角并没有完全克服现实主义本体论的狭隘性。虽然该学派常常把政治与经济相提并论，但由于把经济因素视为终极原因，故很大程度上只是把政治现实主义的权力关系换成了经济关系，从这个意义上称其为"经济现实主义"可能并无不当。在方法论上，该视角也带有明显的线性因果分析色彩。特别是在肯尼迪的分析框架里，只要经济发展了，其他一切就会自然出现，国家似乎是受经济发展预定程序支配的机械之物。② 这一路径的研究在不同程度上忽视了一个重要事实："国际"是人类活动的一个场域，组成国家的是人，正是人出于各自不同目的的行为才导致了国家的种种举动。

前文提到的罗森博格也属于从政治经济学视角研究国际关系的学者，但与其他学者不同的是，他考虑了"文化现象""知识生产"等与文明有关的因素，尝试把国际关系研究置于一个更为宽广的本体论基础上。他强调"国际"是一个多元、差异、互动、综合发展的关系系统，国际关系学科不仅应尝试理解国际政治中发生的事情，同样也应阐述社会多样性对于作为一个整体的社会世界的意义。罗森博格指出，长期以来"国际关系学从未成为一个独立的专业领域，它只是作为政治学或政治科学的延伸出现的，一直被困在一个借来的本体论中"，将其称为"政治学的囚笼"。③ 所以，他主张国际关系应摆脱"政治学囚笼"，真正做到对国际关系现象进行社会学意义上的分析。罗森博

① 参见〔美〕罗伯特·吉尔平《国际关系政治经济学》，杨宇光等译，上海人民出版社，2006；〔美〕罗伯特·吉尔平：《全球政治经济学：解读国际经济秩序》，杨宇光、杨炯译，上海人民出版社，2006。
② 〔美〕保罗·肯尼迪：《大国的兴衰》，陈景彪等译，国际文化出版公司，2006 。
③ 贾斯廷·罗森博格：《政治学囚笼中的国际关系学》，《史学集刊》2017 年第 4 期，第 4~21 页。

格将俄国马克思主义者列夫·托洛茨基（Лев ДавидовичТроцкий）的"不平衡与综合发展"理论用于国际关系分析，尝试克服国内与国际现象相分离的研究缺陷。他以第一次世界大战前德国与欧洲的政治经济发展为例，分析了发展的不平衡如何导致德国发动战争。罗森博格正确地指出，现代国际关系学是建立在单一本体论基础之上，而不是建立在"具有多样性与互动性的前提假设"之上。他从社会学角度将"国际"定义为"从多个共存社会中生成的社会现实维度"。[①]"国际是比政治学，乃至政治经济学的一个分支大得多的东西。无疑它确实包括现实主义和自由主义理论关注的焦点——地缘政治领域和相互依存。但是它同样包含社会多样性的含义，表现在所有所谓社会生活的'国内'方面：社会结构、经济体系、知识生产和文化现象等等。"[②]不过，从根本上说，罗森博格采用的是政治经济学的视角和方法，"不平衡"与"综合发展"皆为政治经济学概念。他所谓不平衡，说到底是经济发展的不平衡。他批评新现实主义的本体论太狭隘，但他的分析也只是比新现实主义更强调经济发展因素以及外部条件而已，至少从他对二战前德国的分析来看是如此。罗森博格令人信服地阐述了建构国际关系新本体论的正当性，但他并没有建构一个清晰的本体论框架。在他那里，社会结构、经济体系、知识生产和文化现象等内容只是简单罗列在一起，缺乏一种将其联系在一起的内在逻辑。"文化现象""知识生产"在他那里似为冗余部分，"多元""互动"似亦可用经济发展的"不平衡"与"综合发展"替代。

二 从国际政治本体到国际关系本体

通过对国际关系研究脉络的简单梳理可知，对以新现实主义为代表的主流国际关系理论的批评多集中在方法论方面，其本体论的单一性缺陷并没有得到充分讨论。必须承认，罗森博格关于国际关系学因长期局限于政治学而没有自身特有的本体论基础的判断基本上是成立的。这也是为什么在今日的国际关系

---

① 贾斯廷·罗森博格：《肯尼思·沃尔兹与列夫·托洛茨基——不平衡与综合发展视角下的无政府状态》，《史学集刊》2014 年第 3 期，第 47 页。
② 贾斯廷·罗森博格：《政治学囚笼中的国际关系学》，《史学集刊》2017 年第 4 期，第 14 页。

领域"国际关系"几乎完全与"国际政治"同义。国际关系研究应当摆脱"政治学囚笼",寻求一种新的本体论基础。罗森博格虽然没有提出一个本体论框架,但他提出了从"多元社会共现"(co-presence)① 这一现象出发探寻"国际"的本质与特征这一富有启发性的思路。笔者沿着这一思路,尝试把国际关系的新本体论基础界定为"以考虑了文明意义上的多元性国家为主要行为体的人类多维关系的演化系统",并建议从单一的国际政治本体转到更为多元也更接近事实的国际关系本体。国际关系的新的本体论基础可从单元、关系和体系三个层次加以讨论。

第一,从单元层次来看,作为国际关系单元的国家不单纯是一种权力单位,而是兼有文明体与组织体侧面的自适应行为体。新的本体论仍认为国家是国际关系的基本单元(尽管在世界强联结时代出现了较多的非国家行为体),但这里的国家不单单是作为政治单位的"民族国家",而是兼有组织体与文明体侧面的国家(见图4-1)。② 组织体包括政治、经济制度和国家形式等,文明体包括价值观体系和"基本人际状态"等。其中,"基本人际状态"类似某种"文化基因",构成一种文化的内核。国际关系就是由这种具有文明体和组织体属性的国家行为体之间的关系。

沃尔兹的政治现实主义把"民族国家"作为国际关系的基本单位,它强调的只是国家行为体的组织体侧面(事实上他所谓的国家不仅冻结了国家的文明体侧面,甚至也不是完整组织体意义上的行为体,而仅被简化为一个权力单位)。亨廷顿则朝着另一个方向加以简化:国家行为体被简化为一种含混的"文明",没有考虑其组织体侧面。正如卡赞斯坦批评的那样,在亨廷顿那里,"文明是有内聚力和共识基础的、凝固不变的,且具有如同国家般的行动能力"。③ 文明似乎变成了另一种意义上的"民族国家",文明间的冲突亦成了国际无政府状态的翻版。罗森博格虽然意识到了国家文化属性的重要性,也分析了一些文学作品的跨文化传播现象,但他缺少一个将文化作为国家行为体一部

---

① 贾斯廷·罗森博格:《政治学囚笼中的国际关系学》,《史学集刊》2017年第4期,第12页。

② 参见尚会鹏《人、文明体与国家间关系》,《国际政治研究》2013年第4期,第3~19页。

③ 彼得·卡赞斯坦:《一个多重与多元文明的世界》,《北京大学学报》(哲学社会科学版)2010年第1期,第14~17页。

分加以考量的合适工具，即没有把文化理论化。罗森博格那里的行为体很大程度上只是一个政治经济单位。笔者揭示了国家具有文明体和组织体两个侧面，这有助于理解世界的"多元性"本质。所谓"多元性"不仅仅指国家的规模、人口、地理的多样性以及政治、军事力量和经济发展程度上的差异，更是文明意义上的多样性。补充了文明体这一侧面才能使国际关系学获得与社会学中的本体论不同的基础：社会学涉及的行为体（个体人、集团）大多属于相同文明背景，不用考虑文明体问题。"国际"的一个重要特点是行为体之间既缺乏组织体意义上的中央政府权威，也缺乏文明体意义上的共同价值和行为规范，而后者很大程度上是前者的原因。

主流国际关系理论忽略国家文明体属性的原因可能是：现代国际体系起源于西方社会，其基础是西方"文明"国家，而非西方国家作为"野蛮"国家，依其殖民从属程度而受到区别对待，不被视为国际社会的一部分。因此，构成西方体系的民族国家处于同一文明（即西方文明）背景之下，有相同的文明基础，故可忽略国家的文明体侧面。这种不考虑文明变量的国家间关系在理论上就成了 A 庄园与 B 庄园、张村与李村的关系，国际关系就成了国内政治的延伸。随着国际体系的演变，不同文明体背景的国家卷入国际体系，该体系的"核心－边缘"结构被打破。当今世界出现的一个新特点是中国、印度、俄罗斯等体量巨大且具有不同文明属性国家的快速发展，它们之间的深度合作正推动着国际格局的调整。像中国、印度这样的国家，很难将其套入现代意义上"民族国家"的狭窄概念。一些学者正确地抱怨主流国际关系理论框架中没有非西方社会的位置。近些年学术界出现了探索非西方的国际关系理论的倾向，[①] 中国国际关系研究界则在一种不太严谨的意义上讨论建立"中国学派"问题，[②] 这都可视为对非西方文明社会被系统性忽略的不满。补充国家的文明体侧面能够为

① 阿米塔夫·阿查亚和巴里·布赞在 2005 年发起了"为什么没有非西方国际关系"的研究项目，提出了"全球国际关系学"的理念。参见 Amitav Acharya and Barry Buzan, "Why Is There No Non－Western IR Theory", *International Relations of the Asia Pacific*, Vol. 7, No. 3, 2007, pp. 287－312；阿米塔夫·阿查亚：《全球国际关系学与国际关系理论的中国学派：两者是否兼容》，《世界经济与政治》2015 年第 2 期，第 10～15 页。

② 参见郭树勇《中国国际关系理论建设中的中国意识成长及中国学派前途》，《国际观察》2017 年第 1 期，第 19～39 页。

纳入非西方文明社会提供本体论支持。关于这一点，笔者同意罗森博格关于"最终是多样性而非政治提供了国际作为人类存在的特征之一的最深奥的密码"的判断。① 但是，这里的"多样性"不仅仅是政治制度或经济发展阶段的多样性，更应理解为作为国际行为体的国家在文明意义上的多样性。

考虑了组织体与文明体两个侧面的国家与其说是一种政治权力上的自助体，不如说是一种能够在外部压力下进行选择和变异的自适应行为体。由此可以更好地解释像中国这样的具有独特文明背景的非西方国家的行为。罗森博格从发展的不平衡性角度分析了中国取得的经济成就，认为中国利用"历史落后性的特权"，以更为快速的工业化和共产主义国家所掌管的"资本主义"创造出一种"迄今为止最具悖论性的综合"。② 但在笔者看来，他的描述似乎更适合用来说明中国是一个具有自适应特性的复杂行为体。中国确实在外部压力下部分接受了外来价值观，从西方吸收了技术和制度，并与现代国际体系接轨。但是，这种变化是在自身文明体属性作用下发生的，中国特殊的政治制度和政治文化、带有"服国"特征的"大一统"国家形式及家庭、人际关系模式等都是中国发生罗森博格所称难以理解的"悖论性综合"的原因。甚至有时候这种文明属性会以惊人的"历史循环"的方式表现出来。脱离中国独特的文明个性就无法理解今日中国的变化和在世界中的行为。

第二，从关系层次看，国家间关系不是单纯的政治关系，而是一种由人类多维活动构成的复杂关系网络。在克服了国际关系单元的单一性之后，还需要克服单元之间关系的单一性问题。国家间关系在沃尔兹的体系理论中属于"结构"范畴，并且他将国家间关系理解为主要大国之间的实力分配格局。实际上，国家间关系应作为国际关系本体的一个独立层次来把握，不能仅将其理解为政治关系，还应包括经济、文化等关系。国家之间是多维度关系。"国际"是人类进化的一个场域，人类在这一场域中以具有组织体与文明体两个侧面的国家为主要单位进行着三大类活动：政治活动、经济活动和文化活动。这三类活动可视为三种"游戏"，即权力游戏、财富游戏和心智

---

① 贾斯廷·罗森博格：《政治学囚笼中的国际关系学》，《史学集刊》2017年第4期，第11页。
② 贾斯廷·罗森博格：《政治学囚笼中的国际关系学》，《史学集刊》2017年第4期，第19页。

游戏。① "国际"是进行三种游戏的场域。这三种游戏通过不同的手段展开：权力游戏主要依靠力量，其主要形式是战争、征服和强制胁迫；财富游戏主要依靠交换，主要形式是各类贸易活动；心智游戏则主要依靠说服和诱导，主要形式是观念的扩散和宗教的传播。这三种游戏分别对应着政治关系、经济关系和文化关系，国际关系乃此三类关系构成的网络系统（国家行为体 A 和 B 与三种游戏的关系如图4－1所示）。新现实主义者将国家间关系简化为权力关系，国家间便只有权力游戏，国家间关系也只剩下政治关系。事实上，在一个复杂网络系统下，行为体之间的关系是包括政治、经济、文化等在内的各种"资源的流动"。行为体之间这种复杂、多维度、资源流动意义上的关系才是真正的国际关系。

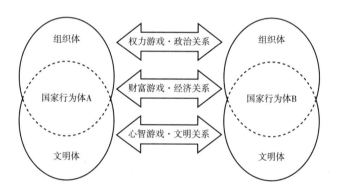

图 4－1　国家行为体与三种游戏

考虑到国家具有文明体与组织体两个侧面，那么国家间关系在理论上就有四种类型：其一，组织体与文明体都相同或相近；其二，组织体与文明体都不同；其三，组织体相同或相近，文明体不同；其四，组织体不同，文明体相同或相近。需要强调的是，这四种关系类型都可能发生冲突，也都可能不发生冲突。相同文明体的国家之间不一定没有冲突，朝鲜半岛上曾经的激烈对抗就是发生在文明体性质相同的国家之间。即便是相同文明体、相同组织体的国家之间也并不一定比不同文明体、不同组织体的国家之间更少敌意。譬如两次世界

① 公文俊平『情報文明論』、東京：NTT 出版株式会社、1994 年、215 頁。

大战皆发生在相同文明体和组织体的国家之间。但也有另外一些证据表明，某些类聚（如地区合作组织"欧洲联盟"）由于有共同或相似的文明体和价值观基础，成员间冲突较少，合作比较成功。另一些类聚（如"东南亚国家联盟"和"南亚区域合作联盟"）则因缺乏共同或相似的文明体和价值观基础而合作程度不深。

第三，从体系层次看，国际体系不是一种简单系统，而是人类在国际场域中发生多元社会共现的复杂演化系统。以沃尔兹为代表的结构现实主义者虽然也声称是以系统方法把握国际体系，但在把简单、孤立的国家作为基本单元，把国家间的关系简化为权力关系的情况下，他们的系统接近于一种简单的物理系统。然而事实上，国际体系是一种复杂系统。

国际体系复杂系统的特征表现为由多维复杂行为体之间的多维关系构成的国际体系是复杂网络结构。国际体系不是社会群体，缺乏社会群体所具有的明确边界和内部秩序；它不是等级组织，一般不存在解决争端的权威；它与一般的社会结构也不同，缺少共同的文化和行为规范，也没有中央政府；它与市场也不同，因为行为体间的关系比贸易关系更为持久。国际体系结构更接近社会网络理论对网络结构的定义，即它是一种由有限的一组或若干组行动者及限定它们的关系网络所组成的"持久的关系模式"，一个由文明社会间关系构成的复杂网络系统。我们需要把国际关系看作一种由关系构成的网络结构，视为一张网而非一堆沙。这意味着或可借鉴社会网络理论的基本假设和方法来克服新现实主义国际关系本体论的单一性问题。① 社会网络理论大约产生于 20 世纪 60～70 年代，在 70～80 年代已形成一套新的分析范式和理论，② 90 年代后开

---

① 该理论的提出始于 20 世纪 50～60 年代，在 20 世纪 70～80 年代已形成一套新的分析范式和理论，参见约翰·斯科特《社会网络分析法》，刘军译，重庆大学出版社，2007。1978 年"国际网络分析组织"的成立被认为是将网络分析用于国际关系研究的标志。

② 参见 Emilie M. Hafner - Burton, et al. , "Network Analysis for International Relations," *International Organization*, Vol. 63, No. 3, 2009, pp. 559 - 592; Zeev Maoz, et al. , "International Relations: A Network Approach," in Alex Mintz and Bruce Russett, eds. , *New Direction for International Relations: Confronting the Methods - of - Analysis Problem*, Lanham: Lexington Books, 2004, pp. 35 - 64; 关于中国学者的思考，参见陈冲、刘丰《国际关系的社会网络分析》，《国际政治科学》2009 年第 4 期，第 92～111 页。

始用于国际关系研究领域。[①] 不过,目前社会网络理论在国际关系研究中的应用主要集中在争端解决、非传统安全、全球治理、国际贸易、全球气候变化等具体问题上,或者应用于检验主流国关理论,[②] 并没有从根本上质疑主流国际关系理论的前提假设。根据该理论,在一个复杂的关系网络系统中,系统功能是通过多组关系和多个子系统起作用的。关系网络对系统的功能起着减弱、增强、替代、转换的作用,结构与功能也并不对称。系统中的因果关系是非线性的,系统中任何一个微小的变化都可能导致意想不到的后果。预测系统中发生的事件在理论上是不可能的。

国际体系的复杂系统特点还在于,一种由能够在外部压力下做出选择和变异的自适应行为体构成的体系不是完全的自助体系,而是具有协同演化(co-evolution)功能的生物演化系统性质。国际是行为体演化的场域,无论是组织体层面上的征服与被征服还是文明体层面上的冲突与融合,都应理解为一种人类社会的演化过程。所有的新现实主义者都是反对演化观点的。在他们眼里,国际体系似乎历来不变。[③] 但事实上,人类一直在国际这一"场域"进行上述三种游戏,国际体系也在逐渐向更高阶段演化。在不同演化阶段,三类游戏的重要性各有不同。前现代的国际系统是地域性国际系统,以力量为主要手段的权力游戏起主要作用。国际体系演化到条约体系阶段后,以交易为主要手段的财富游戏开始占重要地位,许多侵略、征服活动都是为了贸易和争夺市场。20世纪后期出现的信息革命使得人类活动在国际场域中演化出了新的特点,以说服、诱导为手段的心智游戏开始显著卷入国际场域。至此,人类的三大游戏从地区延伸到国际场域,出现了真正意义的国际社会。新现实主义从权力游戏角度揭示的只是一种违反演化规律的正反馈机制:国家强大了,就会对他国构成威胁,而他国为了自身安全就要发展更精良的武器,从而引起军备竞赛。但是,现代国际体系在制约战争方面也是不断演化的。如现代国际体系尊重一国

---

① 有的研究者主张的国际关系研究的"关系转向"很大程度上是一种将社会网络理论用于国际关系分析的研究取向。参见季玲《论"关系转向"的本体论自觉》,《世界经济与政治》2019年第1期,第78~97页。

② 陈冲、刘丰:《国际关系的社会网络分析》,《国际政治科学》2009年第4期,第104页。

③ 唐世平:《国际政治的社会演化——从公元前8000年到未来》,董杰旻、朱鸣译,中信出版社,2017,第58页。

多数人的意愿、承认主权不可侵犯、主张侵略行为应受谴责以及限制残酷战争手段，存在共同规则。这可视为在生物"共生"法则作用下人类在国际场域演化出使人类自身免于毁灭的共同文化，故现代国际体系同样遵循生物演化规律。① 罗森博格认为，人类在"国际"这个最高群体层次的互动"不会终结于单一的权威形式，但也不会简单地变小进入真空状态，相反，它会发展成为共存的诸社会的横向场域（lateral field），这种共存的场域为每一个体社会在国内结构之外增添了一个全新的社会现实层次"。②

将世界体系视为一种多元社会共现的演化系统有助于认识现代国际体系与西方文明之间的关系以及当前文化与现代性的融合问题。从世界历史上看，人类曾有过与某种特殊文明经验相联系的多种形式的国际体系。现代国际体系是从西方文明演化而来，带有明显的西方文明的烙印。西方社会强调个体和民族国家的独立，强调社会中人与人之间的契约关系和民族国家之间的条约关系。③ 现代国际体系与限制国家权力、保障个人权利的西方国内民主政治制度之间存在着逻辑联系。从现代性方面说，现代国际体系下形成的国家间相互依赖和全球化潮流冲击了许多前现代的制度设计和价值观念，该体系的一些基本理念作为现代国际规则逐渐为世界大多数国家接受，与该体系相联系的现代民主制度也作为现代性政治制度发生了广泛扩散。从社会演化的视角看，现代国际体系的出现类似人类在西欧社会机体上产生了一次"基因突变"。由于该体系所表现的性状具有一定的"生存优势"，故而取代了其他前近代的国际体系。这种国际体系及其相联系的民主政治制度已演化为人类共同的文明成就，经过"社会化"后为多数国际行为体接受，故这也是一个前现代国际行为体转化为现代国家并缔造出一个现代国际社会的过程。需要指出，该过程是与国际行为体自身的文化传统结合在一起的，国际体系及其规则的"社会化"也是一个国际行为体的自适应过程。目前，受技术强劲推动的全球化趋势不仅是组织体联系的增强也是不同文明体之间的碰撞和融合。随着中国等非西方文明国家的兴起，其文明经验可能会被融入国际体系中，未来在国际场域中未必不

---

① 关于世界体系的演化特性的详细论述，参见本书第十章。
② 贾斯廷·罗森博格：《政治学囚笼中的国际关系学》，《史学集刊》2017 年第 4 期，第 12 页。
③ 参见本书第九章。

可能演化出一种后现代型国际体系。在多元文明演化问题上，笔者同意卡赞斯坦的看法：文明的演化活动"不断地塑造并重新塑造着人类行为上及符号上的疆域。在当今世界上，这些实践进程交汇成一种全球范围的现代性文明"。①

三 世界强联结时代对国际关系本体论的检验

自沃尔兹提出新现实主义已过去了四十多年，以信息技术为核心的新技术革命已使世界发生了深刻变化。这个变化的一个重要特点是更多的人类活动被更深刻卷入到国际场域中。人类三大类活动已形成了三大类网络，即以地区性国家集团和国际组织的大量增加为特点的国家间关系网络，② 以贸易的巨大增长和国家间资本、③ 技术的频繁流动为特点的世界贸易网络和以互联网和移动设备带来的海量信息在行为体之间的快速即时流动为特点的信息网络。④ 这三大网络正在把世界更紧密地联系在一起，形成一个多方面深度互动的网络系统。以5G技术为代表的新一代信息技术和人工智能的发展将使更多的行为体乃至物体以更有效的方式相联结，从而将进一步加强世界的强联结趋势。行为体无论是主动还是被动孤立于这种环境都将付出生存的代价。世界强联结时代的一些新特点将支持我们对国际关系的本体论进行再审视。

第一，在世界强联结时代，人类的多维活动被深度卷入国际场域的现实支

---

① 彼得·卡赞斯坦：《一个多重与多元文明的世界》，《北京大学学报》（哲学社会科学版）2010年第1期，第14~17页。

② 据《国际组织年鉴》统计，20世纪初世界有200多个国际组织，到20世纪50年代发展到1000多个，20世纪70年代末增至8200多个，1990年约为2.7万个，1998年约为4.8万个，21世纪初超过5.8万个。截至2016年，世界上有6.2万多个国际组织。参见 http://www.mohrss.gov.cn/SYrlzyhshbzb/rdzt/gjzzrcfw/zygjzz/201604/t20160413_237951.html，登录时间：2019年5月28日。

③ 以国际贸易总额为例，1948年为590亿美元、1973年为5790亿美元、1993年为36880亿美元、2015年为159850亿美元。67年间，增加了16万亿美元左右。在近22年中也增长了近4.3倍。参见 "World Trade Statistical Review 2016," https://www.wto.org/english/res_e/statis_e/wts2016_e/wts16_toc_e.htm，登录时间：2019年5月28日。

④ 2015年，全球互联网使用人数为32亿，手机用户数达71亿，手机信号已覆盖全球超过95%的人口。参见《2015互联网调查报告：全球网民32亿人 手机用户数达71亿》，http://www.askci.com/news/chanye/2015/12/01/142515fck2.shtml，登录时间：2019年5月28日。

持在单元层次上把国际单元视为多元、多样的自适应行为体。国家间多层次的深度互动凸显了国家是由人组成的，更需要把国家理解为多元、多样的自适应行为体。这其实是基于社会生活中的简单道理：人与人之间的交往越是全面、深入，就越需要把对方作为一个复杂的整体来把握。假若与一个人的互动不深（譬如只是生意往来），可不必（也不需要）考虑对方的性格、价值观、行为方式等问题，但若与人有深度互动（譬如结婚），就必须考虑这些因素。国际社会亦是如此，卷入国际场域的人类活动越多，就越需要考虑国际行为体的复杂属性。在一个人类的经济活动更深入地卷入到国际场域的时代，作为国际行为主体的国家就已不能被视为单纯的权力单元，而应作为政治经济单元来理解。国际体系也就不是单纯的权力体系，而是政治经济体系。在新技术促使世界进入强联结时代的今天，人类三大类游戏全部卷入到国际场域之中，国际行为体更为复杂多样。对于一个以世界网络化为主要特征的强联结时代的国际关系，不仅新现实主义狭隘的权力本体论基础无法容纳，就是考虑了国家间政治经济关系（即组织体之间的关系）也已经不能说认识充分，还必须考虑价值观、行为方式意义上的文化关系（即文明体之间的关系），即国家间深度互动带来的不同文明的冲突与融合问题。当前出现的新兴国家如中国、印度等，都曾经是一个文明和一种地区性国际体系的核心。如中国是古代东亚地区"天下体系"的文明体核心，① 印度是南亚国际体系的文明体核心。② 近代以来这些非西方文明国家或被迫、或自愿、或半自愿地卷入到现代国际体系中，若不考虑其文明体属性，仅仅在"民族国家"的狭隘框架内是难以理解它们的国内变化和国际行为的。随着这些国家力量的增长以及它们之间联系的增强，它们在内化现代国际系统规则的同时亦将其独特的文明经验融入国际体系之中，从而使世界进入真正的文明意义上的多元时代。只有克服了国际关系本体论的狭隘和单一性问题，才能为在文明演化意义上讨论非西方文明经验提供空间。

在一个强联结时代，支撑传统国家（state）理论的几个关键性概念——暴力、战争、疆域和权力都发生了根本性变化，因此需要重新认识作为国际关系

---

① 参见本书第六章。
② 参见本书第十七章。

单元的国家的内涵。譬如在新技术革命下，暴力和战争都可能是无形的，而有形的领土、领海、领空已无法阻隔外来攻击。国家没有办法全盘掌握无形武器的生产和使用，无法防止无形暴力组织的形成，亦无法划定、管控、防卫各自的数字边界。所以国家的内涵需要重新界定。①在世界强联结时代，不仅国际行为体的内涵发生了变化，其外延也扩大了，即国际行为体已不再限于国家。今日美国有苹果、谷歌、微软等大型跨国公司，它们的财富以及对世界的影响力已超过许多中小国家，事实上发挥着国际行为主体的作用。不仅如此，在人类的文化活动被深度卷入到国际场域之后，国际行为体概念有了更广的外延。一首歌或一部电影的流行亦可能成为重大的国际事件，与之相关的歌手、演员或某个反面人物（如恐怖组织头目本·拉登）可能因拥有成千上万的"粉丝"而成为具有国际影响的行为体。在一个高度网络化的国际系统中，每个单元都可能以强大的网络支持为背景产生巨大的国际影响。尽管目前国际关系的基本单位仍然是具有强大控制能力的国家，但其已不能涵盖所有国际行为体。至少在理论上，那些在弱联结时代无法成为国际系统中行为主体的组织和个人现在都有成为国际行为主体的可能性。

世界强联结时代人们对国家的认同也是一个值得讨论的问题。可以肯定的是，由于国家之间人员、资金、信息的广泛流动，作为权力游戏主体的传统意义上的民族国家的作用下降了。一方面，在一个完全网络化的系统中，作为网络节点存在的行为体的独立作用会下降，甚至有时候会变得无关紧要。另一方面，随着国家间联系与合作的增多，世界出现了诸如欧洲联盟、东南亚国家联盟、非洲联盟、阿拉伯国家联盟等一系列新形态的地区性合作组织，这些在不同程度上具有"超国家"色彩的组织也是国际行为体多样化的一种表现。世界强联结时代支持我们提出的以考虑了文明侧面的国家为行为主体，把"国际"视为一个人类多维活动的场域、一个承载人类知识与实践活动的全球体系的本体论。

第二，在世界强联结时代，国家行为体广泛连接的现实支持我们在关系层

---

① 参见王绍光《新技术革命与国家理论》，《中央社会主义学院学报》2019 年第 5 期，第 93 ~ 100 页。

次上把国际关系作为由人类多维活动组成的复杂关系来把握。高速公路、高速铁路、超音速飞机等便捷的交通设施和工具使国际间人员流动增加，发达的通信技术和设施使巨量信息即时流动成为可能，商业贸易的发展使分工体系真正成为世界性的，所有这些已使得世界成为一种具有强联结和实质性互动的网络系统。在弱联结时代，由于交通、信息不发达，"外国"可能是一个只在国家征服或被征服时才被认识到的一个概念。而在强联结时代，行为体之间的联系是多方面的，国与国、国内与国外的界限因人员、物品以及信息的频繁、快速流动而变得模糊，"国际"成为一个行为体实质性互动的场域。在古代世界，某地发生某事，其他地区的人可能要在几十年甚至上百年后通过阅读历史材料才能知道。而今天，任何地方发生的事件都可能即刻传遍全世界。世界强联结时代还使观念、价值观及生活方式的相互影响增强，我们的思考和行为从来没有像今天这样会受到"国际"的影响并可能产生广泛的"国际影响"。这也是世界强联结时代心智游戏比重增加、权力游戏比重相对下降、国家间关系表现为文明意义上的冲突与融合关系的主要原因。

在弱联结时代，"国际"这个网络系统中存在许多"结构洞"（指一些国家行为体之间没有实质性联系），[①] 而当更多的人类活动卷入国际系统之后，世界这张网上的"结构洞"显著变少。除少数主动封闭的国家，绝大部分国家都处在一个多维关系网络系统之中，国家之间以及国外与国内的相互影响更为显著。不仅如此，强联结状态下行为体的行为和关系模式亦会改变。社会常识告诉我们，社会之所以需要政府，一个重要原因是大众需要通过组织（包括政府）获得其自身无法得到的公共产品（如法律、秩序、公共服务等）。当行为体处在一种强联结的网络系统中时，系统的"自组织"能力会增强，公共产品亦更容易获得，社会组织的一些功能会减弱或被替代。今日互联网上的各类"群"无需通过传统的市场或社会组织，仅借助互联网本身便能实现行

---

① "结构洞"（structural holes）是美国学者罗纳德·伯特（Ronald Stuart Burt）在 1992 年提出的概念。伯特认为，无论是个人还是组织，其社会网络均表现为两种形式：一是网络中的任何主体与其他主体都发生联系，不存在关系间断现象，从整个网络来看就是"无洞"结构，这种形式只存在于小群体中；二是社会网络中的某个或某些个体只与部分个体发生直接联系，与其他个体不发生直接联系，存在无直接联系或关系中断的现象。从网络整体来看好像网络结构中出现洞穴，故称"结构洞"。

为体间的互动。这种情况在一定程度上也适用于国际社会。强联结的网络系统可能会使世界在变得更加"无政府（高度网络化结构的无政府性更多体现为非国家行为体逃避传统权威控制的行为）"的同时，由于政府和组织的功能可由提高了的体系自组织性所替代，国家行为体依照"你死我活"的丛林法则互动的可能性会降低，国家间互动由"大动作"转变成繁复的"微协调"的可能性将增加。结果是，行为体"他助"和"互助"的可能性会增大。

当公共产品变得较容易获取、他助和互助的可能性增大时，国家确保生存安全的途径和方法会增多，国家行为体对避免冲突可能持更乐观态度。"网络空间将多元行为主体更加密切地联系在一起，极大地增强了国际体系的相互依赖性，缓解了无政府状态下的安全困境。由于网络空间行为主体（特别是国家行为体）高度依赖网络技术对经济和社会发展的促进作用，而这些行为主体栖身于同一个边界模糊、相对开放的网络体系之中，这为国际行为体约束自身行为并进一步形成普遍接受的规则创造了一定的条件。"① 强联结带来的团结和安全感能够降低行为体对某一强大力量的不确定感，这会改变国家行为体对安全的认知。新的认知包括：领土与资源的意义以及权力关系的重要性下降，市场、大数据以及信息储存和处理能力等成为新的重要资源；国家的生存和安全并非一定要通过权力政治来实现，物质实力难以长久维持；以结盟的形式对抗代价太高。当然，这并非说权力游戏已不重要，只是以力量为手段的权力游戏的重要性下降，以说服、诱导为手段的心智游戏重要性上升。

第三，在世界强联结时代，"共同体化"趋势支持我们在系统层次上把国际体系视为人类多元社会共现的演化系统。人类在国际场域已经演化出限制冲突和战争的文明成果，而在各国实质性互动增加的强联结时代，世界体系的社会性增强。世界像家庭、村落等社会组织一样产生了用共同行为规范和价值观约束行为体行为的需要，世界出现了某种"共同体化"趋势（所谓"全球化""命运共同体""全球家园""地球村"等概念都是对这一特点的描述）。笔者曾指出，目前世界出现了两种意义上的共同体和共同体意识。一种是由构成国际体系基本结构的西方自由资本主义大国之间的"安全共同体"及其共同体

---

① 刘杨钺：《重思网络技术对国际体系变革的影响》，《国际展望》2017 年第 4 期，第 15~32 页。

意识。这些国家（尤其是发达的工业化国家）普遍有一种在实行保障个人权利、制约国家权力的政治制度的国家之间发生战争的概率不高的预期，这种预期起到了制约国家间战争的作用。另一种共同体是人类在面对诸如环境、核大战、恐怖主义、毒品、网络犯罪等可能威胁全人类安全的共同问题时达成了某种共识，产生了超越国家政治制度、超越意识形态的对更高目标的效忠。尽管后一种意义上的共同体并没有坚实的制度和价值观基础，只是一种模糊的意识或愿景，但是仍能起到促进人类合作、降低大规模战争爆发概率的作用。[①]

世界的"共同体化"趋势也需要从社会演化的角度才能理解：它是生物的共生原理在国际场域的表现，是人类面对世界强联结这一新的生存环境、认识到人类作为一个群体的利益所在和人类共生的重要性时做出的适应性反应。这一趋势支持我们把国际体系理解为一种"多元社会共现"的文明演化过程，而不是权力博弈或经济力量较量的系统。当然，国际体系的演化存在不完全、不均衡，并常有反复，譬如近期出现的"英国脱欧"、美国退出联合国组织及一些世界性条约等"逆全球化"现象，就与历史上西方国家用商品敲开非西方国家大门时遇到抵抗十分相似，是当环境变化时人们出现的一种排斥反应。目前由新技术支撑的人类深度互动的演化环境带有不可逆性，故世界的"共同体化"趋势亦无法逆转。从目前中美间的"贸易摩擦"来看，虽然无论是中国还是美国都有现实主义者认为这是中美将陷入"修昔底德陷阱"、世界将陷入"新冷战"的证据，但在贸易摩擦之初笔者就曾从国际体系演化的角度把中国与国际体系的关系判断为一种协同演化关系。[②] 在"国际"这一场域严酷的竞争压力中，中国需要通过艰苦的选择逐渐演进以适应新环境，而主要由西方自由资本主义国家主导的现代国际体系也需要逐渐接纳一个体量庞大且具有独特文明体和组织体形式的新个体。中美第一阶段贸易协定的达成以及中美关系缓和的其他迹象都符合笔者的这一判断。

---

① 参见本书第十章。

② "协同演化"这一概念是由美国前国务卿亨利·基辛格在 2014 年与德国前总理赫尔穆特·施密特、德国前驻美大使沃尔夫冈·伊申格尔和经济学教授亚丝明·梅－易·法格尔的一次谈话中提出的，他的解释是"发展的同时相互靠近"。该谈话在德国《时代》周报网站刊发，题为《对中国傲慢是错误的》。文章中文版见 http：//mil. huanqiu. com/observation/2014 - 01/4782327. html？ agt = 15438，登录日期：2019 年 4 月 7 日。

在世界强联结时代，一个深度多元化的全球国际社会正快速形成，这个全球国际社会具有深度的多元主义特征，不同的财富、权力和文化权威中心还将出现。不仅是在通常所理解的"全球化"意义上，而且就不断植根于人类的现代性而言，世界正在再一次成为一个真正整体。然而，国际关系由于一直受到"政治学囚笼"的束缚，而未能真正获得本体论基础，故而无法顺应建立一种全球国际关系学的时代要求。[①] 如果说前近代国际关系可以大体简化为政治关系的话，那么在经济活动已经卷入国际场域的近代国际体系中，国际关系很大程度上已成为政治经济关系。在人类三大类"游戏"全部卷入国际场域的世界强联结时代，国际关系已变得更为广泛、深刻而复杂。我们需要一种能够理解文化和现代性的、反映全球融合的、更加全球化的国际关系学，而在单元、关系和体系三个层次上拓宽本体论基础或是构筑这一新的国际关系学的第一步。需要说明的是，一个含义更广的本体论基础并非说国际关系学没有边界，研究国家之间如何互动（冲突与和平问题只是其中一个方面）仍然是国际关系学的主要任务，只不过这种研究需要更多地考虑行为主体、关系类型以及互动性质的复杂因素。这既是适应已深刻变化了的世界现实的需要，亦是国际关系学向解释人类复杂性行为的回归。这一方向的探讨固然无法得出像新现实主义那样简洁优美的理论，但倘若在简洁优美却远离现实与不那么简洁优美却更接近现实之间进行选择，我们更应该选择后者。

---

① 阿米塔·阿查亚、巴里·布赞：《迈向全球国际关系学：国际关系学科百年反思》，张发林译，《中国社会科学评价》2019 年第 4 期，第 25 页。

第二部分
"伦人"及其外部世界

导　言

中国文明经验的本质特征是什么？如何看待今日中国在世界上的行为？中国在世界上面临怎样的挑战？这是这一部分要回答的问题。这部分由四章组成，是采用心理文化学的核心范式和方法对中国人的基本人际状态与中国国家行为的分析。

在第五章中，作者认为中国人的基本人际状态是"伦人"，这种基本人际状态的特点，强调亲属联系在人际关系中的重要作用，个体有一个稳定的"生命包"，人们依据亲属原则缔结关系，生活分为不同的圈子，每个圈子实行不同的规则。中国的文明经验就是建立在这种基本人际状态基础上的。建立在伦人这种基本人际状态基础上的国家形式，是根据远近亲疏关系确定的同心圆结构，义务、责任和亲密程度由内向外依次递减，统治方式也有多种。笔者称这种国家模式为"服国"。在这种模式下，皇权基于家庭中父亲的权威，统治者与被统治者的关系基于一种拟父子关系，国家合法性基于家庭伦理，中央王朝无力控制到基层，老百姓对政治是淡漠的。

第六章从剖析几个图式开始，分析了伦人这种基本人际状态与"天下"思想及古代东亚的国际体系——"天下体系"，认为相对于现代国际体系的"单位平等"原理，以中国行为体为核心的古代东亚国际体系的运作原理是基于家庭伦理的"角色"原理，即每个行为体都处在一个等级体系中，并依据自己的角色以及对角色的预期而行动。这一原理就是"礼"。相对于西方国际体系存在的"霍布斯文化"、"洛克文化"和"康德文化"，朝贡体系中存在的可称为"亲人文化"、"熟人文化"和"生人文化"。在此基础上，还探讨了天下体系的特点和内化问题。

第七章分析了中国人的基本人际状态的特点与"和谐"思想的关系。亲属集团在"心理-社会均衡体"中占据至高无上的地位，由于亲属集团成员的资格具有恒定、自动和不可转换的特点，个体生活在一个高度稳定、较易获得心理-社会均衡的亲密圈子之中。与之相联系的心理文化取向是"人伦中心"，文化理想是"人与人之间的彻底和谐"。这些特点不仅反映在中国人的日常行为上，也反映在中国这个行为体对"外部世界"的态度和行为上。通过对这些特点的分析，作者从消极和积极两个层面阐述了中国提出的"和谐"理念的心理文化基础。

第八章是对儒家的战略文化与中国人日本观的深层分析。儒家战略文化的核心可概括为"仁""礼""和"，这是"伦人"这种基本人际状态下人们对外部世界态度和行为方式的表述。在这种战略文化下，可以解释中国古代文献有关日本记载的特点：虽然很早就有记录，却一直没有新的进展，中国一直"陶醉"在自己辉煌的文明成就之中，对日本缺乏进一步了解的兴趣。这一章还分析了"中华思想"与中国近代产生的对日民族主义的特点与历史记忆的关系。

第五章
"伦人"与"服国"[*]

一 对几个模型的考察

（一）几个相似的模型

1. "伦人"人际关系模型

相对于西方的"个人"，笔者曾提议用"伦人"来概括传统中国人的"基本人际状态"（human constant）。"伦人"的人际关系模式是一种由亲属关系出发一圈圈外推的同心圆结构（费孝通先生所称的"差序格局"），它以"自己"为中心，由内而外可分为三圈，即"亲人圈""熟人圈"和"生人圈"。"自己"与其他个体关系的亲密程度以及与之相联系的责任、权利、义务的强度向外依次递减。在这种人际关系模式下，不同圈子趋于适用不同规则：最内一层的"亲人圈"由近亲组成，适用"亲情规则"，关系恒定而密切，个体与他者区分不明确，每个人尽量满足他人的需要，鼓励个体间"不分你我"，个体之间相互信赖和相互依赖，有高度的安全感；"熟人圈"由熟人、朋友等组成，适用"人情规则"：相互帮忙，讲"人情"和"面子"；"生人圈"由既没有"亲情"也没有"人情"的陌生人组成，交往适用"公平规则"，就像在市场上买卖东西，公平买卖，讨价还价，交易完成，两不相欠。^① 在这三个

---

* 本章内容发表在《国际政治研究》2008 年第 4 期，收入本书有修改。

① 这里借鉴了台湾学者黄光国关于中国人人际关系研究的成果。见黄光国、胡先缙等著，黄光国编订《面子：中国人的权力游戏》，中国人民大学出版社，2005，第 49~66 页。

圈子中,"亲人圈"是不可转换的,即无论多么要好的朋友也不会成为"亲人",兄弟、父子即便反目也不会变为"熟人"或"生人"(可以成为"仇人")。而"熟人圈"与"生人圈"可以相互转换:"生人"通过交往可变成"熟人","熟人"反目则可成"生人"。倘若我们将这种人际关系状态用图式表示出来,可得模型 1(见图 5 - 1)。

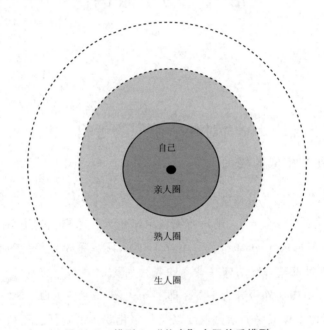

自己

亲人圈

熟人圈

生人圈

图 5 - 1　模型 1:"伦人"人际关系模型

注:"亲人"与"熟人"圈子之间的实线表示不可转换,"熟人"与"生人"圈子间的虚线表示可转换。

根据我们将"人"("基本人际状态"或"人"的系统)的概念引入国际关系研究的思路,人际关系模式会影响国家模式(应属于"心理 - 社会均衡体"的第 1 层)乃至对"外部世界"("心理 - 社会均衡体"的第 0 层)的态度和行为,因此可以预期,中国的国家形式(至少是传统意义上的)以及以这种形式为核心的古代东亚国际秩序的主要特征可从"伦人"的人际关系模式上得到解释。事实上,当我们将分析转向传统中国的国家形式("国")和世界模式"天下"时,我们的确发现了几个与"伦人"人际关系模型具有高度一致性并能从后者得到较好解释的模型。将这几个模型联系起来考察，我们能够揭示这些模型的本质特点及其相互关联。这促使我们思考必须以一种新的视角来看待中国在人际关系、国家乃至世界秩序方面的经验。

2. 《尚书·禹贡》描述的"服国"模型

据文献记载，中国早在商朝就有对国家和世界秩序的相当完备的思考，这就是所谓"畿服制度"。它是一种以皇帝居住地（王畿）为中心、根据地理距离和"德"的浓度划分的世界图式。周朝由于确立了"普天之下，莫非王土"的世界共主思想，将商朝的畿服制度系统化和理想化，作为已知世界的准则。被称为儒教五经之一的《尚书》中有如下表述："五百里甸服：百里赋纳总，二百里纳铚，三百里纳秸服，四百里粟，五百里米。五百里侯服：百里采，二百里男邦，三百里诸侯。五百里绥服：三百里揆文教，二百里奋武卫。五百里要服：三百里夷，二百里蔡。五百里荒服：三百里蛮，二百里流。"[1] 事实上，在"荒服"以外，还有"化外"或"绝域"之地。若将这段记述用图式表示，则如模型 2（见图 5 - 2）。

应当指出，这里表述的既是中国周代分封制下的国家形式，也是当时东亚地区的一种国际体系。它是一个以王畿为中心的同心圆结构，按地理上的远近安排中心与周边地区的亲疏关系：距离天子越远，了解的信息越少，关系强度越弱，赋税方式和统治方式也不同。其中，"甸服""侯服""绥服""要服"大约相当于国家的本土，而"荒服"、"化外"或"绝域"则大约相当于现在所称的"外国"。但由于周朝采用分封制度，后期又陷入诸侯纷争，这一模型与当时的国际秩序事实未必相符，因此将其视为中国古代国际秩序的一种理念或雏形或许更妥。有的古书上说是"九服"，有的则说是"七服"，其实这里的数字并不重要，[2] 重要的是它提出了当时中国人所理解的国家乃至国际秩序的模型。

3. 古代中国"朝贡体系"模型

"朝贡体系"是主要存在于古代东亚地区的、以中国中原地区政权为核心

---

① 《尚书·禹贡》。

② 应当指出这里的数字都不是确数，因为若按给出的数字计算，"五服"的面积约为 10900 万平方里，即便考虑了古代的度量衡与今天不同这一因素，这个数字也仍然不符合实际。

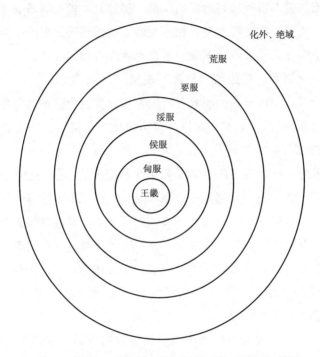

图 5 - 2　模型 2：《尚书·禹贡》描述的"服国"模型

的等级制网状政治秩序。在这个体制中，中国中原政权处于中心地位，各朝贡国承认这种地位并依据与中央政权关系的远近定期或不定期地以某种形式向其表达敬意。日本京都大学教授滨下武志把朝贡体系的亲疏远近分为 6 个等级，分别为：中央、地方、土司·土官、藩部、朝贡、互市，并根据各个国家在朝贡体系的位置绘制出一个模型 3（见图 5 - 3）。

　　需要指出，如果说"五服"模型（模型 2）在很大程度上反映的还只是古代以分封制中国为中心的国家和国际理念的话，那么此图式给出的则是自秦、汉统一直至清王朝灭亡两千多年来实际上存在的东亚国际秩序模型。"朝贡体系"是与"条约体系""殖民体系"并称的主要国际体系之一。"朝贡体系"的雏形可视为"五服"模式，而其鼎盛期则大体在明朝，大约崩溃于 19世纪末。当然，中国历史上各个朝代的版图以及与周边国家和地区的关系都不相同，其间，当中原政权衰落的时候，该体系会出现混乱和无序，而且有时在

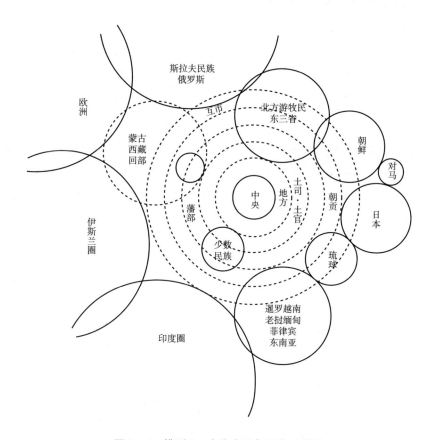

图5-3 模型3：古代中国朝贡体系模型

资料来源：〔日〕滨下武志：《近代中国的国际契机——朝贡贸易体系与近代亚洲经济圈》，朱荫贵、欧阳菲译，中国社会科学出版社，1999，第38页。

这个大体系之下还有"亚体系"（如日本对琉球、越南与某些东南亚国家）存在。不过大体说来，这个图式所描述的古代东亚秩序的基本结构可以说两千多年来基本上没有什么变化。

倘若将这个图式略作简化，我们便可得到一个与模型2相似的同心圆结构模型：以"中央"为中心一圈圈外推，依次为"地方"、"土司·土官"、"藩部"、"朝贡"和"互市"，其与中央关系的强度以及与之相联系的责任和义务也是向外依次递减。

4. 儒家的"修齐治平"模型

儒家经典《大学》中有一段话非常有名:"物有本末,事有终始。知所先后,则近道矣。古之欲明明德于天下者,先治其国;欲治其国者,先齐其家;欲齐其家者,先修其身;欲修其身者,先正其心;欲正其心者,先诚其意;欲诚其意者,先致其知;致知在格物。物格而后知至;知至而后意诚;意诚而后心正;心正而后身修;身修而后家齐;家齐而后国治;国治而后天下平。"这里表述的是儒家的一种世界观。这种世界观将人理解为一个社会文化的"场",包括人的意识、人的潜意识、个体人、家庭、社会(国)、异文化(天下)等不同层次。倘若把这段话也用图式表达出来,则会得到一个多层的同心圆结构(模型4),从内向外依次为:知、意、心、身、家、国、天下(见图5-4)。

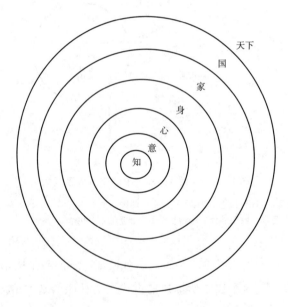

图 5-4　模型4:儒家的"修齐治平"模型

(二)几点分析

这几个模型包含着十分丰富的信息,值得我们深入探究。在进行分析之前，还需要将这几个模型作一番整理。显而易见，这几个模型都是多重同心圆结构，它们反映的是以观察者为中心一圈圈外推的一种多层宇宙图式。这几个模型有重合的地方，不同模型表现的是这种多层同心圆的不同部分："伦人"人际关系圈子模型表示的是个体人的交往圈子，"五服"和"朝贡体系"模型表述的是家庭以外的世界，而儒家的"修齐治平"模型则是一种试图将人的内心、社会与世界秩序作整体描述的模型。倘若将这些模型表述的世界分为"心理"、"社会"和"国际"三个层面，则可大体整理如表5-1。

表5-1 "伦人"、"服国"、朝贡体系之间的关联

模型	心理层面	社会层面	国际层面
1. "伦人"人际关系模型	在密切、恒久的"亲人"圈子中界定"自己"	"亲人""熟人""生人"	"生人"
2.《尚书》服国模型	从尊卑、亲疏秩序中获得的一种群体确实感、安全感	甸服、侯服、绥服、要服	荒服，化外、绝域
3. 古代中国朝贡体系模型	从尊卑、亲疏秩序中获得的一种群体确实感、安全感	中央、地方、土司、藩部	藩部、"互市"及其以外的世界
4. 儒家的"修齐治平"模型	"知""意""心""身"	"身""家""国"	天下

在作了这样一番整理之后，接下来我们便可思考这几个模型的本质特征、意义以及内在联系了。笔者认为至少有以下几点可供讨论。

第一，这些模型揭示的是一种从亲属体系出发看待世界的"伦人主义"宇宙观，体现的是一种"差等爱"，暗含着一种对异质、异己部分的宽容与和平主义精神。在这些模型中，"伦人"的关系模型（模型1）最具根本性，其他模型均可从该模型推出。模型1的三个圈子（即"亲人圈"、"熟人圈"和"生人圈"）事实上也大体适用其他几个模型，例如，"亲人圈"大约相当于"朝贡体系"（模型3）中的中央、地方，"熟人圈"大约相当于土司、藩部，而"生人圈子"则大约相当于"互市"及其以外的世界（包括伊斯兰文明圈、印度文明圈、欧洲和俄罗斯文明圈），而日本、朝鲜等则处于"生人"与"熟

人"圈子之间，有时属"生人"有时属"熟人"。少数民族则有时属"亲人"有时属"熟人"。这种情况也大体适用于模型2和模型4。实际上，周天子根据亲属关系远近分封天下，这个时期的所谓"国家"形式乃是从亲属关系延伸而来，所以"五服"的"服"与表示由亲属关系所规定的服丧义务的"服"含义相同，说明这种分封关系本来就是建立在"伦人"人际关系模型基础上的。朝贡体系中天朝与藩属的关系是伦人社会伦理性政治秩序的自然扩展。这种宇宙观与西方"个人主义"宇宙观完全不同，因此或可将这些模型称为"伦人主义"的世界秩序模式。

这些模式体现的是一种"差等爱"的理念。儒家主张对不同圈子的人施以不同的爱，爱自己的父母要胜于爱族人，爱族人胜于爱乡人，爱乡人胜于爱国人，爱本国人胜于爱他国人。即承认人依据地理的、血缘的远近而分出亲疏，义务、责任和关系强度由内而外依次递减。其实，以自己为中心形成若干不等圈子并投注不等的感情是我们人类的一种普遍现象，因为每个人都不可能与所有的人有同等的关系强度和责任义务。"自己人"和"外人"这条界限在世界所有地方都很明显。例如犯罪集团成员滥杀无辜，却滔滔不绝地谈论他们的家族。而这条界限在战争中体现得最为恐怖，大规模屠杀必是灭绝外人。这首先是因为从我们人类心理上看，亲眼所见的环境比耳闻的更加真实，我们更容易帮助与自己和家族关系密切的人而忽视与我们关系疏远的人。其次在于，我们所在的圈子的幸福和安宁对我们的生存而言不可或缺，而远处的圈子的幸福和安宁则可能不是，甚至可能是威胁。所以对我们所属群体以外的人予以同等的道德关怀（所谓"爱无差等"）是不可能的。中国模式的特点在于，将这种自然的"差等爱"原理发展为一套居核心地位的价值观体系并据此产生了一套精致的组织制度体系。这些模型体现着一种承认不同场合存在不同真理的相对主义理念，暗含着一种对异质、异己部分的宽容与和平主义精神。

第二，"礼"的秩序有尊卑、高低之分，但每一个圈子与其他圈子的差别不是基于阶级、信仰、种族优劣或力量强弱等非自然因素，而是基于亲疏、内外、远近等主要来自家庭成员的自然差别。应当指出，"礼"的秩序以国家行为体之间的"不平等性"为基础，它承认处在这个秩序的中心位置的"国"

（中国）较之其他国占据更高的位置和享有更大的威望。这是一种带有"我族中心主义"特点的秩序。但需要认识到，作为世界秩序的"礼"，实际上是那个作为家庭和社会秩序的"礼"的外推。正像我们不能用"平等"概念阐述家庭中父亲与儿子之间的关系一样，我们也不能用现代国际关系中的"平等"概念来阐述"礼"的秩序下行为体之间的关系。根据"礼"的理念，四周虽不开化但并不邪恶，虽为野蛮之地但他们既不是异教徒也不是劣等人种，而仅仅是因为其文明程度尚未达到一定阶段。这些地区被称为"生藩"而与"熟藩"相对应，而这里的"生"与"熟"主要指文明程度，十分类似今天我们按学历把人区分为"文盲"或"大学毕业"、用发达程度将国家区分为"发达国家"或"发展中国家"的做法。由"生藩"转变为"熟藩"的关键是与中心地区（中国文化）交往而提高其文明程度，而且任何族群都可以做到这一点。因此，从"礼"的角度看族群之间的差别不是优劣的差别而是高下、生熟的差别，其关系也不是竞争、征服与被征服、奴役与被奴役关系，而是一种通过学习由低到高、由"生"变"熟"的关系。由于本质上不是一种征服与被征服、奴役与被奴役的关系，因此用"压迫""奴役"及其对应概念"平等""自由"来描述这种秩序是没有意义的。"礼"的秩序所体现的不是现代意义上的"种族主义"，它至多只能说是一种消极的"我族中心主义"。

第三，由家庭伦理外推的强调道德的、温和的世界秩序。从"人"在亲属集团中的位置、角色及其相应的伦理出发推衍出的国家或国际体系，将家庭伦理推导到"天下"这个古代中国人所认知的人与人互动的最大范围时，逻辑的结果不仅是有秩序的（类似某种"世界政府"的东西），而且是强调道德的，是道德与政治的整合。这是一种基于人的亲属联系的秩序，一种"家和万事兴"的思路，与现代国际秩序的本质上的无秩序、无政府特点完全不同。儒家的"修身、齐家、治国、平天下"以及道家的"修之于身，其德乃真；修之于家，其德乃余；修之于乡，其德乃长；修之于国，其德乃丰；修之于天下，其德乃普"① 看法，都强调道德的重要性，可视为"伦人主义"在不同层面的体现。国与国之间的关系有时就是一种拟兄弟、拟父子和拟君臣关系，所

---

① 老子：《道德经·五十四章》

谓"天下大同"和"四海之内皆兄弟"的理想也是这样推导出来的。这种本质上基于家庭伦理推导出来的世界秩序必然是强调道德的，理想的秩序必是内敛、温和的。当然，这种理想的世界秩序在现实中是很难实现的，但它作为一种理念，是这种"天下"秩序存在的价值基础，并且吸引着该秩序的维护者朝着这个方向努力。它与从独立、自由的"个人"推导出来的现代国际秩序本质上无道德或弱道德的秩序完全不同，因为"个人"之间关系是以竞争、利益为特点，在此基础推导出的国际秩序模式也是以利益和崇尚强力为特点，理想的秩序不是一种道德秩序，而是按一定规则竞争的秩序。建立在个人社会基础上的世界秩序的价值基础就不是道德性的。

第四，这些模型的逻辑结果不仅是有秩序和强道德的，而且还是一种从人的内心和谐出发而外推的和谐秩序。这些模型体现的是一种将人的心理和谐、人际关系和谐与国家治理乃至世界秩序联系起来考虑的理念。和谐是建立在秩序基础上，无秩序则无和谐。在这里，个人修养、国家治理和国际秩序这几个层面没有明确的区分，毋宁说是作为一个整体考虑的。政治不仅与道德整合，与人心也是整合的。当然，这几方面完全整合的国际秩序从来没有实现过，但必须承认中国人的确是将人、家庭、国家和世界秩序作为一个整体来认识的，并且建立在这种认识基础上的、一定程度上得到整合的国家形式和国际秩序的确存在过很长时间。延续了两千多年的"朝贡体系"在近代崩溃了，但它体现的原则并非一无是处，作为中国人对"外部世界"认知和与外部世界交往的经验并没有随着这种体制的崩溃而变得一文不值。事实上，正如中国人的基本人际关系模式的主要特点至今仍在起作用一样，从人的心理、社会、国家和谐的角度把握国际秩序的理念和实践构成中国人的一种独特经验，并可能至少在集体无意识层面影响到我们对世界的看法（例如建立"和谐社会""和谐世界"理念就与我们的这种经验相关联）。

第五，社会科学方法论的意义。笔者曾指出许烺光的"心理－社会均衡"理论模型与中国儒家的"修齐治平"模型的一致性并指出其理论的中国文化背景，还认为这个模型以及与之相联系的"基本人际状态"能够为我们研究国际政治提供一种新的视角和方法。当我们将这个许烺光的理论模型与上述几个模型放在一起时，发现它与这几个模型基本上是契合的。这说明了什么呢？首先，许烺光理论模型不单单与儒家的"修齐治平"模型相符，它还与中国人的集体记忆和经验——亲属体系结构、人际关系模式、行为方式和宇宙观等——相符合。这暗示着这样一种可能性：用许烺光的理论来概括和揭示上述几个模型的本质，从而将中国经验提升到学理层次。其次，"伦人模型"、"服国模型"、"朝贡体系模型"以及"修齐治平模型"所体现的中国人的宇宙观和行为模式可能具有重要的方法论意义。我们知道目前占主流地位的国际关系研究方法是现代社会科学研究方法，这种方法将个人、家庭、社会、国家等视为界定清晰的概念，并趋于将人的心理、人际关系、国家乃至国际关系视为互不相干的领域。这是一种"个体主义"的研究方法，从根本上说这种方法基于西方的"个人"社会经验，它更有利于阐释个人社会的经验，而用这种方法来阐释"伦人"社会的经验是不合适的。许烺光在考虑了中国经验的基础上提出了一个更具解释力的社会科学范式。新的范式既适于解释西方个人社会也适于解释中国社会（"伦人"和"个人"是不同的"基本人际状态"，有不同的"心理－社会均衡"模式）。我们并非要用"中国经验"解读西方经验（"东方中心主义"与"西方中心主义"同样错误），而是要借助一种概括性更广、更具解释力的理论方法来解释中国的基本人际状态、国家形式以及古代东亚地区的国际秩序。

二 "伦人社会"的国家形式："服国"

学界关于中国国家形式和性质的讨论已有很多，但从基本人际状态和"心理－社会均衡"的角度或可对此进行一番新的思考。笔者曾指出，现代西方民族国家与"个人"这种基本人际状态是一种"同构映射"关系，认识当代国际秩序离不开对"个人"这种基本人际状态的把握。这一视角对于解释中国的国家形式与中国社会的基本人际状态也同样有效。我们知道现代国际社会是由"民族国家"组成，虽都称"民族国家"，但国家建立在不同的社会文化基础之上，故国家的形式和运作方式也很不相同。即便是那些实行相同政治制度的国家（如美国和日本实行的都是现代民主政治制度），其国家性质和运作原理也很不相同，更何况政治制度不同的国家（如中国与西方国家）。从这一视角看，中国的国家形式与西方国家之间的差异是基于基本人际状态的差异，是构造上的和原理上的差异，不是大苹果与小苹果、红苹果与青苹果之差异而是苹果与梨子的差异。

与"个人"不同，在"伦人"这种基本人际状态下，"人"不是独立的"个体"而是某种"关系体"，"伦人"的"自我"是在一个关系体（通常是由关系密切、相互依赖的近亲者构成）中界定的，界限不清且有很大的伸缩性，个体与他者的关系是从亲属集团出发外推，亲密度以及与之相联系的责任、权利、义务的强度向外依次递减。通过前文对几个模型的考察可知，"伦人"的国家形式——"国"的许多特点与"伦人"相关联，它与建立在"个人"这种基本人际状态基础上的西方"民族国家"具有明显不同的特点：（1）"国"是从"家"出发外推的结构，"人""家""国"都不是界限清晰的概念，"国"只是"伦人"这种基本人际状态在更大层面上的一轮关系，一系列同心圆结构中的一个层面；（2）"国"带有"家"的特点，具有"家"的功能，国家伦理直接从家庭伦理复制而来；（3）民众对统治者的淡漠以及后者对前者生活的低度干预；（4）一种基于"不同场合存在不同真理"的统治方式上的巨大包容性。

有鉴于此，我们有理由对用"民族国家"这样的概念来表述中国的国家形式与本质提出质疑。至少，这个概念不能完全反映事物的真实。当然，可以通过在"民族国家"之前加修饰词（如"中国式的""前近代的""带有东方特点的"等）的办法来解决名实不符问题，但须指出，这不是从事实自身逻辑出发的做法，而是用某种先入为主的观念套用、裁剪事实。经过认真思考，笔者提出"服式国家"（简称"服国"）这个概念来描述中国的国家形式。相对于建立在"个人"这种西方社会基本人际状态之上"现代民族国家"，"服式国家"是建立在"伦人"这种中国人的基本人际状态之上的，"服国"与"伦人"之间有一致的原则起作用。笔者认为这个概念有利于我们从中国自身逻辑出发解读中国的国家形式及其运作原理，亦有利于从学理上提升中国的政治经验。以下拟从几个方面进行阐述。

首先，这个概念能够更好地表述中国国家形式的"家国同构"特点。孟子说："人有恒言，皆曰'天下国家'，天下之本在国，国之本在家，家之本在身。"① 有学者也得出了中国国家形式的"家国同构"的结论（"国家"这个近代翻译过来的概念由"国"和"家"两部分组成，这本身就反映了这一事实）。② 无论是在观念上还是在现实中，都大量存在着"家"与"国"混用、"家"与"国"结合的例子。从组织层次上看，中国传统国家和家族是一个同构体，国家可视为扩大了的家庭，家庭可视为缩小了的国家。父家长制是君主专制的基础，而君主专制又巩固了父家长制。中文的"服"字的含义原指由亲属关系产生的服丧义务，后延伸为一种国家地理概念，用来指称与中央的关系和义务强度不同的国家各个部分。这种国家模式源自周朝的血缘分封制国家，但这种模式的基本特点可以说一直延续到近代，因此"服国"的"服"字较为准确地描述了这种特点。这个概念与中国人的基本人际状态相一致，有助于我们更好地揭示国家形式与基本人际状态乃至亲属体系结构之间的心理文化机理。根据心理－社会均衡（PSH）原理，"亲密的社会关系与文化"（PSH 第 3 层，其重要程度可视为"生命包"）的特点决定了对其他层的态度和行为，"家"所体现的价值规范和取向通过社会化而内化到人的行为中，从而不仅影响人们对政治事务的态度和参与方式，也将"家"中实行的规则和行为方式投射到国家层面。"伦人"这种基本人际状态的一个重要特点是亲属成员构成 PSH 第 3 层中的最重要内容，个体被镶嵌到一个几乎是恒久的亲属体系中，心理－社会均衡模式极其稳定。作为家庭的直接延长线的宗族是"伦人"最适合的外部形式。宗族组织发达，而处在"国"与"家"之间的非血缘、非地域、自愿性的社团组织缺乏，可以说"国"直接建立在"家"之上。我们知道，"个人"社会的国家形式是建立在各类"社团"基础上的，而不管社团或国家，与"个人"之间均存在较大的张力。但在伦人状态下，不仅对"人"的界定无法与他所在的亲属集团（"家"）分开，而且"国"与"家"之间也没有类似个人社会中的"社团"之类的中间环节，"家"不仅为"国"的复原提供了直接的动力，而且还作为国家组织结构的信息载体为国家的修复直接提供模版。由于缺乏中间性团体，国家所能借鉴和模仿的统治模式只能是"家"。又由于"家"是一种比西方社会的中间

① 《孟子·离娄上》。
② 岳庆平：《中国的家与国》，吉林文史出版社，1990。

性团体更为稳定的结构，所以中国的国家形式实际上有一个比西方国家更为稳固的基础。传统中国的家族系统对于国家作为一种原型而存在，并且"国"与"家"的高度契配与整合，这使得中国朝代屡有兴亡而国家系统却不废，动乱和外敌入侵所摧毁的仅仅是王朝的外在形式，而作为国家的原型和模板的"家"是不可能被消灭的。

从国家伦理上看，"服国"与"家"基于相同的伦理学基础，国家伦理直接由家庭伦理复制而来。"伦人"人际关系模式的一个重要特点是：个体在一种相互信赖、相互依赖的圈子中自发地施恩和报恩。这一特点也被复制到国家层面，构成中国传统统治者与臣民之间的特殊关系模式。许多早年来到中国的传教士都注意到，传统中国的国家君主与臣民的关系不像欧洲那样是征服者与被征服者或主人与奴隶的关系，而更像家庭中父亲与子女的关系：君主对臣民有"如保赤子"的义务，臣民则忠顺君主，这种关系模式反映了中国人道德与政治的整合性。"国"与"家"皆强调对权威的服从与忠诚，历代政府所采取的孝治主义，在我们的语境中它是"伦人主义"的一种表现形式。国家层面的所谓君臣关系、官民关系，只是家庭中父子关系的一种复制和放大，君仁臣忠、官爱民顺只是父慈子孝、夫主妇从家庭规范的投射。作为国家的秩序体，贯彻着卑幼者对尊长者敬仰和对父家长顺从的原理，国家通过父家长制掌握编户齐民，同时这种原理又被扩大应用在国家与臣民的统治与被统治的关系上，形成了被统治者对统治者的绝对服从。在家庭中对父亲的孝，转化为对君主的忠，家庭中的孝、敬、悌等伦常转化为国家层面上的忠、礼、三纲五常。它强调的是关系的亲疏和远近，不是竞争关系，不是敌我关系。伦理与政治的整合是基于家庭中的角色和道德伦理的延伸，百姓对皇帝以及政府官员有一种从家庭推衍出来的信赖关系，如同对家庭成员。

其次，这个概念能较好地表述中国的统治者与民众的关系模式。由于亲属成员构成"伦人"PSH 第 3 层的恒久、稳定的内容，个人处在一个内部关系密切的、牢固的保护壳中，几乎所有的社会要求均可在他所属的密切的人际关系圈子中得到满足，作为家的直接延长物——宗族——在很大程度上发挥着自治共同体乃至国家的部分功能。那些追求功名的富有野心的人也是为了光宗耀祖，趋于将其成功归于所属的宗族集团。根据 PSH 原理，我们的心理能量是一定的，个人对某类共同体（如家庭、宗族）的感情投注越多，对其他层次（如国家、民族）的感情投注就越少。中国的宗族凝聚力极强，几乎吸引了个体的全部感情投注，其心理－社会均衡过程一般不会动用第1层的内容，因此个人对国家一般较少或者根本不投入感情。这种情况下个体与"国家"是高度隔膜的，国家乃是一种隔离于个人生活之外的遥远存在，民众对国家统治者"敬而远之"。臣民对政治的脱节和漠不关心在外表上表现为对国家和统治者的忠顺与合作，中国人可以放心地将国家交由一部分精英去治理，甚至对暴政也很少反抗。这里所谓的"忠顺"和"服从"，主要是对那些与君主有直接或间接关系的社会精英阶层（同时也是社会的统治阶层）来说的，而对于普通民众来说，其态度与其说是"忠顺"和"服从"，不如说只是对政治统治的淡漠。所谓"天高皇帝远""日出而作，日入而息，凿井而饮，耕田而食，帝力于我何有哉"的描述，乃是中国人伦人主义生活方式一圈圈外推的必然结果。由于个体的心理－社会均衡的运作空间较明确而稳定，个体的生活相对宽松，① 这大大减轻了来自国家权力压制所产生的个体的心理焦虑，或者个体根本感觉不到这种压制。

　　与之相联系，传统中国的统治者对国家的治理也是消极的。国家权力是专制集权的，但国家对社会的控制则是粗放的，国家较少干涉个人生活。传统中国人的家庭观念以及基本人际状态阻碍着中国出现像西方个人社会那样的积极有力的政府，"服式国家"的统治者似乎与它的臣民之间有一种默契：国家政权可以是集权的，但有一个条件，就是不干涉或少干涉个人生活。国家一般并不主动改变臣民的信仰和生活方式，道家思想认为最好的统治者是让民众感觉不到的："太上，不知有之。其次，亲而誉之，其次，畏之，其次，侮之。信不足也，有不信焉。悠兮，其贵言，功成事遂，百姓皆谓'我自然'。"② "无为而治""治大国若烹小鲜"③ 不仅是道家的治国理念，事实上那些被认为好的皇帝也通常是实践了这一点：薄徭轻赋、注重百姓休养生息、少干涉民众生

---

① 关于这一点，许振洲教授在一篇题为《源于生活的自由》的论文（《国际政治研究》2006年第3期，第88～104页）中有详细而有趣的论述。

② 老子：《道德经·十七章》。

③ 老子：《道德经·六十章》。

活。统治者对于治下的民众的态度是消极的，笔者常常怀疑用现代含义的"专制"（通常与压制"个人"的"自由"相联系）来描述这种权力模式是否高估了中国统治者的积极主动性以及实现这种统治方式的物质条件。中国历史上能够长期实现一种"小政府、大社会"的经济治理模式，[①] 在笔者看来原因就是放任、粗放型统治。

这个概念还有助于解释中国国家统治形式的另一个特点，即统治方式的多样性和灵活性。中国的国家形式一直是大一统的，但是国家具有多重的性质，有多种统治方式。在国体方面，传统中国的国家是双重或三重国家，即国家模式是一种国王、诸侯或皇帝、诸侯王，以及国王、诸侯、卿大夫或皇帝、诸侯王、列侯并存的双重或三重君主的国家模式。这种模式在战国之前尤其明显，在秦至清的大部分时期，也是帝国与王国或帝国与侯国并存，尽管有时候王国和侯国的存在有名无实。在政体方面，国家的主体部分是郡县制或分封制，但对少数民族、土司、土藩等还有多种统治方式。这些地区与中央政府的关系十分松散，中央政府很少插手具体治理事务。统治的力度向外依次递减，最终消于无形。有的是"重统轻治"，有的是"统而不治"，有的是事实上的"非统非治"，关系仅具象征性。国家允许所统治地区的人们有不同生活方式，并不要求他们改变生活方式和宗教信仰。从这个意义上说，中国自古就是"一国多制"。这或可解释：历史上中国人对于谁是统治者并不那么敏感，有的皇帝常年不理朝政却仍不影响国家的延续，甚至中国历史上有多个君主是外族人。"伦人"社会中人与人之间强调的是亲疏和远近，这降低了人与人之间竞争带来的内部分裂的张力。在外部，由于强调尊卑名分而不是强调控制、改变和征服，统治方式具有较大的弹性，降低了国家和地区之间的冲突，减小了来自外部的因奴役、征服和控制而积累的反抗力量。也许正是由于这个原因，中国像滚雪球一样越滚越大，成为今日之庞大的"多元一体"多民族融合格局。从这一视角看，中国国家的这一特点与"不同场合存在不同真理"的伦人主义理念相一致，而"多元一体"的格局正是"差序"式的伦人主义生活方式的结果。

---

① 据材料分析，汉初大概 7000 人有一个官员，清初大概 3000 人有一个官员。

三 "伦人"与"服国"：心理文化的探讨

在中国人的经验里，"个人""家庭""社会""民族""国家"（它们是现代国际政治研究的重要概念）等都不是清晰的概念。"人""家""国"，乃至"天下"本是一个具有差序式伸缩性特点的巨大连续体，"人"的界定无法脱离"家"，"国"也无法脱离"家"。换句话说，中国语境中的"人""家""国""天下"概念必须冻结或增加某些条件之后才能大体接近现代社会科学中的"个人""家庭""国家""国际秩序"概念。既然中国人的经验如此，那就应当基于这样的经验来研究中国问题。当我们的经验事实与现有社会科学概念不那么相符合时，错的一定是概念而不是事实。而当我们调整了研究视角，把国家同中国人的亲属体系以及基本人际状态联系起来考察的时候，发现这些不清晰的概念不仅没有给我们的分析带来不便，反而使我们更接近中国的事实。新的视角还要求我们必须放弃那种源于历史"进化论"的"进步""发展"观点，不是将"伦人"以及在此基础上的国家形式和国家伦理与某种落后、原始、"文明程度太低"的社会相联系①，而是采用了"文化具有相对性"的文化人类学的原则，将"伦人"与西方的"个人"视为两种不同的基本人际状态（或称"人的系统"），而"服式国家"和民族国家则分别是与两种基本人际状态相联系的国家形态。近代以来学术界对中国国家形式的专制、落后、压制个人自由等缺点有较多的批评，应当说许多批评都是事实。但必须指出，多数批评所依据的是一种建立在强调人的自由、竞争、社会的发展和物质进步等基于西方个人社会经验基础上的、新的参照系统。依据一个参照系统去批评另一个参照系统下的内容是不妥当的，譬如中国人本不是以"个人"

① 例如黑格尔认为东方人没有人格："中国人被自己看作是属于他们家庭的，而同时又是国家的儿女。在家庭之内，他们不是人格，因为他们在里面生活的那个团结的单位，乃是血统关系和天然义务。在国家之内，他们一样缺少独立的人格，因为国家内大家长的关系最为显著，皇帝犹如严父，为政府的基础，治理国家的一切部门。"（黑格尔：《历史哲学》，生活·读书·新知三联书店，1956，第165页）马克思认为在印度和中国那样的社会，个人象单个蜜蜂离不开蜂房一样，长期脱离不了"氏族或公社的脐带"。（《马克思恩格斯全集》第23卷，人民出版社，1972，第96页）

状态存在（"个人"是近代翻译过来的概念），"压制个人"之说就是无的放矢。就像不能依据梨子的味道抱怨苹果不够甜一样，采用基本上基于个人社会经验的"现代"研究方法去阐述一种完全不同的国家形式及其原理，既不正确亦有失公平。这种"现代的"研究方法反映了近代以来中国的研究者在"现代化"的压力之下丧失了自信和主体性的一种焦虑心态。我们当然不是一味赞美伦人社会的国家形式和国家伦理，更不是以这种参照系统去批评现代国家形式，笔者只是想说明，研究中国的国家形式和国家伦理应当采用更为客观、更符合研究对象的方法和视角。

将国家与"基本人际状态"以及"心理-社会均衡"理论结合起来的视角，能够对中国为何能长期保持巨大凝聚力给出更具说服力的解释。中国大一统的统治模式自秦朝起延续了两千多年，即便是在高度信息化、苏联解体、西方民主政治在世界广泛扩散的今天，这种模式仍以一定形式延续着。许多西方观察家都曾多次预言中国将崩溃，但他们都没有言中。中国岂止没有崩溃，而且与世界上国家越来越分裂的倾向不同，随着香港、澳门的回归，中国表现出一种较强的凝聚倾向。虽然在台湾有以民进党为代表的主张脱离大陆而独立的势力，香港自2014年"占中"事件后少数人也提出了"港独"主张，但直到目前，反对分裂的力量更强大。可以说，在如此大的地域内、凝聚如此多的人口、延续如此长的时间并至今仍显示出强大的凝聚倾向，在已经存在的人类文明经验中只有中国做到了这一点。这种巨大的凝聚性和高度的复原能力无法用现代社会科学理论来解释，因为现代社会学和文化人类学关于集团凝聚力的理论认为，家庭凝聚力的增强势必造成更大的集团——如民族、国家——凝聚力的下降。按照这种理论，像中国这样亲属集团具有巨大凝聚力的社会，国家应当是四分五裂的。但中国的实际情况并非如此，中国人的亲属体系的凝聚力极大，同时民族、国家也有很大的凝聚力。中国历史上统一的时间大大多于分裂时间，战乱要少于西方（多次战乱来自游牧民族的侵扰）。现代社会科学理论为什么解释不了这种现象？根本原因在于现有社会科学使用的分析范式本身存在问题。目前关于集团凝聚力的理论主要是建立在西方"个人"社会经验之上，它的一个预设前提是，"个人"与"集团"是二元对立的，"集团"是"个人"的对立物，是压制个人的，集团的凝聚与个人自由是此消彼长关系。

西方著名心理学家荣格的一句话"群体凝聚得规模越大，个体就变得越加渺小"① 就是这种看法的典型表述。社会科学中的这种二元对立的分析方法从根本上说是基于个体有一个更不稳定的"心理－社会均衡"结构的西方"个人社会"的经验。而从我们的视角则能很好地解释这一点。"伦人"是一种与西方"个人"不同的基本人际状态，此种状态下的个体具有一个更稳定、更具向心力的"心理－社会均衡"结构，"伦人社会"中的个人（非基本人际状态含义上）与集团不是二元对立关系，而是差序式的放大和缩小、包容与被包容的关系。"国"与"家"高度同构意味着国家组织建立在一种更强调人的生物学联系的基础之上，因而有更稳固的基础。"伦人"之间的关系强调亲疏、远近、尊卑，但不是竞争性的，或者说这种排列以及与之相联系的一系列伦理规范的设计缓解了人与人之间的竞争性，增加了集团的凝聚力。集团的凝聚力也不是此消彼长，而是一种差序式伸缩模式，集团的凝聚力取决于集团成员所处的"场"和"角色"以及压力来自何种层面等因素。譬如闹得不可开交的弟兄，当与族外人发生冲突时可能会立刻团结起来共同对外。两个有矛盾的家族，当他们所居村落与外村落发生冲突时，也会暂时搁置矛盾一致对外。同理，当整个民族和国家受到外敌侵犯时，中国人通常能同仇敌忾，表现出较高程度的社会动员和凝聚性。这就是"血浓于水""兄弟阋于墙，外御其侮"的伦人主义差序原理在起作用。由于这种原理推自于"家"，个体所表现出的"国家之爱"更多的是基于家族的自然情感而非政治和意识形态因素，因而更为根本、牢固。个体对国家的顺从、对统治者的信任（基于对政治统治的淡漠），保持了社会和国家的长久稳定和延续，而当遭受外敌侵入或重大自然灾害时却又能够表现出较大的凝聚性和较高程度的社会动员。笔者认为正是这种基于伦人主义生活方式的凝聚原理——差序原理，才是中国的国家形式长期延续以及中华民族巨大凝聚力的真正原因。

正像中国人的人际关系模式特点至今仍影响中国人的交往方式一样，伦人主义的中国政治经验仍在深层文化上对今日中国的国家形式、国家伦理乃至对

---

① 荣格：《未发现的自我》，国际文化出版公司，2001，第10页。

世界看法产生影响。从现代话语和"现代的"研究方法和视角来看，中国是失败的，因为面临近代西方的挑战，中国没有完全转变为现代国家。但若从我们的角度来看，在近代西方强大的挑战面前中国仍能成功地保持其文化个性和强大的凝聚力，说明中国的政治经验是相当成功的。因而需要研究的就不是"中国为什么失败"而是"中国为什么会如此成功"的问题。西方国家在认知今日中国方面产生的许多不解、疑惑乃至恐惧等，很大程度上产生于这样一种现实：中国至今并没有完全内化现代国际秩序而仍按自身的逻辑行事，但由于我们学术界的话语基本上是基于西方经验，没能正确地阐述我们的行为和经验，而西方则以自己的政治经验解读中国的行为。倘若转换角度，根据中国自身逻辑、用基于中国社会经验的话语来阐述来解读中国，会得出另一种结论：中国社会可能是唯一一个建立在将人类的亲属关系演绎到极致基础上的高度文明社会，传统中国的国家形式以及国与国之间关系遵循的是一种与现代西方国家不同的原理，作为中国人对世界秩序的理念和实践经验，"伦人主义"价值观及其基础上的国家伦理或具有独特的价值，若能很好地与"个人主义"价值观及现代国家伦理相结合，有可能为世界提供一种比现代国际秩序更高的、具有某种"后现代"特点的秩序和原则。

第六章
“伦人”与“天下”[*]

在经过把“天下”概念视为“中国中心”“民族自大”的玄想而加以贬抑和批判之后，中国学界出现了重新评价这个概念的动向，如盛洪把“天下主义”看作一个最好的和平主义主张，[①] 赵汀阳则从政治哲学的角度注意到“天下”概念的价值，认为它是（确切地说是把它阐释为）一种饱满、完备的哲学理念。[②] 他们试图向人们提示此一概念对于建立一种后现代国际关系体系的借鉴意义。但须指出，“天下”这个概念有两个层面，一个是理想层面，即一种理想的世界秩序的设计，另一个是体制层面，即它还是一种已经运作了一千多年的古代东亚地区的国际秩序。在考察这个问题时若仅仅关注这一概念的理想层面，缺乏在严格的方法论支撑下对作为一种国际秩序的运作原理及其存在基础的分析，那么的确很容易被批评为只是一种“美丽的传说”。[③]

作为古代东亚国际秩序的“天下”体制是一种不仅与现代国际秩序也与古罗马时代的帝国体制（殖民体制）（现代国际秩序与古代罗马殖民体制有一种内在的联系）本质上不同的独特体制。目前尚无一个合适的框架来描述这

---

* 本章内容曾发表于《国际政治研究》2009 年第 2 期，收入本书有修改。

① 盛洪：《为万世开太平》，中国发展出版社，2010。

② 赵汀阳对“天下”的定义：地理学上“天下所有的土地”；心理学上的“得民心得天下”；伦理学/政治学意义上的“世界一家（所谓四海一家）”，即地理、心理和社会制度三位一体的、饱满、完备的哲学理念。见赵汀阳《天下体系：世界制度哲学导论》，江苏教育出版社，2005。有关天下的文献还可见何新华《试析古代中国的天下观》，《东南亚研究》2006 年第 1 期；简军波：《中华朝贡体系：观念结构与功能》，《国际政治研究》2009 年第 1 期。

③ http：//cuikl. blog. sohu. com/3533347. html.

个体制。建构主义的代表人物亚历山大·温特列举当代国际社会中的三种基本"文化"，即以全面战争、杀戮为特点的"霍布斯文化"，以规则、竞争为特点的"洛克文化"和以合作、友谊为特点的"康德文化"①，然而我们却无法用这几种状态中的任何一种来描述古代东亚的国际秩序。学者秦亚青指出，这个体制的特征……"显然不是霍布斯文化，因为体系中的单位之间的关系不是敌对的关系；不是洛克文化，因为这种关系也不是竞争关系；也不是康德文化，因为康德文化中的体系成员关系是平等的。天下结构的理想体现的是父与子的差别，所以才不仅有差序之别，也有差序之爱。一方面，它不将霍布斯每个人反对每个人的战争这样一种丛林文化视为国际体系的基本特征；另一方面，它也不承认霍布斯、洛克、康德等人的一个共同的基本信念，亦即体系单位的平等原理。"② 秦亚青教授的这个看法完全正确，但这里有几个重要的问题需要解决：第一，如果不是"单位平等原理"，那么究竟是什么原理在起作用？"不仅有差序之别，也有差序之爱"这种基于家庭中父子关系差别的模式能否被称为一种与"单位平等原理"同样重要的指导国际行为体的原理？第二，如果说这是一种原理，其主要特征是什么以及它是怎样具体运作于国际行为体之间的？第三，这种原理是如何被国际行为体内化的？显然，只有解决了这几个问题才谈得上将中国人的国际政治经验加以学理性审视和提升。

本章将考察"天下"的运作层面，即以"朝贡体系"为主要内容的古代东亚地区的国际体制。我们将这一体制与中国人的"基本人际状态"——"伦人"③ ——联系起来，这是我们将"人"的研究引入国际政治研究计划的一部分。从这个视角的考察重点不是关注这一体制的历史演变细节以及发挥的功能（这方面已有相当丰富的研究文献），而是该体制一些恒久起作用的原理、运作形式以及存在的心理文化基础。

---

① 如〔美〕亚历山大·温特《国际政治的社会理论》，秦亚青译，上海世纪出版集团，2000，第313～387页。

② 秦亚青：《国际关系理论中国学派生成的可能和必然》，《世界经济与政治》2006年第3期。

③ 详见尚会鹏《"伦人"：中国人的基本人际状态》，《文明》2008年文明论坛特刊Ⅱ，第321～327页。

一 "礼": 一种基于"角色原理"的
古代东亚国际秩序

将国际秩序与人的"基本人际状态"联系起来考察的分析框架有一个基本预设，即一种国际秩序必有一个处于核心位置的、具有强大实力和影响力的行为体（国家或文明实体），该秩序的运作原理在很大程度上与生活在这个核心国家或文明体中的人的"基本人际状态"相一致，并得到处于非核心行为体的不同程度的"内化"。"天下"是一种建立在"伦人"这种中国人的基本人际状态基础上的国际秩序，该体制的原理所依据的是伦人社会的经验。从许烺光提出的 PSH 模型上看，"天下"主要涉及 PSH 图示的最外一层，即"外部世界"（包括外国、异文化等）。根据这个理论，一个群体不可能采用一种与他们日常人际关系原理完全不同的原理来对待"外部世界"，或易言之，中国人对"外部世界"的态度和行为方式受中国人人际关系模式的影响。

正像"人""家""国"等概念一样，"天下"亦是一个有很大伸缩性的概念，它既可指国内（如"打天下""得天下"）又可指世界秩序，既可视"国"为一缩小了的"天下"亦可视"天下"为一放大了的"国"。本书讨论的是作为"世界秩序"（即儒家"修身治国平天下"意义上）的"天下"。从理念的层面上说，作为世界秩序的"天下"与我们归纳的由若干同心圆组成的伦人主义宇宙观相符合，它是从人的"身""心"出发外推的一种和谐、理想的宇宙秩序[1]；从体制层面上说，天下也是一种实际存在的国际秩序，即"礼"。在 19 世纪中期遭遇现代国际秩序之前，东亚地区就存在着一种以"朝贡体系"为基础的国际秩序。[2] 从我们的视角看，"伦人""服国"与作为世界秩序的"天下"之间有一种内在的逻辑关系："天下"是一个巨大的秩序连

---

[1] 参阅本书第五章。

[2] 日本学者滨下武志将这种体制归纳为一种同心圆模型，由内而外分别为：中央、地方、土司和藩部、朝贡、互市。见〔日〕滨下武志《近代中国的国际契机——朝贡贸易体系与近代亚洲经济圈》，朱荫贵、欧阳菲译，中国社会科学出版社，1999，第 38 页。

续体的一部分，与"国"和"家"相联结，是以"伦人"的"家"为起点一圈圈外推而来。"礼"是一种适合家庭、社会以及国际社会的秩序。从这一视角出发，或许可以从理念和实际制度两个层面界定"天下"概念：作为一种理念，"天下"是一种"天下一家""万邦和谐"的世界秩序理想；作为一种制度，它是一种建立在"伦人"基本人际状态之上的以"朝贡体制"为主要内容的古代东亚国际秩序。尽管这种体制在历史各个时期内容有所不同，但直到近代，其基本模式并无本质变化。

由此看来，支配"礼"这种国际秩序的原理可称为"角色原理"。笔者将"角色原理"定义为一种"行为体根据在体制内的不同位置，在自身以及外部对行为体预期的相互作用下而采取相应的行为模式"的原理。① 它与"单位平等原理"的不同在于：在前一种原理下，对行为体的行为预期和评价标准主要源自行为体所担当的角色，而在后一种原理下，则主要源自对行为体一种相同资格的预设；前者所适用的是一种由不同资格者构成的差序结构，后者适用于由相同资格者构成的等质结构。"角色原理"与"伦人"这种中国人的基本人际状态相一致，认识论上基于对亲属体系内人与人相互关系的自然差别的认知，而"单位平等原理"主要基于"个人"这种基本人际状态，认识论上基于对孤立的、原子式的"个人"的认知。

当我们知道了天下体制实行的是一种与现代国际秩序不同的原理之后，在讨论这种体制时就需要考虑所使用的话语和参考框架问题。譬如人们对这个体制最大的诟病是该体系的核心行为体与非核心地区的行为体关系上的"不平等"，尤其是昔日处在该体制非核心地区和国家的人们，很容易用"平等"或"不平等"概念解说非核心行为体对中央政府的朝拜，把核心行为体帮助非核心行为体平叛等行为指责为"侵略""扩张"等。撇开民族主义或其他政治原

---

① "文化人与人格学派"的代表人物 R. 林顿对"角色"下的定义是：在任何特定场合作为文化构成部分提供给行为者的一组规范。他区分了"角色"与"地位"，认为当地位所代表的权利与义务发生效果时即为角色扮演。20 世纪 60 年代前后，美国政治学者引入角色理论研究政治现象和政治行为，认为不同的政治主体在政治系统中处于不同的政治地位，每一政治地位都有一定的行为模式。当政治主体按照与自己的政治地位相对应的政治行为模式进行活动时，就是在扮演一定的政治角色。而与一定的政治地位相对应的行为模式是由"角色期望"决定的。角色期望是角色主体的外部期望与内部期望相互作用的过程。

因不谈，在认知层面上这是将描述现代国际秩序的话语和参照框架不适当地用于描述天下秩序。

的确，天下体制是以中国天朝为中心向四方发散的等级结构，非核心地区依据与中心地区在地理上的远近以及接受中心文化的辐射程度来分出等级，周边国家和地区承认中央王朝的权威并定期向其表达敬意，后者则向前者提供贸易和安全方面的保护。然而，这种关系却不能用"平等"与否来解读，因为我们知道现代国际关系语境中的"平等"概念主要是相对于竞争性国际秩序中的奴役与被奴役、压迫与被压迫、殖民地与宗主国的关系模式而言。古代罗马帝国时代的国际秩序建立在宗主国与殖民地关系之上，核心行为体对非核心行为体采取的是征服、控制、奴役、掠夺和积极的传教，故可称为"不平等"。现代国际秩序是建立在"单位平等"原理之上的，但这种"平等"开始主要对西方强国而言，而西方强国与殖民地国家也是奴役与被奴役关系，只是随着殖民地民族独立运动的展开，"平等"的单位才包括了非西方国家。从这个意义上说现代国际秩序乃是古罗马时代国际体制的一种变体。但在"礼"的体制下，国际行为体之间的关系不是竞争性的，不是奴役与被奴役、压迫与被压迫的秩序，当然也不是平等关系。"平等"以及它的反面——奴役、压迫——所描述的行为体都是有相同资格的竞争者，而天下是一种基于（或者说模拟）家庭角色差别的秩序，是把家庭的角色伦理复制到国际行为体的关系中并以此确定行为体的行为方式。因此，尽管在实际效果上有时候存在许多问题，但以朝贡体系为核心的东亚国际体制可以说是一种真正建立在家庭模版上的"国际家庭"。中央王朝是这个家庭的家长，地位最高，但同时也担负更大的责任。非核心行为体犹如这个家庭的子女，他们尊敬家长，但同时接受家长的各种保护。

与基于宗教（如印度的种姓制度）或基于阶级（如欧洲古代奴隶制度以及中世纪的等级制度）不同，基于家庭角色认知的等级制度源自家庭中的不同角色的差别，如夫妻、父子、兄弟是不同的角色，他们有不同的资格、不同的要求以及不同的责任和行为规范。在"伦人"模式下，人的存在首先是一种角色而非独立的个人，中国语境中的"人伦"与西方语境中的"人际"

（interperson）概念不同，"人伦"的总和不是"社会"而是"人间"或"世间"，而"人间"或"世间"不是外在于主体边界，而是个体之间共有部分（或称"间域"）的总和，故也包括一部分主体。同样的区别也存在于中国语境中的"天下""万邦"与西方语境中的"国际"（internation）概念的差异上，即"国际"是指独立的行为体之间，注重的是主权个体，根本条件是具有法理平等地位的个体之间的自我和他者之间的二元性竞争，而"天下"理念缺乏主权意识，不是二元的对立，主体只有距离上的远近和关系上的亲疏。当人的宗教信仰、种族以及经济力量等差别的作用被降低、"角色"被强调后，行为体的"资格"趋于不同，其要求和行为亦趋于差异化，结果是行为体之间的竞争张力降低。"天下"体制下国与国之间的关系基本上不是竞争性的，因而也不是奴役与被奴役关系。当然，也不是基于自由、平等的契约关系，而是一种角色伦理关系。

必须承认，"礼"的秩序是以中国为中心设计的，而且也不能否认该体制中的核心行为体有时会对周边行为体产生傲慢和蔑视。但倘若认识到这种秩序存在的背景以及我们人类认识世界的局限性，或许会把对这种古老国际秩序的"中国中心"特点的批评掌握在一个适当的程度。"礼"这种秩序的产生是基于这样一个事实：中国长期处在一个文明圈的核心，其文明程度明显高于周边国家并对周边有巨大的文化魅力。从地理上看，中国周边的沙漠、高山、海洋使中国与其他三个文明隔离开来，成为东亚地区唯一的强势文明，长期以来没有出现在物质和文化上足够强大的挑战者，故产生这种居高临下、以尊临卑的差序主义认知方式是很自然的。以本族群为中心逐渐外推构筑一个有序世界似乎是我们人类认识世界的普遍特点。事实上每个民族都是以自我为中心看世界的，中国历史上的确有"大秦""大汉""大唐""大中华"等称呼，但这也不是中国所独有。日本就称"大和""大日本帝国"，同样的称呼还有"大韩民国""大不列颠"等。因此在这些概念的背后事实上都存在着一个"我族中心"的认知世界的模式。"天下"这种国际秩序的重要问题不在于它是否以自民族为中心构建的，而在于它是一种建立在消极的"我族中心"的认知模式之上，是一种从家庭角色伦理外推的、建立在伦人主义世界观基础上的温和、内敛的体系结构。

二 角色原理的运作形式："天下"体制的三种"文化"

必须指出，亚历山大·温特举出的当代国际社会中的三种基本"文化"——"霍布斯文化"、"洛克文化"和"康德文化"，其判断标准是"他者"对于"我"的利害相关度和与之相关的竞争程度：那些对"我"的生存构成严重威胁的"他者"是需要消灭的敌人，那些虽然构成威胁但不致危及"我"的生存的"他者"是竞争伙伴，而那些对"我"的生存有利的"他者"是需要与其合作和相互帮助的朋友。"单位平等原理"基于"个人"这种西方社会的基本人际状态，行为体是从"个人"出发看问题的，说到底是基于"个人"社会的经验，作为国际行为主体的"国家"是那个作为社会行为主体的"个人"的放大。温特举出的这三种状态实际上可视为"个人"社会中竞争性的人际关系的延伸。

以朝贡制度为核心的天下体制也是一种存在"共同文化"的秩序，但它却无法用温特所说的三种文化中任何一种来描述，因为支配这种体制的是一种与单位平等原理不同的原理。在"角色原理"下，行为体与"他者"的关系主要不是依据"他者"与"我"的利害相关度而分成敌人或朋友，而是趋于从行为体在体系中所处的位置出发，将人分成不同的圈子，分出内与外、远与近、亲与疏、生与熟、长与幼、尊与卑，并要求行为体的行为符合所担当的角色预期。这一原理既包含着认同父母权威、长者尊位的自然合法性，也包含了父母对子女、长者对幼者的责任，子女参与家庭事务并与家长共存共荣的认同。说到底它是一种基于伦人社会经验的国际秩序，或者说这种国际秩序中核心行为体与非核心行为体之间的关系模式多少投射着伦人社会中人际关系的特点。

我们已经讨论过，费孝通先生的所谓"差序格局"在实际中表现为伦人社会人际关系模式的三个圈子及其适用法则，即"亲人圈子"与"亲情法则"、"熟人圈子"与"人情法则"、"生人圈子"与"公平法则"。[①] 从理论上

---

① 在这里，我们借鉴了心理学中"本土心理学派"和"文化心理学派"的研究成果，他们重点探讨中国人的人际关系和心理模式的特点。其中，台湾学者黄光国对中国人的三个交往圈子和三种交往原则的概括，是对费孝通的"差序格局"提法的精致化分析。详见黄光国、胡先缙等著，黄光国编订《面子：中国人的权力游戏》，中国人民大学出版社，2005，第49~66页。

说，这几种法则也在中国人与"外部世界"的人打交道时体现出来。也就是说当我们考察一个中国处于核心地位的国际秩序时，支配核心行为体的基本人际状态的角色原理仍起作用，也是要区分出不同的圈子，亲人圈子、熟人圈子、生人圈子，在不同的圈子实行不同的法则。如果也用温特所说的"共同知识"意义上的"文化"概念，则可以说古代朝贡体系中也存在着三种文化，不过不是温特所说的那三种文化，而是基于"伦人"人际关系模式的"亲人文化"、"熟人文化"和"生人文化"。以下较为详细地讨论这三种文化及其运作。

第一种是"亲人文化"。这个圈子是"伦人"的第一个圈子的放大。中国人人际关系的第一个圈子是由亲人组成，这个圈子适用"亲情法则"，即人们在这个圈子中完全相互信赖，相互依赖，"不分你我"，无条件帮助他人同时也接受他人的帮助。中国人所说的"血浓于水"就是对这种法则的表述。譬如中央王朝与土司的关系，虽然中央王朝平时较少干涉土司的内部事务，但当土司与外部其他行为体发生冲突的时候，中央王朝会不讲报酬、不计代价地给予帮助。有时候这样的法则也适用于少数与核心行为体关系十分密切的行为体，在这种情况下，核心行为体与其他行为体之间便以一种拟亲属关系相联结，前者把后者的安全视为自己的安全，把后者遇到的困难视为自己的困难，可以不计报酬、不讲回报地给以帮助（历史上中央王朝帮助朝鲜、越南等国的一些做法就可归于这一类）。这种状态在部分意义上与温特所称的"康德文化"相类似，只不过这种状态下行为体之间的关系不是建立在明确的契约之上，行为体也不是平等的，而是建立一种拟亲属关系之上，是一种"拟似亲人"，可以说是"伦人"意义上的亲密朋友。

第二种可称为"熟人文化"。这个圈子可视为是对伦人的第二个圈子——"熟人"圈子——的模拟，通行的法则可视为是对"人情法则"的复制。核心行为体与该体系内大多数非核心行为体的关系模式属于这一类。行为体在这个圈子中是相互帮忙，但通常是有条件的（这个条件通常并不是以条文或其他明确的方式确定下来），即我在这个事情帮助你，同时我也预期在另一些事情上你对我的帮助。我给你人情，也期望你还我人情，否则就是不讲面子，不讲人情。"面子"、"义气"和"名分"在这个圈子中起重要作用。需要指出，在这一类关系中，对有的关系较亲近者仍趋于模拟亲属关系相联结，或至少借

120

助亲属关系的形式，如以兄弟或父子相称，缔结或期望缔结一种拟兄弟或拟亲子关系（拟君臣关系则可视为拟父子关系的一种形式）。与个人社会中竞争性人际关系不同，伦人社会的行为主体趋于将他者视为潜在的可信赖、可依赖的对象。行为体会对他者施加一些影响，但通常不是改变其信仰和生活方式，而是试图将其拉入自己的人际脉络之中（即通常说的"拉关系"）。这一点也同样表现在作为核心行为体的中国与其他行为体之间的关系上。古代中国外交上的"羁縻"（笼络、收买藩属，使其不生异心）、"册封"（建立拟君臣关系）、"和亲"（缔结婚姻关系）等皆可以视为建立拟亲人关系的努力。不过这种关系通常只是名义上的，只有一部分经过长时间交往而与核心行为体融合，进入核心行为体的"亲人圈子"。多数行为体都仍是独立的，没有达到"亲人"关系的程度。这种秩序下行为体之间没有或很少有条约之类，正像伦人状态下人际关系重视相互信赖，不需要订立条约（此所谓"大信不约"）一样。

缔结和维持以朝贡体制为核心的天下体制的既不是靠"利益"也不是靠"强力"，而是靠"名分"。所谓"名分"原是个体在亲属体系中地位（即"辈分"），它赋予行为体行为规范，是"礼"的重要基础。"名分"之下的行为体地位不对等，行为体之间交换也不是对等的。中国虽是被进贡国，但从经济上看中国常常不合算，进贡国通常进贡一些特产，而被进贡的中国不仅要"还礼"，而且常常超出贡品价值的许多倍，这就是所谓"厚往薄来"（类似中国人处理人际关系时"你敬我一尺，我敬你一丈"的做法）。久而久之中国在对外交往中形成了一种重"名"不重"利"的思路。当然，作为被进贡国的中国也是有收获的，满足对"名分"的要求是被进贡国的最重要的收获。在传统朝贡体系话语下，"名"和"利"是两种不同的东西，朝贡国家获得的贸易机会和安全保护则更接近"利益"概念，而被朝贡的中国得到的主要是"名分"。从行为体各有所得这一点来说，这种交换也是"等价"的，不过这里的等价不是使用价值的等价而是"意义"的等价。这是一种"前现代"（同时也具有"后现代"）意义上的交换模式，这种方式给中国带来的一个好处是：能够同周边国家和地区保持良好的关系而不必付出军事上的代价。

第三种是"生人文化"。这是伦人第三个圈子交往法则的应用。"生人圈子"一般是由距离遥远且毫无关系的陌生人组成，中国古典对这部分有不同的表述，如"绝域""化外之地""生藩""远人"等。他们通常是文化上较不发达、没有接受中国文化或只接受了很少中国文化，他们非敌非友，或既可为敌亦可为友。现代国际关系理论所称的"无政府性"在部分意义上出现在这种状态中。这个圈子的人处在"礼"的体制之外，有关他们的信息最少，他们与核心行为体没有"共有知识"，"角色原理"在生人圈子中并不起作用，故难以将其定位，只有将这一部分人变成"熟人"或"亲人"之后"角色原理"才起作用。这部分人通过与核心行为体的交往和学习可进入"熟人"圈子，即"生藩"可以变成"熟藩"，但在他们由"生"变"熟"之前，因为没有关系和感情投注，故采用对待陌生人的法则与他们打交道。具体表现为：或不理不睬，漠不关心，或你来我往，公平游戏。"人不犯我，我不犯人，人若犯我，我必犯人"就是"生人文化"的具体体现。值得注意的是，在这三种文化中，只有与"生人"打交道最接近"公平"法则，只有作为"生人"的行为体才是最接近"平等"的，其交换最接近等价交换模式。这正如我们到市场上买菜，面对的菜贩一般是我们不认识的"生人"，我们与他们讨价还价，公平买卖，但若菜贩是我们的亲戚或熟人，就不会这样了。历史学家班固对此有一段精彩的论述："政教不及其人，正朔不加其国；来则惩而御之，去则备而守之。其慕义而贡献，则接之以礼让……"[①] "柔远人则四方归之"，"送往迎来（注：往，则为之授节以送之；来，则丰其委积以迎之）。嘉善而矜不能，所以柔远人也。"[②] 当近代西方列强叩击中国王朝的大门时，西方国家对中国来说也属于"生人"圈子，中国人遵循"生人文化"与之打交道，但此时的"生人"已非彼时之"生人"，他们不仅物质力量强大，而且属于一个不是"角色原理"占支配地位的体系，故用道德的手段无法将这些新的"生人"感化，儒家的"德""仁"以及孔子的"言忠信，行笃敬，虽蛮貊之邦行矣"的经验不灵了。炮舰和商品阐释着支配"生人"体系的两个原则——"强力"和"利益"，故天下体制在这个由新原理支配的体系面前彻底失败了。

---

① 班固：《汉书·匈奴传（下）》。
② 《礼记·中庸》。

我们在讨论"伦人"关系模式中曾指出，"亲人"和"熟人"两个圈子难以转换，即熟人无论关系如何密切也很难成为"亲人"。但在天下体制中，"生"与"熟"之间的转换自不待言，"亲人"和"熟人"也是可以转换的，许多时候很难区分"亲人文化"和"熟人文化"，相对于这二者的区分，毋宁说与"生人文化"的区分更为重要，这可能是因为：对社会中的亲人圈子的认知主要基于血缘和婚缘，而对国际行为体关系的认知更多的基于文化和交往这些更易变化的因素。在天下体制中，有的原来属于藩国，后来逐渐与核心行为体融合，成了核心行为体的一部分。也有相反的情况。中国并不总是处在该秩序的顶端，按照儒家的看法，若不实行道德统治（即"仁政"），处在最高地位的行为体也会落在他者的后面。角色原理包含了角色互换的潜在逻辑。

由此看来，这三种"文化"与温特概括的三种文化完全不同。这些国际行为体不是独立、平等、资格相同的"个国"，行为体之间本质上不是竞争关系，或者即便有时出现了竞争，体系的设计也趋于将这种竞争压制到最低限度。当然不是说这种体制下没有冲突和敌我之分，而是说在这种原理下首先趋于将人区分出远近亲疏，当依据不同原则与不同人打交道出现问题时才会产生"敌我"问题。也就是说"敌我"是行为的次生问题而不是行为的预设前提。这几种文化都可能出现敌人。在第一种状态下，敌人出现在亲情关系或拟亲情关系破裂之时。如一个家庭分割遗产，本应按照兄悌弟敬、互谅互让原则行事，但若一方或者双方不按亲情原理行为，就会出现所谓"亲情困境"，这时兄弟就会"反目成仇"。[①] 在熟人圈子中，若一方不按人情规则办事，另一方可能会照顾面子而不立即采取敌对行动，但若不给面子或撕破面子，就有可能成为敌人。"生人"是信息最少、关系最疏远、最不确定的一类，此种状态最有可能出现敌对关系。但是值得注意的是，即使是"生人"，也不是征服、奴役、控制和改变的对象。"与本土不同的他乡只是陌生的、遥远的或疏远的，

---

① 认为亲人关系没有冲突是一个误解。相反，由于距离太近和规则不明确，亲人有时候更容易受伤害，所以有时候"反目"的"兄弟"之间的冲突和仇恨，比与"熟人"或"生人"之间更严重。

但并非对立的、不可容忍的和需要征服的。"[①]

如果说"伦人"的人际关系模式仍影响着我们今天的行为的话，那么源于这种基本人际状态的天下秩序的一些原理至少在无意识层面上仍影响着核心行为体对"外部世界"的态度和行为。若果如此，那么本书的讨论或有助于解释今日中国对外的某些行为。实际上今日中国对外行为模式仍有重视"人情"、"关系"、希望同对方建立个人信赖关系的"伦人主义"取向。譬如中国经常采用的"老朋友"外交策略就是表现。当两个国家关系陷于困难的时候，"老朋友"被赋予极大的期待，希望通过与之的良好关系来打破僵局。当然，不管哪个国家的领导人，在解决两个国家的问题时可以说都有这种期待良好的个人关系发挥作用的想法和做法，但这种做法在中国外交上似乎更经常被采用。新中国成立后相当长时期内推行的"只算政治账不算经济账"的所谓"友谊外交"很难从现代民族国家理论得到解释，但却能够用传统中国人际关系模式得到解释。中国在香港、台湾、西藏问题上的政策和行为模式依据的是"亲人文化"。新中国成立后的一个时期内，中国曾加入了"社会主义阵营"这一新国际秩序，中国仍以角色原理来界定自己以及与苏联的关系，不过新的秩序与古代东亚国际秩序不同，核心行为体不是中国而是苏联，中国对苏联这个"老大哥"角色报有期待，但是苏联并没有按照中国所预期的"大哥哥"角色照顾、帮助中国这个"弟弟"，而是试图控制、干涉、改变"弟弟"的行为，因而感到非常失望，最终导致关系破裂。一个时期内，中国与越南、阿尔巴尼亚、朝鲜的关系模式毋宁说是建立在一种"拟亲情"关系之上，所以"同志加兄弟""兄弟般的情谊""胞谊"之类话语在这种关系模式中出现的频率很高。中国对这些行为体的行为仍符合它所理解的角色原理：以"大哥哥"的角色帮助、照顾"弟弟"，但与苏联不同，并没有试图改变、影响后者（或者说这样的企图并不强烈）。由此可以理解，美国等西方国家在解决朝鲜核危机的会谈中抱怨中国对朝鲜态度消极、要求中国对朝鲜施加更大压力的时候，他们仍是以西方人的关系模式来判断，类似的误判也表现在西方国家对于中国与非洲关系的关系模式的认知上。

---

① 赵汀阳：《天下体系：世界制度哲学导论》，江苏教育出版社，2005，第51页。

三 天下体制的内化问题

主要由"角色原理"支配的"天下体制"应当说是一种精明、和平的国际秩序框架，在这种体制下，作为核心行为体的中国与左邻右舍之间的和平信息非常明显，而且至少在从 16 世纪至 17 世纪的 100 多年中，东亚比实行另一种国际体系的欧洲，和平、稳定的时间要长得多。这个源于家庭的原理能够运用到国际行为体之间，首先是因为它基于中心行为体的基本人际状态。前文我们站在中心行为体的角度考察了该原理及其运作形式，然而，"角色原理"能够成为一种支配国际体制的原理，除了它须与中心行为体的行为方式相符合以外，那些处在该体制边缘位置的行为体也必须对这种原理有不同程度的内化。也就是说古代东亚国际体制中国以外的行为体也必须至少在一定程度上接受这种原理，承认这一原理下分配给中心行为体和自己的"角色"以及与之相应的行为预期。因此我们还需要站在非核心行为体的角度来观察这个体系，考察这种长时间存在的国际秩序为什么和如何被"内化"。

"内化"本是社会学和文化人类学的概念，指个体接受社会文化规范、从一个生物人成长为一个社会人的过程。建构主义学派似乎很认同这个词，将其应用到国际关系研究中。的确，国际行为体对于国际规则和秩序的认知和接受过程十分类似人的社会化过程。温特阐述了一种国际秩序内化的三个等级。第一个等级是出于被迫，这是最初级的内化。中国近代史上接受不平等条约就属于这种情况。由于出于被迫，所以严格说来还不是真正的内化。第二个等级是出于利益，即行为体在考虑了"若接受体制就会带来利益"这一因素后作出的选择。在日常生活中会出现这种情况：有些规则我们虽不喜欢但不得不接受，因为不接受就无法生存。此种情况亦适用于国际行为体之间。第三个等级是基于法理的自觉接受，这是内化的最高等级，譬如我们今天接受现代国际秩序的"平等""主权"等原理就属于这个层次的内化。[1]

---

[1] 如〔美〕亚历山大·温特《国际政治的社会理论》，秦亚青译，上海世纪出版集团，2000，第338~344页。

温特对国际秩序的内化的分析大体也适用于中国古代朝贡体制。"礼"当然是从核心行为体出发设计的一种世界秩序，但这种秩序也为非核心行为体所内化。在传统中国语境中，体制的内化问题通常是采用"王化"这个中国中心的说法表述的，它包括周边行为体接受儒家思想、按"礼"的要求行事。至少有两个事实说明该体制的内化程度相当高。第一，虽然由于中国不断地改朝换代以及周边国家的无数次兴亡而使得这个体制也有失效的时候，但该体制为东亚地区提供了一种延续了两千多年的并且基本上是和平、稳定的秩序（它的崩溃只是近代西方冲击的结果）。第二，历史上有许多周边行为体主动要求核心行为体施以德化教育，想得到中国皇帝的"册封"，以获得中央王朝确认的印章（如日本的"倭王之印"等）为荣，而这种要求有时候会被中央政府所拒绝（主要是出于不屑）。国际行为体对体制较高程度的内化是该体制长期有效运作的原因。

一种国际秩序之所以被国际行为体内化，首先在于行为体也像个体人一样有对安全、地位和交往的诉求。天下体制中，非核心行为体在接受"礼"之后便能得到保护、贸易秩序、安全等实际好处，从而满足了这种诉求。从核心行为体方面来看，中国长期在物质和文化上的强势地位使其能为体制提供一种"公共产品"。按照日本学者滨下武志的总结，朝贡体系为东亚提供了三项公共产品：安全保障（朝贡国不必保持常设性军事力量，这意味着，区域内部的纠纷大部分不用诉诸武力解决）、商业机会和文化与贸易交流体制（不同藩属国之间可以进行文化交流和商业交易）。① 除此之外，还可补充一点，即通过册封、平定内乱等途径赋予藩属国的治理秩序以合法性，② 而核心行为体也获得了尊重、朝拜等"名分"以及自身统治的合法性。

然而，功能主义的角度仅能解释国际行为体一般意义上的内化行为，因为同样的解释也适用于古代罗马殖民秩序以及现代国际秩序的内化。源于西方的现代国际关系体制已经得到当今世界多数国家行为体不同程度的"内化"，原因也在于近代以来西方国家处于强势地位，行为体内化这种秩序可以获得安

---

① 〔日〕滨下武志：《近代中国的国际契机——朝贡贸易体系与近代亚洲经济圈》，朱荫贵、欧阳菲译，中国社会科学出版社，1999。

② 见简军波《中华朝贡体系：观念结构与功能》，《国际政治研究》2009 年第 1 期。

全、秩序和地位。今日世界多数国家不同程度上接受美国在世界上的霸权地位也是因为这个安排能够为多数国家提供秩序、安全等"公共产品"（当然并不是所有国家行为体都达到了第三个等级的内化）。所以功能主义的解释没有说明天下体制的内化行为与其他原理支配下的国际体制的内化行为有何不同。笔者认为还需要从国际行为体的互动角度加以补充才能说明天下体制内化模式的特点。

第一，角色原理对行为体较高的道德诉求减缓了体制内的张力，使该体制具有较为温和、内敛的性质，从而提高了行为体内化体制的自愿程度。基于"个人"基本人际状态的"单位平等原理"有更强的竞争取向和法理取向，与此相比，基于"伦人"模式的"角色原理"有更强的道德取向，对行为体有更高的道德要求。它要求国家的最高统治者皇帝以及一个国际秩序的核心行为体应像家庭中的父亲那样成为最高的道德榜样，必须抑制对"利"的冲动和对强力的向往，不能欺负、掠夺、奴役弱小者，而应像父兄一样承担照顾、帮助之责。这表现为这种体制对"德""仁""和""人心"等道德理念的强调上。"为政以德，譬如北辰居其所而众星共之。"[①] 德政不仅是理解中国政治的关键词也是理解天下秩序的关键词。当然，并非说该体制的核心行为体在任何时候都做到了"德"与"仁"，而是说学者们反复概括和统治者不断宣示的这些道德理念是这种国际秩序运作原理以及中心行为体的基本人际状态内在的逻辑要求，是对作为"长者"角色的自然预期，行为体若做到这一点便会受到赞颂，否则便会受指责。在这种取向指引下，行为体对"外部世界"的行为有可能会出现源于消极的"自我中心"的行为如漠视、冷漠或傲慢、自大，但不大可能出现源于积极的"自我中心"的行为如征服、传教和奴役。从历史事实看，对核心行为体较高的道德诉求也与该体制的这样一种事实相符：该体制主要不是靠武力征服、统一意识形态、强制改变周边国家行为体的行为来维持，而主要靠华夏"礼仪"——政体组织形态、伦人主义理念、文化上的吸引力——来维持核心行为体与藩属国关系的，因而它基本上是一个非强制性的国际体制。对于"生人"圈子的人，只要不影响自己的生活，中国人可以

---

① 《论语·为政》。

127

做到不闻不问，而不会去积极征服、改变他们。中华帝国即便是在极盛时期也没有建立过殖民地，朝贡体制下没有出现像古代罗马帝国和近代西方国际秩序下那样的宗主国对殖民地的大规模奴役、掠夺以及奴隶贸易现象。藩属国不是殖民地，它不仅保持独立地位且不需要改变自己的信仰和生活方式。如果有改变，那也主要是行为体自愿、主动吸收和模仿的结果。强调其"自我教化"，这就是"为仁由己"①。了解这一点十分重要，因为今日许多西方人不理解这一体制下核心行为体与藩属国的关系，他们只能根据个人社会的经验将其理解为一种宗主国与殖民地的关系（例如许多西方人认为过去和现在的中国中央政权与西藏就是这种关系）。西方历史上有"希腊化国家""罗马化国家"的称呼，该话语表述的是一种国际秩序中核心行为体对非核心行为体更为积极的行为方式，但不能用"中国化"这样的话语来描述古代东亚国际体制，因为这种体制中核心行为体的行为更为消极。这是"己所不欲，勿施于人"（这种模式没有考虑"己所不欲"或许是"人之所欲"）的内敛方式，不是"己之所欲，便施于人"（这种方式没有考虑"己之所欲"未必就是"人之所欲"）的外向的、带有强制性的方式，因而体制内化所遇到的阻力较小。这种自愿程度较高的内化模式或许可用中国人家喻户晓的《三国演义》中诸葛亮七擒孟获的故事来说明：诸葛亮无论从物质还是文化上都处于绝对的强势，但诸葛亮深知仅靠强力无法使孟获心服，故七擒七纵，最后以道德的力量感化了孟获。顺便指出令生活在今日国际秩序下的人们不可思议的一点，即由于对"德"的强调，传统中国对国家的疆域以及对于统治者的地域、种族出身并不敏感（历史上中原地区受异民族统治的例子并不少），因为统治的合法性在于是否有"德"，统治者的地域和种族出身就显得不那么重要了。中国人对于异族统治的敏感只是近代接受了民族国家理念之后的事。

第二，从行为体认知的角度看，行为体内化角色原理基本不触及族群的身份认同问题，从而减低了周边族群在体制内化上的抗拒心理。角色原理之下对人的划分主要不是依据人种的优劣、宗教信仰等因素，而是依据远近亲疏和文

---

① "为仁由己，岂由人乎哉。"笔者认为这不仅仅是个人修养的途径，还是一种"建立世界秩序"的途径，即"仁"的世界秩序的建立主要应靠每个国家自己而不是依靠外力。一个国家不能将自己的意志强加于另一国家，强制他国归属自己是不"仁"之举。

明程度的高低。天下秩序中天朝与藩属的关系只是伦人主义理性秩序向外自然扩展，它虽然有一个中心，但其背后隐含着一种超越民族、种族畛域的包容性的理念，没有绝对的"他者"和"异类"。"天下一家""四海之内皆兄弟"不只是乌托邦的理念，它引导出重要的文化和政治后果。这里所谓"一家""兄弟"不仅超越种族血缘，而且超越宗教信仰。此种概念赋予不同种族、宗教、礼俗、生活方式以共生、共荣的合法性。不可否认，"礼"的理念带有"我族中心主义"特点，因为该体制承认行为体的地位有高低之分。中国古代将中原周边地区的人称为蛮、戎、狄、羌、貊、闽、夷①等也反映了古代中国人居高临下的傲慢。但需要指出的是，"礼"的秩序的划分主要不是依据种族原理分出"优等"或"劣等"，也不是依据宗教原理将人分成"洁净"或"污秽"、我教或异教，而是依据文化程度的高低分出亲疏、远近和尊卑。根据这种理念，中国四周虽不开化但并不邪恶，虽为野蛮之地但他们既非异教徒亦非劣等民族，而仅仅是因为其文明程度尚未达到一定阶段。这些地区被称为"生藩"，以与"熟藩"相对应。将周边地区视为野蛮更多的是从文化上着眼的而没有宗教神学基础。不将文化不发达地区的人群视为劣等种族，即便是落后、野蛮的地区也不是需要改变和征服的对象，而是靠自身力量归"仁"，这意味着允许他们保持自己的信仰和生活方式，放任"野蛮人"保持"野蛮状态"（以至于中央王朝常常遭受来自未归"仁"的周边行为体的打击）。这种没有压力的、和平主义的处理方式能够给居住在中央王朝周边的族群以尊严，使他们在内化"礼"的秩序时较少产生因为群体自我认同问题而产生的焦虑，从而放弃（至少是减轻）了对体制内化的抗拒。

毋庸置疑，以朝贡体制为核心的天下体制是一种过时的国际体制，基于伦人主义的"亲情法则"、"人情法则"和"生人法则"之所以能够在具有不同质的国际行为体之间起作用，与古代国家的"主权"观念不清、领土疆界不明、贸易以及人员来往不多、信息交流不充分有关。显然今天的世界已不是这

---

① 《说文解字》中"羌"字是这样解释的：西戎牧羊人也。从人，从羊，羊亦声。南方蛮闽从虫，北方狄从犬，东方貉从豸，西方羌从羊：此六种也。西南僰人，僬侥，从人；盖在坤地，颇有顺利之性。唯东夷从大，大，人也。夷俗仁，仁者寿，有君子不死之国。孔子曰："道不行，欲之患九夷，乘桴浮于海。有以也。"

样，无视这一点而不适当地强调该体制的合理性和理想层面无异于刻舟求剑。本书不是要讨论该体制的优劣与得失，更无试图恢复该体制之念。我们只是指出，它曾是东亚地区一千多年基本行之有效的国际秩序，支配该秩序的是一种与我们所熟悉的支配现代国际关系完全不同的原理，而且由于今日人们已习惯于采用现代国际关系的参考框架看问题，这种原理很可能被忽视和被误读了。我们的看法是，既然源自西方的现代国际秩序也是不完美的，就应允许以更客观的、非西方中心主义的态度来讨论历史上曾经存在过的其他类型的国际体制，思考其作为人类的经验是否对今天有所借鉴的问题。笔者认为，基于伦人社会经验的"角色原理"曾作为一种国际体制的支配原理在这个地球上相当大区域内成功地运作了很长时间。该体系上下有序、尊卑有别的等级结构应当说比"单位平等原理"支配下的体系更为内敛与温和，也更能带来秩序稳定与和谐，因而经过适当转换未尝不可成为一种借鉴的资源。事实上，角色伦理原理在当前国际秩序中也在一定程度上起作用，国家的大小、力量的强弱、文化吸引力的大小、地理以及经济等条件之不同，国际行为体事实上仍构成不同的"角色"，人们对不同角色的国家仍有不同的行为预期，如通常所说的"大国的风范""负起大国的责任"之类表述的就是一种角色预期。此原理还暗示，大国要被他国认可，就必须打破对实力的迷信而致力于追求道德性目标。近代民族国家概念是在个人社会基础上建立起来的，源于个人之间竞争的国家之间的竞争，诱导国家盲目地追求纯粹的物质性实力。也正因为如此，近代以来的所有建立在力量均势基础上的秩序都是脆弱的，并总是以残酷的战争、以均势各方同时毁灭而告终。大多数关于国家间关系的论述都以国家间处于丛林状态作为基本预设，然而在任何情况下，"国际秩序"都不可能完全由"硬实力"所决定。国际秩序中的大国之大主要大在其伦理性力量，而不仅仅在其硬实力。军事力量的使用需要得到道德上的认可才具有最大效力。

第七章
"和谐"与伦人的心理－社会均衡模式[*]

面对中国的崛起，西方"中国威胁论"的出现可能并非都是出于恶意，其背后或有文化的误读，因为在西方历史经验（很大程度也是现代国际关系经验）中，一个大国的崛起必伴之对外扩张，而且多数情况下最终要通过武力解决问题。人们根据这种经验将中国未来的强盛与其扩张联系到一起，产生一种不安全感是很自然的。中国一直在向世界解释自己即便强盛也不会威胁世界，这方面的一个尝试就是以"和谐"为核心的一系列理念的提出。但中国在解释自己行为时面临的挑战是：必须有足够的理由说明自己的行为模式与现代民族国家不同并有着优于现有国际秩序的不同经验。而就目前中国为其行为所作的种种解释来看，大多缺乏学理性支撑。[①] 故西方一些人把"和谐"视为中国人自我美化的空洞口号或许可以理解。

当代中国是一个镶嵌在悠厚文明系统之中的国家行为体，它虽然内化了一部分当代国际秩序下的行为规范，但并不是完全意义上的现代民族国家，故完全根据现代"民族国家"理论以及现代国际关系经验解读中国的行为模式是困难的。我们需要超越现代国际关系的理论语境，寻求一个充分考虑了行为体丰富文化内涵和特质的研究视角。心理文化学能够满足这一要求。此种视角将

---

* 本章内容发表在《国际政治研究》2012 年第 2 期，收入本书有修改。

① 例如："中国者，不侵略之国，不掠夺之国也。""中国者，礼仪之国，道德之国也。""中国者中道之国，人道之国也。""中国者，中庸之国、和合之国也。"见《中华文明传播与商业文明的历史反思——"文明传播课题组"研究报告之三》，《文明》杂志 2008 年特刊，第 422 ~ 423 页。

131

国家视为一个主要受其内部文化影响的行为体，不是简单地宣布某个民族爱好和平与否，也不像早期的国民性研究者那样做出"安全型性格"或"焦虑型性格"之类的简单结论，而是将行为体与其"生存状态"（我们称其为"基本人际状态"）联系起来，考察行为体处于怎样的社会文化脉络和心理－社会均衡模式之中，受到怎样的情感控制和心理文化取向力量的指引，由此判断行为体行为模式的特点。

笔者认为只有在人与人、人与集团、集团与集团关系意义上的"和谐"才与心理文化学上的"均衡"含义相接近。此种意义上的"和谐"可理解为中国人对自身行为模式的一种模糊认识，转换成心理文化学的专业表述就是：一种与中国人的基本人际状态——伦人——相联系的心理－社会均衡模式。和谐有消极和积极二义：消极意义的和谐是指伦人这种基本人际状态具有较高的均衡度，行为体的行为较趋于静态、消极、内敛；积极意义的和谐是指在伦人这种基本人际状态下人们有一种把人际关系的和谐作为最值得追求的东西而加以提倡的价值取向，这种价值取向将行为导向追求和谐的方向。

一　消极意义上的和谐：伦人的 PSH 模式特点

前文（本书第二章）已阐述了心理文化学"基本人际状态"和"心理－社会均衡体"两个核心概念以及将其引入到国家行为体分析的意义。按照这一思路，我们生活的社会环境可比作一个架子，上面摆放着家庭、父母、婚姻、神明、心爱之人和心爱之物，还有理想、信仰等文化规范，我们赋予它们不同的意义并将其放在不同位置。我们把最重要、最常用的东西放在距离我们最近、用起来最顺手的地方（相当于心理－社会均衡图式的第3层："亲密的社会关系与文化"），这些东西构成一个"生命包"，我们与之保持着动态平衡关系。当生命包中的东西缺少了，我们会感到不舒服、不方便，会把架子上其他层的东西移过来弥补。心理文化学认为这个动态过程的文化差异不仅是社会文化变化的奥秘之所在，也是把握国家行为体行为的关键。

"均衡度"（见本书第二章第四节，图2－4）是我们提出的用来测量基本人际状态获得均衡难易程度的一个重要概念。每一种基本人际状态都维持着一种动态均衡，只不过有的较容易达到均衡而有的需要采用更为多样化的手段才能达到均衡。基本人际状态越是趋近个体，就越难获得安全感，均衡度就趋低，反之则趋高。以强调人的相互性、弱化人的独立性为特点的基本人际状态比以强调人的独立性、弱化人的相互性为特点的状态的均衡度更高，而在我们所了解的人类几种基本人际状态中，伦人是最容易获得安全感的一种基本人际状态设计。这主要是因为，亲属集团在伦人的心理－社会均衡模式中占据最优先的位置，是生命包中最重要的内容（这与西方"个人"基本人际状态中同辈集团占据最重要位置形成对照）。"社会心理均衡有许多种可能的模式，有些文化比其他文化容易维持社会心理均衡的稳定性。在中国传统的社会文化中，大多数人最常表现的特征是通过亲属联结关系网络，相对而言，这也是最容易的（模式）。几乎所有的人的生命都从以亲子关系为主的家庭生活开始。父母亲最优先占有人的第三层。大多数人在这里经历到悠然自在的情感。对中国人及其他类似的人来说，由于其文化规定一个人的自尊与未来都必须与他的基本群体紧密联结，因此他的父母、兄弟姊妹、亲戚成为他第三层的永久居民。这群人可以和他分享荣耀，也是在他失意时，必须寻求慰藉的对象。"①"生活在中国社会里的个人，可以轻易地在第三层内完成社会心理均衡的要求而不需要跳到外层去。人际的亲密关系对他来说是持续不断且随时唾手可得。假如由于个人无法控制的原因（例如战争或饥荒）而必须跨越到外层，他也会寻求那个先前已经存在但当时并不知道的亲属群或地域群体的联结纽带，发展出类似亲属纽带，延续和原有亲属群或地方群的联结，或者扮演必要的角色，使其能在非亲非故的环境中有立足之地。"②

论述传统中国宗法社会（称之为"伦人社会"更妥）的性质以及中国亲属体系的强大凝聚力的材料可谓汗牛充栋，本书不拟多述。笔者打算仅引用清末来华的美国传教士何天爵（Chester Holcombe）的生动描述来印证这一点。

① 〔美〕许烺光：《许烺光著作集9：彻底个人主义的省思》，许木柱译，（台北）南天书局，2002，第248～249页。

② 〔美〕许烺光：《许烺光著作集9：彻底个人主义的省思》，许木柱译，（台北）南天书局，2002，第249页。

他描述说，中国人与家庭的联系很强，他们离家只是因为要处理公事或者私事。离家之后，无论是在异国，还是在他乡，他总认为这是一种流放，多少都会思乡。那些客死他乡的人几乎都做出了同样的安排。他们要人把遗体运回故乡，埋在他们祖先的身旁。他说中国人这种对家的眷恋逐渐发展为一种宗教，一种无论生死的最后回归。①

有争议的一点可能是：中国已发生了巨大变化，今日中国人的亲属体系是否仍具有如此大的凝聚力？的确，今日中国已与何天爵描述的时代大不相同，但基本人际状态类似某种生物基因的东西，不大可能根本改变。即便是商品经济大潮把许多中国人从家族中吸引到大都市的今天，这种凝聚性仍很明显。譬如，中国每年的"春运"可能是世界上最大的民俗移民现象，就能证明这一点。中国人没有根深蒂固的宗教信仰，也没有宗教节日，两个重大节日——春节和中秋节都是家人团圆的日子。中国人"过年（春节）"已成为带有某种宗教意味的仪式，因此何天爵说中国人对家的眷恋发展为一种宗教实不为过。中国人心中的"圣地"就是"家"，"回家过年"简直可称为中国人的"朝圣"活动。②"家"是中国人的"根"，对"家"的情感延伸到对故土乡情的眷恋，形成海外华人浓重的"叶落归根"情结。今日中国许多与华人祖先黄、炎二帝相关的地方（如出生地、埋葬地）每年都在竞相举行隆重的祭祖活动，似乎仍继续印证着何天爵在 100 多年前的描述。

接下来需要讨论的问题是：亲属集团至高无上的基本人际状态为何具有最高的均衡度？答案在于亲属集团自身所具有的特点。我们知道，与其他类型的集团（譬如个人社会由同辈组成的社团）相比，亲属集团成员的资格是恒定、自动和不可转换的，个人在获得或改变成员资格问题上几乎没有任何投机取巧

---

① 〔美〕何天爵：《中国人本色》，张程、唐琳娜译，中国言实出版社，2006。

② 几乎与中国的春节同一个时期，大批印度教徒会到印度教圣地阿默哈巴德（位于恒河与朱木拿河的交汇处）去沐浴。特别是每六年一次的沐浴活动，来到此地的沐浴者更是达几千万人。每到这时，会看到一望无际的人群，延绵几十公里的帐篷。尽管印度政府出动大批警察维持秩序，还是常发生拥挤踩踏事件。但无论是穆斯林的朝圣还是印度教徒的沐浴活动，都没有中国人的"回家过年"规模那么大，人潮那么壮观。更重要的是，中国人移动的方向恰与他们相反，不是从家向外，而由外向家走。那些外出打拼、挣钱的人，无论多么遥远，也不管挣没挣到钱，都要在春节这个中国人最重要的节日回家与家人团聚，这就是俗语所谓的"有钱没钱，回家过年"。

的余地（这在图 2－4 中表现为：情感动态线 D 和交换动态线 C 左右位移极小，基本固定在第 3 层中）。而且由于亲属集团成员担当着不同的角色，他们之间很少有相同的要求，故亦少有竞争。这使得传统中国人生活的圈子十分稳固，既无须动员内层的潜意识和前意识（对灵魂、来世不怎么关心，中国人缺乏虔诚的宗教，生命包中无神明之位置，死去的祖先比神明来得重要），亦不必向外层动员（如探险、传教、征服他者）就能获得高度的安全感。

一定的基本人际状态与一定的情感控制机制相一致。所谓情感控制机制是社会对其成员设下一些限制，使人们将情感投注到怎样的人、物、文化规范上以及采取怎样的方式投注，这些限制是个人社会化的重要手段。与中国人的基本人际状态相联系的情感控制机制是"情境·抑制"型，与个人社会的"规范·压抑"型控制相对照。这种控制机制的特点是：行为体主要根据情境而非规范、采取"抑制"（suppression）而非压抑（repression）的方式控制情感。

首先，与"规范型"行为模式相比，这种控制机制使个体的行为的依据主要不是内心某种恒定的规范而是所处的具体社会情境（如角色、地位等）。由于亲属集团的高度凝聚，个体被牢牢束缚于亲属圈子内，个体对"我所属的圈子"和"他者所属的圈子"的区分比较敏感，趋于认为不同圈子是不同质的世界，实行着不同的规则，人的行为依情境不同而具有不同的意义。伦人的亲密圈子一圈一圈外推，个体对他者的责任和义务向外依次递减。"情境型"行为方式更趋于以灵活、多变的标准来处理问题，因而当一种行为与另一种相反的行为发生矛盾时，在内心引起的焦虑较小。由于行为体将情感高度投注到所属的圈子中，对于圈子外的事情通常不会有太强烈的情绪反应和干涉的冲动，更容易接受"人家有人家的圣人""自己活，也让人家活"的理念，较缺乏为某种抽象理念和意识形态献身的热情，故不大会尝试改变其他圈子人的信仰和行为方式。

其次，与"压抑型"控制机制不同，这种控制机制不是将那些与文化要求不相符的欲望和情感强行压制到潜意识中，而是将其抑制到较浅的意识层次（主要是"限表意识"或"前意识"层）中。"如果社会化过程中强调压抑，压力的主要部分会倾向于内化（internalized），主要的心理需求将会集中在内心的平衡而不是与外在世界的和谐。在另一方面，如果社会化的过程强调抑制，压力的主要部分就会集中在与他身边同伴的关系上，而心理需求的表现将会强调与所在世界的和谐，而不是内在的平衡。"① 抑制型控制机制带来的一个重要表现是情感配置趋向于个体所在所属的人际圈子并与角色结合在一起，即情感的角色化或伦理化。情感特化为孝、悌、忠、信、敬等特殊形式，且每一特殊形式的情感只适用于特定的角色，很难相互转化。这些高度特化的情感用于人与人之间的联结非常有效，但较不容易从一种情感转向另一种情感，正像某些动物的器官高度特化以后对于某种特殊功能高度有效但却难以适应其他功能一样。所以伦人社会的一个缺点是：缔结非亲属、非地域的自愿性集团能力较弱。

情感控制的这些特点又反过来强化了中国人在亲密圈子内的联系，把个体安置于一种极稳定的状态，个体与他者处在一种"你中有我，我中有你"的状态，较容易获得心理－社会均衡而较少有内心焦虑（即便有焦虑也较容易解决）。个体的行为有更大的可能是随遇而安，在较低的物质生活中赢得宁静、安谧、平衡和领悟生命本源的意义。

二 积极意义上的和谐：伦人的心理文化取向

一定的基本人际状态还与一定的心理文化取向（Psychosocial Cultural Orientation）相联系。心理文化取向指在某种共同文化传统中人们心理上较稳定的选择倾向，是一个群体价值观体系的统称。它是一种指令，规定着群体成员判断何对何错，何好何坏，何为期待何为避忌，何为被鼓励何为被贬斥。"心理文化取向"引导着人们的心理－社会均衡过程。心理－社会均衡有多种模式，而无论哪一种模式，必有一种力量鼓励某些思想高于其他思想并使其居于优势地位，人们受其指引，从多种选择中选取重要的东西而忽略不重要的东西。这个力量就是心理文化取向。心理文化取向将人们的心理－社会均衡过程模塑成一定的模式。

---

① 〔美〕许烺光：《许烺光著作集 9：彻底个人主义的省思》，许木柱译，（台北）南天书局，2002，第 129 页。

前面指出，伦人是一种个体较容易获得安全感因而心理－社会均衡模式呈静态等特点的基本人际状态，与此相联系的心理文化取向，引导人们朝着追求人际关系和谐的方向做出选择。心理文化取向又可分为两个相互联系的层次，即人们的活动取向和文化理想。伦人社会的活动取向是"人伦中心"，文化理想是"人与人之间的彻底和谐"。积极意义上的和谐就指这两个层次上的心理文化取向。

相对于个人社会（美欧社会）的"个人中心"和阶序人社会（印度教社会）的"超自然中心"取向，伦人社会人们的活动取向是"人伦中心"。这个层面的取向是把以亲属关系为核心的人伦关系看作最有价值的并将其置于心理－社会均衡体的第3层中最重要位置，而独立的个人、超自然神明等均不受强调。中国文明的经验可以说重点围绕人伦关系展开，譬如传统中国社会的主流意识形态——儒家思想——提出的"三纲五常"范畴以及由此发展出的一套价值观如孝、忠、悌、敬、礼、信、节等，皆在解决人与人之间如何相处：如何做一个好儿子、好父亲、好丈夫、好妻子、好君主、好臣下等。中国的戏剧、小说文艺作品的重点也都放在解决人与人的关系问题上。在这种社会中，个体生活在一个由近亲者组成的圈子中，彼此关系密切并相互依赖，每一个体既是一发射终端亦是一接收终端，人们依据自己在集团中的角色，按照"报"这一互惠原理处理相互之间的关系。牢记别人的好处，受恩并还报。如果还报大于获得，就会受到社会的鼓励（即"滴水之恩，当涌泉相报"），若还报少于获得，会被指责为"不懂人情世故"，若不还报，会被指责为"忘恩负义"。

与之相联系，伦人社会的文化理想是"人与人之间的彻底和谐"（相对于个人社会的"个人的彻底自由"和阶序人社会的"人与超自然的彻底合一"）。文化的总理想是社会多数成员的价值目标，即一种文化所追求的终极状态，它为人们提供了一种理想图景。文化理想一般体现在宗教等主流意识形态中，记录在经典文献以及社会圣贤的著述中。传统中国社会的文化总理想主要是通过主流文化——儒家思想——体现出来的。中国人的文化理想把人引向追求人与人之间和谐的方向。中国古人很早就把"和"作为人的基本道德标准，并提出了"礼之用，和为贵"的主张，认为人们在处理相互之间关系时应实行忠恕之道。在此种方向下，值得向往和追求的图景不是在来世，中国文化中没有类似基督教的"天堂"设置和其他宗教的"彼岸世界",中国人死后的世界被设想为与现实世界没有什么区别。中国文化中也没有近代西方社会出现的那种各取所需、人人平等、个人彻底自由的乌托邦思想,中国人理想的社会是人们各守本分,人与人之间关系和谐。陶渊明描述的桃花源被认为是中国人最向往的理想社会,中国人常用"世外桃源"比喻那些不可能实现的理想,但仔细考察,桃花源也并非完全的空想:"土地平旷,屋舍俨然。有良田、美池、桑竹之属。阡陌交通,鸡犬相闻。其中往来种作,男女衣着,悉如外人。黄发垂髫,并怡然自乐。"这个社会图景既不与死后世界或某种超自然相联系,也不是一种与现实社会有本质区别的乌托邦,而只是一种没有竞争和阴谋,不受干涉,男耕女织,生产自给自足,人际关系和谐的秩序,可以说只是现实社会的"优化版"。儒家所描述的"大同社会"是中国文化总理想的具体形式:"大道之行也,天下为公:选贤与能,讲信修睦。故人不独亲其亲,不独子其子;使老有所终,壮有所用,幼有所长,矜、寡、孤、独、废疾者皆有所养;男有分,女有归。货,恶其弃于地也,不必藏于己;恶其不出于其身也,不必为己。是故谋闭而不兴,盗窃乱贼而不作,故外户而不闭。是谓'大同'。"[①] 大同社会的本质仍是伦人主义性质的,强调的也是"人与人之间关系的彻底和谐",而且这个理想距离现实也不太遥远:今日西方某些高福利社会在部分意义上已经达到了这一点。

文化理想也扩大到对外部世界的态度和行为上,这就是作为一种理想世界秩序的"天下"。理想的世界秩序应是"四海之内皆兄弟",是"协和万邦"。在处理不同文化、不同民族关系时,承认彼此之间存在的差异,不同国家的交往应是自愿而不是被迫,国家之间应和谐而又不是千篇一律,不同却不相互冲突。和谐以共生共长。这种理想的世界秩序是从"家和万事兴"的思路推导出来的,是一个扩大了的、和睦的拟亲属集团——此可视作桃花源的放大。

必须指出,说伦人社会的文化理想是"人与人之间的彻底和谐",并非说伦人社会的人际关系一定是和谐的。实际上,所有的文化理想都无法完全实现,正像个人社会的"个人的彻底自由"和阶序人社会的"人与超自然的

---

① 《礼记·大同》。

彻底合一"理想无法完全实现一样，伦人社会的文化理想也是无法完全达到的。但不能认为文化理想带有理想色彩就否定其意义。文化理想的重要意义在于：它鼓励人们朝着一个方向努力，形成了一套与这个方向相一致的价值观制约着人们的行为，那些符合这个方向的行为会受到褒扬，反之会受到贬斥。譬如，中国传统文化价值观中的褒让贬争，褒和贬斗，褒文贬武，褒静贬动、褒双贬单、褒合贬分，褒聚贬散、褒平衡贬失衡等取向，就与伦人社会的文化理想相一致。还需要指出的是，这种旨在促进人与人之间关系和谐的价值取向具有普适意义，对于今天的世界仍然需要，也是未来中国软力量的重要资源。

"人与人之间的彻底和谐"这一价值总取向不仅引导着人们对外部世界的行为，还成为一种世界观广泛体现在中国的哲学、艺术、中医、戏剧、小说、绘画以及各种物化形式之中。譬如，中国人的四合院与中国的长城曾被批评是中国人保守思想的物化形式。但若换一种角度来看，长城作为世界上最大的防御工事，恰恰物化着中国人褒和贬斗的非进攻性价值取向。鲁迅曾以中国人的四大发明在中国和在西方的不同用途来批评中国人的保守和落后：西方人用火药制造枪炮，征服别人，中国人却用来制作鞭炮烟花，祛鬼祈福；西方人用指南针航海，探险，中国人却用来看风水。但从我们的视角看，这些例子用来证明中国人重视和谐的价值取向和生活方式同样具有说服力。

三 "中国扩张主义的神话"：心理文化学视角的解释

我们已阐述了伦人这种基本人际状态具有均衡度高的特点，此种状态下行为体的行为模式总体上趋于静态、内敛、凝聚和温和，心理文化取向将人们导向重视人际关系和谐的方向。接下来需要通过文献和大家公认的事实来考察中国这个行为体过去的行为记录。倘若我们通过分析一个人的成长环境和心理－社会均衡模式概括出此人的性格和行为的大体取向，那么我们最好再考察一下他过去的行为记录。如果他过去的行为大体上与理论分析相符，则不仅可以验证结论的正确，还能在一定程度上预测此人未来的行为。

西方对未来中国的担心很大程度上源于对中国过去行为的不了解。当年美国发动越南战争的一个重要借口就是要防止共产主义的中国对外扩张。如前所述，许烺光教授在《中国扩张主义的神话》一文中，不仅从心理与文化相结合的视角揭示了中国人的生活方式、对外部世界的态度和行为特点，还列举了大量例证回应了当时盛行的"中国扩张论"。40多年过去了，这个问题仍没有解决：西方在仍以自己的经验判断中国，而中国仍不断高声为自己辩解。因此重温许烺光在文章中所分析的例证并补充一些新的事例来说明中国人对外部世界的态度和行为方式，在今天仍是有意义的。

从历史上看，中国人对外部世界不是扩张主义的。依古代中国之强盛，完全有能力建立大批以征服、奴役为特点的海外殖民地，但历史上中国没有建立过这样的殖民地，[①] 也没有进行过大规模的奴隶贸易活动。我们知道奴隶制是把人当作物进行控制，奴隶贸易把人当作商品买卖，这种极端形式的控制和奴役他者的行为有其心理文化基础：基于行为者的竞争性人际关系和缺乏安全感的基本人际状态。朝贡体系下中央王朝与周边藩国的关系，既不像西方教科书上对"朝贡体系"定义的那样"中央集权榨取剩余产品"[②] 的剥削与被剥削关系，也不是殖民地与宗主国的奴役与被奴役关系。中国对藩国的态度是消极的，多数情况下二者的关系只是象征意义的，没有刻意要改变他们的生活方式和信仰，更没有奴役他们。[③]

历史上，中国缺乏主动向外传教或传播意识形态的活动，也没有发生过西方历史上那种以讨伐异教徒为目的的宗教战争。孔子思想在中国周边地区的传播可以说完全是自发的，是周边行为体自觉的内化行为。有的藩国主动要求中央政府派人传播儒家思想，而被中央政府拒绝（主要出于不屑）。譬如，唐王

---

① "中国人的天性如果不彻底改变，他们不是，也成不了殖民者。虽然在南美和北美，在澳大利亚殖民地，在缅甸，暹罗，在东印度群岛，爪哇和日本都有中国人的身影，但是哪一个都不是他们的定居点。他们不是殖民者，只是暂时的移民。他们很像候鸟，在一个地方生活几个月，然后在记忆中远方的某个地方建巢，养育后代，长此以往，没有改变。他们因为急事，被迫离家，流落他乡。但是在他们出发前就已经做好了周密的返乡计划。这些计划和希望他们始终铭记在心。"见何天爵《中国人本色》，第二部分第八节"中国人为什么成不了殖民者？"

② 〔英〕罗伯特·莱顿：《他者的眼光：人类学理论入门》，蒙养山人译，华夏出版社，2005，第120页。

③ 关于这一点，见本书第六章。

朝时，西藏王松赞干布向唐室请婚未允率军攻打中国四川。公元 730 年，藏王和他的女婿向唐王朝皇帝求教中国古籍与历史又被拒绝，于是发兵四十万攻打唐朝。同样是在唐朝的时候，大约有三千多位中国佛教僧侣分批徒步前往印度。其目的不是为了传播孔子或其他中国圣贤的智能，而是学习佛祖的教导并取得真经带回中国。

许烺光以郑和航海的例子来说明中国人的行为。"历史上只有少数中国探险家名闻遐迩。明朝的一个大太监将军（郑和），率领一只庞大的中国舰队下西洋（东南亚），并远及非洲东岸。……在这方面的发展，中国移民和欧洲移民在历史上呈现强烈对比。欧洲移民建立了美国、墨西哥、拉丁美洲，以及澳大利亚和新西兰等独立国家。中国移民除了曾经在婆罗洲建立一个十年的新领地之外，从来没有在新的领土独立发展出一个新国家。中国人高度倾向于他们的故土。"① 2005 年是郑和七下西洋 600 周年，有国人批评郑和下西洋是一种"意淫"，说郑和只是为了宣扬皇帝的威严，被人们遗忘了，没有对世界产生什么重要影响。② 这个批评显然是从一种进攻性立场看问题的。郑和没有传播孔子思想之类的信仰，没有试图改变当地人的信仰和生活方式，也没有建立殖民地和奴役土著居民。如果一个航海家在所到之处进行杀戮、奴役才不至于被"遗忘"的话，那么这样的影响还是没有为好。从我们的视角看，同样是大规模航海行为，中国的郑和与西方的麦哲伦、哥伦布等体现了不同的生活方式和价值取向：郑的行为更是和平主义的。一位叫埃里克·杜尔施密特的人站在西方的立场上，在一本书中这样评论郑和的行为："幸亏中国明朝一位偏信谗言的年轻帝王下令航海家郑和返航，西方文明才得以侥幸留存。如果郑和继续向西航行，他也许能消灭威尼斯和热那亚的商船，以及伊斯坦布尔的苏丹。"③ 这位作者的不得要领的评论，用中国的一句老话说就是"以小人之心，度君子之意"。

---

① 〔美〕许烺光：《许烺光著作集9：彻底个人主义的省思》，许木柱译，（台北）南天书局，2002，第 418～419 页。

② 蔡骏：《郑和下西洋，史上最大意淫》，http：//www.china.com.cn/culture/txt/2006－11/06/content_ 7323489_ 2. htm。

③ 英国《卫报》2008 年 4 月 5 日报道，《参考消息》2008 年 4 月 8 日转载。

再以战争为例，不是说古代朝贡体制下没有发生过侵略战争之类的事，但总的来看，中国历史上的战争大都是防御性的，其中多数是为了防御北方游牧民族的进攻。也有主动出击的时候，但那也是积极防御性的，是对进犯者的"教训"。古代中国在帮助周边国家平定叛乱之后，很少驻扎军队，而是把军队撤回来。新中国成立后出现的若干次冲突也可以说继承了这样的模式：这些战争（如中越、中苏、中印边界冲突等）皆因边界问题引起。中国在这些冲突中的行为具有这样的特点：边界争端发展到一定程度，中国进行反击，但反击到一定程度，不继续前进，而是把军队后撤。这是一种"教训侵略者"模式。中国虽然在某些非常时期（譬如"文化大革命"时期）也说过"解放全世界"之类的富于积极主动精神的话，但并没有在行动上（如向外驻兵）表现出来。或许有人会说，朝鲜战争中国是向外国派兵的，但朝鲜战争明显是中国意识到自己受到威胁，因此这次战争可看作边界冲突的延伸。新中国在边界冲突上的行为模式与古代中国为平乱、戍边而进行战争的行为模式具有内在的联系。因此，比较熟悉中国历史的学者 A.J. 汤恩比说得对："与其说中国人是有对外推行征服野心的民族，不如说是在本质上希望本国和平安泰的稳健主义者。实际上，只要不首先侵犯中国，中国是从不先发制人的。近代以来，鸦片战争、中日战争、朝鲜战争以及迄今和中国有关的战争，无论哪一次都可以叫作自卫战争。"① 由此我们或可预测：未来如果发生战争，中国很有可能仍是这种行为模式。

"中国人从来没有支持过任何一个传教运动，或经历任何大型的宗教纠纷或迫害，在亲属与地域团体之外，也只有很少的次级团体存在。……中国所有向外开战的帝王中，没有任何一位有兴趣将宗教或中国人的生活方式散播出去。"② 中国人对外部世界的态度和行为上的这种非意识形态主义特点在今日中国人身上仍多少有表现。中国人仍趋于认为世界上的道理有多种，不同场合有不同的道理，因而无法接受那种认为某些普遍原则至高无上的观

---

① 〔英〕汤因比、〔日〕池田大作：《展望21世纪》，荀春生、朱继征、陈国梁译，国际文化出版公司，1985，第290页。
② 〔美〕许烺光：《许烺光著作集9：彻底个人主义的省思》，许木柱译，（台北）南天书局，2002，第249页。

点。中国外交遵循的基本原则——"互不干涉内政""和平共处""国家不分大小一律平等""反对霸权""和平解决争端"——不仅仅是外交辞令，某种程度上还体现着传统中国文化的价值取向，与中国人"少管闲事""各人自扫门前雪"的行为特点相一致。人们可以指责这种对外反应模式缺乏对人类某些普遍原则的热心，带有独善其身之特点，却不能说这种模式是进攻性的和霸道的。

或许需要指出以下几点才能使本章的分析更有效度。第一，我们所分析的中国人行为上的特点是中性的，不带价值评判。中国人的行为既是内敛、平和的，同时也是消极、保守的。历史上中国很少有向外征服、殖民、传教活动，但同时也较缺乏对外部世界的关心和保护，容易陷入自我陶醉和自大妄想。内敛、守常、知足的同时，也较缺乏求新、求变的内驱力，故伦人社会整体上表现出停滞的特点。心理－社会均衡度越高，行为体获得均衡的手段就越趋简易，其行为就越趋消极。此为一个钱币的两面，接受一面亦须接受另一面。

第二，这里讨论的中国人心理－社会均衡模式以及与之相联系的中国人对外部世界的态度和行为方式，说的是一种原型，我们冻结了变化因素。近代以来，中国人接受了源自西方的进步、进取、革命等价值观，这对人的行为方式产生了一定影响。但作为行为原理的深层文化，并不像服饰、饮食等表层文化那样容易变化。我们并没有因为喝可口可乐、穿牛仔服、看美国大片而成为美国人，我们的人际关系模式以及对外部世界的态度和行为原理仍有很大的延续性。这种延续性赋予我们以稳定的行为模式，是我们文化身份认同的基础，也是本书分析问题的基本预设。

第三，对中国未来行为的预测当然不是说今后中国一定不会走上扩张道路。这要看世界局势、执政者理念以及中国人基本人际状态的变化等各种因素。倘若中国过于强调内化现有国际秩序（这就是我们通常说的"与国际接轨"），如过分强调利益，迷信物质（军事）力量，那么中国人的行为逻辑就可能会改变，最后走上对外扩张的道路并非不可能。从理论上说，中国内化现代国际秩序的程度越高，中国人的基本人际状态越向"个人"模式转变，对外部世界的态度和行为就越趋于积极和有为，就越可能做出对外扩张和称霸之事。笔者在这里要强调的是，一个国际行为体对外部世界的态度和行为与该行为体处于何种基本人际状态有很大关系。那种能够给个体带来高度安全感的基本人际状态比那些不是这样的基本人际状态更能使人以平和的心态看待外部世界和处理国际事务。

第八章
现代民族国家体系下的中国：进路与困境

冷战结束后，有学者根据苏联解体的经验，预测中国也一定会崩溃，但后来的进展表明，中国不仅没有崩溃，而且在经济上取得了骄人的成绩，这一方面令那些采用现代国际关系理论解释今日中国之行为的西方学者和政治精英大惑不解。在他们的框架下，中国似一不可言喻之"怪物"。另一方面，中国近些年取得的成就给了中国以强大自信，有学者提出"中国模式"概念，认为中国取得的成就和提出的发展理念反映着新时代的要求，肩负着新的历史使命，并进而推论："中国传统文化有扬弃西方资本主义现代性的能力"。① 在现代国际关系理论语境中，今日中国在世界上的行为确实具有许多无法解释的独特性，但这些独特性是否到了可以不顾当下国际秩序原理及世界变化趋势而另辟蹊径的程度呢？显然，这既是一个涉及如何把握现在和未来中国的现实问题，也是我们从心理文化学路径思考人、文明与国家问题时一个不可回避的学术问题。

从我们的视角来看，上述两种趋于极端的看法乃是由对国家的两个层面——组织体与文明体——的不同强调所致。视中国为"怪物"的看法较多地强调组织体意义上的中国而忽视中国作为一个文明体的特殊属性，而那种过度自信的观点则更多地强调中国文明体的侧面，忽视了中国作为组织体在当下世界体系下所遇到的困境。

---

① 叶小文：《迎接新时代的"文艺复兴"》，《人民日报》（海外版）2009 年 5 月 8 日，第 1 版。

前面业已指出，中国文明的基础是伦人社会，传统中国的国家形式是一种建立在"伦人"基本人际状态之上的同心圆式的"服式国家"。这一特点影响至今。一定意义上说，今日中国不是完全意义上的"民族国家"，它仍延续了往昔"服国"的一些特征。这里，"服国"的"服"本义是依血缘关系规定的服丧义务，"服国"是一种以关系的远近亲疏而实行不同统治方式的国家形式，它与伦人社会秩序模型相一致。现代"民族国家"是在近代西方出现的，历史只有几百年，中国接受这一概念的时间更短，而且，中国自身"服国"模式的特点并没有由于他接受"民族国家"这一概念而彻底改变，只是在它的表述体系中把作为服式国家的丰富内涵挤进了"民族国家"这一狭窄概念。今日国内已有许多学者认识到这一点。美国学者白鲁恂、亨廷顿等人用"文明国家"指称中国，英国学者马丁·雅克在其题目有些耸人听闻的著作《当中国统治世界》中认识到，现代民族国家的概念不适用于中国，中国不是"民族国家"而是"文明国家"。"今日中国的主要面貌，包括社会关系和习俗、生活方式、优越感、国家观念和对统一的执着，都是中国文化的产物而不是近代民族国家的表现。表面上它像民族国家，但骨子里是文明国家。"① 笔者认为他们所谓的"文明国家"是一个很不严谨的概念，只是从文明体层面看中国的"服式国家"特点以及中国的行为遵循的逻辑。他们完全从文明体角度看中国，夸大了文明体对中国国家行为体的影响，忽视（或轻视）了中国还有组织体一面以及在今日民族国家世界体系下面临的困境。

文明体能够回答我们拥有怎样的基础和遗产，揭示中国国家行为的一些特性，但中国作为一个组织体，它还是当下民族国家世界体系之一员，其行为不能不考虑国际体系下一些普遍性的"游戏规则"。中国作为一个古老的文明体，是在一个已经变化了的世界上行事的，因此，还必须把它放在一个新的世界环境中考查。

近代以来的世界发生了哪些根本性的变化呢？笔者认为，对中国来说，以下三种变化是最具根本性的。第一，近代在西方出现了一种新的国际体系

---

① 〔英〕马丁·雅克：《当中国统治世界：中国的崛起和西方世界的衰落》，张莉、刘曲译，中信出版社，2010，第 332 页。

（或称"威斯特伐利亚体系"）并逐渐向世界扩散，现在世界上绝大多数国家接受了这一体系，国家与国家以一种与我们历史上的"朝贡体系"根本不同的原则和方式打交道。第二，西方工业革命后出现的城市化，极大地改变了我们的生活方式，使得构成我们文明体基础的家庭、基本人际状态及价值观发生了很大变化，这个变化的方向是"个人化"，即家庭、地缘组织、国家等集团的约束力在减弱，而个人越来越受到强调。这个变化趋势是世界性的，却是与我们传统社会相悖的。第三，科学技术的巨大进步，改变了并且还在改变着世界，交通和信息技术的发达已使世界真正连为一体，今日人们已在认真讨论"世界治理"这样的话题了。从根本上说，这三个方面的变化皆源于西方世界，对中国文明来说是陌生的，但这些变化是世界趋势，并已构成我们生存其中的大环境。中国几千年的文明经验需要接受已变化了的世界的检验，这也是今日和未来之中国可能遇到的困境之所在。如果说讨论中国人的基本人际状态及与之相联系的中国文明体的特性，类似检测生物体的基因，那么考察中国在今日世界上的行为以及未来中国之走向，就不能不考虑包括世界和我们自身社会在内的环境的变化。我们知道生物都是在不断适应环境中进化的，环境会影响生物体基因的表达，久而久之会出现新的性状，形成新的生物种属，而有的生物因不能适应已经变化了的环境而灭绝。中国强大的文明延续能力以及它的庞大规模，或可比作一只经历了进化适应而活到现在的"恐龙"，这条"龙"能够生存至今并仍具有巨大活力，说明它自身具有很强的不断修正错误以适应新环境的能力。今日中国已经认识到世界发生了并仍在发生着巨大变化，进行着可能是世界上最为激烈的改革以适应新的环境。这个古老的文明出现了空前深刻的变化，焕发出空前的生机，说明它可能不会成为在进化道路上被淘汰的恐龙。

文明体与组织体是相互影响的。一方面，作为组织体的国家是建立在文明体土壤上的，组织体的运作受文明体特性的影响。若不认识国家的文明体侧面，中国人自身会因为失去文化认同的根基而无法在变化的世界安身立命，外界则容易忽视中国作为文明体的独特经验而无法真正认识中国。另一方面，组织体也可以影响文明体。国家政治、经济制度的变革，技术的进步以及外来价值观的影响，都会影响家庭、基本人际状态以及人们的行为方式，影响记录在文明体中的"文化基因"的表达。如果完全把中国视为一个文明体而不考察其组织体侧面，容易陷入过于强调中国的特殊性、无法解释中国的变化及适应新的世界环境问题，会走上抱残守缺、与世界潮流相悖之路。"服式国家"带给中国的遗产是双重的，它既有弊端也有长处，既有困境也有机会，中国取得的成就和遇到的挑战同样大，二者皆产生于同样的基础。文明体和组织体之间是有矛盾的，从一定意义上说，今日中国面临的种种问题均来自二者之间的矛盾。但也正是文明体与组织体的相互影响，赋予了中国鲜明的文化个性、变化的活力和为这个世界做出独特贡献的可能性。今日中国与世界的互动，既有组织体层面的移植、磨合与适应，也有文明体层面的竞争、对话与融合。中国的进路和遭遇的困境，似可归结为在中国这一古老文明体之上如何嫁接现代国家组织体形式问题，均可从文明体与组织体的相互联系、相互影响中去解读。

笔者将中国在现代世界体系下面临的挑战和困境具体归纳为以下几个主要方面。笔者当然知道这几个方面不单单是学术问题，但从学术研究角度对今日中国面临的问题和走向给出思考，是讨论"人、国家与国际关系"这个主题不可回避的。

挑战一：延续几千年的服国模式与现代民族国家体系

若自秦代实行郡县制算起，中国作为一个大体完整、统一的文明体已延续了两千多年。这期间虽有分裂，但统一时间大大多于分裂时间。每一次政治统一体的瓦解，却是种族、文化的大融合，为新的政治统一准备了条件，最终仍能使文明体复原和扩大。而且，中国的政治史还有一个很有趣的现象：即便是在分裂时期，分裂各方都不认为分裂为常态，都认为自己代表正统并都声称一旦条件成熟将实现统一。大一统成为几千年来中国历史文化的传承。中国宁可接受异族统治也不接受分裂的特点在人类文明史上可以说是十分独特的。怎样看待这个问题则取决于观察者的视角：若从组织体的角度（现代国际政治学主流理论趋于这样）看，有人可能会问：中国高度集权式的政治统治为何这么长时间没有发生根本性变化？但若从文明体的视角看，问题或变为：中国在如此辽阔的土地上将如此多的人口凝聚如此长的时间，为什么会成功？这两个出于不同侧面的问题有一个共同的答案，即中国是一个建立在伦人基本人际状态之上的服式国家。目前中国，组织体形式是"人民共和国"，而在文明体意义上仍带有服式国家的性质，或者说民族国家这种组织体形式是建立服式国家的文明体之上的。组织体侧面的政治权力高度集中和文明体侧面的大一统特点结合在一起，在一定意义上说仍是服式国家的遗产。

现代民族国家体系受到世界广泛的接受，是因其有其他体系所没有的优点，其中一个优点是，在该体系下，国家与多数民众的利益是结合在一起的，国家不再是统治者可随意处置的"私产"而成为一种"民族利益"，民众也不再是对国家冷漠、顺从的臣民而成为公民（当然，这种转变通常需要一系列的制度设计才能实现）。民族国家体系的另一优点是，该体系确认的是国家而不是帝国、王朝或某种宗教信仰，它肯定了体系的成员国在不受外来干涉的情况下选择本国信仰之权利，国家无论大小和贫富，也无论信仰如何，都是体系的一个独立、平等的一员，其主权和领土不受侵犯。尽管这一体系并非总是能做到这一点，且不可否认这个体系的建立并没有避免战争的发生，但经过不断的曲折磨合，这些原则已经被多数国家所接受。该体系还有另外一个优点，即它的各项规定不是带有价值取向的实质性规定，而是超越宗教、超越价值判断的中性规定，用基辛格的话说，它提供了一种任何国家都可以接受的"程序性设计"。[1] 该体系为各民族国家的和平相处提供了国际法的公共尺度。以上三点，是现代国际体系优于已知的人类任何国际体系并被世界大多数国家行为"内化"的最重要原因。

但这个体系也有缺点。这个体系的基本趋势是分裂的，自该体系建立以来，国家就不断分裂，国家数目越来越多，规模越来越小，即世界出现了一种"个国化"[2] 趋势。1648 年"威斯特伐利亚条约"确定了欧洲大陆各国的边界，荷兰、瑞士、葡萄牙获得了独立，民族国家成为世界体系的基本法律单元和政治单元。18 世纪美国独立战争胜利，美洲出现了第一个民族国家——美

---

① 〔美〕基辛格：《世界秩序》，胡利平、孙华、曹爱菊译，中信出版社，2015，第 24 页。

② "个国"是笔者对近代西方出现的"民族国家"的称呼，它的出现与西方"个人"这种基本人际状态相联系，详请参阅本书第九章。

国。受美国榜样的鼓舞，拉美人民在 18～19 世纪初掀起了规模空前的民族独立运动，并于 1804～1828 年先后建立起海地、巴西、墨西哥、秘鲁、阿根廷等 19 个民族独立国家。20 世纪的两次世界大战，亚、非许多国家纷纷从帝国主义殖民体系下获得独立，建立了一大批民族国家。苏联解体、东欧剧变以后，欧洲又出现建立民族国家的高潮，从 1990 年到 2006 年（黑山独立）共出现了 15 个民族国家。至此，全世界的所有国家（2011 年世界上主权国家增至 197 个）都被纳入了民族国家体系。因此现代民族国家体系的基本趋势是国家越分越多、越分越小。

现代国际体系最大的问题是缺乏价值基础，它只提供了一个程序性的平台，没有给这个世界赋予价值。因此，现代的国际体系中有两个实际在起作用的原则，一个是利益，另一个是力量（power）。国家间打交道，说到底，都是为了利益，事实上是谁有力量谁就有最后决定权。所以，这个体系没能阻止两次世界大战的发生，也无法解决当前世界面临的环境、核武困境、恐怖活动等问题。由于该体系没有赋予这个世界以价值，这就给各种狭隘的民族主义、极端的宗教主义提供了活跃的空间。像"伊斯兰国"（ISIS）组织的恐怖活动，是用一种极端的方式赋予这个世界以价值。狭隘的民族主义和极端的宗教主义，与前述国家的分裂趋势相互联系在一起，构成今日世界动乱的根源，这是现代国际体自身存在的缺陷造成的。

但中国没有按照这个方向变化，它至今仍抵抗着世界性的国家分裂趋势，维护着一个完整的统一体。它不仅没有分裂，而且随着香港、澳门的回归以及中国不断表述的对台问题的一贯立场，反而表明了其明显的凝聚倾向。它接受现代国际体系，但它仍保持着强大的凝聚力，很多人根据现代国际体系下民族国家发展趋势预测中国要分裂，但都失败了。中国正依其古老而庞大的身躯面对着民族国家体系这个新出现的世界环境，它有可能避免分裂而直接转变为一个新的"世界国家"吗？

关于这一点，人们有不同看法。富有远见的历史学家汤因比曾看到中国文明体的这一点并给予高度评价，从整体上看，帝政中国的历史是一部在政治上富有成功经验的历史，而且今天还在以'人民共和国'的形式继续存在着。这跟在西方企图实现持久政治统一和平而没有达成的罗马帝国的历史，形成了鲜明的对照。西方对政治上的影响是使世界分裂，对自己以外地区推行的政治体制是地方民族主权国家体制。罗马帝国解体后，西方的政治传统是民族主义的，而不是世界主义的。由此看来，今后西方也似乎不能完成世界的政治统一。"① 他认为世界上存在的几个古老文明，只有中国具有如此强的复原能力。印度也是一个延续了很长时间的古老文明体，但是印度今日的国家毋宁说是近代英国人殖民统治缔造的民族国家形式。古代南亚次大陆大部分时间是四分五裂。但如果今日中国人听了他的话便沾沾自喜，自以为中国可统领世界，那就太不理智了。作为历史哲学家的汤因比，较多地看到了中国作为文明体所取得的成就和现代民族国家体系的弊端，而对中国古老的朝贡体系的弊端和现代国际体系的优点认识不足。中国作为一个组织体，它还是民族国家世界体系的一员。其行为还要受国际体系的原理约束。它的高度集权性质仍带有传统帝制中国的"家天下"特点，这种模式在当下世界带来的弊端越来越明显甚至有可能超过其优点。改革这种模式以及如何处理由此产生的问题是今后中国面临的巨大挑战。在这方面，基辛格有较准确的把握，他带着文明的思考这样评论今日中国："21世纪的中国'崛起'并非新生事物，而是历史的重现。与过去不同的是，中国重回世界舞台中心，即使作为一个古老文明的传承者，也是作为依照威斯特伐利亚模式行事的现代大国。它既保持了君临'天下'的传统理念，也通过技术治国追求现代化，并在20世纪寻求两者的融合，经历了剧烈的动荡。"②

所以，中国如果想要避免民族国家的分裂之途而转变为一个现代的"世界国家"，需要从统治方式和国家存在的价值基础两方面完成转换。

从统治方式上看，传统服式国家内部有多种统治方式，是事实上的"一国N制"。国家对民众的生活的控制是微弱的，管理是松散的。多样、松散的统治方式保持了中华帝国的弹性，减轻了来自内部分裂的张力。从这些特点来看，毋宁认为传统中国具有某种"后现代国家"的性质。在社会分工、国家治理技术高度复杂的今天，维持像中国这样一个巨大的政治统一体，其统治方

---

① 〔英〕汤因比、〔日〕池田大作：《展望21世纪》，荀春生、朱继征、陈国梁译，国际文化出版公司，1985，第287～289页。

② 〔美〕基辛格：《世界秩序》，胡利平、孙华、曹爱菊译，中信出版社，2015，第286页。

式若非更为灵活多样，便不足以应付瞬息万变的复杂环境。从这个意义上看，今日中国正在走的"简政放权"、建立更有弹性的中央与地方的关系以及给少数民族地区更大自治权的政治体制改革之路是对的。某种意义上，这是对传统统治方式的回归，但不是简单的回归，而是在更高层次上的回归，是结合现代国家的特点——法律框架下的权力分散与相互制约，活用传统中国的统治智慧。恐龙因庞大的身躯无法适应新环境而灭绝，而大象身躯虽然也庞大，但有足够的灵活性适应环境，故成为今日动物王国中一个成功的物种。中国在向现代世界国家转变过程中也需要更为灵活的统治方式。

成为现代世界性国家的另一个条件是，克服狭隘的民族主义，树立一种世界主义胸怀，完成国家存在的价值基础的转换。政治上统一的世界性国家必须超越民族主义，因为民族主义是狭隘的，带来的是宗教、民族冲突的加剧和国家的分裂倾向。

现代国际秩序没有为国家的存在提供价值基础，只提供了联结国家行为体最低限度的纽带。而没有合法性的价值基础，便导致狭隘的民族主义泛滥。这既是该体系的优点也是其缺点。民族主义是当今绝大多数国家对内凝聚民众的主要手段和国家间交往的原则，也成为国家存在的主要价值基础。民族主义虽然能够起到凝聚民众和缓和社会矛盾的作用，但其弊端也是明显的，它具有排他性和狭隘性，常常唤起"本民族利益高于一切"的狭隘情绪，增加对其他民族的不满甚至仇恨。因此，民族主义的凝聚作用只是对一部分人起作用，它不仅无法成为避免国家分裂的意识形态，反而会激起民族矛盾，种下国家分裂的种子。近代以来世界上民族国家不断分裂的趋势就恰与民族主义密切相关。

鉴于民族主义的弊端，一些学者将眼光投向传统文化以寻找新价值观资源。有学者尝试重新解释传统的"天下"思想，他们认为中国人的世界观自古是"天下主义"而非民族主义，人们没有"民族利益"概念，对国家的领土甚或对国家由哪个民族统治这种根本性问题一点都不敏感。这种"天下主义"思想经过改造或可取代民族主义或爱国主义，为新的世界性国家提供价值基础。① 笔

---

① 如赵汀阳《天下体系：世界制度哲学导论》，江苏教育出版社，2005；盛洪：《从民族主义到天下主义》，收入其著《为万世开太平》中，中国发展出版社，2010，第37～47页。

者认为，向传统的中国发掘资源的思路是正确的，"天下主义"的确有一种超越民族主义的理念。但这种做法存在着对传统的天下思想的弊端认识不足、将这概念美化的问题。"天下"思想的本质是以中华帝国为中心的等级思想，它与现代民族国家的定位与交往方式格格不入。它无法回答民族国家面临的问题，譬如，"天下"体系下有"边疆"而无"边界"、有"王土"而无"领土"、有"王权"而无"主权"等概念，"天下"思想中包含着华夷之分、内外之别、尊卑之异以及"天下归王"等遗产，都不利于今日中国作为现代民族国家的思维和行为。此外，利用传统的天下思想还存在这样的问题：中国人的"天下"思想与民族主义纠缠在一起，即便是经过重新解释，也很容易以一种新版本的中华帝国沙文主义的形式表现出来，这对那些昔日处在朝贡体系下的中国周边国家（特别是弱小国家）来说，较容易引起"企图恢复中华帝国"之类的警惕。特别是现在中国的实力增强了，天下主义会给周边国家和世界带来更大的不确定、不安全感，因而也更为敏感和警惕。所以，与其在对"天下"概念进行美化、想象的基础上祭出"天下主义"的旗帜，笔者更倾向于在吸收中国文明和其他文明所具有的普适性价值基础上提出一套新的国家合法性以及国与国交往的价值观体系。

挑战二：中国独特的文明经验与国际规则

2015 年 11 月 13 日巴黎遭受的严重恐怖袭击以及事后"伊斯兰国"组织发表的令人毛骨悚然的声明，再次使人想起美国学者亨廷顿 20 年前"文明冲突"的预言。极端组织不断以"神的名义"进行的残暴行径，让人们不得不接受这样的现实：在政治的、经济的、军事上的冲突之外，世界上还有一种更具根本性的宗教和文化上的冲突。

中国文明不是宗教文明，而是建立在人伦中心基础上的文明。亨廷顿把伊斯兰文明和儒家文明作为西方文明的对抗力量，并特别担忧儒家文明与伊斯兰文明联手对抗西方文明，尽管中国在知识界、政治界有人对西方文明持有批评态度甚至有时候很偏激，但中国作为一个文明体，整体上对西方文明的态度仍是理性、温和的，看不出中国儒家文明与西方文明具有冲突的性质。相反，它以一种"现代化"的方式在学习西方先进的东西，努力"与世界接轨"。改革开放40年的经历表现了中国积极融入这个基本上建立在西方文明基础上的世界秩序的态度。

"服式国家"在国际层面上的表现就是建立在礼制基础上的古代东亚地区的国际秩序，礼制下的国家间关系不是平等而是基于等级，国家行为体之间的地位分出高低、尊卑，关系分出远近、亲疏。"礼"是一种源于亲属集团的等级秩序，它具有相对性、等级性特点，是父家长制的外推。[①] 随着近代朝贡体系的瓦解，这种处理国与国关系的模式已经过时。今日世界是建立在以平等的国家条约相联系的基础上。条约式现代国际体系是在个人社会契约式人际关系基础上发展而来，[②] 条约以及通过指定规则解决问题的精神构成了现代国际规则体系的精髓，该体系明显优于历史上任何一种国际体系，因而引起广泛内化，成为全人类的文明经验。当然，今日世界还远没有达到依靠普遍性规则进行治理的地步，但不能否认这是较理想的治理世界的方式，是一种世界趋势。中国正在融入世界体系，是现有国际规则的受益者，也承诺遵守国际规则（这就是我们"与世界接轨"说法的含义）。成为遵守国际规则、国际条约的一员，使中国成为国际秩序的一部分。从我们的视角看，这个过程是中国社会中的"个人化"趋势在国家行为体上的一个反映。

现在世界不再是"人人自扫门前雪，莫管他人瓦上霜"的时代，一个国家内部的事务往往超出国界，而成为世界的事情。世界的和平要由大家来维护，许多国际性事务需要大国之间的合作。各个国家遵守一些共同的规则，管理世界上的事情，独裁、野蛮的统治受到国际社会的谴责，这对世界来说是好事。全球秩序的建立，国际组织的建立，也都需要一些普遍性的、共同遵守的规则。当前的某些超越国界的重大问题，如环境、能源、恐怖主

---

① 关于伦人社会人际关系模式与礼制下国家间关系，参阅本书第五和第六章。
② 欧洲历史上在经过了长年的相互征战、厮杀的"无政府状态"之后，终于在1648年坐下来谈判，签订了一系列条约（史称"威斯特伐利亚条约"），制定了国家之间交往的重要规则，其中包括国家主权平等、通过谈判和签订条约解决国家争端等，这些规则基本上是对所有国家都适用的、非等级性规则，一定意义上可将其视为个人社会契约式人际关系模式在国际社会中的体现。

义、互联网管理、跨国公司、跨国犯罪等问题，都必须用国际性规则（表现为各种国际公约、国际法、国际协定以及国际仲裁等）来约束。在这方面，倘若过度强调国家文明体的特殊性，就可能忽视当代国际规则的平等性、世界体系的非等级性和重视条约等优点，给融入国际体系、遵守国际规则带来障碍。

基辛格说："……然而，中国尽管加入了威斯特伐利亚体系，但它的心态非常复杂。这要归因于它是怎样被推入国家间体系的。中国没有忘记，当初它被迫与现存国际秩序接触时，所受到的待遇与它对自己的历史定位天差地别，事实上也与威斯特伐利亚体系矢言遵守的原则南辕北辙。听到外国敦促中国遵守国际制度的'游戏规则'和'责任'的时候，许多中国人，包括高级领导人，会本能地想到中国并未参与制定这个制度的规则。对于中国遵守自己没有参与制定的规则要求，中国人经过斟酌后同意了。但是，他们期望国际秩序有所发展，使中国得以作为中心角色来参与将来国际规则的制定，甚至修改现有一些普遍规则。他们早晚会采取行动实现这一期望。"[①]虽然目前来说中国对国际规则的贡献几乎可以忽略，但这并非是说今后仍是这样，中国应该（也能够）以自己独特的文明经验弥补或完善现有规则甚或建立一些新的规则，在接纳现有国际体系基础上完全可以发挥自己的作用，做出独特的贡献。譬如可主动发起一些融入自己文明经验的国际公约的缔结等。每个国家接受国际规则有其独特方式，都带有其自身的文化烙印。中国在接受外源性的国际规则的过程中，经过与自身文明经验的磨合，可能会内化为自身行为规范的一部分。

挑战三：迅速提高的"硬实力"与
较薄弱的"软实力"

随着近些年中国经济的发展，中国在世界上地位迅速提升。现在中国已是

---

① ［美］基辛格：《世界秩序》，胡利平、孙华、曹爱菊译，中信出版社，2015，第286页。

世界第二大经济体，未来有可能超过美国成为世界第一大经济体。[①]

但相对于急剧增强的"硬实力"，中国在"软实力"方面还有很大差距。这主要表现为：中国在海外的形象还不太好，中国与周边国家的关系还存在许多严峻的问题，中国的教育和科研创新能力还比较弱，中国的政治制度还需要进一步提升，形成一套更具有普适性的、更有吸引力的价值观体系。需要在国际事务和外交上加强沟通与交流，提升中国在世界上作为一种道义力量的分量，更好地和平融入世界体系。

从我们的视角看，中国在提升其软实力方面应从两方面进行，一是从文明体中发掘资源，一个是吸收现代文明的成果。

可以回归到传统中国强调以德服人的传统，让世界认同中国对世界的道义力量。其实，软实力思想在中国传统中并不陌生，它在传统语境中的表述有"以德服人""攻心为上""不战而屈人之兵"等。在这方面，中国文明体中有丰富的资源。古代中国对周边国家是具有强大吸引力的，这一方面是因为它具有强大的物质力量（硬实力）作支撑，更重要的是，它实行的一套制度和价值观得到广泛认同。中国虽然大，但它不是殖民帝国，对外没有野心，历史上很少主动向外征服，不去主动改变、征服、控制别人，行"己所不欲，勿施于人"之道，追求的世界秩序是"王道"而不非"霸道"，"大而不霸"，"强而不霸"，以德服人——这是中国文明的宝贵遗产，也是传统中国文化吸引力的最重要原因。在传统中国，国家是道德行为和社会秩序的引导者，不管统治方式如何，也不管统治者是谁，统治的合法性在于有"德"，在于施仁政。"为政以德，譬如北辰，居其所而众星拱之。"国家领导人必须是道德表率，要求国家的最高统治者皇帝以及一个国际秩序的核心行为体应像家庭中的父亲那样成为最高的道德榜样。当然，并非说该体制的核心行为体在任何时候都做到了"德"与"仁"，历史上中国的许多政权无论对内还是对外都做过许多残暴之事。而是说学者们反复概括和统治者不断宣示的这些道德理念是这种

① 关于何时能超过美国，说法不一。譬如，有报告预测，中国经济将在 2026 年超过美国，见 http://military.china.com/news/568/20150626/19905247.html。也有人认为，如果按不变价格计算，中国的经济规模在 2010 年已超过美国，见 http://finance.sina.com.cn/360desktop/review/hgds/20150113/174221288711.shtml。

国际秩序运作原理以及中心行为体的基本人际状态内在的逻辑要求，行为体若做到这一点便会受到赞颂，否则便会受指责。老子的"我有三宝，持而宝之。一曰慈，一曰俭，一曰不敢为天下先"，"善有果而已，不敢以取强。果而勿矜，果而勿伐，果而勿骄，果而得已，果而勿强。物壮则老，是谓不道，不道早已"。这些古老思想能够使强大后的中国仍能保持温和而内敛。

今日，中国作为一个文明体有其很高的地位，似乎很少有人否认中国辉煌的文明成就，关于今日世界对中国形象的调查表明，中国的吸引力主要表现在文化方面，即文明体侧面。[①] 中国有着世界级的文化、美食和人力资源，储量十分丰富，但目前尚未释放出来，未被认识到。仅在文明体侧面下功夫发掘传统文化资源还是不够的。在信息闭塞、国家间交往不多的等级体系下，能做到"强而不霸"就能得到其他国家行为体的认同，但现在世界变化了，不得不承认的现实是，中国在组织体侧面（政治、经济制度）吸引力还不大，要将文明体侧面的资源转化为软实力，还需要组织体上的配合。中国软实力的提升更多的是需要在组织体层面做工作。中国国内政治、经济与社会层面的危机的解决办法是通过政治体制改革与经济结构的调整，包括社会、文化与核心价值观的重建解决的，中国在世界上软实力的提升也需要通过相似的改革办法来实现，尤其是需要政治体制改革与价值观的重建。随着世界的改变，不仅我们个人生存的小环境变了（即社会的"个人化"），世界大环境也变了（即世界性的"个人化"和"民主化"）。采取符合这两个趋势的价值观和制度设计，接纳现代文明创造的成果，吸收那些已受到广泛接受的制度设计和价值观，不但能消除中国在国际上崛起的障碍，而且也将大大提升中国在国际事务中的软实力。今日，提高中国的软实力是要将中国传统文化遗产与现代社会的自由、平等价值观相结合。尊重每个国家的自由和平等，须放弃一个国家的形象和软实力能够通过控制国内和国外舆论得以提升

---

① 由北京大学新闻与传播学院、国际关系学院及外国语学院等单位组成的团队承担的 2008 年国家社科基金重大项目"我国对外传播文化软实力"研究，对美国、印度、俄罗斯、德国、日本进行了网上样组调查（online panel investigation），结果证明了这一点。针对这五个国家发表的五篇研究报告发表在《国外社会科学》2012 年第 5 期，笔者参与了其中对印度的研究报告的撰写。

的想法，因为现在是互联网和智能手机普及的时代，任何人、在世界任何地方都能做到即时通信，只需轻点手指即可获得海量信息，在这种情况下，任何通过控制信息影响人们判断的做法不仅不会有效，可能还会适得其反。在一个更重视个人自由的世界上，把吸引力问题交由个人去判断和选择，这本身就是软实力的重要表现。

挑战四：秩序与自由

伦人社会的经验是"重秩序、轻自由"，我们所有的经验可以说都是建立在这个基础上的。为了社会秩序，为了家庭、社会的稳定，要牺牲个人自由。我们的文明经验主要是基于社会秩序方面而不是自由方面。在中国文化中，缺乏自由的"基因"，或者，虽然有这样的"基因"，但表达受到了抑制。中国"五四"时期提出要从西方引进"德"（民主）、"赛"（科学）二先生，这都是我们文明经验中缺乏的。这是我们适应世界变化的趋势、朝着民主化方向进行改革的原因。

今日中国在经济上是高度开放、自由的，在经济上已经与国际经济体系整合，成为全球化时代一个主要角色，这一点得到全世界的承认。但在政治上，中国拒绝西方的政治制度。传统中国的重视秩序，重视纪律是一种文明遗产。但中国在经济上取得成绩，并不是在旧的重视秩序的模式下取得的，而是在给了个体一定自由和权利后才取得的。因此今日中国面临这样一个任务：利用自身的文明经验，在自由与秩序之间寻求一个平衡点，建立起带有中国特点的民主制度。

无论是世界秩序还是国内社会秩序，若能够持久，都需要在人的自由和秩序之间获得某种平衡。若没有一个稳定的维持秩序的框架，就不会有人的真正自由。没有自由的秩序就会缺乏活力，并最终会制造出反对自己的力量以破坏该秩序。从文明体的侧面看，伦人社会更强调秩序而忽视人的自由，强调等级而忽视平等。前面业已指出，"伦人"是一种"强调人的相互性、弱化人的个体性"的基本人际状态类型，伦人社会的价值观是强调服从权威、服从传统、服从家族和国家利益，不鼓励人的自由、独立和创新。强调基于身份的等级差别而忽视平等。三纲（君为臣纲，父为子纲，夫为妻纲）、"六纪"（诸父有善，诸舅有义，族人有序，昆弟有亲，师长有尊，朋友有旧）规定的是基于政治与社会中的等级，而"礼"的含义是：每个人按照自己的角色、身份行事。由于伦人社会文化目标是建立一个和谐的秩序，故必须抑制可能破坏秩序的个人自由。中国文明体的这个特点使中国能够长时间保持一种稳定的社会秩序和政治上的统一，但代价是社会的相对停滞和周期性的秩序大破坏。由于统治者的权力缺乏制约和民众的不满缺乏有效宣泄渠道而造成社会出现周期性的动乱，构成古代中国社会独特的秩序与自由的平衡模式。

中国从这种怪圈中走出来、形成一种新的秩序与自由的平衡机制的办法是实行民主改革。在解决人的自由与社会秩序方面，民主理念及制度设计应当说是目前我们人类积累的较好的经验。尽管对民主有不同的定义，但一般都不否认民主是一种能较好地保证个人自由的思想和制度设计。它的基本特点是：（1）公民享有平等的法律地位、平等的身份和平等的权利；（2）公民自由、公正、定期选举领导人；（3）自由地表达意见；（4）多种信息来源；（5）社团的自治。作为意识形态与价值观的民主，坚称人与人之间是平等的，从而照顾了所有人，特别是弱者的人格尊严。人们可能在财产、家世、天赋、教育、能力等方面存在差距，但在人格上和价值上是平等的，在自由获得全面信息下有更大选择自由。笔者同意作出这样一种判断：民主主义及其制度是一种设计巧妙、漏洞较少的解决权力合法性的政治经验。这种设计可能会付出一些秩序上的代价，出现民主社会常见的那种争吵不断、政府动员社会的力量弱化和效率下降等问题，但只有这样才能形成一个将个人、群体要求、不满和抗议有序释放的机制，在自由和秩序之间寻求某种平衡，故能从根本上保持社会稳定，特别是在世界性的个人化和民主化、个人权利日益受强调的大趋势下，传统的秩序与自由平衡模式的成本越来越高。

这里实际上涉及一个"发展的目的是什么"的问题。把发展的目的仅理解为提高人的物质生活水平是很狭隘的。在这方面，印度裔经济学家阿玛蒂亚·森对发展的看法颇具启发意义。在他看来，发展的目的是人们的一种实质性自由的获得，实质性自由被定义为"个人拥有的按其价值标准去生活的机会或能力"，它包括法定权利及广泛的资格（entitlements）。①
法治自由和民主权利都是实质自由极其重要的部分。物质生活的提高可称
为"免于物质匮乏的自由"，而饥馑（挨饿至死）、疾病（可治疗但无条件
治疗）、文盲（没有得到资助无法上学）等就构成了不自由。在森看来，就
政治权利而言，政治参与以及不受审查的言论自由本身就是发展目标的一
部分，缺此就谈不上发展。② 笔者同意森的这种考虑了人的自由的全面发
展观。

恐惧民主主义思想和制度、认为中国不适合民主、实行了民主就会被西方
"和平演变"的看法，存在两个问题。

第一，它过低估计了中国文明体的力量。吸收现代民主主义思想及民
主制度脱离不了中国文明的土壤，任何外来思想和制度经移植后，都会做
出适应中国文明体的改变，其内涵必带有中国特点。从根源上说，现代民
主制度是建立在西方个人社会基础上的文明产物（它发轫于古代希腊，完
善于近代的英国），它与建立在伦人社会基础上的中国文明体的特点是矛盾
的。中国虽然从文明体侧面缺乏民主制度的基础，但不等于说中国在组织
体层面不能借鉴这种制度。世界上许多国家原本也没有西方个人社会那样
的文明基础，如像日本、印度这样的大规模文明社会，文明体层面也无民
主之基础，组织体层面的民主政治也是后来从外部移植且运行基本良好。
民主政治制度产生后，在世界上产生了扩散，民主化成为近代世界的一种
趋势。根据亨廷顿在《第三波——20 世纪后期的民主化浪潮》③ 书中观点，
世界上大致经历了三波民主化浪潮。第一波是 1828～1926 年（起源于美国革
命和法国革命），有 30 多个国家建立了民主制度。第二波是 1943～1962 年
（始于第二次世界大战），实行民主化的国家有 50 多个。第三波从 1974 年开
始至今，已有 100 余个国家实行了民主制。有学者预测未来第四波民主化潮流

---

① http://www.360doc.com/content/08/0404/20/22784_1164982.shtml，访问日期：2015 年 7 月 31 日。
② 〔印度〕阿玛蒂亚·森：《自由：发展的目的和手段》，http://www.360doc.com/content/08/0404/20/22784_1164982.shtml，访问日期：2015 年 7 月 31 日。
③ 〔美〕塞缪尔·P.亨廷顿：《第三波——20 世纪后期的民主化浪潮》，欧阳景根译，中国人民大学出版社，2013。

将在中东、北非等专制独裁国家发生。当然，并非所有民主化国家都是成功的（有的崩溃了，恢复了独裁统治，有的带来严重的混乱），但是总的来看，成功或比较成功的仍占多数。[①] 必须再次指出，民主制度不是没有问题，它只是经过权衡后的一种弊端较小的选择。正如温斯顿·丘吉尔所言："在这个罪孽和不幸的世界上，人们尝试过而且还会尝试多种政体。没有人佯称民主是完美无缺或智慧无比的。正如有人说过的，除了所有其他曾经被尝试过的政体之外，民主是最糟糕的政体。"[②] 当然，当代国际体系的一个基本原则是，国家有权选择社会制度、信仰和生活方式，但如此多的国家选择民主制度，一定有其道理，它说明"权力民主化"是一种世界潮流。民主化符合了世界变化的两个趋势，一个是社会越来越强调个体的"个人化"趋势，另一个是获得信息越来越容易、越方便的信息化趋势。

第二，民主制度虽然产生和完善于西方社会，但传统中国文化中并非不能兼容自由、宽容、平等之类的民主主义理念，这些理念在我们社会中也受到正面评价，中国人理想中的社会也具有自由、平等的性质，儒家思想中也包含有民主、平等思想，经过整理和重新阐释，这些遗产将会在消化、改造外来思想和制度方面发挥巨大作用。社会总体上是在朝着民主方向变化的，人是希望在获得充分信息条件下，自由选择与尊严受到尊重。

即便是从国家的统治角度看，民主制度也是一种有利的设计。现代民主国家的合法性基础是民选，这比血统性基础有更多的优点。今日中国国家的合法性基础，既非帝制的血统性，亦非西方民主国家的选举，而主要是建立在经济发展和政府的效率之上。但这种合法性基础存在的问题是：政府面临巨大的政绩和民众越来越高期盼的压力，担负着维持政治和道德秩序的双重职能。一旦经济停滞、政府效率低下甚至道德秩序出现问题，人们会抱怨政府，使政府的公信力下降，甚至社会出现不稳。在传统的伦人社会中，民众有服从权威的传统，但现在情况不同了。在世界性的"个人化"趋势下，个人的权利意识觉

---

① 刘瑜：《第三波民主化失败了吗？》，http：//www.21ccom.net/articles/world/qqgc/20150705126430.html，登陆日期：2015 年 7 月 31 日。

② 温斯顿·丘吉尔 1948 年 11 月 11 日在英国下议院的讲话。这句话有时候也被简化为："民主是所有尝试过的政体中最不坏的政体。"

醒，"维权"这个词的出现以及个体出现的维权事件，都说明了今日中国人权利意识的提高，依法维护个人权利将成为社会的常态。这是社会的进步，而这对政府提出了更高的要求。另外，社会阶层的分化产生了利益冲突，各阶层（特别是弱势群体）也需要表达正当的利益诉求，但目前社会尚难为公民提供完善让其表达"不高兴、不满意、不答应"情绪的制度化渠道，未形成化解社会矛盾和冲突的非政府的社会性机制，使得几乎所有社会不满直接面对政府。而建立在法治基础上的民主制度，可为公民表达诉求提供渠道，为在法治框架下解决各阶层的利益冲突提供一个平台，这样能大大缓解社会矛盾和政府的压力。

把这些因素进行综合考察就会得出结论：提出一个符合中国国情、考虑了自由与社会秩序、民众"维权"与政府"维稳"之间平衡的政改方案以逐步完成向民主政治的转型，仍是一条能使中国长治久安的改革路径。

第三部分
"个人"与当代国际体系

导　言

　　这一部分是对西方社会的基本人际状态、国家形式和国家间关系的分析。

　　第九章讨论了"个人"这种基本人际状态与当代国际体系起源的关系。当代国际体系在西方出现不是偶然的，它是个人社会内在逻辑的产物。独立的民族国家与独立、自由的"个人"，独立国家之间的关系（所谓国际关系）与独立个人之间的关系，是一种"同构映射"关系，从这个意义上，笔者把现代独立的民族国家称为"个国"（相对于"个人"），认为现代国际体系的契约性质与个人社会人与人之间的契约性连带是一致的。这一章还进一步分析了个人社会中的竞争与国际社会中的力量和利益原理之间的关联。

　　第十章围绕和平问题分析了现代国际体系的起源与发展脉络。现代国际体系起源于西方个人社会，其基本原理与西方个人社会具有逻辑上的联系。民族国家主权平等、程序性联结纽带、以均势限制战争以及为战争立法等，是人类在国际圈层演化出的文明成就，也是现代国际体系能够成为真正世界性国际体系的根本原因。这个体系有其缺点，但目前还是无法取代的。

　　第十一章转到对美国基本人际状态及美国人行为特点的分析。从心理文化学角度看，美国社会的基本人际状态是"极致个人"，这是"个人"基本人际状态的一个精致版本，因此对美国社会分析在一定意义上也是对西方社会的分析。"极致个人"这种基本人际状态最大的特点是个体有一个不稳定的"生命包"，心理－社会均衡模式呈动态、多样的特点。这种模式激发了个体高度的创造性，同时个体也具有更大的不安全感。这种特点影响了美国人的人际关系以及对外部世界的态度和行为。

　　第十二章是对美国对"外部世界"的态度和行为模式的分析。极致个人的独立型自我模式，使得美国人有一种要拯救世界的"天赋使命感"，交易型交换模式使美国人的人际关系具有简洁、功能性特点，这在外交上表现就是"利益"和"强力"崇拜倾向。此外，极致个人社会的竞争性人际关系在美国对外关系中表现为某种虚幻主义倾向。

　　第十三章讨论的是美国的软实力问题。该章回答了美国强大的软实力主要表现在哪些方面、其深层原因是什么以及美国软实力有何局限性的问题。笔者认为自由、平等、民主、人权是美国软实力的核心，这些价值观基于"极致个人"基本人际状态，是对人的"个体性"属性的极致发挥。由于这些价值观契合了自近代以来出现的世界性的"个人化"趋势，故具有普遍的吸引力。但同时，美国软实力的局限性在于：因人的传统联系的彻底破裂而将个体置于一种更孤独、更无助的境地。竞争性人际关系带来的失败者的悲惨境遇、消费主义及便利主义带来的环境问题，以及美国在向外输出价值观时引起的被输入方面的反感与抵抗等。笔者最后指出，美国软实力的局限性实际是基于人性的局限性，短时间来看它是有吸引力的，但长期看也会给这个世界带来严重问题。

第九章
"个人"、"个国"与现代国际秩序[*]

一 "个人"：西方社会的"基本人际状态"

西方（尤指盎格鲁－萨克逊－条顿人）社会的一个共同特点在于"基本人际状态"是"个人（the individual）"。"个人"是一种"在独立、自由等理念下特意将与他人的联系切断或减少交往中对他人的依赖，或崇尚这种状态的人的系统"，[①] 是我们人类应付生存环境的一种重要存在方式。法国学者 L. 杜蒙认为"个人"有两义，一指有血肉之躯、能行走、会思考、有情感的个体之人，一指与西方平等、自由之类的价值观相联系的"理想型表象"。[②] 后者指的就是一种"基本人际状态"。

我们人类有两种基本属性，即"个体性"和"相互性"。前者指我们是一个能独自判断、独自决定和独自行为的，既不能被合并也不能被拆分的实体这一事实，后者指我们每时每刻都处在与他者的联系和互动之中这一特性。人实际上是处在既相互独立又与他者联系这两种状态的动态平衡之中。不过由于生存环境（自然和社会）不同，文化对这两种属性的强调是不同的，由此形成了不同的基本人际状态。"个人"是一种以强调人的"个体性"、弱化人的

---

* 本章内容发表在《世界经济与政治》2007年第10期，收入本书有修改。

① 尚会鹏：《心理文化学要义——大规模文明社会比较研究的理论与方法》，北京大学出版社，2013，第 61 页。

② Louis Dumont, *Homo Hierarchicus: The Caste and Its Implications*, The University of Chicago Press, 1980, p. 18.

"相互性"为特点的生存状态，此种基本人际状态对作为个体的人作了最重要的文化编码并将其置于"社会 – 文化场"的最重要位置。建立在此种基本人际状态之上的社会是"个人社会"（以西方为典型）。反映这种基本人际状态的价值观是"个人主义"（在西方文化中得到了最丰富、最完整的表达）。当然，完整意义上的个人主义是欧洲文艺复兴后出现的，但这并非说作为一种基本人际状态的"个人"也是近代才产生的。大量证据表明，古希腊 – 罗马的家庭结构和基本人际状态就具有更强调"个人"的特点，其文学、艺术、神话、法律、道德无不彰显着"个人"的光彩，这与现代西方社会强调人的权利、要求、能力、幸福的"个人主义"之间有一种明显的继承性。因此这样看待这个问题或许更妥："个人"这种基本人际状态有不同的形态，欧洲文艺复兴后出现的"个人"只是古希腊 – 罗马形态（古典形态）的再彰显和精致化了的形态（现代形态）。我们通常所说的"西方文明"就是人类在此种基本人际状态下创造出的最灿烂之成就。

基本人际状态有"自我认知"、"情感"、"交换"和"集团"几个维度，"个人"这种模式在这几个维度上的特点可简述如下。

在自我认知维度上，行为主体的生活较趋近有机体的基础，较强调有机体的需求和期盼。个体有较明晰的"自我"意识，即个体对自己的存在、独特性、方向感、目标、意愿、情感等均有较强的自觉。当面对自然、他人、自身这三种生存境遇时，"个人"趋于以个体性呈现的人的本真生存结构来掌握外部世界和自身命运，并把自身的感受当作权衡一切事物的标准甚至把自己的本性移加到那些事物上。这种状态下的个体对"我"与"我以外的世界"的区分较敏感，"我"与"他者"之间有一道清晰且难以逾越的界限。"我以外世界"中的他者（包括最亲密的人）完全不同于"我"而且趋于等距离对待。此种自我认知模式或可比作托勒密的"地心说"："我"是世界的中心，世界绕"我"而动。[①] 此一特点可以预期处在此种状态下的个体更强调那些趋近生物体基础的个人的"权利""利益""期望""要求""快乐""幸福"等。

---

① 〔美〕A. 马塞勒等：《文化与自我：东西方人的透视》，任鹰等译，浙江人民出版社，1988，第 36～37 页。

在情感维度上，由于强调个体的独立和自由，恒久、密切的人际联系成为难以到手的东西（因为所有密切联系都是一种束缚），故个人内心有较大的不确定感。个体需要采取多样化的手段才能获得心理－社会均衡，因而个体情感趋于投向更多的方向。此种状态下个体的情感释放更趋近有机体的基础，更强调基于有机体的需求、期盼等主观体验，而没有"特化"为针对某个方向、某一具体对象的特殊情感（如像中国人的"孝""忠""悌""信"等），故许烺光认为这是一种"具有普遍和未分化"特点的情感模式。"西方人情感仍旧是普遍而无法妥善分化，因为它总是或多或少紧系于有机体的根源。"这种模式在情感控制方面趋于采用压抑（repression）的方式将性欲——情感的核心因素——埋藏在潜意识中。"因为情感倾向于普遍化而且永远包含性欲的成分，西方形态的情感在任何方向上都很容易被鼓动起来，而扩散的性欲总能够为反对或赞成的强烈趋势提供一个方向。普同或未分化的情感特性，使个人较容易跨越既存的界限或从中脱离，而永远不息的性欲驱使着他，一旦决定了目标，就具有强大的情绪力量。"① 这个维度的特点暗示着"个人"有一个更不稳定的内心世界以及以更积极的态度对待外部世界。

在交换维度上，由于个体有将与他者的密切联系视为束缚的倾向，人与人之间的交换关系趋于一种去感情的"交易型"模式（其纯粹形式是"商品交换"）。这种交换形式具有利益性、等价性和短暂性之特点。利益性是指交换双方在交换之初都希望从交换中获得好处，交换过程不受或较少受亲情、忠诚、依附等感情因素影响；等价性指的是一种简洁的、交换价值等价的"给"与"取"关系；短暂性是指交换过程一般是在同一时间内完成且交换者之间的关系随交换过程完结而完结。并非说个人社会的所有人际关系都是这种交换关系，但交易型交换关系深刻影响到各种关系或者说各种人际关系都有交易化（或去感情化）的倾向则是个人社会人际关系的一个特点。这个维度的特点可以解释为何以商品交换为特征的近代资本主义生产方式出现在西方个人社会。

在集团维度上，"个人"的最适群型是按照契约原则缔结的非亲属、非地

---

① 〔美〕许烺光：《许烺光著作集9：彻底个人主义的省思》，许木柱译，（台北）南天书局，2002，第354页。

域的自愿性集团——"结社"（association 或 club）。"个人"的特点在这种集团中获得了最完整的表达。缔结这种集团的原则是契约。这种原则的主要特点是明确规定了参加者各自的权利和义务、获得与付出、缔结关系开始与终止的时间、缔结与解除关系的种种条件等，简明且不影响个体的独立，故契约成为一种大家接受的"公约数"。由于人际联系趋于"无机化"（较不受血缘、地缘以及忠诚等感情因素的影响），理论上个人可以在任何时候、与任何对象缔结成集团，故建立在"个人"基础上的社会有更发达的社团组织并显示出更强的组织力量。

"个人"社会中的人际关系有若干明显特征。首先，这种社会的"人际关系"是一个个独立个体之间的关系，社会可以还原为一个个独立的"单子"——"个人"。"个人"是始点和目的，而集团、社会、国家等是手段并且是作为"个人"的对立物而存在。这样的个体倾向于维护自我奋斗而不是去适应他人，既不依赖他人也拒绝被他人依赖，而只依赖自己并自己承担责任。个体之间缔结关系有较大的可选择性。与之相联系，"独立""自由""平等"价值观受到高度评价和珍视。由于较强调作为人的本真存在的个体，人的角色、地位、年龄、性别、血缘以及情境等因素在人际关系中降至次要地位，而趋于一种完全的个体 A 对个体 B 的对等关系。

其次，受交易型交换关系的影响，个人社会的人际关系带有明显的利益性，社会关系成为达到"个人"目的的手段。社会鼓励个体依据自我最大利益作出理性决定，关心私利被评价为能够带来市场增长和社会发展的正面价值。"一个人最关心的是他自己的利益——自我表现、自我发展、自我满足。这些利益较任何团体的利益更为重要。"①

由于个人社会趋于将每个个体最终塑造成追求相同或相近目标的"资格相同者"（所谓"人人平等"），而且个体在追求自己的目标时较少受亲情、忠诚心、地缘、王权之类的束缚，故激烈的竞争是此种人际关系的另一个重要特点。社会和文化系统鼓励个体为自己的欲望、利益而奋斗，竞争受到正面的评

① 〔美〕许烺光：《许烺光著作集9：彻底个人主义的省思》，许木柱译，（台北）南天书局，2002，第354页。

价。由于存在竞争，"我"以外的每个个体至少在理论上都是竞争对手，社会实为一个由这样的个体争夺利益的游戏场，"适者生存"至少在潜在的层面为人们所认同。显然。这种设计有利于最大限度地发挥个体的各种潜力，故社会具有较大的变化内驱力，但同时由于人际关系的短暂性和趋于手段化，个体被置于一个更不确定因而也更缺乏安全感的状态。通过竞争战胜他人、征服外部世界以及信仰排他性的神明等成为弥补安全感缺乏的手段。

二 "个人"与"个国"：近代西方国家与"基本人际状态"

近代国家就其纯粹形式而言乃指诞生于近代欧洲的、政治上对内对外拥有明确主权、空间上拥有明确领土范围、社会层面上包括独立和享有各种权利的个体（公民）的国家形态。由这样的国家构成的以无政府、利益、力量等原则在实际上起作用为特点的当代国际秩序，一般认为也是自1648年威斯特伐利亚条约之后确立的。但我们不应忘记现代国家形式以及建立在此基础上的现代国际关系模式的原生形态源自古希腊－罗马时代这一史实。古希腊时代的城邦国家尽管有所差异，但都不同程度地实行公民政治，雅典的公民大会、斯巴达的长老议会、罗马的元老院与现代国家的议会之间有某种明显延续性。古希腊－罗马国家之间的争霸与现代国家之间的制衡，希腊、罗马国家的殖民扩张与近代西方国家的殖民运动有着惊人的类似性。在这个意义上，与其说近代西方"产生"了独立国家形式和现代国际关系模式，不如说它们都是一种古老类型的变形和精致化。这一点恰与前面提到的近代西方的"个人"形态是古典个人形态的再彰显和精致化相一致。从我们的视角看，这两个过程高度关联而且同步这一现象具有重要意义：它说明从"基本人际状态"的视角把握国家和国际关系不仅仅是一种理论建构和方法论类型，而且还有历史事实的支撑。探讨现代国家的起源有多种角度，但我们的分析框架至少能够对西方的"个人"与近代国家的关系给出一个可能是最符合逻辑的解释：国家以及国际关系模式原本属于"人"这个"社会－文化场"的一部分（尽管属于较外围的部分），"基本人际状态"模式影响着人们对本国（属于心理－社会均衡体的第 1 层："较远的社会关系与文化")以及他国(属于心理-社会均衡体的第 0 层："外部世界")的态度和行为。在西方的"基本人际状态"("个人")、"个人社会"与国家("个国")以及国际关系模式之间,有一种必然的内在联系。"个人"与独立国家有着高度的同构特性。与之相联系,"个国"之间的关系("国际关系")与"个人"之间的关系(个人社会的"人际关系")亦有较大的关联性。从这个视角来看,将近代西方出现的国家类型视为西方社会"个人"的再彰显和精致化过程的逻辑结果、将源于西方的现代国际关系模式视为西方社会"个人"之间关系模式延伸的结果或无不当。

当然,这个思路的分析需要进一步展开。以下我们先分析"个人"的精致化过程与近代国家出现的关联。笔者认为可从下述三个方面考察这个问题。

第一,"个人"边界与国家边界清晰化的关联。由于文化取向较强调个体的独立与自由,"个人"状态下的个体有较明晰的界线,因为个体越独立,与他者的联系就越趋于"无机化"(不投注感情),个体就越趋于"自我设限"而形成一个封闭系统,行为主体的界线就越趋清晰。西方话语中用来表述这种清晰的个体界线的概念是"人际"(interperson,意即"独立个体之边际"),而"人际关系"则指"个人"边际外领域中的互动。"人际关系"的总和便构成"社会",社会指称的就是个体边界之外的部分。① 同样,独立国家作为由众多的"个人"构成的特殊的集团形式,也是界线清晰的行为主体。强调人的自由流动(个人自由的一部分)带来了国界的划定与管理问题,这使得自国领土与他国领土绝对地分离开来。明确的领土范围成为近代民族国家的一个重要条件。西方话语中用来表述这种特性的概念是"国际(internation,即"独立国家之边际")。"国际关系"乃指独立国家边际之外的领域。"国际关

---

① 在近代以前我们的语境中没有"个人"和"社会",而只有"人""己"和"人间""人世""世间"之类的概念。日本把"society"译为"社会"、把"individual"译为"个人"分别是在 1878 年和 1885 年,中国是从日本借用了这些译词,故使用这两个译词的时间应更晚。Individual 是指独立的、自我界线清晰的个体,而 society 一词有"社团"(协会)的含义,是指建立在以独立的个人基础上的"市民社会"。而"人"、"世间"和"人世"均无这样的含义。这说明,这两个概念虽然翻译过来了,但我们缺乏这两个概念所反映的社会事实。也就是说长期以来我们可能是在与西方不同的含义上使用这些概念的,即当我们使用"社会"这个概念时在很大程度上指的可能仍是"人世"或"世间";而"个人"可能仍是指在集团中相互依赖的、界线并非十分清晰的"人"。

系"的总和构成"国际社会"。"国际"和"人际"概念表述的都是一种强化了的主体的边界特性。二者的相似性有必然的逻辑联系。

第二,"个人自我意识"与"民族自我意识"的关联。人的自我意识的形成是以人的躯体及其所属社会财富(社会资源)为基础的一种特殊心理过程。"个人"状态下的个体受血缘、地缘以及等级束缚较少,有更强的自律性和选择意志,更强烈地意识到"我"的存在:我的尊严、我的权力不能受侵害,我的身体、我的财产不能受他者支配。同样,处在这种状态下的个体在缔结集团的时候,那些有相同资格、相同要求和利益、相同价值取向、彼此界线清晰的行为主体趋于以契约方式联结在一起,个体对于共同体的要求和利益("个人"要求和利益的集合)有更强的自觉,"我群"与"他群"的界线更为清晰甚至被绝对化。这样的集团便具有了更强的排他性:我们的权力、我们的利益不能受他者支配。国家被外族统治以及国家作为财产切割、出让、赠予(这在近代以前是常有的)等现象变得无法忍受,这就是民族共同体的认同或"民族自我意识"的出现。我们知道古希腊城邦国家就有这种超越部落血缘、地缘等自然联系的认同,在对外战争中也出现了类似于今日爱国主义的精神。"民族自我意识"是对民族共同体利益的明确认知,这种认知是"个人"的"自我意识"的集合与升华,因为民族共同体利益也是个人利益的集合和延伸。对这种利益的认知容易构成政治认同及爱国情绪的基础。也只有在这时,"民族"概念才由过去的主要用来表明共同起源和同乡关系转变成一个具有强烈排他性的政治概念和一种机制。当广大人民不是独立、自由的个体时就不会有明确的自我意识,也不会有真正的民族自我意识和对民族国家的真正忠诚。民族意识的排他性体现在要求成员只对自己民族共同体忠诚,甚至在需要的时候民族成员不惜为民族国家的生存而献身。这种排他性有时候表现出对外来者和其他民族群体的强烈贬斥。无论是希腊的城邦国家还是近代欧洲的民族国家,都是公民集体联合起来维护自身利益的国家组织,并与贬低其他民族的价值、压迫一部分人并排斥外来者、少数民族和宗教少数派相联系。这种排他性特点与"个人"的"自我意识"相一致。

第三,对"个人"利益和权利的强调与国家功能的单一化的关联。对于个人权利和私生活的强调,首先将国家从个人的社会生活领域中赶了出来,国家只管理那些个人生活以外的领域（如立法、税收、国家安全等），从而成为"政治国家"。当宗教信仰纯粹成为个人私事的时候，国家被赶出了宗教事务而成为政教分离的"世俗国家"。从规范角度来讲，民族国家就是"由自由而平等的权利伙伴组成的共同体"。① 在人成为一种平等、自由的"个人"的时候，"他者"皆趋于成为潜在的、具有较大不确定性和不可信赖的"陌生者"，这就需要一种外在的、比较明确且能够为大家接受的规则约束"个人"的行为，因此制定和维护大量、详细的规则（主要是成条文的契约和法律）成为必要。这样，维护法治的功能从家族以及地方性团体中分化出来，民族国家亦成为"法制国家"，而联合起来的"个人"共同生活也因之具有了合法性。明晰化了的个人权利也延伸到国家的统治方式上：个人参与政治权利，人民的意志可决定该由谁来统治他们以及如何统治，这使国家成为"个人"的政治代表，所以这样的国家被称为"代议制的民主国家"。但国家在这样做的时候实际上"剥夺"了"个人"的一部分权利。国家一开始就与"个人"处于一种矛盾之中：一方面民族国家的出现是"个人"权利发展的结果，国家能够保障"个人"的权利，给个体带来安全感；另一方面它也是"个人"的对立物，是压制和限制"个人"的机器（需要的时候甚至可以使用暴力），"个人"会有因受压制而产生的较大的心理文化焦虑。

这样看来，近代国家身上带有与"个人"类似的"基因"。近代国家的出现乃是"个人"精制化到一定的程度时解决个人社会一体化问题的产物，可视其为一种作为"国际行为体"的"个人"，是"个人"的一种抽象。在这个意义上将这种国家称为"个国"或许更妥。在社会中，参加权力和利益争夺的游戏主体是"个人"，在国际上，游戏的主体是"个国"。

由于"个人"与"个国"的高度同构特性，"个人"之间关系（人际关系）的某些重要特点也表现在"个国"之间（国际关系）。

民族国家的独立、平等诉求可视为"个人"的独立与平等诉求在国家层面的延伸。威斯特伐利亚体系确立主权原则之后，法理意义上的主权平等不仅成为国际体系的基本规范，也成为国际体系中普遍接受的制度（这或许是这

---

① 〔德〕尤尔根·哈贝马斯：《包容他者》，曹卫东译，上海人民出版社，2002，第136页。

种国际秩序模式最可称道之处）。而主权平等概念的预设前提是国际行为体是独立的"资格相同者"。唯有"独立"才有明确的主权观念和主权制度，而唯有"资格相同"才有所谓平等权利。这种国际关系规范与"个人"这种基本人际状态的逻辑联系是：当独立、自由和平等的个体结成一个集团（国家共同体）时，必然无法接受"我群"对"他群"的依附。这样的国家必然诉求自由，这种自由包括集体自由（民族自由）和个体自由两种含义，后者是前者的先决条件，前者是后者在国际舞台上的集体表达。在此过程中，"私人占据了主体自由的核心领域"，"臣民的这些权利转变为人权和公民权，即公民的政治自由权利"。[①] 原本用来保障和支持个人自由的政治也被应用到民族问题之上。人民的意志可决定该由谁来统治他们及其如何来统治。一个民族应该属于哪个国家的统治也是这一决策的一部分。民族国家的绝对主权亦包含两种，即民族绝对主权和人民绝对主权。前者可视为后者的集合，二者都同样神圣不可侵犯。近代西方国家的形成与发展过程就是两种主权互动的过程。

个人社会中"人际关系"的利益特点也在"国际关系"中体现出来。强调个人利益和幸福的"个人"结成的群体也必是一个强调其成员利益的群体，因为群体利益是个人利益的集合和延伸。国家在国际政治舞台上也像个人在社会上那样按自身利益行事。民族国家也是追求相同或相似目标的"资格相同者"，激烈的竞争亦是民族国家之间的重要特征。

不仅如此，由于在独立国家之上没有（也不可能有）政府之类的权威性组织，一般亦缺乏宗教、习俗、法律之类的调节各国人们行为的价值体系，故"个人"社会中人际关系的利益、竞争等特点上升到了国家层面且更为普遍化和被强化了。

利益特点在国家间关系层面被进一步强化的结果是：国家之间的关系更为手段化，成为一种赤裸裸的利益关系，政治、军事等方面的关系趋于为利益服务。对于友谊、朋友等最恰当也是最常用的表述就是"符合我们的利益"。"国家利益"成为某种带有宗教意味的神圣符号，任何卑鄙的行为皆可在"国家利益"名义下得到认可。道义在国际关系中或者不起作用（就像现实主义

---

① 〔德〕尤尔根·哈贝马斯：《包容他者》，曹卫东译，上海人民出版社，2002，第132页。

者坚称的那样），或者即便起作用也不可与在国内同日而语。至高无上的原则是利益，所谓"信赖""亲密关系""友谊"等都只是一种对获得利益更为有利的状态描述。又由于每个国际行为体都被塑造为争取自身最大利益者而且利益是不断变化的，所以这种有利状态不会持久，所谓"没有永久的朋友，只有永久的利益"就是对这种状态的虽然有些夸张但基本符合事实的描述。

"个人"间的竞争特点也在国家层面被强化。由此带来的结果是：国家之间的相互猜疑、恐惧以及某种暴力崇拜倾向（这或许是此种国际秩序模式的最大弊端），独立、平等的民族国家被塑造成为争取自己利益而竞争的"资格相同者"。由于缺乏政府以及共同的道德约束，这种竞争随时都可能以战争的方式表现出来。哈贝马斯指出，"从规范角度来讲，由自由而平等的权利伙伴组成的共同体，其社会界限充满了偶然性。由于立法实践的随意性只是一个理性法的虚构，因此，在我们所认识的世界上，历史的偶然性和事件的实在性将永远取决于谁赢得划定政治共同体的权力。通常情况下，自发秩序开始总是充满暴力冲突、战争和内战。所谓民族自由，就其本质而言，主要是一种在危急情况下用军事力量来捍卫自身独立性的能力"。[①] 由于担心被强者吃掉，弱小国家要强大。而强国也担心被弱者超过，因而还要更强大，便去扩张、征服他国。[②] 欧洲历史上频仍的战争、殖民、奴役现象，以及人类两次最大规模、最惨烈的战争（世界大战）皆源于西方个人社会并非没有心理文化的根源。国家对"实力"（包括经济力量和武力，其中武力更重要）十分敏感，在当今国际秩序中实力原则至少在潜在层面上仍起作用。例如我们从伊拉克入侵科威特、美国入侵格林纳达、第二次伊拉克战争以及当前的核武器困境中都能看到这一逻辑在起作用。

强调国际秩序的无政府特性是国际政治理论中现实主义以及新现实主义学

---

① 〔德〕尤尔根·哈贝马斯：《包容他者》，曹卫东译，上海人民出版社，2002，第 132 页。

② 欧洲的历史很好地说明了这一点。"几个世纪以来，欧洲的侵略国家不断变换，如 16 世纪腓力二世的西班牙，路易十四和拿破仑时期的法国，两次世界大战时期的德国，以及当代的苏联。这些国家的政策，都经历了一个从防御到合理的安全要求再到征服的过程。"（参见周桂银《基督教、历史与国际政治——赫伯特·巴特菲尔德的国际关系思想》，《欧洲研究》2005年第 4 期）如果我们对欧洲的经验加以补充的话，可能还需要加上较早的亚历山大大帝的东征、罗马帝国的扩张以及较近的一定意义上的美国攻打伊拉克。

派的基本观点。应当说此一观点符合当下国际秩序的现实。从我们的视角提供的补充仅仅是,这种现实深植于"个人"这种基本人际状态之中。"建构主义"举出了国际社会的三种文化[1]:以战争、杀戮为特点的"霍布斯文化",以规则、竞争为特点的"洛克文化"和以合作、友谊为特点的"康德文化"。[2] 在这样一个世界中,生存是艰难、野蛮和短命的。所谓"洛克文化"乃是一种允许对手存在但需赢得竞争的状态。从竞争逻辑出发,虽然消灭对手从而从根本上消除竞争对于自我生存最有利,但现实中要做到这一点并非易事。在作了对手无法被消灭、对手虽构成威胁但不致危及自我生存的判断之后,允许对手存在并遵循一些规则(如国际法、条约之类)相互制约是洛克文化的主要特点。所谓"康德文化"乃是一种在做出对方的存在不仅不会危及自我生存而且可能对自我生存有利的判断之后,与对手合作乃至相互帮助的一种竞争妥协状态。这种状态当然需要更详尽的规则以利于相互遵循权利和义务,保持利益和实力的均衡。显然,这三种状态所遵循的原理恰与个人社会人际关系的本质特点相一致。

三 "心理 - 社会均衡"与性恶论:近代民族国家 "安全困境"的心理文化基础

现实主义国际关系理论告诉我们国家间的冲突和战争源自人类对利益和权力追求的本性。追求利益和权力导致国家之间存在"安全困境",或者说国家处于一种"恐惧状态"。这种看法的基本逻辑是:人性本恶故有国性恶,国性恶故导致国际间的冲突。现有国际关系经典理论中的重要概念如"无政府状态""结构""权力""利益""主权""国家对外政策""战略及安全"等,可以说都是建立在"人性恶"这种基本判断之上。事实上,揭示人性之恶、国性之恶以及由此引起的国际冲突的悲剧性质在西方学术史上源远流长。从古

---

① 温特将"文化"定义为"社会共有知识",这与我们使用的文化概念不同。详见〔美〕亚历山大·温特《国际政治的社会理论》,秦亚青译,上海人民出版社,2000,第181页。
② 〔美〕亚历山大·温特:《国际政治的社会理论》,秦亚青译,上海人民出版社,2000,第313~387页。

希腊《伯罗奔尼撒战争史》的作者修昔底德到《君主论》的作者马基雅维利，再到现代国际关系理论中的现实主义学派，对人性的悲观理解是一脉相承的。而弗洛伊德则从心理学的角度找到了根据：人的毁灭本能和破坏冲动是人类一切冲突的根源。

然而，这个对于现实主义学派来说几乎是不言自明的前提是有问题的。人的本质是善是恶是难以判断的。温特在质疑现实主义学派这一观点时说："大多数古典现实主义者可能也会持同样的观点。甚至新现实主义者在需要支持他们无政府状态的悲观论点时候，也会说人的本性是自私的、追求权力的……人性不能说明人是好还是坏，富有侵略还是富有和平性，是追求权力还是放弃权力，甚至是利己还是利他也无法证明。"①事实上，人性很可能既自利亦利他，既恶亦善。自利和利他可能都是人类维系自身和延续种群所需要的。

我们无法证明人性本身的善恶，我们却可以证明人性恶这个判断与以"个人"这种基本人际状态为基础的西方社会文化之间的关联性。个人社会中人的生活较趋近人的生物性基础，强调个体的欲望和利益（包括身体、生理需要、衣食住行和其他物质所有等），故而需要较多直面人的生物性（所谓"兽性"）带来的问题。由于个体的自利行为（至少是合法、不损害他人的自利行为）受到社会和习俗的更大鼓励，激烈的竞争以及事实上的"优胜劣汰"成为个人社会普遍的社会现实。将由于追求个体的欲望、利益而产生的激烈竞争现象与丛林法则中常见的"弱肉强食"的残酷现象联系起来并进而对人的本性得出悲观的判断是合乎逻辑的。作为解决欲望与社会矛盾的一种手段，社会意识形态趋于将人的欲望视为罪恶（例如基督教的"原罪"说）并努力将其压抑到人的内心的深处（心理－社会均衡体的"潜意识"层），以净化人的行为。生活中较强调个体的欲望与宗教上将欲望视为罪恶并试图压抑之，二者看似矛盾，实则相辅相成，因为过于趋近生物体基础的生活方式有破坏一切社会和文化设置的倾向，后者是对前者的制约。应当说现有主流国际政治理论主要是基于西方的历史经验，人性恶是一种带有文化特点的人性判断，而这种判

---

① 〔美〕亚历山大·温特：《国际政治的社会理论》，秦亚青译，上海人民出版社，2000，第165页。

断与西方"个人社会"的历史经验有重要的关联性，或者称其为"个人"社会的经验总结亦无不妥。

不仅如此，我们还可以证明近代国家的"安全困境"与"个人"这种基本人际状态的"心理－社会均衡"模式的关联性。根据"心理－社会均衡"理论，人是一个心理－社会意义上的自均衡体，是否有足够的安全感影响着我们对外部世界（敌或友、安全或威胁等）的判断。人的安全感主要来自心理－社会均衡体的第3层（"亲密的社会关系与文化"层），所以是否有一个稳定的第3层是判断个体乃至一个族群是否有足够安全感的重要指标。有的基本人际状态类型能够给个体以较大的安全感，而有的带给个体的安全感则较小。在我们所了解的人类几种重要的基本人际状态中，"个人"这种基本人际状态可能是一种个体最难获得安全感的系统。这种系统把个体打造得最为"清爽"：最大限度地摆脱了对他者的依赖，获得了最大限度的自由，但同时对个体来说这也意味着密切的人际关系以及由此带来的安全感最难到手。这一特点也同样在国家层面上体现出来。从我们的视角看，国家安全并非仅是"领土完整""免受侵略"之类，它也是国际行为体的一种心理状态，一种对某种稳定、可信赖关系的、自己可放心地行动而不受威胁的状态的确认。显然，这对于建立在个人社会基础上的近代民族国家来说是困难的，因为"民族国家"之间为各自的利益而竞争，至少从理论上说"他国"都是需要控制和战胜的竞争对手乃至敌人。因此更积极地追逐权力和利益（这表现为殖民扩张、奴役控制他国、贸易、传教、援助等）是"个国"获得安全感的重要方式。又由于"个国"之间的"关系"更趋手段化，"朋友""友谊""信赖"更具有权宜性和手段性，因而国际行为体处于更趋于相信依靠自己实力（武力）保护自己和战胜他者的状态。"人们永远不可能对相互的意图有百分之百的把握，因为他们不可能确切知道对方在想什么，况且人们的想法也总是在变化。这种'他人意图问题'对国家来说尤其重要，因为国际体系的制度化程度比较低，也就是说，国家在国际事务中得到的信息比在国内事务中要少，并且，在国际事务中错误的估计会带来严重的甚至致命的后果。在这样一个世界里，有理由认为谨慎的国家会把他国的动机往最坏处估计。这就意味着，国家把利益基于权力分配产生的可能机会上面，而不是基于他国善意这一概然机会上。"① 国际行为体之间安全感的缺乏与"个人"这种基本人际状态下个体焦虑的内心世界十分相似，将前者视为后者的一种群体外部表现形式亦无不妥。笔者认为这才是现代国际关系中所谓"霍布斯恐惧"的深层心理文化原因。

① 〔美〕亚历山大·温特:《国际政治的社会理论》，秦亚青译，上海人民出版社，2000，第137页。

第十章
和平与世界体系的演化[*]

特朗普当选总统后美国退出一些世界性组织及世界性条约的行为以及中美之间的贸易摩擦，促使笔者思考这样的问题："全球化"趋势要逆转吗？中美真的要陷入所谓"修昔底德陷阱"吗？就在此时，海南出版社的编辑谌紫灵女士传给我美国汤姆·戈·帕尔默先生编撰的文集《和平与爱：战争并非不可避免》中译本①并邀我为该书作序。该书的主要观点是，人类创造的文明成果，如政府及对政府的限制、商业机制、国际社会、政府间组织、对侵略的反应手段、和解的措施、人文主义的反意识形态②等，减少了人类在社会和国际两个层面上的战争和冲突。例如社会层面活人献祭、酷刑的消失，奴隶制的灭亡，杀人、强奸、家庭暴力、虐待儿童犯罪率的下降等；在国际层面，国家间战争次数和死亡人数的减少等。③ 最后，该书得出了"战争并非不可避免"的结论。作者运用的是古典自由主义政治经济学的基本原理，阐述了古典政治经济学的一些著名论断，如"人的自利行为客观上会形成良好的社会秩序"，"贸易不到的地方就有军队到"，"财富若不是通过交易获得就必然是掠夺"

---

* 本章内容发表在《国际政治研究》2019 年第 2 期，收入本书有修改。

① 〔美〕汤姆·戈·帕尔默编著《和平与爱：战争并非不可避免》，吴获枫译，海南出版社，2018。

② 〔美〕汤姆·戈·帕尔默编著《和平与爱：战争并非不可避免》，吴获枫译，海南出版社，2018，第 31～32 页。

③ 〔美〕汤姆·戈·帕尔默编著《和平与爱：战争并非不可避免》，吴获枫译，海南出版社，2018，第 23～26 页。

等。这些论断虽然古老，却隐含着世界发展至今日"全球化"时代以及一定意义上成就今日之美国的内在逻辑。但遗憾的是，在今日美国这些主张似乎成了某种"政治正确"而变得不正确。

笔者认为该书根据古典自由主义观点推导出来的"战争并非不可避免"的结论在逻辑上是自洽的，现实中也有大量的证据支撑。但在学理上尚有两点需要论证：第一，人类在社会层面取得的进步与国际层面冲突的减少是一种怎样的关系？除非我们把"国际"也理解为人类文明演化的一个层次。正像人类在社会层次演化出文明成果以限制人的过度竞争一样，我们在"国际"这一圈层也演化出了有利于抑制大规模战争的文明成就。第二，"贸易产生和平"这句话并非总是对的，① 该书对自由贸易限制战争的作用估计太高。事实上，贸易既可以产生和平也可以产生战争甚至大规模残酷战争。从国际体系演化的角度看，人类在"社会"层次限制冲突和战争的努力虽然也延伸到"国际"层次，但这个层次比社会层次有更多的战争，人类在这一层次限制战争的努力经历了一个更缓慢、更曲折的过程。本章拟从国际体系演化的角度讨论和平（"避免战争"意义上的）问题，阐述在国际关系史的几个重要阶段人类限制战争的努力是如何演化的。这个探讨或可使我们对当前国际体系的性质以及此体系下"战争能否避免"问题的认识更接近事实。

一　现代国际体系的起源

"国际"是人类相互作用的一个层次，构成"国际"的基本单位是某种政治群体（现代国际体系下是"民族国家"）。这种群体也是由人组成的，因此也像其他由人组成的群体一样，相互之间既存在冲突和战争，也存在限制冲突和战争的努力，从而形成某种制约行为体的类似社会规范的东西。人类限制国家间战争的过程就是国际体系演化的过程，而国际体系的演化是人类文明演化

---

① 古典自由主义的一个分支是自由贸易主义。它的代表人物是英国的理查德·科布登（Richard Cobden，1804－1865）。他在1840年提出了一个观点十分经典，"我们可以使世界摆脱战争，我相信贸易就是实现这个目标的途径"。引自〔美〕小约瑟夫·奈《理解国际冲突：理论与历史》，张小明译，上海人民出版社，2005，第53页。

的一部分。

自国家这种群体形式出现后，国家间就有了贸易、文化交流和武力征服等各种互动。在互动过程中，那些在组织体和文明体方面都较强大的国家行为体，通过征服会吞并、融合其他行为体，其价值观和文化规范亦会向外扩散，从而在国家行为体之间形成某种秩序，即以该核心行为体为中心的、带有该核心行为体文明经验烙印的地区性国际体系。前现代国际体系就是这种地域性的国际体系，如历史上东亚地区的"天下体系"、南亚地区的"大法体系"以及古代的罗马体系等。地域性国际体系通常有一个核心行为体发挥着某种政府的功能，它为体系成员提供诸如贸易机会、安全保护等公共产品，而作为代价，这些成员以某种等级方式依附于核心行为体。核心行为体的文化会扩散到非核心行为体，体系内便会产生某种"社会化"现象。这种体系下的核心行为体的行为并非完全不受制约，某些基于道德、宗教或巫术的理念，如"大法"体系基于印度教的"法"（Dharma）、"不杀"（Ahimsa）理念，天下体系基于"伦人"社会经验的"德""仁""和"理念（这些理念通常具有含混不清的特点），以及基于等级的规范，都在某种程度上起到制约帝国君主的战争冲动、维持国家间秩序的作用。相比完全的无政府状态下的部落社会，国家的出现已使战争死亡率降低（根据《和平与爱》一书的说法，无政府状态下部落社会的战争死亡率约为早期国家中的战争死亡率的 5 倍），而地域性国际体系的出现更降低了战争死亡率。不过，这种地域性国际体系的缺陷是明显的，如它建立在国家不平等基础之上，通常有一个力量强大到足够压倒体系内各国程度的帝国，并以该帝国为核心形成了某种等级政治秩序。这种秩序一般缺乏限制战争的机制，国家之间是否发生战争以及战争规模在很大程度上取决于帝国自身的力量及帝国统治者的个人性格、道德、宗教野心等因素。在地域性国际体系下，帝国和王朝的交替和兴亡一直伴随着奴役、财富掠夺和大量宗教名义的战争。由于人员、物品、信息的交流受到限制，地域性国际体系的"社会性"还不高，在人类社会的三大类"游戏"——权力、财富和心智活动中，卷入到该体系的主要是以力量（power）为特点的权力游戏，而经济活动（财富游戏）和文化活动（心智游戏）都受到权力游戏的强烈影响。地域性国际秩序通常是国家间征服的结果并带有强制性特点，国家间财富的获得亦主要依靠掠夺或强制性贡赋而不是靠贸易，观念的传播更多地依靠武力征服或宗教战争而不是靠文化吸引力。尽管各区域性国际体系的特点有所不同，但这样的秩序缺乏程序性约定和制度性保障，国家间以掠夺财富、传播宗教和奴役为目的的战争比较常见，而且由于缺乏关于战争本身的规则，战争通常十分残酷。

以 17 世纪中期西欧国家之间签署的一系列条约①为标志，世界出现了一种新的国际体系即现代国际体系（亦称条约体系或威斯特伐利亚体系）。这个体系的雏形出现在西欧，随着近代西方国家力量的强盛和向外扩张，该体系逐渐向外扩散，到第二次世界大战结束后，该体系已基本上把全世界的国家纳入在内。这是人类历史上第一次出现的包括全球国家的真正意义上的国际体系，是人类"国际"圈层演化的新阶段。该体系的出现结束了欧洲残酷的"三十年战争"，故它不是国家间武力征服的结果而是相互妥协的结果。从国际体系演化的角度看，近代国际体系的起源"创生了某些历史'基因'，它们在很大程度上规定事态未来演进的基本方向和主要特征"。② 该体系的建立以及世界性扩散是一个地方性国际体系崩溃，不同宗教和文化背景的国家逐渐纳入"国际"这一圈层的所谓"国际化"的过程。"17 世纪巧妙地缔结了威斯特伐利亚条约，和平的谈判者没有意识到，他们正在为一个全球适用的体系奠定基础。"③

条约体系是一个崭新的国际体系，它的出现在下述几个方面对人类的战争产生了深刻影响。

第一，该体系确立的"国家主权不可侵犯"原则使"民族国家"第一次登上历史舞台，赋予了战争合法性的新标准。"国家主权"是指国家区别于其他社会集团的最重要属性，是一个国家固有的在国内最高权力和在国际上的独立自主权利。按照这一原则，任何国家都有权按照自己的意愿和本国的情况选择自己的社会制度、国家形式，组织自己的政府，独立自主地决定和处理本国

---

① 它包括《明斯特条约》与《奥斯纳布鲁克条约》，由神圣罗马帝国皇帝分别同法国国王、瑞典女王于 1648 年 10 月 24 日在威斯特伐利亚地区的两个小镇签订，故称"威斯特伐利亚条约"（the Peace Treaty of Westphalia）。

② 时殷弘：《现代国际体系的起源——从体系与单位双重视野出发的论述》，《史学月刊》2007年第 7 期。

③ 〔美〕亨利·基辛格：《世界秩序》，胡利平、林华、曹爱菊译，中信出版集团，2015，"序言"，第 XI 页。

的内部和外部事务，其他国家无权进行任何形式的侵犯或干涉。出现在威斯特伐利亚条约中的这一新原则成为条约签订后几百年时间里解决各国间矛盾、冲突的基本方法，也赋予战争合法性的新基础。在此之前，判断一个战争是否正义的标准更多的是宗教性的、天赋君权，抑或国内政治性的，而条约体系使得曾经一统欧洲的神权世界趋于瓦解，战争的合法性不再依据宗教理念抑或个人权力而是依据主权国家是否受侵犯。欧洲战争不再以宗教名义进行，而开始变为民族国家之间为世俗"国家利益"的战争。国家等政治实体以保护和扩大"国家利益"为由实行外交政策取代了以道德规范和宗教为信条的交往原则。需要说明的是，威斯特伐利亚条约所体现的主权国家不受侵犯原则并不总是被遵守，一些国家常常以国家利益为借口发动战争和干涉他国内政，故条约签订后欧洲乃至世界仍战乱频繁，但新原则确立后，依靠暴力征服一个独立主权国家的行为至少在法理上要受谴责。这一崭新理念程序性地规定了帝国（神圣罗马帝国）的权力界限，是对诸如古代无限王权的限定，至少在法理上制约了国家的最高统治者通过战争扩张的野心。"威斯特伐利亚和约建立的架构是人类首次尝试把一个建立在普遍接受规则和约束之上的国际秩序体制化，并且该架构以众多国家为基础而不是以一个势压各国的单一国家为基础。首次出现的'国家理由'和'国家利益'等概念没有赞美权力，而是试图限制权力并使其合法化。"① 制约权力虽然并不一定能避免战争，但不受限制的权力的确是许多战争和冲突的重要根源。无论是对国内还是国家间对权力的制约都起到了抑制战争和冲突的作用。

第二，条约体系确立的国家不分大小、不论宗教信仰如何一律平等的原则形成了一种新的国家关系模式和制约战争的机制。在国家平等原则下，国家都是具有相同资格的单位，国家之上不再有任何权威，这就否定了国家之间基于宗教、人口、领土规模、文化传统等产生的权威以及等级关系。由于国家之间是平等关系，联结国家的纽带就只能是程序性规则。与模糊的宗教、道德理念不同，程序性规则是一种超越国家也超越个体性格、修养的普遍性规则。不承认宗教或道德权威、所有国家一律平等是国际层次

---

① 〔美〕亨利·基辛格：《世界秩序》，胡利平、林华、曹爱菊译，中信出版社，2015，第25页。

具有"无政府""无道德"特点的原因。但这无疑是一种进步，因为恰是这一设计保证了体系成员可保持自己的文化、政治、宗教信仰不受外来干涉，从而为更多的行为体纳入该体系、形成一个真正意义上的国际体系提供了条件。处于"无政府"状态的国家并非不受任何制约，该体系确立的程序性规则（有的是以国际法的形式确定下来的）为一种基于规则的国际秩序提供了基础。由于国家是平等的，该体系开创了以国际会议方式解决国际争端的先例就是合乎逻辑的。这种原则和相应机制的建立使人类的国际圈层具有某种社会性。由于国家是平等的，国际秩序的维持也出现了新机制，即不再依赖宗教、帝国权威以及国家间的等级关系，而是依赖国家（主要是大国）间力量和关系的组合，这就是所谓的"均势"机制。"均势"是现代国际体系下抑制国家间战争的一种制度性设计。但由于决定"均势"的因素很多且极易变化，当均势打破时就容易发生战争，所以在"均势"模式下，虽然以宗教为目的大规模战争少了，而小规模、世俗性战争却有增多的趋势。基辛格认为"均势引发了战争，同时也限制了战争的规模"，[①] 其实，考虑到后来发生的第一和第二次世界大战，该体系并没能限制战争规模，而且"均势机制"的一个重大缺点是，大国之间的制衡常常牺牲小国的利益。尽管如此，条约体系建立后人类的战争逐渐演变为一种现代战争则是事实。现代战争与传统的战争的根本不同在于：（1）战争不再出于宗教或个人荣誉而发动；（2）战争通常涉及许多国家，即成为一种体系性战争；（3）战争本身受到一定规则的制约，譬如战争开始和终止必须公开宣布以及禁止使用大规模杀伤性武器等。这种现代战争的性质和以"均势"方式制约战争的机制是现代国际体系的一个重要特点。

第三，条约体系制定了一套消解战争残酷性的新规范。如禁止化学武器、禁用地雷、禁止杀害非武装人员、善待战俘、红十字会进入战场不得受攻击等。大规模虐杀战俘是人类历史上经常发生的事情，而条约体现了俘虏也是人、其人身权利不受侵犯这一理念。这是首次为战争本身订立规则，是人类文明演化的一个进步。

---

① 〔美〕亨利·基辛格：《世界秩序》，胡利平、林华、曹爱菊译，中信出版社，2015，第26页。

第四，条约还规定了对缔约国破坏条约条款的国家实行集体制裁。这是"集体安全"理念的首次提出，并以违反规则需要付出代价的方式促使缔约国家遵守规则。从文明演化角度看，这一规定具有十分重要的意义：它第一次在国际圈层程序性地规定了国家行为的反馈回路，使国家行为亦像社会化中人的行为一样变得可检验、可评价、可奖罚，这对于形成一种国家行为体行为的评价和监督机制以便更有效地限制国家的战争冲动、制约国际层次中的无政府性提供了可能。

从文明演化的角度看，威斯特伐利亚体系下的世界秩序是从西欧社会秩序演化而来，带有明显的西欧社会文明经验的烙印。独立的"民族国家"的出现与独立的"个人"之间，以及国家间的平等关系与个人之间的平等关系，有着内在的逻辑联系。① 在西方认识传统中，有这样一种基本的认识：不能指望用道德的或宗教的手段改变人性之恶以及由此引起的人与人、国与国之间的冲突，以规则（契约）的方式限制权力（power）和保障个人权利（right）（二者相辅相成），才能减少冲突和战争这种人类有组织的暴力。这一认识成为西方现代政治制度的基本思路。从历史上看，条约体系的出现与西欧社会出现的反对王权、追求普遍性个人权利和自由的现代政治体制的诞生分不开。1649 年发生的英国查理一世被处决事件（查理一世是历史上唯一被公开处死的国王），17 世纪 80 年代的英国"光荣革命"确立了议会君主立宪制，1698年英国颁布《权利法案》（The Bill of Rights）等，西欧国内政治层次上粉碎"朕即国家"和"君权神授"观念、建立民主共和国的历史事实与现代国际体系的出现几乎发生在同一时代，二者存在着逻辑联系，本质上或可把条约体系建立后的国际政治秩序视为西欧国家内部已出现的现代民主政治秩序在国际圈层的延伸。该体系的一些基本理念体现了人类以规则约束国家行为体行为、限制残酷战争的努力和进步。条约体现的一些基本理念对现代国际体系的演化起到了某种生物体"基因"的作用，很大程度上规定了近代国际秩序演进的路径。它已成为今日世界上大多数国家所接受的文明成就，已演化为一种全球性国际体系。

---

① 参阅本书第九章。

这一新国际体系虽然体现了人类抑制战争的努力，但对其真实作用不能估计过高。条约体系是一个真正的以无政府为特点的"地缘政治"体系，在这个体系下，赤裸裸的实力成为国家追求的重要目标，从而上演了近代历史上一轮轮争夺霸权（海上霸权）的战争和霸权国家兴替的活剧。此外，这个时期以贸易为主要手段的财富游戏已卷入国际圈层，经济规律逐渐把各个国家和地区卷入世界分工体系，开始奠定现代国际政治经济制度的基础。伴随着贸易活动的国际化，争夺利益成为国家行为体追求的另一重大目标。这样，国际体系在脱掉了宗教、道德外衣之后，力量（power）和利益（interest）成为基本原理（即事实上的"丛林法则"），在宗教战争减少的同时，争夺霸权（海上）和经济利益（主要是生产原材料、市场和贸易机会）的侵略战争却增多了。西方国家为争夺殖民地而引起的人类历史上规模最大的两次战争——第一和第二次世界大战，就是这个体系内在逻辑的必然结果。但也必须承认，以贸易为主要手段的财富游戏卷入国际圈层后的世界政治经济结构，比单纯以力量为主要手段的政治权力结构具有更大的程序性基础，因为经济活动最终受经济规律支配，贸易活动中的行为体更容易遵循某种普遍性规则。虽然这个时期的许多贸易仍然是不公平的，甚至不乏在"公平贸易"名义下的财富掠夺，但与前现代国际体系相比，财富的掠夺以及征服性质的战争还是受到一定限制。此外，国际贸易的发展还使人们看到另一种制约战争的可能性：通过贸易获得财富比通过战争掠夺更划算（古典自由主义政治经济学的逻辑即基于此）。这是现代国际体系能够进一步向外扩散以及进一步向限制战争方向演化的内在因素。

二　二战后的国际体系与和平

第二次世界大战后形成的国际体系（雅尔塔－华盛顿体系）是在条约体系基础上发展起来的。重申和细化威斯特伐利亚条约体现的一些重要原理，进一步发展以规则制约战争的思路，制定了诸如《联合国宪章》《国际法原则宣言》等重要的国际条约，在"均势体制"基础上发展和完善"集体安全"理念，成立"联合国"等国际组织以保障集体安全理念的实施，是这个时期国际体系制约战争的基本特点。

第一，"民族国家"的适用主体扩大，"主权独立"原则更为普及。条约体系建立初期"民族国家"仅适用于西欧少数几个国家，并不包括当时处于殖民地、半殖民地以及附属国地位的非西方国家。二战后，这些国家纷纷独立，"民族国家"概念扩延至世界上几乎所有国家，"主权独立"原则不仅写入了《联合国宪章》，还是后来一些战争法案以及联合国关于"侵略战争"定义①的依据。"主权独立"原则的普及扩大了"非法战争"的适用范围：在法理上，只有原来西欧少数国家之间的侵犯战争才属于非法战争，而与殖民地的战争或为争夺殖民地发生的战争不属于非法。战后，侵犯殖民地国家的战争在法理上也不再具有合法性了。另外，随着主权国家范围的扩大和主权独立原则的普及，和平的理念在二战后也得以更广泛、深入的传播。

第二，二战后形成的以美、苏两个超级大国争霸的冷战格局虽然本质上仍是均势机制的一种形式，但这个时期集体安全机制开始起作用，从而缓解了单纯的均势机制难以有效阻止战争的缺陷。早在第一次世界大战后，人类就对条约体系下形成的均势机制做出反省，提出了以集体安全取代均势机制的想法。二战后，人类吸取了两次世界大战的教训，进一步发展、完善了集体安全这一理念。《联合国宪章》规定，在集体安全保障下，侵略者进攻集体安全体系中任何一个国家即被视为侵犯所有国家。② 同时还提出了和平解决国际争端、抗击侵略、裁减军备、解除武装以及协助"维和"等集体安全的具体内容。这些条款构成了一个完整的法律体系，成为"对于和平之威胁和平之破坏及侵略行为之应付办法"。"大国一致原则"是集体安全理念的应用。尽管在实际运作中受到种种限制，但集体安全机制还是在一定程度上克

① 1974 年 12 月 14 日联合国大会通过《侵略定义》议案，把侵略定义为"一个国家使用武力侵犯另一个国家的主权、领土完整或政治独立，或以本定义所宣示的与《联合国宪章》不符的任何其他方式使用武力"。

② 《联合国宪章》第一（1）规定联合国的首要宗旨即为集体安全的设想："维持国际和平及安全；并为此目的：采取有效集体办法，以防止且消除对于和平之威胁，制止侵略行为或其他和平之破坏；并以和平方法且依正义及国际法之原则，调整或解决足以破坏和平之国际争端或情势。"

服了过去那种各国依靠自身力量或与别国结盟以保障安全的传统均势机制的缺点。以集体安全代替单独安全不能不说是人类在国际层面避免战争的努力取得的一个进步。

第三，建立国际制度和组织，以保障将条约体系体现的原则用于解决国家之间的争端和武装冲突。第一次世界大战后，世界就开始成立组织机构以和平方式解决国家间的争端，如1921年成立的国际常设仲裁院，是采用调解和仲裁等法律程序解决国家间纷争的国际机构；一战之后成立了"国际联盟"等。这是以规则制约战争理念的进一步实践和应用。这种努力虽然因未能阻止第二次世界大战的爆发而失败，但为战后的国际组织和制度的建立奠定了基础。战后在"国际联盟"基础上建立了新的国际组织——联合国。联合国这个世界最大的国际组织的建立，或许是人类在国际圈层创造出来的最高的组织成就。虽然它距离一个"世界政府"还很遥远，但它在保障人权、维护和平行动、减少局部战争和避免世界大战方面，所发挥的巨大作用，的确具有某种世界政府的功能。尤其是冷战结束后，联合国的作用更为明显。1990年伊拉克入侵主权国家科威特，联合国启动集体安全机制，联合国安理会以14票赞成、0票反对通过了谴责伊拉克违反联合国宪章、要求其撤军的第660号决议，有效地抑制了侵略并惩罚了侵略者，成为战后联合国实施集体安全机制的最成功案例。正如2005年联合国改革名人小组在其提交的报告中对联合国的评价所言："倘若没有联合国，1945年之后的世界可能更为血腥。20世纪下半叶，国家间战争少于上半叶。"

第四，二战后，人类沿着国际条约所体现的"以规则制约战争"方向的努力达到了一个新的高度，签署的与限制战争有关的国际公约无论是数量还是完备程度上都是空前的。如重要的条约就有：《国际法院规约》、《国际人权公约》系列、《国际反恐公约》系列、《大规模杀伤性武器公约》系列、《和平解决国际争端公约》以及《关于战俘待遇之日内瓦公约》（修订）等。尤为重要的是，战后最伟大的国际条约就是联合国宪章。这部宪章是人类第一部"根本大法"。《联合国宪章》开宗明义，目的就是避免后世再遭两次世界大战战祸。宪章重申了条约体系体现的一些基本原则，如大小各国权利平等、尊重条约与国际法、维持国际和平及安全、不使用武力、不虐待战俘①等，还补充了诸如保障基本人权、运用国际机构以促成全球人民经济及社会之进展等内容。生物群体在经历巨大的生存危机后会做出适应性调整，《联合国宪章》对条约体系一些基本理念的重申和发展或可视为人类在经历了两次世界大战惨痛教训之后的沉痛反思。

从条约体系演化而来的二战后国际体系在制约战争方面的这些努力取得了成效，自二战结束至今的 70 余年人类没有发生过大规模战争，就是对战后国际体系取得巨大成就的一个最有力的证明。"1953 年朝鲜战争结束后军事大国之间再未交战，而之前 600 年间西欧国家每年爆发两次新战争。第二次世界大战期间每 10 万人中就有 300 人死亡，朝鲜战争中是每 10 万人中有将近 30 人死亡，越战中是每 10 万人中十多人死亡，20 世纪 70～80 年代，这个数字下降到个位数，而 21 世纪则不到 1 人。"② 尽管取得了这样的成绩，但战后国际体系仍不完善。这个体系仍是实力和利益原则起作用的体系，国际体系很多深层次问题仍没有解决。联合国虽然建立了集体安全制度，但在实际执行过程中，大国出于自身利益，难以做出一致决议，以至于有时该机制几近丧失功能。两个超级大国为了争夺霸权仍常常牺牲小国的利益。此外，仍存在国际组织和国际规则对国家行为体的规范力量不强等问题。所以在战后国际体系下，虽然大规模战争减少了，但地区战争、小规模战争仍频繁发生，如 20 世纪 50～70 年代的朝鲜战争、越南战争，阿拉伯国家和以色列之间的五次中东战争、印度和巴基斯坦之间的三次战争以及 80 年代初的阿富汗战争等。

三　全球化时代的国际体系与和平

自 20 世纪 80 年代以来，以经济的"全球化"为标志，国际体系出现了

---

① 关于战俘基本权利的基本思想也体现在 1948 年联合国大会通过的《世界人权宣言》(Universal Declaration of Human Rights) 第五条：任何人不得加以酷刑，或施以残忍的、不人道的或侮辱性的待遇或刑罚。

② 〔美〕汤姆·戈·帕尔默编著《和平与爱：战争并非不可避免》，吴获枫译，海南出版社，2018，第22～23页。

一些新特点。① 经济全球化受经济规律的支配，贸易活动和资本的流动促进了世界范围的分工，将大多数国家和地区卷入到一个分工体制之中。这本身是条约体系下政治经济制度的逻辑结果。同时，经济全球化受到技术的强劲推动，而技术的巨大进步将人类三大类游戏（权利游戏、财富游戏和心智游戏）全部卷入到"国际"这一场域，形成了三大类网络，即以地区合作为特点的地区性国家集团的大量出现和国际组织的大量增加为特点的国家间关系网络，以贸易的巨大增长和国家间资本、技术的频繁流动为特点的世界贸易网络和以互联网和移动设备带来的海量信息在行为体之间的快速、即时流动为特点的信息网络。这三大网络系统正在把世界更紧密地联系在一起，改变着现代国际体系赖以存在的政治经济结构，构成我们人类在国际圈层一种新的演化环境。新环境的一个最明显特点是："国际"这一圈层的"社会性"增强了，国外与国内的界限已趋于模糊，世界出现了以行为体的广泛联结、深度互动和某种"共同体意识"为特点的"共同体化"倾向（所谓"全球化""命运共同体""全球家园""地球村"等都是对这一特点的描述）。如果说二战后形成的国际体系仍属于现代国际体系，那么新出现的一些迹象或表明世界正在向一个或可称作"后现代国际体系"的新阶段演化（20世纪90年代初苏联解体或是国际体系进入一个新阶段的政治标志）。从已出现的可观察的事实来看，国际体系新阶段的一些特点可能更有利于避免大规模战争，但同时也带来了一些新的不安全和不确定因素。

第一，国家行为体之间"强联结"特点使行为体"他助"和"互助"的可能性增大，这进一步降低了国际体系的自助性质和发生大规模战争的可能性。经济的全球化和信息的流动已将世界上大部分国家置于一个相互依赖的体系之中，使国际成为一个"强联结"的互动系统。处于"强联结"状态下的国家行为体，其互动模式也发生了改变：行为体的自组织性

① 有学者把冷战后的国际体系分为两个阶段，王缉思认为，以2015年欧洲难民危机、2016年英国决定退出欧盟、特朗普获选美国总统（2016年）事件为标记，世界进入了一个新的阶段，并认为"地缘政治竞争加剧，战争危险冒头"是这个阶段的几个特点之一［见王缉思《世界政治进入新阶段》，《中国国际战略评论》2018（上），世界知识出版社，2018］。但这些作为世界体系新阶段的标志性事件发生的时间还太短，世界是否已进入新阶段还有待进一步观察。

提高了。在"弱联结"时代，社会之所以需要政府，一个重要原因是社会需要通过组织机构（包括政府）获得大众自身无法提供的公共产品（如法律、秩序、公共服务等），而当行为体处在一种强联结的结构中时，社会的自组织能力会增强，公共产品更容易获得，政府等社会组织的一些功能便会减弱或被替代。举出今日互联网上的各种"群"的例子或有助于理解这个问题：网络中的"群"无须通过传统的市场或社会组织，仅通过互联网本身就能实现行为体的互动，提供某些公共产品。这种情况在一定程度上也适用于国际社会。这会使世界在变得更加"无政府"的同时"无政府性"反倒可能会降低，因为政府和组织的功能可由提高了组织性的体系所替代。当公共产品变得较容易获取、"他助"和"互助"的可能性增大时，国家生存安全的途径和方法会增多，国家行为体对冲突和战争的态度会更趋谨慎。虽然"强联结"结构并不一定减少行为体之间的冲突（有证据表明，相互依赖程度的加深反而会增加摩擦），但一定会使大规模战争的成本增加，因为相互投资、贸易额巨大，经济和人员来往上处于"你中有我，我中有你"的两个行为体之间的任何战争都不可能有绝对的赢家。大国发动战争可能付出的成本和代价大大高于其可能的收益。"强联结"还使国家间由较大幅度的动作转变成繁复的"微协调"的可能性增加，使行为体的选择性增多。相互了解的增加有助于在潜在冲突国家之间普遍建立危机预防和危机管控机制。这些都能减弱你死我活的"丛林法则"的作用。

　　第二，各国实质性互动的增加使国际的"社会性"进一步提高，各种国际组织和各种条约对于规范国家行为体和限制战争将发挥更大的作用。今日国际体系已演化出包括联合国、世界银行、国际货币基金组织、三大评级机构、世界贸易组织等在内的国际机构，以及从欧盟到东盟的各种区域性组织，制定了密如蛛网的国际条约、规范和价值标准系统，使得无论是国内还是对其他国家，权力的行使都受到一定程度的限制。在世界各大国协调下建立的禁止大规模杀伤性武器扩散机制、联合国维和机制、核军备控制机制等，在更有效地发挥着抑制大规模战争的作用，以至于在国家间开始形成某种不同于传统的政治经济结构的"国际治理结构"。这种新的结构对于遏止国际冲突或降低其烈度，甚至制止某些国家的内战都将起更大的作用。不过仍应看到，多数国际组织对国家的规范力还不像社会组织对人的规范力那样强，国际规则也不像社会规范那样约束行为体的行为，建立起来的国际制度仍有随时被破坏的可能。美国这个世界头号强国连续退出国际性合约和组织①以及贸易保护主义单边行为，似乎要改变长期形成的、很大程度上由美国主导并对国际领域的"丛林法则"起到抑制作用的世界政治经济格局。挑战人类好不容易在国际圈层积累起来的文明将使世界付出增大战争风险的代价。

第三，世界出现了"共同体意识"增强的趋势。所谓"社会共同体"是指其成员之间具有共同的价值认同和生活方式，共同的利益和需求。"共同体意识是指"相互同情与忠诚；我们感（we-feeling）、信任和体谅、在自我形象（self-image）和利益方面至少存在部分认同；能够相互预测对方的行为并能够根据这种预测采取相应的行动"。② 国际圈层中行为体的强联结和深度互动，使世界像家庭、村落等社会组织那样出现了某种共同体特征和某种共同体意识。这主要表现为世界出现了有两种意义上的共同体和共同体意识。第一种是由构成国际体系基本结构的西方自由资本主义大国之间的"安全共同体"及共同体意识的增强。这种共同体意识源自现代国际体系建立之初出现的"集体安全"意识，经过不断演变而趋于完善并有制度基础，特别是"冷战"结束以后，这些国家的"安全共同体"意识增强了。"由自由和资本主义民主国家组成的安全共同体包含了当今的大多数大国，其某些基本价值观念与规范在当代国际秩序中具有了或多或少的霸权特征，它们中包括对国家主权形成约束的人权规范，也包括维持国际经济开放性的规则。成为国际社会公认的、遵守规则的成员，意味着接受人权规范与开放的世界经济制度。"③ 当前国际体系的基本原理源于西方"个人社会"文明经验这一性质本身并没有改变，但必须承认这样一个事实，随着现代国际体系逐渐为世界大多数国家所接受，与这一体系相联系的现代民主政治制度也产生了广泛的扩散。这些国家（尤其是

---

① 特朗普执政时期，美国已先后退出《跨太平洋伙伴关系协定》、《巴黎协定》、《移民问题全球契约》以及"联合国人权理事会"等多个国际组织和协议。

② 托马斯·里斯：《自由安全共同体中的美国权力》，见〔美〕约翰·伊肯伯里主编《美国无敌：均势的未来》，韩召颖译，北京大学出版社，2005，第266页。

③ 托马斯·里斯：《自由安全共同体中的美国权力》，见〔美〕约翰·伊肯伯里主编《美国无敌：均势的未来》，韩召颖译，北京大学出版社，2005，第276页。

发达的工业化国家）普遍有一种在实行保障个人权利、制约国家权力的政治制度的国家之间发生战争的概率不高的预期，这种预期起到了制约国家间战争的作用。此外，今日世界还出现了另一种意义的共同体意识，即人类在面对诸如环境、核战、恐怖主义、毒品、网络犯罪等威胁全人类安全的共同问题时达成了某种共识，产生了对超越国家政治制度、超越意识形态的更高目标的效忠和采取全球治理措施的需要。虽然这种意义上的"共同体意识"还仅仅是对某些问题大体相似的模糊看法，尚缺乏明确的共同价值理念和制度基础（因此还很难说是一种真正意义上的共同体和"共同体意识"）①，但这种共同或相似的看法也同样有助于和平作为一种价值观深入人心，从而起到降低大规模战争概率的作用。

　　国际体系的新特点降低了大规模战争可能性的一个强证据是，冷战结束后国际体系由两极结构变成了美国超级霸权的体系结构，而世界却没有出现符合"均势"逻辑的抵抗美国霸权的结盟现象。对此，一个比较有说服力的解释是：传统的制约战争的"均势"机制发生了变化，"集体安全"机制在起更大的作用。由"强联结"和"深度互动"带来的世界共同体化倾向降低了国家行为体因受某一强大力量排斥而带来的不稳定性，改变了行为体对安全的认知。对安全的新认知包括：领土与资源的意义下降，国家的生存和安全并非一定通过推行权力政治来实现，那些依靠传统物质形式的实力难以取得长久维持，以结盟的形式搞对抗代价太高，以规则相"制约"而非以力量相"制衡"的理念更深入人心等。就中美贸易摩擦来看，虽然无论是中国还是美国都有现实主义者认为这是中美将陷入"修昔底德陷阱"、世界将陷入"新冷战"②的证据，但这场因贸易摩擦引起的冲突，美国对中国的指责和采取的措施以及中国的回应还都没超出"以规则制约冲突"、通过谈判解决问题的现有体系框架。由于对双方来说代价太大，中美之间发生大规模热战的概率极低。美国政

---

①　中国长期游离于这个体系，严格说来今日中国还不完全是这个共同体的成员，尽管中国接受了大部分规则并声言不挑战这个体系。中国领导人提出以及中国许多学者讨论的"人类命运共同体"概念很大程度上是第二种含义的共同体。

②　郑永年：《即将来临的中美新冷战》，《联合早报》，http：//www.zaobao.com/forum/views/opinion/story20180313 – 842282。

府基于"制衡"思维对中国的判断和做法与已经变化了的世界不相符合，让包括美国的精英在内的世界精英人士感到困惑："难道美国人真的认为，他们的美国政府除了打仗没有其他办法与另一个强国处理好关系？"[①] 中美之间即便发生"新冷战"，从已发生深刻变化的世界局势、中国的历史文化传统以及中国开始出现的融入国际体系的变化等方面来判断，也不大可能是制衡意义上的"冷战"。"新冷战"可能"新"到无法称其为"冷战"的程度，不排除只是一种近乎"协同演化"过程的可能性：中国在"国际"这一圈层中严酷的竞争压力下通过艰苦的选择逐渐变异以适应一个新的环境，而主要以西方自由资本主义国家主导的现代国际体系也逐渐接纳一个体量庞大且有独特文明和组织体形式的新个体。

新时代的国际体系具有总体上减少大规模战争发生的特点，但必须承认，避免大规模战争的国际规则和制度仍相当脆弱，战争的根源也远没有消除。而且，国际秩序的这些新特点给世界还增加了新的不确定性和不安全因素，如贫富差距加大问题、环境问题以及恐怖主义、毒品、网络犯罪以及"强联结"和"深互动"带来的更多的小规模摩擦和冲突等。其中，最大的不安全因素是由技术推动的经济全球化加剧了经济发展的不平衡和财富分配不公问题。目前，富裕的国家其人均国内生产总值是最贫穷国家的 100 多倍。一个跨国公司的财富可超过一个中等规模的国家。[②] 在弱联结时代，因距离的遥远，人们对国家间的贫富差别或可能缺乏真实的感受，但在"共同体化"时代，这个问题就像在国内看到邻居家发了财一样体验强烈。尽管古典政治经济学理论告诫"邻居比你富是件大好事"[③]，但事实是，实际体验到的贫富差距使人们极易产生被剥夺感和不安全感。当前世界各国政治的分化和分裂的加剧以及民粹主

---

① 美国《外交事务》杂志 2018 年 3～4 月合刊上刊登了库尔特·坎贝尔和伊莱·拉特纳合著文章《思虑中国》以及围绕该文的一组讨论文章，此话引自其中一篇美国前驻华大使、伍德罗·威尔逊中心基辛格美中关系研究所创始人芮效俭著文。

② 如 2018 年 8 月苹果公司（2015 年有员工 110000 人）的股价市值已经突破万亿美元大关，成为历史上首家市值达到 1 万亿美元的公司。而拥有 2.64 亿人口的印度尼西亚 2017 年的 GDP 才为 9604.38 亿美元。

③ 〔美〕汤姆·戈·帕尔默编著《和平与爱：战争并非不可避免》，吴获枫译，海南出版社，2018，第 3 页。

义、民族主义的盛行为代表的所谓"逆全球化"倾向就说明了这一点。人类贫富差距越来越大的问题已成为世界秩序动荡、混乱乃至爆发大规模战争的重要根源之一。这个问题若不解决，人类在限制战争方面得之不易的文明成就有可能付诸东流。

四　制约战争：国际体系的文明演化

理想主义与现实主义（它们各有不同的支派）是国际关系研究领域两大对立的理论流派。理想主义趋于认为人固有的合作天性促使人们按照自然法则，在合理地维护自我的同时发扬固有的合群本性，与其他个体友好交往并结成有序社会。作为个人集合体的国家也是如此：国家虽有自利性，但在理性的驱使下会在相互依赖中自动地展开互利的合作，即国家在追求自身利益的同时也促进了国际社会的整体利益，在无政府状态下建立国际秩序，因而可以避免战争。现实主义则认为，权力欲望是人的本性，个人之间、国家之间的竞争不可避免，国际政治就是国家之间争夺权力的关系。由于国际社会处于无政府状态，各国只能采取"安全第一"的现实政治战略，依靠自助才能生存，冲突和战争更是常态，短暂的和平只是国家之间维持权力均衡的结果。

国际体系的演化历史应当说既支持理想主义也支持现实主义观点。一方面，国际体系演化的历史有大量证据证明人类有理想主义强调的"性善"方面。从长远的视野看，人类不断创造出规则和理念限制人性中的"恶"和暴力的努力已从"社会"延伸到"国际"。国际关系不完全是现实主义者认为的"丛林法则"，人类在国际这个圈层创造了国际制度、国际组织、国际法律，签订了无数的条约，制定了无数制约战争的规则。至少是自一战以来，国际法对各国发动战争的历史性权力的限制一直在稳定的增加。战场上的屠戮促使全球共同认为征服战争是非法的。现代国际体系的一些主要原理，如主权国家一律平等，通过协商、谈判方式而非通过暴力解决冲突等以及基本的制度设计，已得到多数国际成员的内化，成为全人类的文明成就。尽管进展缓慢曲折，但人类的确"已经能运用其认知能力来抵御瘟疫和饥荒等灾害，他们也同样能

197

运用这种能力来对付战祸"。① 国际的确是在向更讲规则因而也更文明的方向演化。而且从可观察的事实来看,当前国际体系已演化到一个战争和暴力受到更多限制且发生的可能性在减少的新阶段。因此,国际体系演化总体趋势支持"战争并非不可避免"这一结论。

另一方面,国际体系演化的历史也同样说明,我们人类的确存在现实主义强调的"性恶"方面。而且,由于国际圈层不存在"政府"之类的权威机构以及共同的道德和价值规范,所以相比于社会层面,国际活动领域限制战争更为困难,因而也更是充满战争。国际关系历史上,战争频频发生,而且随着技术的进步,人类发明出杀伤力更大的武器,出现了规模更大、伤亡更多的战争。即便是近几十年出现的国家之间相互依赖关系加强的国际体系新阶段,并不足以完全排除各国对生存和安全的忧虑以及发生战争的可能性。在经济、贸易等"低政治"领域对福利的追求也并不总是能够阻止安全等"高政治"领域的冲突。虽然国际组织和国际制度有助于形成"有秩序的无政府状态",国际法可用以规范国家的行为和维护世界和平,但对这种作用也不应高估,各种国际组织和国际规则仍相当脆弱,"永保和平"仍是一个难以企及的愿景。因此仅从国际体系演化的一个个历史片段来看,"战争并非不可避免"这个结论得不到支持。

事实上,如果把国际视为人类的一个演化圈层,把国际体系演化的历史比作一条长河,那么总体趋势是人类一直在努力限制战争并取得了进步,但这个进步不是直线式的。这条河流中充满着激流和险滩,有进有退,有反复和挫折。理想主义和现实主义都能从国际体系演化历史中找到大量支撑自己观点的例证,二者都只是从一个侧面看问题。

国际体系演化的历史既有理想主义看到的人类努力限制战争并取得显著成就的一面,也有现实主义理论强调的充满战争的一面,这与我们人类在国际圈层的演化也遵循这样一种生物学规律有关,即生物世界同种个体及种群之间除了竞争和排斥,还受共生、依存法则的支配。生物个体和群体都在生存的压力下争夺资源和空间,从而引起冲突和战争。但生物个体以及群体之间还需要共

---

① 〔美〕汤姆·戈·帕尔默编著《和平与爱:战争并非不可避免》,吴荻枫译,海南出版社,2018,第31~32页。

生和依存，形成一种秩序或一种生态系统。生物世界普遍存在一种负反馈机制，即当竞争超过一定限度就有抑制竞争的因素出现，从而使生物体之间的关系能大体保持在某一平衡点。所以生物群体进化出了适应不同地域、不同食物类型、不同活动时间的性状，占据一个生态位，从而避免了竞争。人类是依靠社会规范（文明成就）限制竞争的。的确，由于国际层次不像社会层次那样存在政府之类的权威机构和共同道德规范，国际层次的冲突和战争更易发生，这就是现实主义强调的国际关系的残酷现实。但既然国际也是人类演化的一个系统（群体互动层次），竞争与共生的生物学法则并非完全不适用。国际行为体之间不仅仅是竞争，也有不断将某种规则内化以制约自身行为的所谓"社会化"现象，演化出某种限制竞争的共同规范。一种国际秩序的出现就是人类群体竞争和共生的平衡点。现代国际秩序中制约战争的理念和规则或可视为在生物的"共生"法则作用下人类在国际圈层演化出来的使人类自身免于毁灭的共同文化。现实主义因过度强调种群之间的竞争，描述了国际社会一种违反进化论规律的正反馈机制：一个国家强大了，就会对他国构成威胁，而他国为了自身安全就要发明更精良的武器，从而引起军备竞赛。根据这个逻辑，人类种群间不会出现平衡点，必然或早应毁灭。但我们的世界不仅没有如现实主义逻辑那样在权力游戏中毁灭，现在国家之间征服现象反而有越来越少的趋势。这就是理想主义所强调的国际关系的另一面现实：在国际这个人类文明演化的层次不断努力限制战争并已取得显著成就。

人类尚无法在国际这一圈层创造一种"永久和平"的秩序（完全避免战争可能永远无法实现），当前这种以规则制约国家行为体，建立在以限制国家权力、保障个人权利为特点的现代民主政治制度基础上的国际政治模式，可能是我们人类在处理群体关系上的适应性选择。理论上，应当存在一种融合了非西方文明经验的更好的国际体系，但目前尚无一个弊端更少且能为世界多数国家接受的可替代体系。这个体系本身还存在许多缺陷，并且目前还有一些新的不安全和不确定因素，但促进经济全球化以及国际行为体之间强联结和实质性互动的技术进步没有停止，能够减少大规模战争的世界"共同体化"趋势亦无法逆转。因此我们有理由对未来持一种审慎的乐观：在这种体系基础上经过不断试错和改进，或可期待世界演进到一个"更基于规则""无法完全避免却能不断减少战争"的国际体系。

第十一章
"极致个人"：美国社会的基本人际状态
及其心理－社会动态均衡分析

　　论者常将个人主义作为理解美国社会和美国文化的关键。从我们的视角看需要指出两点：第一，美国的个人主义与欧洲的个人主义既有联系又有区别，前者是后者的一个精致版本或极致形式，故美国版的个人主义应在名称上与欧洲个人主义有所区别才妥。第二，"个人主义"是一种价值观体系或意识形态，它是某种更为基本的事实——"基本人际状态"——的反映，即个人主义是"末"而"基本人际状态"是"本"，"基本人际状态"才是分析和理解一个社会和文化的关键。基于这样的认识，笔者主张将美国社会的基本人际状态称为"极致个人"（the rugged individual）[1]，而将反映这种基本人际状态的价值观体系称为"极致个人主义"（rugged individualism），他们分别是"个人"（the individual，西方社会占优势地位的"基本人际状态"类型[2]）和"个人主义"在美国社会[3]最

---

[1] 我们不知道 rugged individualism 一词最早由谁提出，但根据笔者的调查，美国历史上的胡佛总统似乎是最早号召以 rugged individualism 来代替传统个人主义。对该词的翻译，有"彻底的个人主义"以及"大刀阔斧的个人主义"等，这里译作"极致个人主义"。

[2] 需要再次强调的是，我们是在杜蒙所谓的"规范性主体"而不是"行为主体"意义上使用"个人"（individual）概念的。前一种意义上的个人就是一种"基本人际状态"。详见〔法〕杜蒙《阶序人——卡斯特体系及其衍生现象》第一卷，王志明译，（台北）远流出版事业股份有限公司，2007，第 63 页。

[3] 确切地说是指"白种人盎格鲁－撒克逊人中基督新教徒"（英语略写为 WASP），他们构成美国主流社会的主体，是美国主流文化的承担者。

完整的表达和极致形式。[①] 当然，美国版的基本人际状态及其价值观体系与西方的差别不是本质上而只是程度上的，因此当我们使用"极致个人"或"极致个人主义"的概念来分析美国社会时，也在不那么极致的程度上适用于一般意义上的西方社会。本章拟分析"极致个人"这种美国社会的基本人际状态并以此解读美国社会和文化的奥秘。

一 "极致个人"：美国人的"基本人际状态"及其维度

在我们的分析框架中，"极致个人"作为"个人"的一种极致形式，在自我认知、情感、交换和集团四个维度上的特征与"个人"相一致，只是表现更为极致，衡量这四个维度的一些指标皆趋于图式的最下端。

在自我认知维度（可称为基本人际状态的"内形象"）上，"极致个人"趋于认为世界上一切事物中只有独立的个人才是唯一真实和真正有价值的存在，因而对"人"的界定几乎与作为有机体基础的个体完全重合。这种状态下的个体被打造得更为彻底：成为一个几乎挣脱了所有束缚的独立、自由的行为体。个体有一个更为清晰、坚硬的"自我"内核。有无"独立自我"不仅被认为是一个人是否成熟、是否具有正常人格的标志，[②] 甚至一些思想家、社

---

① 虽然探讨这种模式的形成原因并非本章的重点，但我们可以简要指出，"个人"这种基本人际状态被打造成美国版本可能与两个因素有关。一个是宗教因素：基督教的改革使得个人更为彻底地从各种束缚中摆脱出来。新教徒在旧大陆无法与他人相处而来到了次大陆。另一个是地理环境因素：摆脱了旧大陆的各种束缚只身一人来到辽阔的新大陆，大家都是陌生人，一切都需要依赖自己。

② 英国学者安东尼·吉登斯对现代社会中人的自我认同问题有深刻的思考，给我们以很大的启迪（详可参考其《现代性与自我认同》，赵旭东等译，生活·读书·新知三联书店，1998）。但必须指出，正如许多西方社会科学研究者（从卡尔·马克思、弗洛伊德到 M. 韦伯、D. 帕森斯等）一样，其理论大厦也是建立在西方个人社会经验之上的。从我们的视角看，他所谓的"现代性"（这是一个充满争议的概念）本质上是西方个人社会的经验的总结。尽管在其他非西方社会中也出现了"个人化"的现象，但将他说的"自我认同"的特点理解为"个人"这种基本人际状态达到极致状态下出现的情况较妥。

会贤哲将"独立自我"推崇到神圣的地步。① 这里的"独立自我"是指自主动机、自主抉择、自力更生、个体有决定自己生活和前途的权利。因而这种状态下的个体生活具有较强的自我中心倾向,而"自我实现"亦成为一种带有宗教(新教)色彩的人生最高追求。许烺光将此种自我认知模式比作天文学史上"托勒玫式"宇宙观:"我"是世界的中心,世界围绕"我"运转。② 由于"自我"的内核十分坚硬,以至于整个世界被绝对区分为"我的世界"与"我以外的世界",个体趋于从"我"的立场出发评判世界,"我的感觉""我的快乐""我的幸福"等基于生物体基础的个人感知受到高度强调。诚然,完全的"独立自我"只有在克服各种世俗束缚后才会出现,而现实生活中人不可能做到这一点,但作为一种自我认知模式,那些摆脱一切束缚、体现了独立自我的行为受到高度评价,而那些到了独立年龄仍与亲属成员和年长者有太密切联系的人很可能会获得"缺乏独立性""依赖他人"等负面评价。"隐私"是这种类型"自我"的核心部分,而所谓"隐私"就是个体有一个外壳坚硬,即便最亲密的人也不能进入的内部世界。"隐私"以人与人之间的距离为条件,对"隐私"的强调意味着个体的"生命包"中没有或者至少说缺乏有亲密联系的人,因为亲密联系的建立需要彼此打破隐私进入对方的内心世界。

在情感维度上,"极致个人"的情感配置和控制机制更趋极致。首先,情感配置的对象范围更大、更不确定。由于极致个人趋于斩断所有束缚(同时也是一种亲密联系),其"生命包"中更缺乏恒久的成员,个体的感情很难"特化"为针对某些特定人群的形式(如中国人的孝、忠、义、敬等)。而且

---

① 认为个人作为超灵的一部分,每个人都可以声称自己的神圣,每个人由于分享着宇宙之灵而都是一个小宇宙。正如爱默生写道:"谁来为我界定个人?我看着这独一无二的宇宙之灵有如此众多的表现,深感惊畏和欢欣。我看到自己融于其中,正如植物生于大地,我在神之中成长。我只是他的一种形式,他是我的灵魂。"他相信如果正确看待一个人,每个人都"包含着其他一切人的天性"。在一个人的内心,那"最深处的便是神圣的"。神圣的个人是不允许受到任何人的侵犯的,哪怕是他的家庭成员:"我不能出卖自己的自由和权力去维护他们的敏感。"爱默生鼓励每一个个人"接受神明为你找到的位置"。爱默生的这些表述使人想到了印度教、佛教关于"阿特曼"(*Ataman*)的论述。

② 与之相对应的是中国人的"伽利略式"的自我观:"我"与他者一起围绕一个更大的中心运转。详见〔美〕A. 马塞勒等《文化与自我:东西方人的透视》,任鹰等译,浙江人民出版社,1988,第267页。

由于十分强调"隐私"，很难与他人建立亲密联系，故个体有更大的不安全感。根据心理－社会均衡原理，这种情况下个体不得不采用更为多样的手段去寻求心理－社会均衡。也正是由于感情没有被"特化"，为感情在任何时候、向任何方向、针对任何对象转化提供了可能。其次，在情感的控制机制上，由于极致个人的生活更趋近人的有机体基础，情感的控制机制主要基于人的内部世界（"心理－社会均衡体"的第4层以内，包括"可表意识"、"限表意识"、"前意识"和"潜意识"）的压力而非外部情境的影响。易言之，个体的内心感受和体验，如痛苦或快乐、喜欢或厌恶、悲伤或喜悦、压抑或宣泄、激情或平静、罪恶感或成就感等对人的决策和行动具有更重要的意义，而外在的力量，如他人的评价、传统、习俗、命令、身份、礼仪等是第二位的。这在本书第二章图2－4中表现为情感动态线D趋于最下端：压抑·规范型的控制机制。此种状态下的个体趋于将某些感情夸张地表露出来，坦率、直白地表达自己的感受被赞为一种美德，因为"极致个人"认为这是人最本真、最值得崇尚的状态。同时他亦趋于将某些原欲、引起罪恶感的要求和想法压抑到内心更深的层次——潜意识层中。

"极致个人"在交换维度上的特点是人际关系交易化的倾向更明显。由于所有投注感情的人际关系实质上都是对人的一种束缚，故"极致个人"状态下人与人的关系更趋于将感情因素驱逐出去，人际关系趋于一种去感情的、完全等价的交换（其典型形式是商品交换）。这在本书第二章图2－4中表示为：交换动态线C上处在最下端的"等价交换"位置。商品交换原则几乎侵入社会生活的各个方面，以至于所有事情都有可以"谈条件"和"公事公办"的倾向。此种模式下亲生父子之间吃饭各付各的账、夫妻之间经济相互独立的情况更为常见。这种交换模式有及时、等价、利益性特点。它简洁明了，符合数学上的"A等于B，B等于C，A也等于C"的定理。此种模式下人际关系趋于手段化，譬如一个人可能有许多"朋友"，但他们多是功能性的：工作上的伙伴，垂钓、旅游等兴趣方面的伙伴，性关系伙伴等。利益性是这种人际关系模式的另一个特点。现实生活中美国人不讳言私利的行为特点常给人留下深刻印象。他们认为私利同公利不仅不矛盾，而且只有大家都追求自己利益的最大化，客观上公利才会最大（即所谓"社会进步"）。这不仅是一种共识，而且还是许多社会科学理论和社会制度设计的前提。当这种情况以极端的形式出现（此种交换模式下似乎更容易出现这种极端）的时候，就成了贪婪。获利的欲望、为了赚钱而赚钱，这在美国社会更彻底地贯穿于一切经济活动的全过程，并且是一切经济活动的最终目的。

"极致个人"在集团维度（可称为基本人际状态的"外形象"）上的特点是：各种自由结社不仅数目多而且对个人的生活影响大。血缘、地缘等传统联系对人的束缚降到最低，"自由结社"成为"极致个人"的最适集团之形式。那种认为"极致个人"不参与任何组织、不受任何规范约束、完全"独来独往"的看法是一种误解（这实际上不可能），相反，由于"极致个人"更缺乏亲属集团中密切的人际联系带来的安全感，他到亲属集团以外的地方寻求与他者密切联系的冲动更为强烈，其中就包括到心理－社会均衡体第 2 层中那些非亲属、只有角色关系的人中缔结关系。正像标准化了的机器零部件可与任何同一标准的部件结合在一起一样，个体被"无机化"（摆脱各种传统联系）以后显示了更强的与他者"结合"成集团的能力，这就是极致个人主义者的美国人为什么同时也具有高度"社团主义"特点的原因。美国社会在独立、自由、平等基础上按照契约原则缔结起来的非亲属、非地域的自愿性团体比世界上任何一个社会都发达，不仅宗教、道德团体，文学、科学、商业、休闲、娱乐社团特别多，各类民间组织、非政府组织（NGO）以及志愿工作者组织等也特别发达。美国大型跨国公司（如微软、IBM、可口可乐、迪斯尼等）因其极大的活力和竞争能力而称雄全球，而一些最无聊、最卑微的组织（如懒人俱乐部、邋遢的家庭主妇俱乐部、不爱刷牙者俱乐部①等）也是组织有序，充满活力。这个方面的努力使得美国社会组织多样和复杂到了令人眼花缭乱的地步。但自由结社的发达与亲密联系的获得不是一回事。根据心理－社会均衡原理，

---

① 据《欧洲日报》报道，美国有许多稀奇古怪的结社，如"拖泥带水者俱乐部"（6100 名会员，都是绝不会今日事今日毕的人）、"人类绝不会飞行纪念学社"（会员自始至终都在讨论莱特兄弟到底有没有飞上去）、"平坦地球国际研究会"（会员坚信地球是平的，而且延绵无尽头）、"束腰寻欢社"（专为 21 岁以上、超重同性恋男子而设）、"国际混蛋同志会"（给会员提供机会，证实自己是一个不折不扣的大混蛋）、"秃头男性俱乐部"（18000 人致力于推行秃头即美的观念）、"吉姆·史密斯协会"（1480 人都叫此名字）、"逐臭之夫俱乐部"（会员都爱吃咖喱，而且提倡不刷牙）、"国际呆人组织"、"心不在焉者俱乐部"（连自己社团的性质也不清楚）等。

大量自由结社的存在恰恰是缺乏人际间亲密联系的表现。由于较少有血缘、忠诚等人身束缚，这些结社对个人来说大都缺乏恒久性，个人总是很快地组成集团又很快地解散，再组成新的集团又很快地离开它。

二 "极致个人"的"心理－社会均衡"模式

从我们的视角看，即便是在极为强调个体独立的"极致个人"这种基本人际状态下，个体也不是完全孤立的，即也都有"生命包"，只不过"生命包"之内容以及个体与"生命包"之动态均衡模式有其特点罢了。本书第二章业已阐述，不同类型的基本人际状态个体获得安全感的难易程度是不同的，即"心理－社会均衡度"（本书第二章图2－4中的B轴）有高有低。"个人"本来就是一种较难获得安全感的基本人际状态，而作为这种基本人际状态极致形式的"极致个人"，情况更严重。美国人从小就被训练把与周围的人的联系视为暂时的，除了自己构筑的世界以外任何人都没有不可让渡的身份。这使得他们的"生命包"中缺乏稳定的成员，个体更努力地到"人"这个"社会文化场"的各层去寻求密切联系。这个过程表现为"心理－社会均衡方向"（第二章图2－4中的A轴）向心理－社会均衡体内外两个方向展开，动员心理－社会均衡体内外各层内容来补充不稳定的"生命包"。① 许烺光指出"个人"心理－社会均衡模式在几个方向的动员情况，② 笔者认为这些分析同样适用于美国的"极致个人"，并都以更极致的形式出现。

第一，动员心理－社会均衡体的内侧诸层（主要是"潜意识"和"前意识"层），即通过内省方式探究内部世界。这有多种表现：（1）信奉排他性的宗教。将一位排他性的神明置于"生命包"中并通过与其建立唯一的密切联系，能够使个体获得确实感。美国人的新教传统无须借助任何中

---

① 需要说明的是，一个人并非对所有方面都有同样强烈的关注。心理－社会均衡原理的一个预设前提是人的心理能量是一定的，向一个方向投注较多的情绪力量就意味着向其他方面投注较少。"极致个人"的心理－社会均衡模式特点不是其心理总能量更大而是其获得均衡的方式更为多样。

② 〔美〕许烺光：《许烺光著作集9：彻底个人主义的省思》，许木柱译，（台北）南天书局，2002，第255页。

介而仅凭"操练灵魂"就能与上帝建立密切联系，此种大大简易化了的人神沟通方式更易于灵魂的安顿，更能舒缓内心焦虑和不安。（2）接受心理分析或心理治疗。潜意识层本身是意识不到和难于动员的，但当社会文化过于强调作为有机体基础的"个体自我"而非"社会自我"时，那隐藏在内心最深处的"本我"就会成为思考和被动员的对象。弗洛伊德创建的以分析人的潜意识为主要特点的心理分析学派虽产生于欧洲，却在今日美国获得了最广泛的应用，①乃是极致个人这种基本人际状态过于强调个体自我所致。既然"生命包"中缺乏彼此能够放下武装推心置腹诉说的关系亲密的人，到教堂去把烦恼交给上帝也仍然无法摆脱内心焦虑，那么花钱找人（心理医生）倾听自己的诉说（属于前意识或限表意识层的内容）自然成为一种解决问题的选择。心理分析或心理治疗之于"生命包"中缺乏亲密联系的人来说，犹如氧气瓶、人工肾脏或眼镜之于病人，只不过心理医生使用的不是医疗器械而仅仅是动员潜意识，被治疗者与其说是获得了治疗不如说是得到了倾诉。（3）如果连上帝和心理医生都没办法解决烦恼，那就只有借助于药物：或用抗抑郁类药物制止内心的迷茫、恐惧和无助，或沉溺于毒品和酒精制造短暂幻觉和恍惚状态。②

　　第二，动员第2层（"运作的社会关系与文化"层）。既然难以在亲属集团中缔结亲密的人际关系，到"运作的社会关系与文化"层中寻求联系（所谓"社交"）便成为重要的补充。个体需要刻意组织、精心策划社交活动，甚至于是否经常组织私人"派对"以及与什么样的人"派对"成为衡量一个人是否成熟和地位高低的指标。通过缔结各式各样的俱乐部组织，达到控制或解救他人、追随他人（如各种"粉丝"）或获得追随者（如明星人物）、帮助他人或超越他人等，以寻求亲密联系的替代物。但这第2层的居民与亲属成员不同，大多是"资格相同者"，追求的目标相同或相似，存在着竞争关系，而竞争会淡化或破坏缔结起来的联系，所以个体需要不断脱离旧集团、加入新集团以寻求新的联

---

① 美国每100万人中有550名心理咨询师，30%的人定期和80%的人不定期地去看心理医生。这个比例可能是世界上最高的。

② 〔美〕许烺光：《许烺光著作集9：彻底个人主义的省思》，许木柱译，（台北）南天书局，2002，第255页。

系。早在 19 世纪 30 年代。法国学者托克维尔就注意到,与比较古老的社会相比,美国这个平等主义社会里人们之间的接触较容易,交往较开放,但关系也较随便和短暂。相互信任的关系不是预先给定而是通过人为建构才能得到,个人必须更积极地去寻求。但由于亲密关系的建立至少在某种程度上需要打破隐私,而"极致个人"不愿与他者分享隐私,所以对任何社团都较难产生与忠诚心、亲情、真诚友谊相联系的留恋之情,故缔结新的集团的努力永无完结。

第三,以多种方式驾驭物质世界。人会因无所寄托而投身于对物质世界的驾驭,从驾驭物质世界中体验到自我存在的确实感。人还会因缺乏安全感而积极追求物质财富,而物质的富有确能在一定程度上增加自信和安全感。结果是:强烈的驾驭物质世界的欲望为探索小到粒子大到宇宙的科学技术的发达、社会上巨大的商业成功以及比世界上任何地方都多的大富翁和巨型跨国公司的出现等提供了巨大心理能量。"私有财产"本是那个无法分割、不可分享、受到高度强调的"自我"的附属物,当"精神自我"和"社会自我"都具有较大的不确定性时,对"物质自我"的强调能够增加人的确实感,所以"私有财产神圣不可侵犯"的理念在美国比在世界任何地方都更受崇尚,以追求生活的舒适、方便为特点的消费主义生活方式在美国比在世界任何地方都受到追捧①便是很自然的事情。此外,当"生命包"中缺少永久性居民时,有时还会将动物拉进来,其结果是宠物业在美国比在世界任何地方都更发达。② 在我们看来这些都只是"极致个人"渴望驾驭物质世界以寻求"心理 – 社会均衡"的无数手段之一种。

第四,动员第 1 层("较远的社会关系与文化")。这一层包括国家和政府。对其感情的投注表现为美国人对政治的热心、以竞选方式选举国家领

---

① 美国前副总统戈尔,因为拍摄一部环保的纪录片而获得 2007 年诺贝尔和平奖。但是具有讽刺意味的是,戈尔本人家庭用电量为 19 万千瓦时! 见 http://news.sohu.com/20070301/n248424418.shtml。

② 目前美国的宠物已经达到 3.6 亿只,约为美国人口的 1.3 倍,每年宠物消费 410 亿美元。中国语境中原无"宠物"概念,过去中国人养猫用作捉老鼠,养狗用作看护(属于"运作的社会关系与文化"层),很少是为了陪伴主人。现在中国(尤其大都市)宠物受到重视表明中国人的心理 – 社会均衡体模型发生了变化,即狗或猫等从我们原来的"运作的社会与文化"层进入到"亲密的社会关系与文化"层。

导人、以重视个人意愿表达为特点的民主政治体制的发达。当年法国学者托克维尔访问美国时发现美国是一个充满政治活动的国家：通过公意表达和政党、地方政府的政治行动，形成司法决定。民众的意愿以政治的方式表达。在我们看来，发达的民主制度乃是"个人"这种基本人际状态被推到极致的必然结果。发达的社团网络吸引着人们的情感投注，这既是促进和保护民主的力量，同时又是国家的制约力量。在这种模式下，政治活动具有高度的表演性质以及政治家的高度明星化倾向是很自然的。意识形态的热烈拥护者、热情的国家主义者和政治家的崇拜者，与那些将国家视为对个人的压制、对政治家强烈仇恨的激烈的反体制者和无政府主义者并存，并且两种相反的方向都伴随着强烈的情绪联系，这是"极致个人"对其心理－社会均衡体第2层高度情感投注的表现。

第五，动员第0层（"外部世界"）。这一层距离我们最远，包括其他社会的人、习俗及物品，即"他国"或"异文化"。一般来说社会的大多数成员很少接触这一层，或缺乏认识，或只有一些错误的认识。不过"极致个人"对这一层亦有强烈的情感投注，其表现为积极的对外传教、探索未开垦的处女地或部落、探险和对外援助活动、强烈的干涉他国内政意向和更为积极的意识形态输出等。

"极致个人"这种基本人际状态的最大特点是个体不得不通过各种办法来建立属于自己的世界以解决"心理－社会均衡"问题。这实际上等于说将人逼到了一个不进则退的焦虑境地。从心理学的角度看，焦虑往往能促使人鼓起勇气去应对发生的危机，从而表现出超常水平。例如人在紧张状态下常可工作得更久，或跑得更快、力气更大等。"极致个人"难有心灵之定所，需要永无止境地求索，花样不断翻新，其"心理－社会均衡"过程呈更大的动态性特点。他有强烈的获得成功的冲动和渴望，但失败和挫折也是严重的问题。一个人的一生可能充满成就，但其希冀和欲望也易受挫，狂躁和不安可能不断侵袭其心灵与肉体。美国人从幼儿园的时候就不断被老师鼓励要自信、勇敢地去追求成功，当一个人无论做什么事情几乎都是得到"棒极了"的赞誉时，不能指望这样的个体有很强的抗挫折能力。而且，美国人缺乏一个可以诉说失败苦恼的亲密的人际关系圈子，因此失败所受到的打击和痛苦以及对失败的惧怕程度是难以想象的。

三 心理－社会动态均衡过程中的感情控制机制和性欲因素

人是有感情的动物，我们会将感情投注到一定的人、物和文化规范上，这些投注了我们感情的人、物和文化规范构成我们的"生命包"，因而寻求"心理－社会均衡"的过程亦可视为一个将感情向心理－社会均衡体内外各层投注的过程。上文分析了"极致个人"由于"生命包"的内容较不稳定而必须采用多样手段、在多个方向上寻求心理－社会均衡的过程，其实"极致个人"不仅在感情的配置上有多方向的特点，在感情的控制机制上也有特点。以下结合感情控制机制进一步考察这种基本人际状态的"心理－社会均衡"过程。

我们人虽然有感情，却不能完全"任情而动"，每个社会都会对其成员设下一些限制以控制感情表达。在社会化过程中我们逐步内化了一种情感控制机制来解决情感的表达问题。由于文化的不同，情感控制机制亦不同，许烺光把情感控制机制划分为两种类型，即"压抑"（repressinon）型和"抑制"（suppression）型。前者是"在意识与表情上排除痛苦与不愉快的东西"，压力主要来自内部的某种固定的规范，被压抑的东西埋藏在潜意识中；后者是指"因为外在条件而刻意限制某些行为发生"，[①] 压力主要来自外部的情境，被抑制的部分一般来说并不会埋藏在潜意识里，至多是将其压制到"限表意识"层，可随时被轻易召唤出来。婴幼儿时期对父母的情欲因罪恶感而被埋藏在潜意识里叫"压抑"，驾车因害怕警察和车祸而遵守交通规则叫"抑制"。"就一般情况而言，每一个社会里的个人都会受到一些压抑的力量和一些抑制的力量。然而，有一些文化比较倾向用压抑作为社会化的机制；而其他文化则倾向用抑制作为社会的机制。如果一个文化比较强调用抑制作为社会化手段，那么外在的控制将会比内在的控制来得

---

① 许烺光：《抑制与压抑：以四个文化为例的心理学诠释》，〔美〕许烺光：《许烺光著作集9：彻底个人主义的省思》，许木柱译，（台北）南天书局，2002，第122～153页。

重要。如果一个文化比较强调以压抑作为社会化手段，那么内在的控制将会比外在的控制来得重要。"① 根据许烺光的看法，中国人的情感控制机制趋于"抑制型"，重点在人与人之间的联系，人的行为趋于"情境型"："在推断多数行为者如何行动的基础上形成的行为准则。" 当个人行为与外部情境以及角色等不相符时，通常会引起"耻感"，抑制的结果并不会带来个人内心的严重焦虑。而西方人的情感控制机制趋于"压抑型"，其重点在人的内部世界，人的行为趋于"规范型"："某种定型化的社会预期形成的规范作为行为准则。"② 当个人的行为与社会规范不相符时，更多的是引起"罪感"，压抑的结果更易产生内心的焦虑。

我们知道，性欲望处于人类情感的核心地位，因此情感控制机制从根本上说可归结为性欲的控制问题，情感控制机制的文化差异也在很大程度上表现为对性欲的控制方式的差异。倘若把性欲望比作我们内心深处的一池水，中国人"抑制型"控制机制可比作"疏"的方式：性欲望与情感高度分化，各有其释放的渠道，个体在社会化过程中习得的文化规范使个体趋于做到一方面是没有情感的性欲，另一方面是与性欲望无关的情感。而"压抑型"控制机制可比作"堵"的方式，人在社会化过程中习得的社会规范重点在于试图将性欲从情感中排除掉。但由于性欲乃人之大欲，无法彻底排除，排除的结果只是将其压抑到潜意识中，故而无法做到将性欲望与情感完全分开。揭示性欲被压抑的过程以及产生的焦虑构成弗洛伊德精神分析理论的主要内容，弗洛伊德的全部学说可以说就是建立在"压抑型"控制机制占优势地位的西方个人社会基础之上的。

为什么"极致个人"（一定意义上也是西方人）性欲控制的文化机制是压抑型的呢？这是因为在"个人"这种基本人际状态下，人的生活太趋近人的有机体基础。这种状态下人的行为更多地取决于个人的欲求和期盼、欲

---

① 许烺光：《抑制与压抑：以四个文化为例的心理学诠释》，〔美〕许烺光：《许烺光著作集9：彻底个人主义的省思》，许木柱译，（台北）南天书局，2002，第122~153页。

② 受许烺光学说影响的日本学者滨口惠俊详细讨论过这两种行为类型。见滨口惠俊《"日本特性"的再发现》，讲谈社学术文库，1988，第22~23页。笔者认为许烺光所称中国人"情境中心"的心理文化取向，即此意义而言。

望、感觉、信念等，或易言之，人们的生活较强调那个没受任何干扰的、接近"原生态"存在的自我。由于性欲是我们有机体最根本的欲望之一，所以这种状态下的个体受到较大的性的逼迫，情感伴随着较多的性欲成分。然而，性欲对人的社会联系是具有破坏性的，要想凝聚更大的社会群体就必须对性欲望采用更强的文化力量进行压制，这是西方"个人"情感控制机制的一个重要特点。"愈是强调个人，性欲的角色就愈吃重，因为社会生活总是趋近有机体的基础。在这样的环境下情感必须被强力鼓吹，而在这个过程中性欲必须被强力排除（压抑），才能够形成较大且持久的群体。"① "压抑型"控制机制就是在这种强力排除性欲望的文化取向下个体在社会化过程中形成的情感控制模式。

这种控制机制给人的"心理－社会均衡"过程带来了若干具有特点的结果。首先，此种控制机制导致极致个人无法像处理吃饭等生物性要求那样处理性欲问题，而是趋于持非有即无、非此即彼的态度。此种状态下的个人行为很难是"中庸之道"以及"或可或不可"类型，而是更容易在相反的行动上出现极端。一方面，出于个体的罪恶感，极致个人更趋于将性欲压抑到潜意识中，基督教中的处女生子与神职人员的禁欲生活都表现出压抑性欲的特点，此种情况下禁欲可以成为"自我实现"之手段。但另一方面，出于欲望被压抑带来的焦虑，有时又会要求绝对的性自由和性放纵，甚至把这些也视为"自我实现"之途径。

其次，被压抑的性欲望会引起广泛的扩散。对性欲的压抑类似物理上的作用和反作用现象，压抑会引起反作用，压抑的力量越大反作用亦越强，被压抑到潜意识中的性欲望如无法堵住的水，会在不经意之间在各个方面渗漏出来，以扩散的形式无所不在。如果生活方式过于强调作为生物体基础的个人，自然就无法管得住作为生物体之一部分的性欲望的扩散，尽管文化表现出极力压抑性欲的取向。我们借此可理解西方的艺术（文学、雕塑、绘画等）为什么总是表现出一种纠缠不清的性欲望，理解为什么完全

---

① 〔美〕许烺光：《许烺光著作集 9：彻底个人主义的省思》，许木柱译，（台北）南天书局，2002，第 345 页。

建立在性的相互吸引基础上的"浪漫的爱情"（好莱坞大片对这种爱情的描述达到了极致）在美国社会受到极高评价甚至被推崇到类似宗教的地步，同时还可以理解为什么美国的影视、游戏以及日常生活的各个方面有广泛的性扩散。

受压抑的性欲不仅会引起在生活各个领域的扩散，更重要的是，它还会转化成一种巨大的驱力和强烈的情绪力量来支撑个体的行为。这种情况下人的各种潜力亦趋于发挥到极致，在表现出更大的创造力和求新求变的内驱力的同时，也更容易产生反叛、越轨和破坏性行为。"性欲的发展也许会衍生暴力、犯罪和乱象，但也会对改革和变迁产生持续的压力。这趋势提供一个方向。普同或未分化的情感特性，使个人较容易跨越既存的界限或从中脱离，而永远不息的性欲驱使着他，一旦决定了目标就具有强大的情绪力量。"① 所以性欲在"极致个人"的"心理－社会均衡"过程中受控制的机制是：愈是强调个人，文化就愈趋于采用压抑的方式处理性欲，而愈是采用压抑方式处理，被压抑的性欲望就愈会在各个方面引起扩散，就愈为个人的创造或叛逆提供更强大的情绪力量，而作为个人活力的一部分人的勇气、力量和创造力就愈受到社会和文化的鼓励。的确，美国社会高度鼓励个人获取"成功"的动机以及为达此目的而具备的创造力，对一个人的最高的认可是"成功"，最高的赞誉是"富有创造性"。美国的教育、科研的巨大创造力，美国企业的巨大活力以及美国在社会进步和物质财富方面获得的惊人成就，均得助于这种个人内心深处的追求成功的强烈动机和创造力。但创造的另一面是破坏和叛逆，创造与叛逆是一币之两面。"所有的创新都是一种叛逆形式，一种对于常态的偏离。我们将社会所支持的叛逆称为创新，而将社会所不支持的创新称为叛逆。"② 譬如，一项创造性科研成果能够引起人们的关注，给人带来成功的喜悦，而刺杀总统或某位明星同样能引起人们注意，也能给人一种"成功的"快感。这就是美国社会为什么那样具有创造力和活力的同时又有那么多暴力和不可思议的越轨行为

① 〔美〕许烺光：《许烺光著作集9：彻底个人主义的省思》，许木柱译，（台北）南天书局，2002，第354页。
② 〔美〕许烺光：《许烺光著作集9：彻底个人主义的省思》，许木柱译，（台北）南天书局，2002，第 xvii 页。

的原因。[①] 无论是好事还是坏事，激进的还是保守的，暴力的还是和平的，"极致个人"行动起来常能表现出惊人的能量。历史上他们曾组织各种狩猎协会，有组织地猎杀野生动物，但美国防止虐待动物运动，保护鲸鱼、海豚和野牛组织以及反对穿毛皮衣服的活动，也很活跃。历史上他们曾有组织地虐杀美洲的印第安人，奴役黑人，但更有强烈的反种族主义、维护黑人和少数族裔权益的组织和活动，在他们卓有成效的斗争下，黑人和其他有色人种的地位有了明显的改善，以至于像基辛格、鲍威尔、莱斯、奥巴马等具有不同种族背景的人亦能在政府中获得很高的位置。美国的和平主义组织和运动在宣传人类和平、反对战争方面表现出高度的热情和献身精神，但反社会的犯罪和暴力活动也相当严重。美国的各种布道组织训练出了许多优秀的传教士，他们无论是在美国本土还是世界其他地方都在为救济穷人或恢复传统道德等而忘我工作，但那些同性恋、性解放的拥护者却在无情地嘲笑传统的道德观。消费主义在美国有最为广泛的社会文化基础，但美国人在保护环境方面也是最为积极、环保运动也是最有民众基础的。倘若把眼光投向更广阔的视野，我们还可以理解，西方历史为什么那么具有动态性，发生那么多的征服战争和那么多的具有强烈个人情绪联系的社会运动（如基督教运动、宗教改革运动、亚历山大大帝东征、罗马战争、纳粹和法西斯运动、反对活体解剖运动、女权运动、奴隶贸易和废奴运动、殖民主义和民族主义运动、两次世界大战等）。这些都持续了相当长的时间并且大部分产生了许多殉教者和大量参与者。从我们的视角看，所有这一切都有来自"原生态"个人的、与性欲有瓜葛的极大内驱力的支撑。

目前为止我们并没有涉及对美国的基本人际状态的优劣评论。实际上，美

---

① 根据美国联邦调查局网站（https://ucr.fbi.gov）2018 年 9 月发布的《2017 年美国犯罪报告》，美国全年共发生暴力犯罪案件 1247321 起，谋杀案件 17284 起、强奸案件 135755 起、严重暴力伤害案件 810825 起、抢劫案件 319356 起。72.6% 的谋杀案件、40.6% 的抢劫案件和 26.3% 的严重暴力伤害案件为涉枪案件。2018 年美国发生 94 起校园枪击案，共有 163 人伤亡，是有记录以来校园枪击案数量最多、伤亡最重的一年。校园暴力事件数量比上一学年增长了 113%。2018 年美国的监狱人口高达 230 万人，位居世界第一，相比于其总人口 3.27 亿人，其监禁率高达约 0.7%，也位居世界第一，见 http://www.chinanews.com/gj/2020/12-31/9375706.shtml。但同时，美国还有另外一面：美国一直保持着诺贝尔奖获得者人数最多的纪录，美国有鼓励创新性的教育与科研制度，有大量极具活力的现代企业和志愿者组织等。从本书的学术视角看，这两方面的事实有着同一种心理文化基础。

国社会的全部优缺点均可以从"极致个人"这种基本人际状态上得到解释。美国模式使我们看到了当我们人类身上的"个体性"发挥到极致的时候我们身体潜力能走多远以及结出何等灿烂之果实，但由于这种基本人际状态将成功和失败全都压在了个人身上，个人在爆发出巨大能量的同时也具有较大的焦虑和不安全感。顺便指出，目前我们的世界似乎出现了"个人化"的趋势，反映"极致个人"这种基本人际状态的价值观也出现了向全世界扩散的倾向。但本书的研究给我们的一个重要提示是：如果我们的基本人际状态正在朝着更强调个人的方向变化的话，那么我们似乎应当思考我们是否做好了付出更大的内心焦虑、更不稳定的人际关系代价的准备。

第十二章
"极致个人"的"外部世界"

在上一章，我们将美国人的基本人际状态（human constant）称为"极致个人"（the rugged individual）——"个人"（the individual）的一种精致版本——并将其作为理解美国社会和文化的关键。根据科学的原则，倘若某概念是理解某事物之关键，就必定能用它解释该事物的许多方面。事实上当我们用此概念解释美国对"外部世界"的态度和行为模式时发现它的确有较强的解释效力。例如，一些从文化角度讨论美国外交的文献指出了美国文化的"天赋人权""个人主义""自由主义""种族主义""功利主义""扩张主义"等特征，[①]但若进一步问这些特征的根源以及它们之间的内在联系是什么，却少有令人信服的解释。而当我们将这些对美国外交的文化观察与"极致个人"这种美国人的基本人际状态概念联系起来考察时，不仅能够对这些表述得当与否进行一番审视，而且还能够阐明其产生的根源并揭示它们之间的内在联系。

在我们的分析框架中，对外反应模式涉及的是"人"这个"社会－文化场"——"心理－社会均衡体"——的最外一层，即第0层的"外部世界"。这一层由价值观和行为方式不同的"他者"所构成，是"异文化"。当此层的人构成一个国家行为体时，我们称其"外国"，与它们的交往亦称作"外

---

① 这方面已公开发表的文献有王鸣鸣《美国政府外交决策中的宗教因素》，《国际经济评论》2005年第1期；朱世达：《中美关系的文化思考》，《欧美同学会会刊》2001年夏版；王涛：《试析宗教文化对美国外交的影响》，《河南社会科学》2005年第4期；张宇权、郭经延：《文化因素与美国对华政策》，《东南亚研究》2005年第2期；门洪华：《美国外交中的文化价值观因素》，《国际问题研究》2001年第5期等。

交"。不过虽称"外交",我们对它们的态度和行为更多地仍受"内交"——内部人际交往——模式的影响,这主要是因为我们一般并不生活在这一层中,掌握的相关信息较少且通常会有一些错误信息,故只能根据我们所熟悉的参照系统来处理与它们的交往。因此至少从理论上说,一个国家的"外交"行为可从其内部系统——从我们的视角看主要是"基本人际状态"和"心理-社会均衡"模式——上得到解释,这是我们分析问题的一个基本预设。当然,从这个视角分析美国对外交往模式并不能取代诸如"美国的对外战略""美国的中东政策"之类的技术性研究,因为我们的视角所关注的与其说是对外交往中的"事态"毋宁说是某种"心态"。了解"心态"固然有助于了解"事态",但未必能解释所有"事态",毕竟二者关注的焦点和遵循的研究方法有别。

一 极致个人的"自我"与"天赋使命感"

"极致个人"这种基本人际状态对"人"的界定趋于与作为生物体基础的个体完全一致。由于十分强调个体的独立与自由,个人趋于摆脱所有束缚,因而个体的"生命包"("心理-社会均衡体"的第3层:"亲密的社会关系与文化")中缺乏稳定、恒久的亲属关系。这样,个体在被打造得更独立、更自由的同时也被置于一个更缺安全感、有更大焦虑的境地。根据"心理-社会均衡体"原理,个体有更大的可能向内和向外诸层投入极大的心理能量以获得均衡。而无论向内还是向外,都影响其对"外部世界"的判断和交往方式。

上一章业已指出,"极致个人"的"自我认知"模式的一个重要特点是:个体对自己的存在感、独特性、方向感、目标、意愿、情感等有更强的自觉。当面对自然、他者、自身这三种生存境遇时,"极致个人"更趋于以个体性呈现的人的本真生存结构来掌握外部世界和自身命运,并把自身的感受当作权衡一切事物的标准,甚至把自己的本性移加到那些事物上。此种状态下的个体有一个更为清晰而坚硬的"自我"内核,对世界的认知以及生活方式更趋于"自我中心",个人的精神世界亦有更大的被对象化的倾向。许烺光将"独立型自我"认知模式比作天文学史上"托勒玫式"宇宙观:"我"像太阳一样是世界的中心，世界围绕"我"转动。① 而作为"个人"的精致版本的"极致个人"则强化了这一认知特点。

此种自我认知模式在族群层面上的表现就是一种强烈的民族使命感和自我中心倾向。考察美国的外交和美国历史，强烈的"自命不凡的使命感"和"救世主精神"似乎伴随着美国对外部世界的判断以及与之相联系的对外行为。这种使命感有时表现为"为上帝而战"的宗教感召，更多的时候则表现为强调担负领导、保卫世界各自由国家的某种世俗责任感和向全世界传播福音的普世主义态度。这种教化世界的使命感产生于他们对"我"——美国——与"外部世界"的这样一种基本判断：外部世界总的来说是一种负面的、需要救助的存在，或专制，或腐败，或堕落，或兼而具之，而美国则是世界模仿的榜样。② 强调美国作为世界上最强的民主国家并承担着保卫自由世界的责任，不仅是今日美国对外政策和外交行为的重要特色，也成为美国领导人对外事务上的一种带有文化特点的风格。较典型的例子是小布什总统在"9·11"事件后对世界重申："美国是全人类的希望，是黑暗里的亮光"，以及 2002 年在中国清华大学演讲时的"美国人对于保护穷人和弱者，有着特殊的责任感"等表述。从思想渊源上看，"天赋使命观"与基督教的"上帝选民"观有联系，但这一思想尤其被新教发扬光大并深深影响美国人的对外交往方式并非没有心理文化基础：美国外交中强烈的天赋使命观以及与之相联系的传教士心态与极致形式的"托勒玫式"自我认知模式相联系，是极致个人主义者将注意力高度投向自我的表现，是那个坚硬的"自我"内核的放大和外化。从这个意义上，称其为一种"集体自恋"亦无不当。"基本人际状态"是一种比宗教信仰更为根本的存在，人们只会信仰与基本人际状态相符合的宗教，若不符合，就会改造它。

这种"天赋使命观"还通常与某种种族优越感联系在一起。这里所谓的"种族优越感"与系统的种族主义思想和制度性的种族歧视不是一回事情，它

①　与之相对应的是中国人以"伽利略式"宇宙观看待自我："我"与"他者"一起围绕一个更大的中心运转。详见〔美〕A. 马塞勒等著《文化与自我——东西方人的透视》，任鹰等译，浙江人民出版社，1998，第 267 页。

②　王晓德：《美国文化与外交》，世界知识出版社，2000，第 85～86 页。

表述的是一种"心态"。我们知道对黑人的制度性歧视和迫害在美国已成历史，系统的种族主义理论在当今美国也没有多少人支持。美国有悠久的反种族歧视传统和明确、发达的反种族歧视立法，美国宪法规定了各民族平等，许多人是反种族歧视的勇士，平等观念非常深入人心。但这并非说没有种族优越之心态。相反，种族优越感与"极致个人"的自我认识模式有更大的关联性。美国法律关于种族平等的规定以及生活中对种族歧视的强烈反感是极致个人同种族歧视（黑奴制度）长期斗争的结果，一定意义上说正是因为生活中存在着明显的歧视意识和歧视现象才促进了反种族歧视法的完善和人们对种族平等的敏感。强调个人的彻底独立和自由（这是新教改革运动的重要内容）产生了两方面的结果。一方面，美国人有一种强烈的平等意识，社会反歧视、反迫害的力量强大。美国的先民们受迫害、受歧视的经历使得他们无法与旧大陆的人相处而跑到一个新地方建立了新国家，这与一个不满父母管教、渴望自由而离家出走的儿童的经历极其相似。美国的独立战争亦可比作青春期的美国人用拳头将仍坚持管教自己的"父母"（英国宗主国）揍了一顿，终于摆脱了奴役而彻底独立。但另一方面，强烈的自我中心的自我认知模式又极易产生种族优越感和种族歧视意识，因为这种模式下个体需要采用种种方式来强调"我"与"他者"的区别以维持自己的优越地位，而身体上的差别、信仰差别都是最容易被利用的因素。否则，我们无法解释美国的先民为什么在旧大陆饱受歧视和迫害，也无法解释饱受歧视迫害的美国先民到了新大陆仍然会实行黑奴制这样的事实。① 从这个意义上说，美国人的种族优越感是从其欧洲祖先那里继承下来的一种类似"文化基因"的东西。

当然，认为"我族"优于"他族"的种族优越感是我们人类的普遍现象，然而极致个人的对"我"和"外部世界"的更为自我中心的认知模式无疑强化了我们人类身上的这一特性，而"上帝选民"观又为种族优越感提供了神学基础。至少在无意识层面上"极致个人"趋于认为自己的种族（确切地说是白皮肤的美国人，尤其是英国人后裔）属于最精华之种族，是上帝选中之民，美国

---

① 据报道，在废除奴隶制 140 多年后，美国众议院于 2008 年 7 月 29 日首次为"野蛮残忍、不人道的"奴隶制和种族隔离法向黑人正式道歉，见 http://www.chinadaily.com.cn/hqgj/2008-07/31/content_ 6890853.htm。

是迄今人类产生的最高文明，有权获得特殊的权利和义务，其他民族达到美国水平的能力被认为至少取决于美国树立的榜样，取决于美国教化他们的努力。美国取得的巨大成就以及世界出现的某种"美国化"倾向，无疑更强化了美国人的"要想成功，你必须像我一样。我们的方法是唯一的方法"① 这种认知。美国迄今的对外行为似乎都与这样一种心态相联系：世界是种族竞争和国家竞争的舞台，在一个充满竞争甚至有时很凶暴的世界上，文明种族与野蛮种族间的冲撞无可避免，美国的崇高责任就是要把挑战者找出来并制服它们。我们知道美国国内的土著人文化和社会（对主流美国人来说他们也是"外部世界"）均遭破坏并被取代，迄今为止美国的印第安人、非洲裔以及其他少数族裔美国人的人权状况仍存在不少问题，种族偏见、种族歧视对于人们的交往、婚姻、就职等仍有较大影响。国内的这种情况与美国对待"外部世界"的态度是一致的。无论是国内还是国外，种族优越感和种族歧视意识之所以难以消除至少部分原因在于它恰恰根植于强调人人平等的"极致个人"社会："自我中心"的认知模式强化了种族优越感，后者是前者在族群层面上的放大，而种族主义则是平等主义的一项"严重而始料不及的后果"。② 法国学者杜蒙在指出平等主义与种族主义关系时说："在平等主义的世界里面，人不再被认为是分属于阶序格局中地位有别的各种社会性的或文化性的种属，而被认为基本上是平等而且等同；在此前提下，人类社群之间在性质上的差别有时候便以一种危害重大的方式被加以重新强调：社群间之差别被认为是生理特征所造成——这就是种族主义。"③

考察美国的外交史可知，"孤立主义"传统是美国外交上经常出现的另一个主题。"孤立主义"传统与前述"普世主义"传统看起来是完全对立的，但实际上是一个钱币的两面。从心理文化上说二者皆源于极致个人的高度自我中心的自我认知模式。所谓孤立主义就是强调美国社会是一座"山巅之城"，这座城摆脱了欧洲的政教腐败，成为令世界仰慕的模范之地。这是后来的"美国例外论"（American

---

① 〔美〕塞缪尔·亨廷顿：《文明的冲突与世界秩序的重建》，周琪等译，新华出版社，2002，第64页。

② 〔法〕杜蒙：《阶序人——卡斯特体系及其衍生现象》第一卷，王志明译，（台北）远流出版事业股份有限公司，2007，第72页。

③ 〔法〕杜蒙：《阶序人——卡斯特体系及其衍生现象》第一卷，王志明译，（台北）远流出版事业股份有限公司，2007，第72页。

Exceptionalism）的来源。① "上帝的选民"和"山巅之城"以及"美国例外"的理念在美国立国之后成为美国人把自己与世界其他地区的人在精神上区别开来的主要标志。必须指出的是，这里所谓的"孤立主义"根本不是"少管闲事""人家有人家的活法"之类的基于某种相对主义的独善其身的处置世界方式，② 而是一种要展示"上帝选民"的魅力、希望世人效仿的更为积极的心态。孤立主义者认为他们能为这个世界做的最好事情就是展示自己的光明之处。这种心态对今日美国人的一个影响就是许多美国人似乎理所当然地认为全世界人都讲英语，都在按美国标准办事，故而缺乏了解、理解异质文化的欲望和尊重"他文化"的兴趣。这当然与今日美国在世界上的强势地位有关，但从心理文化的角度看这也是极致个人主义者将注意力高度投向自我的表现。美国人心目中的"山巅之城"与极致个人主义者内心的那个独立的"自我"王国相一致，一定意义上说是美国人日常生活中"我是独特的""我是唯一的"之类的自我评价的影子，是后者的一种投射和外化。孤立主义的外交传统与"极致个人"在现实生活中不愿与"失败者"住同一小区、不愿与黑人交往之类的行为遵循着相同的机理。

此外还需要指出，对自我的强烈关注使得美国人对自己的外交行为常有深刻之反省。美国许多出自强烈的"天赋使命感"的外交行为给他国乃至世界带来了不少麻烦，但也必须承认，对美国外交政策批评最多、最严厉的也恰是美国人自己。每次重大的国际行动之后一般都有认真的检讨和评估，例如对越南战争的反省至今也没有停止，美国国内一直都存在反对美国对外战争的势力。笔者认为这个特点构成今日美国这个超级霸权国家海外行为自我约束的最大心理力量，使美国的对外政策具有很大的自我调节能力。强烈的种族优越感以及由此而来的有时带有巨大破坏性的行为与强烈的自省精神同时存在（二者皆源自极致个人强烈的自我关注），可能是今日世界上许多国家并不特别感到受美国的威胁故而没有出现制衡美国霸权现象③的一个重要的心理文化原因。

① 王晓德在其所著《美国文化与外交》第三章对此问题有详论。
② 关于这一点，笔者并不赞成薛涌教授关于"美国国内的政治动力是内敛，要关门过日子，少管闲事"（薛涌：《直话直说的政治——美国：不情愿的帝国》，广西师范大学出版社，2004）的看法。
③ 关于冷战后世界为什么出现与美国相制衡的均势问题，〔美〕约翰·伊肯伯里编《美国无敌：均势的未来》（韩召颖译，北京大学出版社，2005）中有详细讨论。

二　交易式人际关系与美国外交上的"利益"和"强力"崇拜倾向

我们在分析"个人"这种基本人际状态时指出，作为心理－社会均衡的一个重要手段，个体有一种强烈的驾驭和征服物质世界的冲动。驾驭物质世界（追求财富是其一种表现）能给人带来"成功"的感觉并增加人的实在感。①在"极致个人"这种基本人际状态下，个体的这种冲动被最大限度地激发，地球上的高山、海洋、沙漠、密林、极地，月球乃至火星等皆可被视为征服的和改造的对象，同时也可能是倾注热情保护的对象。这方面的努力使美国取得了令世人羡慕的物质成就，成为世界上物质力量最强者。需要指出的是，感情能量对驾驭物质世界投注较大和对人际关系投入较少是相辅相成的。由于极致个人极为强调个人的独立和自由，人与人的关系趋于"去感情化"，因为任何持久而深度地投注感情的人际关系都易形成忠诚、依赖、崇拜关系，而极致个人无法接受这种"束缚"。人际联系的"去感情化"使个体对驾驭物质世界能有较大的感情投注（当然，也可说对驾驭物质世界的强烈感情投注淡化了人际联系）。这样，被打造得十分"清爽"的个体，与他者的关系便带有较大的物质交换（其发达形式是商品交易）特点。商品交易关系在其他社会可能只存在于某些领域（如市场）和某些特定人群之间（如商人与客户），而在极致个人社会整个人际关系都有交易化的倾向（或者说都受商品交换关系的深刻影响）。追求利益不仅是极致个人社会人际关系的一个重要特点，也是其社会的一种行为准则和价值取向。

人际关系的这一特点在对外部世界的态度和行为上的表现就是美国外交上的更强的功利主义或现实主义特点。正像美国人交朋友不讳言私利一样，对利益的强调也始终是美国外交政策的第一要义。美国人对于自己在外交上追求私利的目标很少加以掩饰，将国家与国家关系的本质视为利益关系，国家利益至高无上是美国对外政策天经地义的信条。看看美国外交上常用的话语就能知道

---

① 见本书第十一章。

这一点：假如说美国对一个国家说"你的行为损害了我们的利益"，可以将其理解为一种最严重的愤怒和最为敌意的表达。而当美国说"你的行为符合我们的利益"时，把它理解为一种友谊、朋友的代名词大体不会错。小布什执政时期美国对中国的定位曾发生困难，美国前副国务卿佐利克绞尽脑汁想出了一个"利益攸关方"（stakeholder）的说法总算解决了问题。"利益攸关方"是一个既可能会"损害"也可能会"符合"美国利益的中性词，它既避免了"潜在的竞争对手"——一种更可能会"损害"美国利益因而也是一种更为敌意的定位——带来的来自中国的不满，又没有脱离"利益"判断问题，这不能不说是一种最具美国式智慧的表达。谁也不会否认美国在处理国际关系时十分明显的功利主义特点，其"功"在于谋求支配世界，其"利"在于满足自身利益需要，而支配世界也是为了更好地满足自身利益。从心理文化的角度看，所谓"国家利益"可视为个人"自我利益"的放大，美国外交上不仅最明目张胆而且最理直气壮地追求"利益"乃是极致个人主义者之间的交易式人际关系在国家层面上的一种投射。

在这种明显的功利主义心态下，美国对自己在世界上的定位以及行为模式更趋近于市场经济中的"企业"身份。我们知道一个企业的动机是创造更多的利润，但它纳税，故客观上有利于社会。美国基本上也将这种经济学上的"经济人"的假设用于对自己在世界上的定位：美国所有外交行动都为其"利己"服务，它在世界上获得利益的同时也向世界提供着某种"公共产品"（稳定、经济增长等），故它获利越多对世界贡献也越大。美国虽然制度上是一种"自由经济"，反对国家直接干预经济，但其在国际上的行为说明，美国的对外态度和行为是最接近将国际行为体定位于"经济人"的模式，从一定意义上说美国也是最具有某种牟利巨兽的"企业"特点的国际行为体。譬如，大型跨国公司，石油和军火商等商业巨头的利益（国家利益的具体体现）左右（或者至少是强烈影响着）美国国家的外交取向，国家毫不隐瞒其为大型企业牟利开道、积极帮助它们击败他国企业，占领世界市场的目的。美国通过这些大型跨国公司实行着对世界经济的渗透和控制。美国极力推行的所谓"全球化"实质上是为了美国的企业（同时也是美国）在世界上更顺畅地赢利。美国迫使日本、中国和其他国家的货币升值，目的是为了保护其由于无节制消费带来严重问题的国内经济。伊拉克战争名义上是向中东推行民主实则是为了经济利益。① 在我们人类文明经验中似乎还从来没有一个帝国像现在美国这样如此具有"企业"的特点。在此基础上产生的所谓国际关系理论中的美国学派带有明显的"现实主义"特点就是很自然的事了。顺便指出一个令人忧虑的现象：由于美国目前的强势地位，美国国家利益至高无上的行为特点以及为阐述这种行为的现实主义的美国国际关系理论已成为一种类似其向世界提供的"公共产品"的东西影响着许多国家的行为和学术界，以至于许多人误认为国家间关系的本质以及国际关系理论本应如此。

高度缺乏安全感是"极致个人"心理－社会均衡模式的一个特点，而物质实力乃是一种重要的补充。此种状态下，财富更容易成为判断一个人是否成功的重要（如果不是最重要）标准，个人亦更容易从这种评价中获得成功和受尊重的感觉。因此在极致个人社会出现较大的对物质力量的崇拜倾向是很自然的。这种倾向也出现在美国对"他者世界"的判断和交往中。譬如，2006年美国《外交政策》双月刊发布全球"失败国家"名单，把世界上的国家分为"失败国家"和"成功国家"，而这里所谓的"成功"或"失败"很大程度上是依据经济的好坏，说到底乃是美国人依据财富判断一个人是否成功的一种投射。对物质力量的崇拜还表现在美国对那些它认为"胡作非为"的国家特别热衷于经济制裁、对于其行为符合美国标准的追随者国家提供慷慨援助的做法上。而无论"经济制裁"抑或经济援助，都是建立在对这样一种判断的深深信仰之上：通过改变国家行为体的物质条件可以改变其行为。经济制裁的做法与美国人父母日常生活中试图通过切断对儿子的经济帮助而改变其行为是出于同一种心态。这种行为十分符合美国社会学家 G. C. 霍曼斯提出的、建立在"理性经济人"基础上的交换理论中的"刺激命题"："如果某人过去在某种情况下的活动得到了奖赏或惩罚，而在出现相同的情况时，他就会重复或不

---

① 美国发动伊拉克战争是因为伊拉克拥有"大规模杀伤性武器"，但事实证明伊拉克并没有大规模杀伤性武器。美英四家石油巨头瓜分战后伊拉克石油，彻底暴露了美国发动伊拉克战争的真实目的。

再重复此种活动。"① 然而，这种做法在具有相同价值取向的"内交"（确切地说是具有交易特点的极致个人的人际关系）中或许有效，而当他用之于"外交"时就未必有效。事实证明美国的经济制裁在大部分情况下没有什么效果，无论是对朝鲜、古巴、伊朗、伊拉克，还是曾经对中国，这种方法不仅无效，许多情况下反而出现与制裁者的预期相反的结果：由于经济制裁，对方内部更为凝聚而增强了力量。

强烈相信物质力量当然不等于崇尚暴力，但二者之间似无一道不可逾越的界限，前者稍进一步便是后者。在美国文化（同时也是个人主义文化）中暴力并不是一种恶，反而为了正义和消灭邪恶，暴力是必要的甚至是一种善。已有较多的材料指出美国文化和社会中存在的问题，如电影、游戏中的暴力泛滥问题，以及社会中较高的杀人案件数、囚犯比例、黑帮数量以及个人拥有枪支的数量等问题。既然暴力是个人获得安全感的重要手段和在竞争性人际关系中获胜的关键，那么，比尔·盖茨的亿万财产与拳王阿里、泰森的拳头力量具有相同的意义：它们都是一种力量。这一点也同样影响着美国在国际上的行为。美国在成为世界上的"比尔·盖茨"的同时也成为世界的"拳王"，并试图长期维持之。它投入高度热情和财力开发更先进武器，体现出一种相信武力（或更确切地说是武器的数量和精良度）解决问题的行为取向。不可否认，美国有一套限制国家对外滥用暴力的制度设计，但美国也存在着促使国家使用暴力的制度因素（如发达的军火工业）和并不那么贬斥暴力的心理文化基础。② 它的外交历史中有频繁发动战争的记录，从越南战争、数年前轰炸南斯拉夫、伊拉克战争以及最近对伊朗的制裁，都表现出一种过于相信武力解决问题的心态。1998

① 霍曼斯是现代社会交换理论的重要创始人之一。他提出的关于交换行为的五个普遍性命题是：成功命题、刺激命题、价值命题、剥夺与满足命题、攻击与赞同命题。这些命题是建立在"人是一个理性的经济人"这样一个基本假设之上的。显然，这个假设主要是基于西方"个人社会"的经验，见 George C. Homans, *Social Behaviour*: *Its Elementary Forms*, New York, NY: Harcourt, Brace George Casper, 1961; *The Human Group*, New York: Harcourt, Brace, 1950。

② 关于西方文明的扩张与暴力的关系，亨廷顿的看法比较冷静："西方世界赢得世界不是通过其思想、价值或宗教的优越（其他文明中几乎没有多少人皈依它），而是通过它运用有组织的暴力方面的优势。西方人常常忘记这一事实；非西方人却从未忘记。"〔美〕塞缪尔·亨廷顿：《文明的冲突与世界秩序的重建》，周琪等译，新华出版社，2002，第37页。

年 2 月时任国务卿的奥尔布赖特在为美国向伊拉克发射巡航导弹的行动辩护时说："如果我们不得不使用武力，那是因为我们是美国。我们是不可缺少的国家。我们站得高，看得远。"短短几句话表现了美国人对暴力的一种基本心态。美国对外使用暴力通常都是在"正义"的名义下进行的，但许多情况下对外使用暴力到底是出于正义还是为了"利益"并不那么清楚。有时候很明显"正义"只是借口而利益才是目的。所以这个帝国最令人担忧之处似乎并不仅仅在于其强大的武力，而在于其基于"极致个人"的那种既无止境亦看不出任何节制努力的利益动机与武力的结合。美国历史学家小阿瑟·施莱辛格曾对这一点有过深刻的反思："我们总自以为是一个温和的、宽容的、仁慈的民族……然而，这绝不是我们传统中唯一的气质。我们必须承认，我们的身体内有一种破坏性的欲望。它源于我们历史上社会制度中的黑暗和紧张关系。毕竟，我们从一开始就屠杀印第安人并奴役黑人。毫无疑问，过去我们做这些事情时，手持《圣经》和祷告书……在它的深处，在它的传统中、社会体制中、条件反射中和灵魂中，深深地埋藏着一种暴力倾向。"[1] 从我们的视角看，他指出的这两种倾向皆源自极致个人的心理－社会均衡模式的特点：帮助和保护那些需要保护的人，和发展强力而战胜他者或阻止他者的挑战，都是获得安全感的重要手段。道理很简单：如果一个人缺乏安全感或时时感到受威胁，他更会关注自己的拳头；如果拳头不够有力，那么，"兵者"并非"不祥之器"，[2] 手持一根木棍会觉得安全些；如果不安全感一直存在甚至增加，他会设法改进这根木棍。美国人手中的这根棍子可以说已经改良到了无坚不摧的地步，但强力对增加人的内心安全感的作用是有限的，今日美国人内心的安全感似乎并没有增加，这一点从美国的驻海外机构、到海外旅游的美国人以及美国国内机场、港口等重大场所的安全检查情况，以及国内居高不下的犯罪率和频发的枪击事件中得到证明。武力更不能彻底解决世界上的问题。美国依靠精良武器几乎把伊拉克夷为平地，但如果考虑到在这个过程中大

---

[1] 转引自王缉思《国际政治的理性思考》，北京大学出版社，2006，第 117 页。
[2] 《道德经·三十一章》。

批无辜者失去了生命、恐怖主义活动不仅没有减少反而增多以及在西方和穆斯林社会之间种下的仇恨种子等问题，那么这种做法带来的问题似乎比试图要解决的问题还多。

三　竞争性人际关系与美国对外关系中的虚幻主义倾向

"极致个人"的"亲密的社会关系与文化"层（属于"心理 – 社会均衡体"第 3 层）中缺乏亲属成员之间的恒定、密切联系，它需要在"运作的社会关系与文化"层（属于"心理 – 社会均衡体"第 2 层）中缔结各种关系以寻求替代物。但与第 3 层中的父母等亲属成员相比，第 2 层多是资格相同的人，他们追求的东西相似或相同，故相互之间存在激烈的竞争。竞争是这种人际关系模式的一个最显著特点。极致个人社会的全部活力和社会制度设计可以说均来自这种将个体置于一种"不进则退"的竞争境地。从理论上说，此模式下每一个"他者"都是"我"的潜在竞争对手，"我"需要超越或战胜"他者"以提升自己，或者至少不使自己地位下降。

极致个人社会人际关系的这一特点也在美国对外交往方面表现出来，也就是说美国也趋于将与"外部世界"（"心理 – 社会均衡体"的第 0 层）的关系视为竞争性的。而且，事实上由于与"他者世界"之间缺乏共同的宗教、价值观、习俗和法律等制约因素，美国以一种更被强化的竞争态度来对待与"外部世界"的关系。美国在与"外部世界"的人交往时首要考虑的问题是：对方是否对自己构成威胁？是不是竞争对手？如果对方现在还不是竞争对手，那么将来会不会是？为了阻止对方成为威胁和竞争对手，保持自己在竞争中的优势，应主动干什么等。它在任何时候都需要以竞争者眼光对"他者世界"有一个清晰而明确的定位，以便采取明确的对应行为。为了达到这个目的，有时甚至会以一种虚幻的与"他者世界"关系取代实际关系，以一种理想化的方式处理与他者的关系。

首先需要定位的自然是敌人。对于"他者世界"的居民，极致个人主义者趋于用明确的二元对立的办法分出敌与友、魔鬼与天使、进步与落后、野蛮与文明。其中，"敌人"就是美国的直接挑战者，是需要打击、战胜的对象，只有这样美国才有前进的目标。定位敌人需要善恶分明的标准，善恶标准分明，行为便自信而坚定。冷战结束后美国曾一度因为没有了敌人而困惑。"9·11"事件后很快就确定了新的敌人——恐怖主义者。不过新的敌人并不那么容易界定和那么形象明确，这或许是目前美国最感困惑的。小布什总统曾向世界提出不支持美国行动的国家将被视为与恐怖分子为伍，以及将伊拉克、伊朗和朝鲜称为"邪恶轴心"的做法，乃是一种采取"非此即彼"的方式确立明确敌人的做法。美国似乎任何时候都需要有敌人，如果没有那也要塑造出敌人。所以美国所谓的敌人，许多情况下与其说是现实的存在不如说是虚幻而来的。

其次需要找出竞争对手。竞争对手是未来可能对美国地位构成挑战的潜在"敌人"，因而务必赢之。小布什政府对中国的定位由克林顿时期的"战略合作伙伴"变为"战略竞争对手"，敌意的上升乃是因为判断中国将来可能挑战美国。后又改作"利益攸关方"，敌意有所下降乃是基于中国不会挑战美国这一新判断。特朗普执政时期，美国对中国敌意上升，中国已升格为"敌人"。而不管如何定位，其根据都是"是否挑战美国"。美国对未来竞争的担心，出现在美国官方或民间各类战略报告中，出现在一些学者的严肃的学术论著中，[①] 也出现在一些关于未来的科幻影片中。当然，这些描述大都是虚构出来的，不过这些虚构的未来世界情境十分典型地反映了美国对所有竞争对手的定位所带有的虚幻化特点。

除了"敌人"和"竞争者"，"极致个人主义者"还需要在"他者世界"中找出那些他认为地位较低、较落后、需要帮助的人。极致个人主义者有时需要将"他者世界"的人转换或融入他的"亲密的社会关系与文化"层的一部分，因此对他们表现出强烈的情绪上的联系和积极的态度：关爱、帮助他们，拯救他们甚至为他们作出牺牲。但这样做有一个前提，就是被帮助者永远不会挑战帮助者的地位并完全听从帮助者。出于一种普遍主义的看待世界

---

① 亨廷顿教授在《文明的冲突与世界秩序的重建》一书中就充满想象力地描绘了未来世界文明间的战争情况。见〔美〕塞缪尔·亨廷顿《文明的冲突与世界秩序的重建》，周琪等译，新华出版社，1996，第361~366页。

的心态，当极致个人主义者看到非洲挨饿的儿童、处在专制统治下的人以及种族屠杀时，更容易出现情绪上的激烈反应和干预冲动。美国在世界各地插手别国事务，干涉别国内政，但同时也提供大量的人道主义援助，真诚地帮助这些国家的人们。美国对世界各地人权状况的极大关注当然有其自身的政治打算并且也常作为外交上一张牌打出，但如果说美国人的这些行为完全不真诚那也不符合事实。我们看到来自美国的具有献身精神的非政府组织和大批充满活力的志愿者活跃在世界各地，他们亲吻和救治艾滋病人，拥抱、救护在饥饿和肮脏环境中挣扎的非洲儿童。当美国士兵为"正义"而公然将坦克车开进伊拉克领土的时候，我们也看到勇敢的美国反战者与伊拉克人站在一起企图阻止战争。当有人从虐待伊拉克战俘中获得"成功喜悦"的时候，一些美国志愿者也在真心帮助伊拉克人。但需要指出的是，帮助者与被帮助者不是也不可能是平等的。从心理文化上看，他们表现出的高度献身精神与那些同样具有献身精神的传教士一样，皆出于一种居高临下的"我在拯救你"的心理。当然，他们对这些需拯救之人的定位与他们对自身的定位一样，仍然带有很大的虚幻成分。

关于"极致个人"在人际关系方面的虚幻主义特点在国际关系上的反映，许烺光曾精彩地论述道："基于同样心理，这种虚幻主义也延伸到国际关系上面。极致个人主义者受限于自我中心的观念，被教导要以自己的想象去塑造世界。他要超越所有障碍来提升自己。如果需要的话他甚至会忍受顺从以达到目的。但是对于那些地位低的人来说，他则会要求大家符合他的期望。他也许会投入很多精力，非常照顾他们，帮助他们，教育他们，并不怕麻烦地改造他们，直到他们俯首称臣，并照他的吩咐去做。对他而言，最无法忍受的是他认为地位较低的那些人要求与他平等，更糟的是实际上要凌驾于他之上。由于极致个人主义者终极的目标是要超越所有的人，因此他无法忍受挫败或自己的领先地位被改变。他会拒绝承认这样的改变，并取消主动接触。如果需要的话，他当然也会为了保持领先而诉诸武力。接着他会企图建构一些令他满意的理由来解释为什么这样做，不论这些理由是否能够让其他人信服。在白人社会的人际关系中，极致个人主义者也许会暂时承认较低的地位，以作为权宜之计，但是在国际关系中，极致个人主义者绝对无法忍

228

受他的社会比别人落后。"①

美国对中国态度的变化或可很好地说明这一点。改革开放前以及改革开放之初，中国羸弱，根本没有能力与西方竞争。出于对抗苏联的需要，那时的中国在美国眼中是需要帮助、保护的对象，故形象较好。随着中国实力的增强，美国开始感到自己受到挑战，于是对中国政治制度人权等问题的批评加剧。公平而言，尽管还存在很多问题，但总体而言中国是不断进步的，但事实上美国对中国的看法却变得更为负面，其根本原因就是美国对中国的判断不是根据现实而是根据是否会对美构成挑战，尽管这里的"根据"很大程度上只是一种虚幻。类似的情况也存在于美国对日本的态度上。任何一个原来处于弱势的"他者"，一旦出现可能威胁（或者说美国认为可能会威胁）美国的领先地位，美国对其态度就会变得敏感而扭曲。

有的论者将"扩张主义"视为美国外交的一个重要特点。② 美国建国史上有明显的扩张主义色彩，例如美国用"坚船利炮"开拓边疆，从建国初期的北美 13 州逐渐扩大为 50 个州等。但笔者认为不能将其与殖民国家的扩张主义相提并论。《独立宣言》以及美国多位总统都谴责殖民主义行径，事实上美国也没有海外殖民地。有时候美国的确是"不情愿地"被拖入世界事务中来的。③ 这种所谓的"扩张主义"，在笔者看来称作一种基于"极致个人"心理 - 社会均衡特点的、与"外部世界"有强烈感情联系的"介入主义"或许更妥。这里既包括主动制服敌人（如海湾战争、伊拉克战争）、战胜竞争者，也包括被动卷入战争（如第二次世界大战），还包括承担保护自由世界的责任、向全世界传播自己的价值观和生活方式、对外积极提供大量援助、进行人道主义干涉、努力建立国际机制以维护人权等积极心态，以及通过强调自己的"山巅之城"而向世界展示自己光明之处、希望世人效仿的较为积极的心态。美国认为有权利且有义务让这个世界更美好而插手世界各地事务，充当世界警察的角色，尽管有时候他未必完全情愿这样做。我们常把美国这种干涉他国内

① 〔美〕许烺光：《许烺光著作集 9：彻底个人主义的省思》，许木柱译，（台北）南天书局，2002，第 10 ~ 11 页。

② 王晓德：《美国文化与外交》，世界知识出版社，2000，第 174 ~ 227 页。

③ 薛涌：《直话直说的政治——美国：不情愿的帝国》，广西师范大学出版社，2004。

政的做法批评为"霸权主义",但美国人对此并不敏感。何止不敏感,他们还对受帮助者拒绝帮助感到迷惑不解:我拉你走出黑暗,摆脱专制,有何不妥?事实上,美国也的确是阻止诸如种族屠杀、独裁者萨达姆吞并弱小邻国科威特那样的行为,使世界免于种族灭绝以及残暴统治的重要力量。在我们看来重要的不是这些行为本身,而是,一方面,美国人在这样做的时候总是与上帝的召唤以及某种强烈的道义感相联系,因而投入较强烈的感情且其行为也有了救人于苦难之中的宗教救赎意义。另一方面,美国随时都可能退到孤立主义,因为当它抱着某种虚幻的态度搭救"他者世界"中需要帮助的人时,结果往往与其预期相去甚远,甚至发现后者竟是那样"不可救药",故其热情易受打击。美国对外部世界的"孤立主义"与"介入主义"态度看似矛盾,实是一个事物的两种表现形式。二者都伴随着一种更积极的情绪。从心理文化的角度看都是极致个人主义者缺乏内心安全感、需要以多样化手段获得心理–社会均衡的表现,只不过一个指向内部自我,一个指向外部世界而已。

第十三章
"软实力"、"极致个人主义"
与美国人的基本人际状态

一 "软实力"、"文化吸引力"
与"极致个人主义"

美国哈佛大学政府学院前院长约瑟夫·奈提出的"软实力"（Soft Power，又译作"软权力"或"软力量"）概念似已成为近年国际关系研究界广受关注的话题。奈将软实力定义为"一个国家通过内在吸引力在国际上获得其渴望的利益的能力"。"软实力是通过吸引而非强迫或收买的手段来达己所愿的能力，它源于一个国家的文化、政治观念和政策的吸引力。"[①] 他把软实力界定为文化（在能对他国产生吸引力的地方起作用）、政治价值观（当它在海内外都能真正实践这些价值时）及外交政策（当政策被视为具有合法性及道德威信时）等三种。[②] 一个国家的外交所体现的价值观若能对公众产生吸引力，得到其他国家、公众的理解和支持，便有助于本国外交目标的实现。奈还指出，在一个信息化和相互依赖的世界上，权力的转化力减弱，扩散性增强，这导致国际体系的结构变化和军事力量作用的下降。在这种状况下，以"同化性"为标志的软权力发挥越来越大的作用。"同化式实力的获得靠的是一个国家思

[①] J. Nye, *Soft Power: The Means to Success in World Politics*, New York: Public Affairs, 2004, 中文版参见〔美〕约瑟夫·奈《软力量：世界政坛成功之道》，吴晓辉、钱程译，东方出版社，2005，第 2 页。

[②] 〔美〕约瑟夫·奈：《软力量：世界政坛成功之道》，吴晓辉、钱程译，东方出版社，2005，第 11 页。

想的吸引力或者是确立某种程度上能体现别国意愿的政治导向能力。"① 软实力在行为性质和来源上的差别表现在支配力与吸纳力上。支配力是利用强迫或引诱的方式改变他人行为的能力，而吸纳力是利用文化和价值观的吸引力，或通过操纵政治议程的选择，让人感到自身的目标不切实际而放弃表达个人愿望的能力。根据手段的差异，支配力与吸纳力也有程度上的差异。武力胁迫比引诱有更大的支配力，价值观与文化比机构体制有更大的吸纳力。

需要指出"软实力"这个概念的文化背景。"软实力"是相对于硬实力（hard power）而言的，用武力征服是"硬实力"，而通过价值观输出、传教等方式让对方自愿改变其行为即为"软实力"。但不管是硬是软，"power"是一种施加于他人，试图改变、征服他人的力量。这个概念本身反映的是个人社会对外部世界的积极、进攻性的态度，只是名字上比"硬实力"好听一点而已。因此，一些学者批评说，鼓吹软实力的人以一种足以抗衡或吞并他人的"实力"膨胀自己的软实力，压制其他文化可能产生的吸引力，故是美国推行其霸权的一种形式。②

从文化传播的视角看，"软实力"乃指文化上的相互影响现象，是一个国家对他国的吸引力或影响力，或一种同化能力。一个国家的软实力与国家的硬实力和影响力有关。在国际社会中，核心行为体的价值观和行为方式通常会向非核心行为体扩散，非核心行为体或出于自愿或被迫，会内化核心行为体的价值观和行为方式，这就是国家行为体之间的"社会化"现象。美国强大的软实力当然与美国处于超强地位、具有超强硬实力有关，但倘若核心行为体的价值观对非核心行为体没有一定的吸引力，也不会引起后者的内化行为。奈等人认为，一国文化力要对他国产生吸引力，就必须使"该国的主导文化和理念更接近于普遍性的全球规范"。把"普遍性的全球规范"批评为"以美国为主导的文化霸权"是失于武断和感情用事。

---

① 〔美〕约瑟夫·奈：《硬权力与软权力》，门洪华译，北京大学出版社，2005，第107～108 页。
② 自约瑟夫·奈提出"软实力"概念以来，中国学者发表多篇文章批评这个概念的提出是为了推行美国的文化霸权。"对于他们来说，软实力是以征服别人、获取私利为唯一目的，披上伪装的一种本领。他们极力膨胀自己的文化和软实力，是为了压制其他文化可能产生的吸引力，认为对方是一个威胁。"乐黛云：《中国文化如何面向世界》，见 http://news.ifeng.com/opinion/lecture/special/ledaiyun/。

至少，这种批评没有对软实力的核心内容——价值观及其内化——进行仔细分析。不能否认，美国软实力在全世界扩散的一个重要原因是其核心内容——自由、平等、人权、民主价值观理念具有吸引力。因此，奈把那些多数人认可的、能够引起人们自觉内化的价值观称为"普遍性的全球规范"似无不妥。

值得注意的是，鼓吹软实力的学者们实际上把基于美国版的个人主义价值观作为美国软实力的核心内容。这样，美国的"软实力"问题在相当程度可转换成"极致个人主义"的吸引力问题。探讨美国的个人主义是一个古老的题目，最早对美国个人主义系统深入思考的学者是法国的托克维尔（Alexis de Tocqueville），他的巨著《论美国的民主》讨论了美国个人主义与欧洲个人主义的不同。许烺光也沿着这个路子继续讨论，他在《中国人与美国人》、《宗族、种姓与社团》及《彻底个人主义省思》等著作中，把美国版的个人主义称为"极致个人主义"（rugged individualism），并将此视为了解美国人性格和美国社会的关键。在冷战结束、美国在世界的影响力更为彰显的今天，以约瑟夫·奈为代表的美国自由主义学派将美国的"软实力"与美国的价值观联系起来，提出了根据已经变化了的世界重新评估美国软实力的核心——极致个人主义——的影响，思考其吸引力及局限性的问题。

二 美国软实力的表现

尽管"软实力"概念存在广泛争议甚至被批评为推行美国文化霸权之辞，但美国模式取得的骄人成就以及美国的核心价值观和文化在全世界引起广泛扩散却是事实。约瑟夫·奈直言不讳，美国比任何其他国家拥有更多传统的硬权力资源，并拥有意识形态和制度上软权力的资源，借此维持它在国家间相互依存新领域中的领导地位。的确，特别是冷战结束至今，美国拥有的软实力比历史上任何时候都强，都更让美国人引以为傲。它取得了许多令人赞叹的经济和技术成果，科研能力一流的大学吸引着世界上的优秀人才。美国的科研和教育表现出高度的创造力。以诺贝尔奖获得者的情况为例，2004～2015 年的诺贝尔科学奖分布情况是：美国 43 人次，占全部获奖人数的 50.6%。① 美国的超级市场和快餐店在世界各地不断被复制，② 苹果、谷歌、可口可乐、英特尔、微软、福特等大型跨国公司的名字几乎是家喻户晓。根据波士顿咨询公司（BCG）公布的数据，2020 年全球创新 50 强企业中，美国企业占了 27 家。2019 年世界大学排名前 50 所大学中，美国占了 30 所。③ 世界上许多国家的教科书上的商业和工业管理知识多来自美国。美国是世界上"最古老"的现代民族国家，可以说是我们人类现代民主政治的实验场，它有年代久远、施行连贯的成文宪法和成熟的宪政经验，有如何在众多的族裔和文化群体中谋求共处的经验教训。尽管 2020 年底的美国总统大选暴露了美国宪政的一些缺陷，但其政治制度显示了较强的自我纠错的能力。美国的电影、流行音乐在世界许多地方受到欢迎。许多青年为了赴美实现"美国梦"而夜以继日地准备考"托福"或考 GRE，以至于为此兴起了一门新兴的产业。2008 年美国发生"金融海啸"以后，出现了美国已经衰落的看法④，特别是 2016 年和 2020 年两次美国总统选举暴露出的美国宪政制度的缺陷以及新冠肺炎疫情突袭而至以来美国在应对疫情政策上的失误，更支持了这种唱衰美国的观点。但需要指出，美国目前仍是世界上最强大、最具创造力的国家，并且短时期内没有国家能够超越。还有一点值得注意，即这种唱衰美国的观点忽视了美国有强大的自省和自我纠错能力。从历史上看，每遇到危机，最严厉的批评、最起劲唱衰美国的声音恰来自美国自身。有人把美国的自我批评当作美国糟糕制度的证据，恰恰相反，存在激烈的自我批评本身恰是一种制度具有自省和自我纠错能力的表现。

上述美国的软实力表现还不是最重要的。一个国家软实力的核心是价值观的吸引力。自由、平等、人权、民主这一组相互联系的价值观构成了美国（至少是美国的主流社会）推崇的价值观的主要部分，亦是美国立国的重要思

---

① http：//ask. kedo. gov. cn/zhidao/lifewiki/820006. shtml，登录日期：2016 年 1 月 27 日。
② 麦当劳快餐店可以说是一个代表。该公司 2018 年在全球有 3.8 万家分店，从业人员 210 万。从北极圈到新西兰南端，在世界 119 个国家都能看到它的分店。
③ https：//www. sohu. com/a/272326263_ 181782，登录日期：2021 年 2 月 4 日。
④ 较近、分析较严肃的一篇唱衰美国的文章见《财富》杂志：《美国正衰落的 12 个迹象》，http：//finance. sina. com. cn/world/20150727/223222803813. shtml，登录日期：2015 年 10 月 6 日。

想。自由是美国推崇的价值观中最重要的理念，它甚至成为美国（也是某种意义上的西方）制度的代名词。美国的《独立宣言》《美利坚合众国宪法》《人权法案》都确认了自由这一理念。这一理念在罗斯福总统时代被提炼为人在四个方面的权利，即广为人知的"四大自由"：言论自由、信仰自由、不虞匮乏和免于恐惧的自由。"四大自由"理念可以说是基于个人社会、精致表达于美国社会的现代人类文明的伟大精神成就之一。

美国主要价值观的其他内容均与"自由"这一理念相联系："平等"是自由人的前提，因为人若束缚于等级制、极权、传统纽带（如血缘、地缘联系），便无法自由；"人权"的实质是指与我们生命存在相关的身体、财产、名誉、言论等权利不受侵犯。人权思想的出发点和归宿正是对个人自主的追求。这一价值观鼓励个体自由，能够使个体体验到独自行为的存在感和尊严；"民主"作为一种价值观，是一种尊重个人表达、个人权利、个人尊严、个人选择的理念，政治上的民主制度则是基于这种理念的制度设计。

个人主义是个人社会的产物，在西方有悠久的传统，在美国则发展为一种更精致的形式。这一组相互支持的价值观可以说是个人主义价值观的精致化，或可称为"极致个人主义"。这一套价值观受到美国主流社会的认可，既是美国社会赖以存在以及取得巨大成就的思想基础，也构成美国外交政策合法性及道德威信的价值基础。尽管美国推崇的这些价值观有其缺陷并在向外推广过程中出于政治目的常常将这一套价值观作为打压别国的工具，但它对内对外是一致的，并确实包含着人类普遍适用的价值成分。当然，在现实中这一套价值观很难完全实现（所有社会的价值观都是如此），但它描述的这种值得追求的愿景具有相当大的吸引力。尽管人们也批评美国政治制度的缺陷，指出美国也存在严重的人权问题等，但似乎很少有人公开彻底否定自由、平等、人权、民主理念。

美国核心价值观的吸引力以及美国社会取得的成就，使美国的政治家说话底气十足甚至傲气凌人。东欧剧变、苏联解体更让华盛顿的决策者们坚信，这是美国价值观及其制度的绝对胜利，其标志是"美国标准"的全球流行，甚至出现了"全球化即是美国化"之说。美国领导人的历次演讲都充满这种自信。2002年布什在清华大学演讲中说："我们国家成为一个希望的灯塔是有原因的，世界各地很多人梦寐以求地来到美国也是有原因的，是因为我们是自由的国度。"① 奥巴马在 2016 年 1 月 12 日演讲中说，现阶段，美国是地球上最强大的国家。他否认美国已经衰落的说法，称"每次遇到重要国际问题，世界并不指望中国或俄罗斯起到带头作用，他们会找美国"。② 特朗普执政期间实行"美国优先"政策，美国领导人不再频繁鼓吹拯救世界，但在拜登执政以后，美国重提要领导、指引世界的口号。

我们必须承认，美国模式所取得的成就以及尤其冷战结束后美国在世界上影响力的增强，有理由使美国人骄傲。但也应看到，世界面临的问题并没有因美国影响力的扩大而减少。尤其令人担忧的是，拜登上台后的美国正利用其强大的影响力，联合世界主要发达国家围堵中国，世界面临重回"冷战"时代的危险。现在的美国可以说仍是一个正陶醉于自己取得的惊人成就的"超人"。但需要告诫这些傲慢的人：过度的自我陶醉会妨碍对自身"软实力"的局限性进行深刻反思，这无论是对美国自身还是世界都是不利的。

三　美国软实力的心理文化基础：美国人的基本人际状态

从心理文化学提出的人类"生存谱"③ 来看，"个人"这种基本人际状态是一种均衡度最低、人的"生命包"（"心理－社会均衡体"的第 3 层）最不稳定的一种类型。美国人的基本人际状态又是个人类型的极致形式，其不稳定性更甚。在这种基本人际状态下，个体"生命包"内容变动不居，亲属成员只是其暂时成员，个体较缺乏安全感，需要采用动态、多样的方式动员心理－社会均衡体内外各层的内容才能获得心理－社会均衡。在这种模式下，个体的独立和独创性受到更大的强调，较少受亲属、传统、习俗、等级、超自然等方

---

① http：//news. sina. com. cn/c/2002 - 02 - 23/0022482803. html，登录日期：2016 年 1 月 27 日。
② "President Obama's Final State of the Union Address," Jan. 12, 2016.
③ 参见尚会鹏《心理文化学要义：大规模文明社会比较研究的理论与方法》，北京大学出版社，2013，第 159 页。

面的束缚。强调独立在"心理－社会均衡体"中意味着主要以第 4 层（"可表意识"）的内容来界定自我。这样的自我是一种独立型自我，即个人通常是从"我"这个第一人称单数的立场出发，从个人的权利、快乐、幸福，个人的地位、机会等个人要求的满足情况来考虑问题。美国人从小就被训练独立，不依赖任何人，接受"我是最重要的""我是世界上独一无二的"之类的教育，以独立、自由为荣，以依赖、受束缚为耻。独立是一个人成熟的标志，也是很高的评价。人与人的交换模式趋于等价交换，即没有任何人身束缚和感情羁绊的交换模式。在这样的社会，"个人的彻底自由"成为文化的终极理想，社会整合出一套与之相适应的"价值观束"：自由、独立、平等、自我实现、竞争、进步、创造性、成功等，构成美国式"个人主义"（我们称之为"极致个人主义"）的主要内容。这些价值观主要基于人的"个体性"属性（人的另一大属性是"相互性"），人的基于生物体基础的欲望、要求、权利和存在感被强调，推动着个人不屈不挠地争取实现自我的目标。

由于"个人"这种基本人际状态更强调作为生物体的个体，那些有利于满足个体生物性要求的价值观受到强调。人作为生物体的基本要求有两个方面，一方面与延续我们自身生命有关，吃、喝、安全以及占有物质财富等。另一方面与延续种群有关，即"性"方面的需要。与第一类相联系的价值观能够使我们的身体感到舒适，生活感到便利，因此更容易成为消费主义、享乐主义以及生活上的方便主义的生物基础。与第二类需要相联系的价值观则表现在扩散了的性方面。性是人的活力的一部分，好莱坞的爱情大片，性感十足的身体图片、体现个体生命力的激烈律动的舞蹈以及完全以个人为本位的自由婚姻等，符合人身体深处的"力比多"。2015 年 6 月 26 日美国最高法院做出的一项同性婚姻合法的判决，或能说明"极致个人主义"的美国在"婚姻自由"方面能走多远。同性恋婚姻合法化是典型的以个人感情、个人幸福为本位的价值取向：只要有爱，就可以结婚，无须考虑性别、是否生育子女以及对养育下一代是否有利。[①] 与这两方面的要求相关的价值观经过整合后，提炼出的自

---

① 笔者认为，不歧视同性恋与同性恋婚姻合法化不是一回事。笔者对此事的忧虑是：如果说"两个成年人相爱，出于自愿，对第三方不构成伤害"足以构成同性婚姻的合法性，那么基于逻辑的自洽性与标准的同一性，近亲结婚、不伦婚姻以及群婚也没有理由不合法化。

由、平等、人权、民主理念被称为"极致个人主义"的核心。

个人主义在 19 世纪的西方世界已经非常盛行，到了 20 世纪，个人主义在美国发育为一种更精致的形式即"极致个人主义"，亦构成美国意识形态的核心。"极致个人主义"使美国这个国家朝气蓬勃，热情，富有创业精神，创新受到鼓励，政治上严守民主原则，将荒凉的北美洲建设成了当今世界上最强盛的国家。个人主义的生活方式充分发挥了人类个体的潜能，通过其杰出的经济、工程、生物医学等方面的成就，美国在寻求物质享受和舒适方面走在其他社会的前面。美国的成就可以说代表了我们人类在"个人"这种基本人际状态下所能取得的最辉煌的成就，其经验应当是我们人类财富的一部分。"过去三百年来，西方人之所以能凌驾世界其他地区，凭借的不是宗教或浪漫之爱，而是意识形态、科技、组织的狂热和技巧。自立的意识形态使它能抛弃父母权威、帝王势力、中世纪魔法的枷锁，而迈向更大的组织，如民主和集权国家，普救世人的教会和工业帝国。当西方与非洲、东方相遇时，是西方人的科技和组织精良的武器降伏或主宰了其他世界。"[1]

四 美国软实力为何具有吸引力？

从"文化吸引力"意义上理解美国的"软实力"，就需要回答"美国的软实力为什么有吸引力"的问题。这里主要讨论作为美国软实力的核心——自由、平等、人权、民主价值观的吸引力问题。

价值观是一个社会群体判断社会事务时所依据的是非标准，是人类对"什么是重要的""什么是有价值的"问题的看法。不同文明对"什么是有价值的"有不同的价值排序，故而形成不同的价值观系统。但人类也有一些基本的价值观是相同的，例如无论哪一个文明，杀人、偷盗都是不好的行为。在人类交往日益密切、各文明之间的融合日益加深的今日世界，人类对一些基本

---

① Francis L. K. Hsu, *Rugged Individualism Reconsidered*: *Essays in Psychological Anthropology*, Knoxville: University of Tennessee Press, 1983, p. 14.

的价值取得了共识，一些原本与某种文明相联系的价值观得到人类的普遍接受，这些共识的一部分以《世界人权宣言》（1948 联合国大会年通过）、《公民权利和政治权利国际公约》（1966 年通过，1976 年生效，中国政府于 1998 年签署）之类国际文献体现出来，为全人类的交往提供了规则基础。例如，平等、自由、人权、民主价值观源于西方个人社会，在极致个人的美国社会文化中受到推崇，但这些价值观内容也体现在上述国际文件中，是人类演化到现代文明阶段的共同成就。

在历史上，当一个国家成为一个国际秩序中的核心行为体的时候，该核心行为体的价值观就会向外扩散。但似乎都没有像今日世界这样源于西方个人社会的价值观出现如此广泛的扩散。近代工业文明从西方兴起后，随着西方国家对世界各地的贸易和殖民统治，出现了西方文化成分扩散的现象。殖民统治结束以后，这种扩散仍没有停止。这主要表现为那些能够使我们有机体更感觉舒适的汽车、弹簧床和豪华空调的居室等设施的普及，那些能满足我们口味的昂贵味美的食品和饮料的发明，那些能使我们的生活更为方便的电子产品的使用等。这些物质上的进步激发了我们从未有过的欲望，使我们惊叹人生竟有如此多的美妙享受。我们也接受了许多新的价值观和行为方式，譬如我们都喜欢不受束缚地自由工作，不喜欢父母包办我们的婚姻。我们对独立精神大加赞赏并要求我们的孩子独立、自食其力。我们也推崇创造性，提倡培养创造性人才等。现在，连"隐私权"这个完全基于个人社会经验的观念也已进入我们的日常生活并成为一项法定权利。我们接受了男女平等思想，抱怨目前的教育、医疗问题上的不平等，希望弱势者与优势者能平起平坐，使更多的人有机会去获得以往只有少数人才享有的东西，如此等等。从根本上说，这些变化皆源于我们接受了那些强调人的个体性的价值理念。否认这些价值理念对我们的行为以及社会的影响是不符合日常生活事实的。

基于我们生物体基础的价值观的扩散还表现在性欲的扩散方面。我们生活中性的扩散现象越来越多。中国社会对性的态度日趋开放，"性魅力"在我们的生活中已成为一个褒义词，充满性感的图片、电视电影画面以及带有性意向的广告大量进入我们的日常生活。强调爱情的自由恋爱婚姻已成为我们婚姻的主要形式，至少已成为许多人追求的理想婚姻形式。从以往世界文明经验看，很少有社会让个人自己决定婚姻，美国在这方面实行的自由婚姻制度是一种明显的例外。但现在这种婚姻制度在今日世界上已成为婚姻制度的主流。在中国年轻人中流行的节奏自由的音乐、混乱而带有强烈律动的舞步以及好莱坞大片所描写的惊心动魄的爱情故事等，皆与埋藏在我们心灵深处的生物性欲望产生了共鸣。我们所穿的衣服，从过去不能暴露身体的宽衣博带，朝着舒适、方便、突出个性（很大程度上是指性特征）的方向发生着变化。女士的泳衣越来越短以至于发展到今天流行的比基尼。如果现在有人再让我们穿上左右不分的旧式鞋子和前后不分的"免裆裤"，我们肯定接受不了。我们也喜欢民主制度，平等、民主的思想能使我们体验到行使政治权利的快乐，喜欢那些平易近人的领导，说他们有平等意识。强调个体权利、自由、平等能够使得我们感到受重视和自身存在的尊严（至少在理念上如此）。自由发表不同意见、批评领导、批评政府的权利得到保护，能使我们体验到被解放的自由自在的快乐。中国几十年的改革开放实践，使社会的活力得以释放，使我们的生活发生了很大改变。从根本上说，这主要得益于人的个体性的释放。

为什么个人主义价值观会吸引很多成长于"非个人社会"的社会（包括中国、印度以及日本等）中的个人呢？这是一个值得深入思考的问题。重要的原因是我们的世界的"个人化"趋势。这个趋势是同近代起源于西方的工业化、城市化过程相一致的。经济的发展使得个人越来越具有独立能力，而城市化使人对家庭、集团、权威的服从和忠诚心弱化了，人与人之间出现了"陌生化"趋势。"个人化"过程几乎与西方文化向外扩张同步开始，它在全世界展开，并且今天仍没有停止。当然，西方价值观和生活方式的世界性扩散与自18世纪下半叶以来西方的征服力量（硬实力）有关。但这只是部分原因，并不能解释全部问题。当殖民统治结束以后，基于人的个体性的许多价值观和生活方式仍广泛地扩散。在非西方世界引起了广泛的"内化"。这些价值观和生活方式与我们人的两大基本属性之一——个体性——相符合，皆根植于有机体基础，能使个体生活舒适、自由。"个体性"是我们身上一种试图摆脱各种束缚、释放受压抑欲望的内在属性，而"个人化"唤醒了我们身上的这一部分属性，以至于当我们接触到那些基于个体性发展而来的价值观和生活方式时难以抵挡诱惑。尽管许烺光曾预言:"在整体主义之下,随之而来的较大的团体,基本上是由国家支配和控制,偶尔也会对个人的欲望作妥协让步;在民主主义之下,随之而来的较大团体,基本上由私人组织和私人维持,偶尔也会允许国家作些干预。这两种趋势的发展,都必须以牺牲中国人或印度教徒的生活方式为代价。"① 但无论是许烺光还是托克维尔,还是低估了个人主义生活方式扩散的力度。因为信息化加速了世界性的个体化趋势,冷战的结束以及中国和印度这样的古老文明社会在市场经济和个人主义影响下的巨大变化,都只是最近几十年的事情。

五 "极致个人主义"的局限性

无法否认的是,世界正在出现的日益"个人化"使得美国的软实力对许多国家的人越来越具有吸引力,引起世界各地区的效仿。只要"个人化"趋势不停止,这种吸引力仍将继续下去。这似乎给人这样一种感觉,即美国的软实力代表了世界的未来,个人主义的价值观会在世界范围内普及。特别是冷战结束后,更加深了这种印象。极致个人主义取得的成功还使得美国正以宗教般的热忱在海外推广自由和民主以及生活方式,但世界的"个人化"趋势也有令人担忧的一面,我们需要认识作为美国软实力基础的"极致个人主义"的局限性。

第一,家庭联系的破裂与人的孤独。"极致个人"模式是人类基本人际状态中将人的"个体性"强调到极致的一种模式。其最大特点是人的生命包不稳定。在我们的分析语境中,这就是"极致个人"的心理-社会均衡度低的问题。极致个人这种精致系统将人潜在的知识能力发挥到极致,这种模式的优点和缺点都在于把个人推到了极致。通常说的个人主义是一把双刃剑。生命包的不稳定,在带来个人高度创造性的同时,也带来内心安全感的缺乏。在现实生活中实现最大限度的个人自由这个目标,意味着要

---

① 〔美〕许烺光:《许烺光著作集 5:宗族、种姓与社团》,黄光国译,(台北)南天书局,2002,第 306 页。

最大限度地摆脱人与人之间的亲密联系。生活的舒适、物质的进步只是我们生活的一部分，而且根据心理－社会均衡理论，这不是人的最重要的部分。许烺光指出："人类的利益至少包括底下两个成分：1，免于肉体痛苦、饥饿、营养不良，以及由于天灾和疾病引起的身体伤害；2，免于烦闷、漫无目的、畏惧他人、对于个人在社会中的地位充满严重的焦虑。"① 我们还需要和谐的人际关系和情感的满足，即需要免于烦闷、漫无目的、焦虑和畏惧他人。"摆脱匮乏，并不表示能摆脱人际的焦虑和敌对。"极致个人主义生活方式对于人类利益的第一个方面应当说是成功的，但对于第二个方面，即人类免于烦闷和恐惧方面，是很失败的，因为人类免于烦闷和恐惧必须建立在密切的人际联系之上，而极致个人主义的生活方式则阻断了亲密联系的建立。正像中国谚语"鱼与熊掌不可兼得"所言，极致个人主义带来了个人惊人的创造性的同时，也付出了个体孤独、失范的代价。强调独创性与行为失范是一个钱币的两面。极致社会将继续产生更多的天才和明星，他们在各个领域都能赢得优胜，但是也将无情地孕育出更多的失序和犯罪，他们反社会的创造力也将达到令人忧心的程度。因为在大众的观念中，犯罪者和社会所称颂或风靡的行为之间已经没有清楚的界限。② 美国囚犯比例居全球之首，根据美国前总统奥巴马引用的数据，美国有 7000 万人有某种犯罪记录，2000 万人被定过重罪。根据美国联邦调查局发布的 2014 年《统一犯罪报告》统计显示，2013 年美国共发生 116 万多起暴力犯罪案件，平均每十万居民中发生 367.9 起暴力犯罪案件。另据 2016 年的数据，美国18～25 岁人群中，有 22% 的人患精神病。③ 2016 年所作的统计显示，美国抑郁症患疾率为 7.4%，约平均每 13 个人中 1 人患抑郁症。④ 美国监狱已经成为美国最大的精神病院。当然，每个国家都有这样那样的问题，但与其他同样也属于"个人社会"的西方国家相比，美国在这些方面都是最严重的。列举这些数字完

---

① 许烺光：《许烺光著作集 4：中国人与美国人》，徐隆德译，（台北）南天书局，2002，第 514 页。

② 许烺光：《许烺光著作集 9：彻底个人主义的省思》，许木柱译，（台北）南天书局，2002，自序，第 xvii 页。

③ http://www.holine.com/DEC/123102.htm，登录日期：2016 年 1 月 27 日。

④ http://www.biosmonthly.com/contactd.php? id = 4749，登录日期：2016 年 1 月 27 日。

全没有政治意图，而是让人们认识到，当个人主义发展到极致时所要付出的代价。世界上那些接受了个人主义价值观的地方，已经出现并将继续出现与个人社会相似或相同的问题。

第二，竞争性人际关系带来的失败者的悲惨境遇。过度的社会竞争带来崇尚强力以及社会的暴力问题。美国社会的事实是，既有社会不平等现象，也有平等的现实。一方面是贫富悬殊，另一方却是强化了的平等观念，例如男女平等，官民平等。强调独立、自由、平等价值观非但无法让人免于漫无目的、抑郁、精神空虚，反会使人们陷入孤独和高度不安境地。在竞争中获胜（成功）是个人主义者获得安全感、地位和社会交往的重要手段，但问题是，与通过密切的人际联系获得的安全感和快乐相比，通过竞争取胜获得的安全感和快乐是短暂的。体育比赛中获得冠军得到的快乐是强烈的，却是短暂的。你可能比你的竞争对手、比你周围的人拥有更多的财富，也能获得快乐，但也是暂时的，因为他可能明天就超过你了，通常还有比你更富有的。更为重要的是，一个人的成功的背后是更多人的失败，成功者与失败者的比例不是5:5，也不是2:8，而是1:9。一个成功者背后可能有九个失败者，成功者通吃。以各种比赛为例，那么多人参加比赛，我们记住的通常是第一名。谁去关注第一名后面的那些人呢？财富的集中和严重的贫富悬殊造成了人际关系的更大紧张。强调竞争，有利于强者。由于完全由个人面对世界，没有亲密关系的人替他分担痛苦，所以失败者很惨。美国人成功了，想让全世界的人知道他或她的成功，分享成功，但失败了，只有他自己承担。没有对于失败的保护机制，因为这种文化把个体打造得太过"彻底"，没有关系亲密的人分担他的焦虑。个人主义给美国人带来了更多的财富、更大的社会进步的同时也给个体带来更大不安全感和更大的内心焦虑。社会越来越个人化，人的心灵就越来越缺乏安全感，人与人之间越容易变得敌对。"个人主义使得西方人在今日世界中得到杰出的地位，为什么在明日世界就不能再如此？这个答案必须在一个基础的人类学发现中寻找：人类的意识形态、科技组织方法是在社会与文化脉络中运作，而这些脉络不但决定它们的意义，也决定它们的结果。""人类团体之间的和平及个人幸福的关键，在于我们和他人的关系，而不是我们控制其他事物的关系。""发现和发展更深厚、更恒久的人际关系的关键，必须在人类发展的摇篮——家庭——中寻求。""摆脱匮乏，并不表示能摆脱人际的焦虑和敌对。"①

第三，消费主义、便利主义带来的环境问题。欲望的满足是无止境的，消费主义带来的是身体和自然环境的破坏。我们从欲望的满足、物质享受、竞争"成功"中获得的美妙快乐只能是短暂的。物质财富、地位名声等很快被更大的物质欲望、对更高地位的向往所代替。目前，建立在满足人的贪欲基础上的资本主义经济制度隐含着某种"正反馈"机制，即发展经济就需要不断刺激消费，而新产品的出现又使人产生新的欲望。这种"正反馈"与"极致个人"及其相联系的"极致个人主义"有关，源于对个体欲望的强调，为了使我们的身体舒适、生活方便而过于强调物质满足。因此，从长远来看，美国的软实力带有不可持续性特点。目前蔓延的消费主义、享乐主义、便利主义的生活方式已经远远超出了使我们有机体免于饥饿和营养不良的程度。过度的消费是对未来人的一种剥夺。如果世界都达到美国的生活标准，我们大体需要 7 个地球。建立在个人欲望基础上的现代经济制度必须不断刺激消费增加生产，才能提高经济增长率，而不管事实上人们是否需要。这种制度不是为需要而是为人的贪欲而生产，最终将彻底破坏地球的生态环境。从这个意义上，某些宗教极端主义者批评个人主义的扩散带来了世界的堕落是有道理的。

问题还在于，过分鼓励经济竞争、渲染对物质的追求，未必能提升人们的幸福感。从 20 世纪 40 年代末到 90 年代末的半个世纪中，美国经济蓬勃发展，人均 GDP 翻了 3 倍，但是有科学的幸福度测试表明，美国人平均的幸福程度没有任何提高。一个人乘坐高级防弹车中，保镖前呼后拥，恰恰说明此人缺乏安全感。在经济发展的同时，美国人的心理压力却越来越大。尽管 50 年来美国人的实际财富多了 3 倍，并拥有了 20 世纪 40 年代许多美国人不可企及的财产，例如空调、电脑、家庭影院等，但他们却并不比先辈们更为幸福。美国以民主的方式反对生活水平下降，因此很难自动减少消费。与此相联系，美国是

---

① 〔美〕许烺光：《许烺光著作集 9：彻底个人主义的省思》，许木柱译，（台北）南天书局，2002，第 151 页。

世界上最大的靠借债度日的国家。借债过日子也是对他人的一种变相剥夺,美国变得实际上十分依赖他国(特别是债权国)。从这里我们可以看出,当个人主义被推到极致时,便走向个人主义的核心——"自我依赖"——精神的反面。当一个国家及该国的多数人都是借债度日的时候,不是可以说这个国家的"自我依赖"精神已经崩溃了吗?

第四,美国在向外输出价值观时引起的反感与抵抗。世界个人化趋势的确有利于美国输出其建立在极致个人主义基础上的软实力。当代国际关系理论的基本原则实际上是随着西方人的组织力、科技、意识形态在世界上取得支配地位而流行起来的,其基础也是基于以美国为代表的西方人个人主义的价值观和生活方式,并引起了广泛的"内化"。但必须认识到,这是一个自愿内化的行为而不是强制行为。美国在这方面经常遇到一厢情愿地推行自身价值观带来的问题。笔者同意亨廷顿的分析:每种文明都以我为主来吸收外来影响。印度佛教传播到中国,中国并没有变成印度;中华文化影响日本,日本也没有变成中国。当一种文明认为自己是普适文明并强制向外推广时,往往是盛极而衰的开始。有远见的西方学者对此担忧,例如富布赖特曾把美国比作古希腊、罗马早期帝国、拿破仑帝国和希特勒第三帝国,认为美国与它们一样最终表现出"权力的傲慢",不懂得"权力"往往把自己与德性混为一谈,一个大国特别容易受这种思想的影响,即认为它的权力是上帝恩宠的象征,是上帝赋予它对其他国家的一种特殊责任——使它们更富裕、更幸福和更明智,也就是按照自己闪闪发亮的形象重塑它们。① 当然不能把现在的美国与西方历史上出现的几个帝国完全相提并论,但并非完全没有道理,它们在文化上有某种联系,其经验教训值得反思。

首先我们必须认识到,文化内核的改变类似生物基因的改变,是极为缓慢的。一些人认为西方在文化传播和媒体的优势是普适价值的证明,亨廷顿指出这是肤浅的误解。牛仔服、可口可乐和好莱坞电影的流行并不能带来文化的统一。反美的恐怖分子可以穿牛仔服,喝可乐,同时按照美国电影的桥段用民航飞机去轰炸纽约。美国以外的社会建立现代企业,喝可口可乐,接受民主、自

---

① http://ias.cass.cn/show/show_ project_ ls.asp? id=950,登录日期:2016年1月27日。

由的概念，并不说明会美国化。人际关系的模式是很难改变的，因为这些东西都需要在文化脉络中运行，而文化脉络不是那么容易改变。至于作为我们行为背后原理的文化为什么不那么容易变化的问题，许多方面我们现在还不清楚。但是一个有说服力的假设是：如果我们的行为那么容易变化，世界上文化的多样性早就不存在了，所谓民族认同、文化认同问题也不会存在了。像自由、平等、民主观念更难以像可口可乐、麦当劳快餐那样容易输出，因为它属于文化中"感情模式"部分，是难以变化的。这些东西都是要在社会文化脉络中运行并被赋予意义。当将这些价值观推广到"外部世界"时会遇到很大的麻烦。人的真正的独立自由无法实现，即便是在"极致个人"的美国社会，完全的自由、独立也无法实现。因为人若真的彻底自由，就必须退回到动物界，何况输出到异质的"外部世界"。当独立、自由、民主开始瓦解"外部世界"的社会中联结人们的各种传统纽带时，常常引起人们的反感和不适应，并憎恨美国在世界上的霸道行为。在非西方世界，有大量的人接受建立在"极致个人主义"基础上的美国文化，同时也有大量的人认为这种影响是"文化帝国主义"。美国的软实力在输出自由、平等价值观的同时也输出了反叛、暴力、人际关系的异化，引起当地族群撕裂、宗教矛盾激化以及激烈的反美情绪。依靠基于个人主义的、带有某种"个人原教旨主义"的自由、民主价值观，无法战胜宗教原教旨主义。从美国对中东输出民主的结果来看，正面效果并不明显，反倒出现了当地恐怖活动的增加、恐怖组织的坐大等反面效果。宗教极端主义以及与之相联系的恐怖主义活动猖獗，是自由、民主价值观推行者始料未及的。事实证明，以多元民主取代萨达姆的残暴统治要比推翻这个独裁者困难得多。伊拉克内部逊尼派、什叶派和库尔德人之间由来已久的矛盾，在美国式民主选举之下，演化为无法整合的宗教与民族冲突。而以埃及革命为中心的"阿拉伯之春"，最终被证明为不过是一场美国所不喜欢的"伊斯兰觉醒"。美国人往往无法理解，自己真心帮助别人的行为为什么会引起相反的效果甚至会受到被帮助者的激烈反对和抵抗。从这个意义上说，平等、自由的心理文化基础恰恰是美国人与他人难以相处的一个因素。

更重要的是，美国在将其软实力向外推销时，还遇到一个与其核心价值理念相悖的问题：若承认"外部世界"的人真正自由的话，就需要承认他们有权选择自己的信仰和生活方式而不受任何干预，这与美国推行其软实力的行为相矛盾。再如，如果国家是平等、自由的，那么每个国家都有发展核武器的权利，而这也是美国无法接受的。完全平等的关系无法给个人主义者带来安全感，人与人的平等关系只能带来短暂的联系，只是追求成功的一种手段。"四海之内皆兄弟"式的关系无法给个人主义者带来"成功的喜悦"，因为极致个人主义者的终极目标是要凌驾一切，需要对外部世界建立更多的感情上的联系和更积极的关系，或者帮助他们、解放他们，或者控制、征服他们。真正的平等意味着外部世界的人拥有与自己相同的权利，与自己平起平坐，甚至有可能超过自己，这是极致个人主义者无法接受的。外部世界的实力和地位哪怕是与自己有所接近，也会被判断为自己的失败。极致个人主义者不能容忍他认为比较差的人提出平等要求。更糟的是他甚至会诉诸敌对和暴力来防卫他自认的优越。所以美国人不能容忍伊朗、朝鲜等国拥有核武器，从根本上说，也无法接受中国、印度等这些后进国家的强大，无法接受通过全世界投票的方式决定世界事务的"世界民主制度"的建立。

美国推崇的建立在极致个人主义基础上的价值观正在（将来仍然会）向全世界扩散，但它是有局限性的，这种局限性也是当前世界"个人化"趋势的局限性乃至我们人类的局限性。① 通过对美国社会和民主政治的考察可知，当把人类身上的"个体性"属性发挥到极致时我们能够获得怎样的成就和会付出怎样的代价。美国的经验是全人类的，美国"极致个人主义"带来的问题，可能也是世界性的"个人化"趋势带来的问题。引起世界"个人化"的力量以"现代性"的名义正在侵蚀着家庭、集团、国家和所有的传统纽带，它像宇宙中存在的那个神秘的"暗能量"，使宇宙加速膨胀，使天体之间的距离越来越远。从这个意义上说，美国是全人类的一个实验场，我们从中可以学习到很多东西。

---

① 鉴于其局限性，有学者建议提倡一种"温和的个人主义"或"有限度的（qualified）个人主义"以克服其弊端。不过这是另一个问题，故不在这里讨论。

第四部分
日本、印度的国家形式与国际体系

导　言

这一部分包括四章，主要讨论日本和印度的基本人际状态与国家的行为模式。

第十四章讨论的是日本人基本人际状态的特点与日本外交的特点。日本人的基本人际状态是"缘人"，其特点也反映在对外部世界的态度和行为模式上。日本外交的暧昧、强调内部协商一致（所谓"根回"）以及对强者的服从和娇宠等特点，就是日本人基本人际状态特点的反映。

第十五章讨论了第二次世界大战时期日本提出的亚洲国际秩序——大东亚共荣圈。作者认为，"大东亚共荣圈"是当时日本对东亚国际秩序的一种设计，这个秩序带有日本人的主要次级集团——家元——的某些特征，如拟亲属性、等级性、家元长的最高权威等，而这些特点也反映在日本人的人际关系之中。把"大东亚共荣圈"这个由日本人提出的国际秩序与日本人的基本人际状态结合起来考察，是一个新的角度，得出的结论也富有新意。

第十六章讨论的是印度的国家形式与近代西方政治制度在印度的确立，分析了印度多元、复合的文化传统、分散型权力模式以及印度教之"法"与现代印度政治制度之间的关系。

第十七章讨论的是印度教徒的基本人际状态——阶序人与古代南亚国际体系的关系。古代南亚地区也有一个国际体系即"大法"体系。"强文明体、弱组织体"是古代南亚国际体系的主要特点。该章还探讨了"大法体系"与印度教徒基本人际状态之间的关系。

第十四章
日本人的基本人际状态与日本外交

一 探讨日本人行为模式的努力

论者常有"个人主义的西方""集团主义的东方"之说，给出日本人完全湮没于所在组织中而"缺乏主体性""没有自我"等结论。① 显然，这种见解是将一种"有主体性"和"有自我"的社会（实际上是美欧个人社会）作为参照物来立论的，蕴含"不成熟""欠发达"之贬义。另一些学者则看到采用主要基于西方经验的社会科学概念解释日本人行为时所遇到的困难，试图摆脱西方中心论的立场。他们从日本社会某些特有的范畴出发来解释日本人和日本社会，例如土居健郎的 *amae*② 理论企图表述日本人独特的心理文化特征，中根千枝的"纵式社会"③ 论则试图描述日本人人际关系方面的特点等。他们虽不同程度地认识到用源于西方个人社会的概念描述日本社会之不妥，④ 但他们

---

① 如美国学者、外交家 Edwin O. Reischauer 的 *The Japanese*（中文版见埃德温·莱肖尔《日本人》，上海译文出版社，1980），日本学者南博都有类似的看法（『日本の自我』、岩波新书、1983 年）。

② 对该理论的评介见尚会鹏《土居健郎的"娇宠"理论与日本人和日本社会》，《日本学刊》1997 年第 1 期。

③ 中根千枝『タテ社會の人間関係』、講談社、1967 年。对该理论的评论见尚会鹏《中根千枝的"纵式"社会理论浅析》，《日本问题研究》1997 年第 3 期。

④ 中根千枝将之喻为"做和服不用鲸尺而用米尺"。采用米尺做和服，尺寸会出现许多零头，如"28 厘米零 3 毫米"之类，倘若把厘米或毫米以下的零头舍去，做出来的和服就不像样子了。见中根千枝『タテ社會の人間関係』、講談社、1967 年、14～15 頁。

在强调日本社会文化的独特之处时，仍多少给人"西方正常，日本特殊"之感觉，尽管他们可能并非有意为之而且许多时候都否认这一点。

二战后日本的经济奇迹大大增强了日本人的自信，这在学术界的一个反应就是人们对西方中心主义的研究方法进行了更多的反思。一些学者开始从方法论上着手建立分析日本社会的新范式，这在所谓"日本文明学派"① 的一些学者的理论中多有体现。这些学者不再满足于日本"亚流文化""卫星文明"的定位，而视日本为一独立的文明体系（如梅棹忠夫的《文明的生态史观序说》），有的学者甚至走得更远，认为日本文明是比西方和中国更为优越的文明（如公文俊平的"日本网络文明理论"）等。浜口惠俊可以说是"日本文明学派"的一个重要代表人物。他受许烺光的影响（他是许著 Clan, Caste and Club 日文版的译者之一），其论带有心理学色彩。他首先设问：如果说日本人"没有主体性"，那么为什么能够实现经济的高度增长呢？他从"人的系统"角度出发，认为问题出在研究者所使用的"个人"（the individual）这个主要基于西方经验的概念上。对此他提出了与个人相对的概念——"间人"，用以指称日本社会的"人的系统"。日语称人为 ningenn，汉字作"人间"，浜口将"人间"词序作一颠倒，创造出"间人"（英语表述是 the contextual）一词。"间人"的"间"指人际关系。应当指出，这不是简单的词序上的变化，"人间"的含义是"人"，而"间人"含义为"重视相互作用之人"，后者描述的实是一种"人的系统"② 或"人的生存状态"，也是一种新的研究范式。"个人"强调的是"个"（个体），而"间人"强调的是"间"（相互关系），这种状态下的个体更趋于参照他人的行为决定自己的行为，可以说是一种"与他人相协调的个人"。个人模式下的个体是在彼此界线清晰的条件下相互作用的，而且趋于将人际关系作为手段，而在"间人"模式下，个体界线很不明确，互有共同的生活空间，而且个体都将这个共有空间视为人存在的必不可少

---

① "日本文明学派"是日本人类学家祖父江对日本研究文明与文化学者的称呼。以伊东俊太郎的《比较文明学》、梅棹忠夫的《文明的生态史观序说》、上山春平编《日本文明史》7 卷为先驱，学者人数众多。

② 濱口惠俊『日本型モデルとは何か　国際化時代におけるメリットとデメリット』、新耀社、1993 年、7~8 頁。

之要素，即近乎一种"你中有我，我中有你"的状态。这种状态下的人与其说是独立的个体不如说是一种"关系体"。人存在的本质是"相互性"与"个体性"的统一，而"间人"是一种更强调人的相互性的生存状态，而且从世界范围看，"间人"是一种比"个人"更普遍的生存状态。①

"间人"概念是浜口惠俊整个理论的核心。由此概念出发，与"间人"相关的价值观体系称为"间人主义"。浜口相信这是一种完全不同于西方"个人主义"的、支撑着整个日本人际关系的东西。浜口概括了"间人主义"的三个与"个人主义"相对照的特征。② 第一，相互依赖。这种基本人际状态预设，人不能独立存在，相互依赖必不可少，人需要照顾别人并从别人那里得到照顾。而个人主义则是基于这样一种理念：将自我建立在明确的人格意识之上并将其视为社会生活之中心，不依赖他人，也拒绝被人依赖，只依赖自己并自己承担责任。第二，相互信赖。为了实现相互依赖，必须信赖他人，即相信他人对于自己的行为会在理解的基础上做出回应。而个人主义则是自我依赖，个体具有一种潜在的对他人的不信赖。第三，将与人关系视为目的。在相互信赖基础上建立起来的关系，并非出于战略的考虑加以利用，而是作为有价值的东西来尊敬，并希望无条件持续这种关系。而在个人主义情况下，个人把与他人间建立起来的关系只是作为个人存续的手段加以利用。③ 浜口认为日本社会的现代化走的是一条完全不同于西方"个人主义"的"间人主义"道路，其基本特点是：个人没有被"原子化"，强调群体利益和群体的和谐，相互信赖和相互依赖。浜口不同意用"集团主义"概念描述日本人的行为，主张用"作为方法论的间人主义"取代"作为方法论的个体主义"。

笔者并不完全同意浜口惠俊的这些概括。他的理论与其他"日本文明学派"的学者一样，都有过高评价日本文明独特性和优越性、过低评价"个人主义"的倾向。他的理论的这个缺点尤其被自 20 世纪 90 年代日本泡沫经济崩

---

① 濱口惠俊『日本研究原論：「関係体」としての日本人と日本社会』、有斐閣、1998 年、第 22 頁。

② 濱口惠俊『日本研究原論：「関係体」としての日本人と日本社会』、有斐閣、1998 年、第 22～29 頁。

③ 浜口惠俊、公文俊平編『日本式の集団主義』、有斐閣、1982 年、22 頁。

溃的事实所证明。但笔者高度评价他从"人的系统"的角度提出问题的研究方法。他的努力旨在提出一种新的研究范式，从根本上改变日本社会文化研究中西方中心论的倾向。我们知道日语中的"个人""社会"等词皆为西文之译语，日本把 society 译为"社会"、把 individual 译为"个人"分别是明治 10 年（1878）和明治 17 年（1885）的事。① 这些概念虽然翻译成汉字，但由于日本社会基础与西方不同②，用于描述日本（可能还有其他非西方社会）时，所指内容自然与西方不同，而研究者往往忽视这个问题。浜口试图告诉人们，日本人的行为方式与西方人的差异不是程度上的而是生活原理上的，故在描述日本社会和文化时也须用新的范式。"间人"理论是日本很有名的"日本人论"或"日本文化论"的一个理论流派。应当指出，中日共享汉字资源并在创造新概念上相互影响，浜口试图摆脱来自西方的翻译概念，利用汉字资源创造新的、更具有本土特色的研究范式的做法对于我们的研究工作具有借鉴意义。

但用"间人"概念指称日本人的"人的系统"也存在问题。笔者发现他是在两个层次上使用这个概念的。第一，相对于西方"个人"的层次。在这个层次上，"间人"不是强调人的独立性而是强调人的相互性，人不是独立的个体而是一种"关系体"。不过应当指出的是，他在这个层次上指出的"间人主义"以及"间人社会"诸特征，似乎并非日本所特有，其他非西方社会（如中国、印度以及东南亚）似乎也具有这样的特点。第二，不仅相对于西方，还相对于其他非西方社会，即"日本特性"（日本らしさ）的层次。浜口也注意到了同是东方社会而人的生存状态却不同这一事实，并试图概括日本人所特有的东西，如行为上的"协调主义"以及"恩义"关系等，并将这些特征也用"间人"概念来解释。笔者认为，用"间人"以及与之相联系的"间人主义"来概括这两个层次的内容不大妥当，用"间人主义"指称日本人人

---

① 中国在近代是从日本借用了这些译词，故使用时间应更后。

② 日本学者阿部谨也说过类似的话：贯穿日本的有两个系统，一个是明治以来的现代化的社会系统，一个是历史的、传统的系统。西方的社会以独立的个人为前提，社会是一个一个有尊严的个人组成的。与西欧社会不同，日本的"世间"没有个人。阿部谨也『世間とは何か』、講談社、1995 年、32 頁。

际关系模式正像用"关系取向"① 指称中国人一样，没有抓住研究对象最突出的特点。笔者认为应考虑将两个层次的内容加以区分。"间人"和"间人主义"可以用在与"个人"和"个人主义"相对应的层次。此外，我们还需要一个专门描述日本人特有的人际关系模式的下位概念，用来区分同样属于"间人"类型的中国人、印度教徒的基本人际状态。

二　"缘人"：日本人的"基本人际状态"

笔者建议用"缘人"概念来表述日本人的"基本人际状态"。

"缘人"这种基本人际状态的许多特征已为包括浜口惠俊在内的许多学者加以描述，这里需要根据一定的理论框架将这些特征加以概括和系统化。笔者认为许烺光的心理－社会均衡模型是一个有效的分析工具，在对这个模型作若干修正和完善后可用来描述"缘人"的基本特征。笔者将该模式的两个方面（心理和社会）进一步细化为四个方面，即将心理方面进一步分为"自我认知"与"情感模式"，将社会方面进一步细化为"交换模式"和"基本群型"两方面。以下尝试从这四个方面把握"缘人"这种日本人的基本人际状态，指出那些不仅与西方的"个人"也与同属东方的其他社会（如中国）的基本人际状态区别开来的日本人人际关系的特征。以下简要阐述"缘人"这种基本人际状态的自我认知、情感、交换和集团四个维度的特点。笔者认为正是这些特征才构成浜口所探求的真正的"日本特性"。

（1）自我认知维度。相对于西方"个人"状态下人的自我认知强调作为生物体基础的个体、社会生活较趋近有机体的基础，日本人和中国人（他们都属于浜口所称的"间人"）都是在一个关系密切的人际圈子中认知自我的，社会生活都比较趋近与他人的关系，而且这种关系都趋于分为若干远近不同的圈子：最内一圈是"亲人"（日本称"身内"）组成的，最外一圈是生人（日语为"他人"）组成，中间是熟人、朋友同事等（日本称"仲间"）。但"缘

---

① 关于"关系取向"用于描述中国人的基本人际状态之不妥，以及中国人的基本人际状态，参见本书第一章。

人"的自我认知的参照群体最主要的特征是：第一，亲属集团虽然也很重要，但不处于绝对优先地位，亲属集团并不那么恒定、持久，而是有一定的可转换性，即亲属集团中包括一些因某种机缘而走到一起的非血缘关系者；第二，"缘人"的几个人际关系圈子中的"自己"不那么明显，这与中国人明显以"自己"为中心的同心圆式的人际圈子（费孝通所称的"差序格局"）相区别；第三，"缘人"圈子也有某种序列，但这种序列不完全像中国那样依据血缘的远近、人的角色以及与之相联系的人伦秩序规范，它还考虑其他差别，如年龄、性别、学历、能力、才能以及情境等。

（2）情感维度。情感模式包括"情感配置"和"情感控制"两部分。"缘人"的情感配置和控制机制与中国人相近，但不像中国人那样完全指向近亲者集团，而更强调个体所处的"情境"以及在此情境中的相对"位置"，也就是说个体情感的配置具有更大的灵活性。缘人情感配置允许将情感指向某种绝对或神圣之物，但是这个绝对一般既不是神明也不是灵魂之类，而多是某个权威人物或社会组织体。此外，也允许指向对原始情欲、兽性冲动的留恋欢娱。在情感控制（或称情理转换）方面，"缘人"状态下情感的主要控制机制与中国人一样也是"抑制"型的①，这是指个体主要不是将那些与社会文化要求不符的原始欲望和情感强行压制到潜意识中，而是将其抑制到较浅的意识层次（譬如限表意识或前意识）中，而且情理转化的压力主要不是来自个体内心深处的某种抽象观念而是来自个体所处的具体的社会情境。这种控制机制的表征有：行为上的"情境中心"取向、对"耻"的敏感以及带有表演性质的人生等。但"缘人"不像中国人那样感情高度伦理化和角色化，不是将伦常纲纪而是将"世间"的议论、他人的评论等作为情感控制的压力，个体与他者有较强的共情能力和更强的参照他者调整自己行为的"协调主义"特点。

（3）交换维度。属于"非对称"交换类型，浜口概括为"好意优先型"（思い遣り先行型）交换关系。② 交往圈子内存在恩义关系，强调恩、义理、人情在人的联结中的作用。但与中国不同的是，亲属圈子中的交换关系既不是

---

① 〔美〕许烺光：《许烺光著作集9：彻底个人主义的省思》，许木柱译，（台北）南天书局，2002，第124页。

② 濱口惠俊『日本らしさの再発見』、講談社、1994年、116頁。

自动还报的，酬报的比率也不是大体平衡的，而是根据在集团中秩序和地位，比率或高或低，而且任何人都可以成为施恩者。一旦结成施受关系，一般都是长期的，很多情况下甚至是终身的。"缘人"对三个圈子的人也采取不同法则：对于"身内"，采用"甘え"① 法则；对于"仲间"，采用义理法则；对于"他人"，采用竞争法则。与"伦人"不同的是，缘人的三个圈子及其适用法则都具有较大的可转换性。

（4）集团维度。"家元"是"缘人"状态下的个体所缔结的典型群体，也是这种基本人际状态最适外部的表现形式。这种群体既带有某种家族的特点又具有某种契约组织的特点，是将亲属集团的法则经过改造拷贝到次级团体中。缔结这种集团的原则是许烺光提出的"缘－约原则"。"家元"组织的特点以多少淡化的形式出现在日本社会所有次级团体中。

与"缘人"相关的价值观可称为"缘人主义"，由"缘人"缔结的社会可称为"缘人社会"。"缘人主义"和"缘人社会"也可以分别概括出若干特征，但同样限于篇幅，不拟在这里阐述。

缘人的"心理－社会均衡体"与伦人有相似之处也有不同。为了便于说明，我们画出两种基本人际状态的PSH图式（图14－1、图14－2）做一比较。

首先，"缘人"个人的"亲密圈"（即"心理－社会均衡体"的第3层："亲密的社会关系与文化"）中的亲属关系不像中国人那样恒久而凝聚，它与"心理－社会均衡体"模型的第2层（即"运作的社会关系与文化"）没有区分，或者说第2层含括在第3层中。这意味着亲属集团与那些由于某种机缘在一起生活的非亲缘关系者（传统社会家元组织的成员、现代社会工作场所的同事等）构成第3层的重要内容，二者之间不仅可转换，甚至有时后者比前者还重要。或者说个人将家庭中的感情关系带到"运作的社会关系与文化"层中并在其中缔结成拟亲属关系。

其次，"缘人"心理－社会均衡体的第2层与第1层也没有严格的区分（图式中以虚线表示）。这表明缘人的感情配置也较容易投注到这一层。第一层包括

---

① "甘え"是日语特有的一个词，它指的是一种类似儿童撒娇的情感和行为。日本学者土居健朗对"甘え"的文化心理学意义做了较为详尽的阐述。详见其著作：『「甘え」の構造』、弘文堂、1981年。

国家事务以及国家层面的人（如天皇）和文化规范（如类似民族主义之类的意识形态）。对这一层的感情投注意味着个体较容易将国家以及民族层面的意识形态等作为某种绝对或神圣之物而对其献身。不过这个过程通常不是主动的。

第三，这两个模型最内的两个层次（"潜意识"和"前意识"）之间都没有严格区分（用虚线表示）。表明这最内的一层无论对于缘人还是伦人都不那么重要，因为二者的感情配置都趋于投向人的互动关系，都无须动员潜意识层或到超验世界寻找精神的寄托，或通过洞察灵魂背后的东西以获得个体存在的真实感。

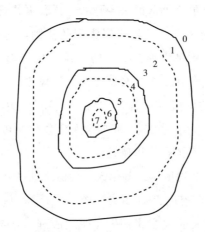

图 14 - 1　缘人的 PSH 模型

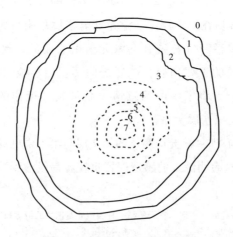

图 14 - 2　伦人的 PSH 模型

三 "民族性"与日本外交①

一个国家的地理环境构成该国之国民特定的生活方式、风俗习惯和价值观的基础，并进而影响国民的性格与行为方式，这种性格和行为方式自然影响其对外部世界的认识和与他国的交往。

关于日本的自然环境与日本民族性的概括有许多种，笔者认为以下概括有助于我们理解日本对外交往模式。这些概括有：优美、柔和的岛国地理条件与日本人热爱草木、热爱自然、带有女性特点的性格；春夏秋冬四季变化显著且时有突发性的火山爆发、台风和洪水的气候条件与日本人易变、缺乏持久性的性格；由于相对隔绝的岛国位置而形成的缺乏与不同国家交往这一独特历史体验，与日本人在认知"自国"与"他国"方面常因担心自己处于较低位置而感到不安等。

日本的自然环境总的来看不是那种需要男性力量征服才能生存的严酷类型。由于有海洋这一天然屏障，近代以前的日本从未受到外来民族的侵略和统治，因而也没有抵抗外来侵略的体验。岛内虽有争斗但似乎没有超出兄弟吵嘴的范围。这同曾不断与异民族作战、不断经历异民族统治的西欧或中国的情况大不一样。日本自然和历史的这一特点可能是古代日本长期处于母系社会、日本文化带有女性特点的重要原因。我们知道传统日本人信奉的最高神是伊势神宫的"天照大神"（アマテラスオオミカミ），她是一位代表大地、具有极大包容性并给世界产生极大恩惠的女神。与这种女神崇拜有关，古代日本将自己国家称为"うぶなす国"，具有生育能力的大神叫"产土"（うぶなす），并对生殖、生育行为给予很高评价。女神信仰与相对优越的自然条件、相对和平的历史经历等因素相辅相成，对日本民族的价值观和性格带来了影响。日本人的性格具有感受性和情绪性较高的特点，而这样的特点通常被说成是女性更具备的。在与其他国家的交往上，有的学者称日本的外交是"带有女性特征的

---

① 本节内容曾发表于《日本学刊》2003 年第 3 期，作者为尚会鹏、刘曙琴，收入本书有修改。

外交"。① 具体表现是：日本外交的理念常常不是基于某种理性的判断而是受某种情绪的支配，因而常做出一些非理性、非常规、在外人看来难以理解的行为。女性国家的特点有时表现出某种女性特有的间歇性的非理性表现。有的日本学者称这种表现为"集团性歇斯底里"。"日本人平时国家观念、民族意识比较淡薄，但非难和侮辱一旦超过一定限度，或者一旦切身感到生存威胁的时候，便会无视合理性计算和力量的对比，出现一种强烈的国家意识，爆发一种具有母性国家特征的集团歇斯底里，会表现出超越限度的猛烈抵抗，释放出巨大的能量。"② 这一点也许就是日本学者和辻哲郎所概括的日本人"静穆的激情""战斗的恬淡"性格的表现。根据日本学者会田雄次的看法，日本人的歇斯底里症有三个特征：第一，无视周围的状况、自己的立场和能力等客观条件来实现自己的愿望和要求；第二，当要求不能马上得到满足的时候会变得发狂；第三，不进行努力的准备工作而指望获得成果。具有这种特质的人，常常任性而抱有劣等感。③

2002 年发生的"沈阳领事馆事件"可说明这一特点。媒体对这次事件经过有过详细的报道。其中令中国人感到惊讶的是：第一，日本为什么对这次外交事件做出那样的过激反应？事件发生后，从首相到外务省外相，次官、参议院委员长，一致指责中国军警"侵入"，并要求中国方面道歉。日本各电视台反复播放有关武警拦截妇女的录像片断，媒体一片"抗议中国侵害主权"之声，可以说舆论处于一种"集团性歇斯底里"之中。第二，日本人为什么在没有调查事件真相的情况下就匆忙下结论？按一般处理事件的方式，应先调查事件真相而后下结论或采取相应的外交行动，但这次事件却是激烈反应和外交行动于前而调查于后。5 月 9 日，日本外务省次官竹内行夫约见中国驻日本大使武大伟，指责中方不理会领事馆官员提出的调查闯馆者的要求就将他们强行带走，违反了维也纳公约；5 月 10 日，外相川口顺子召见中国驻日大使武大

---

① 平間洋一『日本の外交政策に及ぼす民族性の影響』、外交政策決定要因研究会編『日本の外交政策決定要因』、PHP 研究所、1999 年、248 頁。

② 平間洋一『日本の外交政策に及ぼす民族性の影響』、外交政策決定要因研究会編『日本の外交政策決定要因』、PHP 研究所、1999 年、255 頁。

③ 平間洋一『日本の外交政策に及ぼす民族性の影響』、外交政策決定要因研究会編『日本の外交政策決定要因』、PHP 研究所、1999 年、249～250 頁。

伟，要求中国就这起事件道歉，将中方带走的 5 名闯馆者交还日本，并警告中方这一事件将损害日中双边关系；5 月 11 日，日方宣布将向中国派外务省次官来北京向中方"要人"，并继续要求中方道歉。而日本正式调查结果是 5 月 13 日下午公布的。这可以说是一种违背常规的非理性反应。

其实，考察日本外交史，类似这种"集团性歇斯底里"的表现屡见不鲜。例如，明治 24 年，俄国皇太子率舰队来日本，日本人认为是俄国人为侵略日本来侦查日本地形的，当时一个叫津田三藏的巡警，行刺皇太子。此事震惊了整个日本。日本人认为俄罗斯要报复，日本要灭亡了。政府首脑急忙到京都看望被刺者并诚恳谢罪，来自各社团、学校、公司的慰问电报接连不断。一个与津田三藏没有任何关系、名叫北畠勇子的 27 岁的女子，听闻事件急赴京都，在市政府门前自杀并留下了向俄国谢罪的遗书。谢罪成为当时日本一种流行现象。佛教各派的总部（本山）都举行"御平愈大祈祷"，并规定今后出生的孩子一律不能取名为三藏。

我们还可以举出其他类似的例子。如日俄战争结束时在签订普茨茅斯媾和条约后日本人对条约内容不满而引发的民众暴动——"日比谷焚火事件"①、第二次世界大战中为德军的闪电战所迷惑而仓促参加德意日三国同盟的经过、在第二次世界大战中像"神风突击队"那样的具有鲜明的日本特点的"特攻""一亿玉碎""十死零生"的做法、20 世纪 60 年代的反对越战运动以及"安保斗争"等的激烈行为，可以说都带有日本式"集团歇斯底里症"的特征。

在与外部世界交往时，日本有时候还表现为带有母系社会特征的大家庭主义，即日本在处理某些事件上显示出整个日本为一大家庭、一个人的行为连带着整个家庭的倾向。例如，1973 年 3 个日本过激派青年袭击了以色列的德拉维夫机场，杀害了 25 个人。事件发生后日本政府立刻拿出 100 万美元给以色列政府。但包括以色列在内的许多人认为，日本此举是用钱买好的狡猾行为，

① 日俄战争结束时，日本与俄国签订了和约。日本国内很多人对和约中俄方没有向日本进行战争赔偿而强烈不满。而当时日本的实际情况是，日本虽取得战争的胜利，但元气大伤，已无力继续作战。民众不了解这一点，当时几乎所有报纸都一齐煽风点火，鼓吹再战。在这种气氛下，1905 年 9 月 5 日，三万余人在东京日比谷公园集会，要求废除和约继续作战。集会发展为暴力，烧毁了 2 个警察署、219 个派出所、13 个教会、53 家民房，全国一时陷入无政府状态，政府不得不发布戒严令。

因为通常来说，一个国家对其国民在海外的个人行为并不负责，尤其是行为者是被政府通缉的逃犯，所以人们认为日本出这么多的钱肯定有什么目的。外界的这种反应使日本人大感意外。日本出钱的确是真心实意，当时的外相是向来以不动感情著称的福田赳夫，而他在公布这个决定时大动感情。不仅政府，大部分国民都因此而寝食不安。这种行为乃出自某种视国家为家庭、视国民为孩子的原理。根据这种原理，劫机是本国青年干的，他们的行为损害了日本的名誉，正像一个家庭中不争气的孩子干了坏事，父母向受害者赔礼道歉一样，国家也应做出赔偿。从同样的原理出发，日本当然无法理解外界对政府出钱赔偿行为的批评。"以女性社会特有的大家庭主义思考为中心的日本人，在解释他国国民的行动时，不能冷静地认识到自己与他者之间的异质性，容易将自己的价值观和感情强加给对方。"①

类似的例子还有：1972 年 10 月，通缉中的日本赤军分子劫持了国内航班到朝鲜，在此事发生后的三天时间里，整个日本可以说都被深深卷到事件中，人们一动不动地站在电视机前关注事态的进展。这种紧急事件刺激了日本作为母性家族国家的本能。②

假如岛国的周边也是规模和文明程度类似的国家（如英国与德、法国之间），情况可能会是另一种样子。但日本不仅是一个岛国，而且在近代以前的大部分时间里一直是作为以中国为中心的国际政治圈中的一员而处于东亚文明中心的边缘地位。这一独特位置给日本与外部世界的交往带来了两个特点：第一，交往限于少数国家（主要是中国和朝鲜）。第二，不是把对方当成一种异质的文化来认识和评价、以平等之心态进行交往，而是当成一种具有同质性的、处在或高或低位置的、通过学习可以改变相互位置的存在。历史上它一直将中国作为模仿的样板来加以观察认识，或为了取得来自中国的认可，或为了摄取中国文化而认识中国，而对朝鲜则等而下之。历史和地理为日本提供以平常心态、平等地与多国打交道的时间太短，近代以前可以说日本没有真正的外交（日本真正意义上的外交始于近代，故关于日本外交史的文献也都是从近

① 平间洋一『日本の外交政策に及ぼす民族性の影響』、外交政策決定要因研究会編『日本の外交政策決定要因』、PHP研究所、1999 年、249 頁。

② Gregory Clark：『日本人：ユーニクさの源泉』、村松増美訳サイマル出版会、1983 年、193 頁。

代日本开国谈起），故古代也没有产生系统的外交理论。这种独特的历史体验给日本在认知"自国"与"他国"问题上带来困惑，较容易出现极端，容易将认识对象加以美化、理想化，而当理想破灭后又容易走向鄙视。日本有一种对自己在国际秩序中的位置十分敏感的心态并时常出现定位的困难。例如古代对中国充满了崇敬并参照中国定位自己，但这种崇敬其实带有美化和理想化的成分。而当近代日本理想中的中国形象破灭以后，便参照西方国家定位自己，走上了"脱亚入欧"之路，鄙视和侵略中国。这个转变使日本由原来处于中国系统的边缘地位变为西欧系统的边缘地位。近些年在日本经济持续低迷、中国和其他亚洲国家高速发展的新形势下，日本又提出了回归亚洲的口号。然而实际情况是：日本既没有完全"入欧"也没有完全"归亚"，它一直处于边缘地位。处于边缘地位的日本害怕落在人后，害怕被抛弃而陷于孤立是极其自然的。现在的日本可以说既担心被西方国家抛弃又担心成为"亚洲孤儿"。当然，任何一个国家或民族都会在某些时期参照"他国"或"他族"来定位自己并改变自己的地位，但像日本这样对自己位置如此敏感、如此多地出现"定位困惑"的国家的确少见。从民族心理上说这是日本在"自我认知"问题上出现困惑的表现。

伴随这种定位困惑是一种强烈的不安全感和被害意识。日本不仅担心自己落后，担心被抛弃，还担心受害。日本人有一种将自己描绘成弱者、受害者的倾向，有一种被害意识存在于日本人的心理深层并有时候在对外交往中表现出来，日本的许多外交政策可以说就是建立在这种担心受害的认识基础上的。例如，无论是对强国（如今日的美国）还是对弱国（如近代以来的中、韩、朝），日本趋于强调自己的"无防备"，强调自己是被害者或者假设自己将被害。例如，无论是在日本的媒体上还是在与日本人的交谈中，我们常常可以听到日本人抱怨美国是如何打压日本，促使日本让步，日本在美国面前如何忍气吞声、吃亏上当等。当然，这种抱怨不能说都是无稽之谈，但日本人将自己描绘成的可怜的受害者形象通常是被夸张了的。同样，他们也常常夸大其词地抱怨中国，说中国是如何的狡猾，如何工于心计，自己在与中国的交往中如何吃亏受害等。需要指出，在日本曾出现"中国威胁论"也是出自"中国强大后日本将受其害"这一假想之上。同样的态度也表现在对韩国、朝鲜等国的看法上。① 从民族心理上来说，这种担心出于一种与不安全感相联系的受害意识。日本心理学者小此木启吾指出："由于日本人的心理太图式化，总是将攻击自己的人视为一种强大而狡猾的存在，自己是软弱的牺牲者，从而为自己的侵略行为辩解。日本人总是要设置一个自身忍耐力的界限，尽管还不知道自身是否是弱者。在这方面典型的例子是日本在太平洋战争中的做法。这个战争是在'鬼畜英美'的叫喊声中长年积累了的仇恨的释放，后来出现了偷袭珍珠港那样的事件。也就是说，当受到他人的威胁或者攻击的时候，日本人马上认为这是不正当的，然后将自己描绘成一幅软弱、无防备的牺牲者的样子，并据此向攻击者要求某种明确的赔偿，或者深深的谢罪，严重时候要求支付费用。日本人的这种被害者意识也频繁见于国内外的商业活动中。"② 在影响与亚洲国家关系的"历史认识"问题上，日本也总是强调自己是那次战争的被害者而不去认识自己首先是加害者这一事实。第二次世界大战时日本对亚洲国家的侵略行为从某种意义上说似乎与当时日本人"与其被害于后，不如加害于先"这样一种民族心理背景有关。

四　"和"、"合意"、"根回"与日本外交

国家之间的相互往来是国际关系的基本内容，而一般来说国家只有通过其内部结构培育出来的代表国家利益的精英人物才能在国际事务中发挥作用和影响。活跃在国际舞台上的人物是在特定的文化氛围中成长起来的，他们之所以被称为一个国家的杰出人物显然是因为他们的言谈举止乃至心理与国

---

① 1998 年 8 月 31 日，朝鲜民主主义人民共和国发射导弹，日本反应强烈。一时间，"日本还能保证安全吗？""如果不能保证安全，日本怎么办？"等问题充斥媒体。日本还出版了诸如《假如与朝鲜作战》为题的特辑杂志。另据共同社 1999 年 7 月 12 日发布的消息称，在朝鲜 1993 年发射"劳动"号导弹之后，日本航空自卫队便开始在绝密状态下研究利用战斗机空袭朝鲜导弹发射基地事宜。这项研究把位于日本海东海岸的朝鲜曾发射"劳动"号导弹的卢洞基地设定为打击对象。与日本的这种过度反应相对照，韩国的金大中总统曾拒绝美国提出的轰炸朝鲜的建议。

② Robert M. March, *The Japanese Negotiator: Subtlety and Strategy beyond Western Logic Paperback*，日文版:『日本人と交渉する法——欧米の論理はなぜ通用しないのか』、川口知子訳、PHP 研究所、1988 年、32 頁。

家的民族精神相符，即他们体现了具有本民族特征的文化模式。从这个意义上说把一个国家的外交模式视为该国人与人之间关系模式的一种投射和延伸或无不当。

历史上长期居住在共同体性质的村落社会中的日本人，十分在意他人对自己的评价，在行为上具有"他人本位"的取向。日本社会较强调集团的和睦而不鼓励个人突出，"和"与"一致"被摆在相当重要的位置。日本式集团在做出决定的时候一般较重视"合意"（事前协商，达到全体一致）和"根回"（与各个关系方面协商），这种方式使集团表现出较大的一致性，但这通常是以花费较长的时间和较大的精力为代价，日本人在语言和行为方面也表现出较大的暧昧性。

这种特点自然也反映在日本的外交上。与美国、中国、俄罗斯等国家的外交比较，日本的外交较多地考虑"别国怎样评价日本"这一问题，同时也表现出较大的暧昧性。

这里所谓"暧昧性"特点当然只是一种定性的描述，它主要是指由经验观察得出的日本外交方式的以下一些倾向：

——长期以来日本在一些重大国际问题上态度摇摆不定，一般不明确表达支持或反对什么，总是有意或无意地采取回避态度。虽然总的来说日本在外交上长期追随美国，但其态度多不明朗。这方面的例子可以举出很多。例如，对海湾战争以及 1999 年以美国为首的北约军队轰炸科索沃等问题上，态度都较暧昧。①

——在具体的外交场合，日本外交官员多是默不作声或含糊其词，给人以暧昧的印象。暧昧有时是为了回避问题的实质，不想承担或减轻责任，例如，众所周知的中日签署联合声明时田中角荣将日本侵略中国说成是给中国"添

---

① 1999 年 6 月 16 日《朝日新闻》（第 13 版）一篇题为《俄国自吹自擂在科索沃问题上的贡献，日本方面畏畏缩缩》的报道，说明了日本在这个问题上的态度与俄罗斯的明显不同。俄罗斯下院国防委员会委员长普京比奇访日时说："若没有俄国，联合国安理会是形不成决议的。"而日本小杉隆议员说："日本政府只是理解空袭的来龙去脉，但不支持（空袭）。"众议院外交委员长中马弘毅说："对于联合国未能充分发挥作用，我们也有不安。"

了麻烦"的讲话就典型地说明了这一点。① 有时候，暧昧是怕得罪对方，尽量不把话说得太直白，不显得那么咄咄逼人。②

——日本在做出某项重要决定时通常需要较长的时间。日本政府高官甚至总理大臣受到各个方面的牵制，常常很难下决断，因此给人一种迟疑不决、决断力不够的印象。这样的例子也很多。如 1990 年 8 月 2 日，伊拉克军队入侵科威特，发生了海湾危机。8 月中旬，美国政府向日本海部政权提出四点要求：（1）向多国部队提供财政援助；（2）向海湾诸国提供援助；（3）增加在日美军经费；（4）支援多国部队在人员上作出贡献。对于第一和第二点，日本政府做出了积极回应。对海湾诸国的经济援助，最初决定是 1000 万美元，对多国部队的经费，最初提出 10 亿美元，美国认为至少要 30 亿美元，9 月中旬才做出了总额为 40 亿美元的经济援助的决定。在美国的一再要求下，日本最后拿出了 100 多亿美元，但仍被美国批评为 "Too little, Too late"（太少了，太晚了）。

——被动式外交。③ 日本的外交行为多是为了回应外国的要求和批评，外交人员似乎主要是应付来自四面八方的压力。例如在与美国的交往中，日本常常是在美国的压力下被动地采取行动，做出让步和妥协。在中日交往中，日本也很少在发展中日关系等问题上提出什么积极主张，更多的情况是：中国方面提出主张和建议，日本方面做些补充。再如，从 1975 年起世界主要先进国家（美、英、法、德、日等 8 国）首脑每年都要聚会一次，虽然日本从第一次会

---

① 田中角荣在中日建交时对战争反省的表述使用的是"迷惑"一词。详见张香山《中日复交谈判回顾》，《日本学刊》1998 年第 1 期，第 37～38 页。日语中"迷惑"的含义是"自己所作的事情给对方或周围的人带来了麻烦或令人不快的想法。"（金田京助等：《新明解国语辞典》，三省堂，1972）这是一个暧昧的字眼。日语中并非没有表示"罪行"的词汇，田中显然是想利用暧昧术回避问题的实质。

② 20 世纪 70 年代初日美在纤维方面发生摩擦，当时美国总统尼克松曾向当时的日本首相佐藤荣作提出批评，佐藤首相当时回答说要"善处"（妥善处理）。美国方面认为这个回答是一个承诺，但后来日本并没有处理此事。美国方面很生气，指责日本没有兑现承诺，但日本否认做出过承诺。经过调查，问题出现在日语的"善处"一词上。该词在日语里不是要处理某一问题的承诺，甚至也不是一个意义明确的词，其含义大约相当于我们某些官员所说的"研究研究"。

③ 平间洋一『日本の外交政策に及ぼす民族性の影響』、外交政策決定要因研究会編『日本の外交政策決定要因』、PHP 研究所、1999 年、248～250 頁。

议就是其成员之一，但日本领导人在会议上并没有提出过什么积极的主张。

　　——外交上较缺乏明确的战略目标以及为达此目标所采取的手段。政策的制定和实施不明确，较缺乏广阔的视野。"当今各国的首脑外交打破了内政与外交的界限，将国内政治放在国际政治这一大的背景之下进行思考，为增进国家利益而积极进行对外交涉。相比之下，在日本，只有谙熟政党内的抗争和人事安排的人才有可能成为领导人。这样一来，内耗自不待言，眼界当然也受影响。"①

　　——日本首脑和外交家在具体表述和实施对外政策时显得力不从心。有时候甚至还显出不应有的"拘谨"。如，日本政府官员在外交场合或者就某些外交问题经常出现"口误""失言"② 而受到其他国家的指责。

　　当然，日本外交之所以给人暧昧的印象与日本在国际社会中所处的特殊地位有关。日本"一身而兼二任"，既是东方国家又是西方国家，文化上属于东方而制度上属于西方。这种夹在东西方国家之间的特殊地位使其在对外交往中常常既想讨好西方又不想得罪东方。此外，经济、科技大国与政治上的战败国地位，也是其外交较暧昧的原因。但从文化的角度看，外交模式上的这种特点与上述日本人集团的构成特点和人际关系的特点密切相关。

五　*amae*、*okami* 与日本外交

　　"甘え"（*amae*）是日语特有的一个词，它的大体含义是指一种类似儿童对母亲撒娇的特殊的依赖感情或行为。日本学者土居健郎认为"*amae*"是日本文化心理最突出的特点。这种心理普遍反映在日本人的人际关系的各个方面，如在家里孩子对母亲的依赖、在公司中下级对上司的依赖、学校中学生对

---

① 唐晖：《试论日本的首脑外交》，《日本学》1995 年第五辑，北京大学出版社，第 23～37 页。
② 日本高官失言而受到日本国内外批评的例子很多，如有：1986 年文部省大臣藤尾正行就侵略朝鲜问题说："韩国也有一定的责任，也有应当考虑的地方。"此言一出立刻遭到韩国政府的抗议。同年日本首相中曾根康弘关于日本是单一民族社会，歧视黑人、波多黎各人、墨西哥人的讲话。1994 年 5 月 6 日法务大臣永野茂门"南京大屠杀是编造的"的讲话（永野不得不收回自己的言论而辞职）。2000 年森喜朗在南非约翰内斯堡一次晚会上将中国称为"支那"。

老师以及低年级学生对高年级学生的依赖等。① 与这一概念相联系，日语中还有 *okami* 这一独特概念。*okami* 一词的含义有两个，一个是指"上面""上方"，汉字记作"上"，前面加"御"，*okami*，汉字记作"御上"，通常指天皇、朝廷、政府、官厅。这个意义上的 *okami* 有时候还写作"女将"（指酒店的女老板）。*okami* 是指"掌握着事情决定权的人"，还有"能够放心地替自己拿主意的人""委以作出最后决定的人"，即决定政策的人。日本人会说"这是 *okami* 的命令"或者"希望能问一下 *okami*"等之类的话。第二个含义是指神明等某种超自然或与超自然有关的存在，这个意义上 *okami* 通常记作"神"。古代，*okami* 即指神道教之神——天照大神（日本人想象中的祖先）。这个意义上 *okami* 又指天皇，因为在"神人一系"日本传统宗教思想中，天照大神和天皇可视为一回事，或者，后者是前者的代表。

不管是在哪一种意义上，*Okami* 都是一种高于自己并具有超凡力量的、可以保护自己、施惠于自己的存在，自己可以信赖、依赖 *Okami*。自己与 *Okami* 的关系是一种依赖与被依赖的关系。

这种关系表现在国民与政府的关系上，对日本内外政策的决定方式有影响。国家政府就是"*okami*"，政府与国民之间有一种更大的信赖关系。"最终决定皆由'*okami*'作出，*okami* 把一切都安排好了，完全可以依赖，不用我们操心。"民众这种意识及与之相联系的与统治者的信赖关系可能是日本历史上政权具有巨大连续性的重要原因之一，而这同中国等其他东亚国家明显不同。② 今日日本民众对政府仍有一种对 *okami* 般的信任关系。这种信任通常使人们对政府有很高的期望值。但同时，当政府的行为与人们的期望有差距的时候，人们又很容易向相反的方向转变，即抱怨 *okami* 的行为，对政府极度失望，寄希望于新的政府班子。由此可以解释日本政治上这样一种不可思议的现

---

① 参见土居健郎『「甘え」の构造』（弘文堂、1977 年），以及笔者对该理论的介绍，见尚会鹏《中国人与日本人：社会集团、行为方式和文化心理的比较研究》，北京大学出版社，1998，第 324~338 页。

② 应当指出，这种心理类似传统中国人的"贤人政府"心理，但与日本不同的是，中国人认为当政府不能很好履行自己的职责时民众有责任推翻它。所以中国历史上不断推翻政权而改朝换代，而且每一个新朝代的政权都竭力贬低上一个朝代，声称自己与上一个政权没有时间和内容上的任何联系。

象：日本政府的更迭可能是发达国家中最频繁的，日本的首相简直像走马灯一样更换，但每届政权都不否定前届政府的工作，都声称是在前届政府基础上做事。

试举几个表现这种关系的例子。1995 年 1 月阪神大地震时，日本媒体迅速做出了报道。在报道量之大、受灾细节之详、媒体态度之冷静方面，可以说都达到了无以复加的地步。但令人不可思议的是，有关救灾活动的报道很少。媒体使用直升机等现代化手段进行灾情播报，可是人们不禁要问：为什么不用这些先进的工具救人呢？难道报道灾情比拯救生命还重要？事件发生后，日本媒体议论最多的似乎不是市民自己组织救灾方面的问题，而是对政府采取措施不力，政府指令传达体制不畅等问题的愤怒指责等。这种行为的背后可能有这样一种意识在起作用：救灾和救援是 *okami*（政府）的事，国民只要等待指示就行了。当政府这个可依靠的 *okami* 没有尽到责任时，便转变成了对 *okami* 的极大不满。

国民对政府外交政策也多是持如是态度。例如，1998 年夏天，印度尼西亚国内的暴乱蔓延，在印度尼西亚的日本人的安全成为一个问题。围绕是否派自卫队飞机救助在印度尼西亚的日本人问题出现了争论。有人认为必须"慎重"。一旦决定派遣飞机，马上有人批评说，派遣飞机太迟了。这种急剧变化的原因是：国民理解了这是 *okami* 的决定，反对派遣的一派收回了议论。①

沈阳领事馆事件前后民众对政府的态度也能说明这个问题。当中国方面稍候公布了日本驻沈阳总领馆事件的真相后，日本舆论一片哗然，纷纷指责政府这个 *okami* 没有尽职。在一次针对"沈阳领事馆事件"中日本外务省的调查报告的可信度进行的调查中，有 55% 的被调查者表示"基本不相信"，还有20% 的被调查者表示"根本不相信"。也就是说有超过 7 成的日本国民信不过外务省的调查报告。② 这同调查报告公布前人们一边倒的态度形成鲜明对照。

这个可依赖的 *okami* 在对外交往方面可能表现为依赖某一强大的外国力量。这或许可以解释：同最强大的国家结盟来达到战略目的是近代以来日本外

① 平間洋一『日本の外交政策に及ぼす民族性の影響』、外交政策決定要因研究会編『日本の外交政策決定要因』、PHP 研究所、1999 年、114 頁。

② 〔日〕『朝日新聞』、2002 年 5 月 20 日。

交的重要特征。如，日俄战争时与当时世界上最强大的英国结盟，第二次世界大战时同当时最强大的德国结盟，战后，世界头号强国美国又成了日本的 *okami*。① 现在日本在对美国和对亚洲的关系上外交天平的严重失衡也是这种特点的反映。日本服从美国几乎达到了"惟命是从"的地步。正如美国官员（Michel Blaker）所说，日本外交官在外交上与其说是追求外交成果不如说优先考虑的是不要使美国产生不满以及不在国际上孤立，所有的努力都集中到获得美国的"御墨付"② 上。对日本来说，美国发挥着 *okami* 的作用，日本虽对美国不满以及有某种要求独立的倾向，这是一种对 *okami* 的不满，所要求的独立是一种不脱离 *okami* 保护的独立。这种服从强权的倾向与日本人依赖于"亲分"或 *okami* 的行为方式具有某种联系。因此从文化上看仅仅指责日本对美国的依赖并不能解决问题，可能还要考虑如果日本不依赖美国它会依赖谁的问题。

---

① 武贞秀士『日本の'おかみ'と国民』，见外交政策决定要因研究会编『日本の外交政策决定要因』、PHP 研究所、1999 年、109～126 頁。
② 过去日本的将军或大名给家臣的一种带有印鉴或签名的短信，内容通常是上司的指示、命令或许可、认可等内容。见筑紫哲也『世界の日本人观』、自由国民社、1985 年、213～214 頁。

第十五章

序列意识与“大东亚共荣圈”：对二战时期日本国家行为的心理文化学解读[*]

亚历山大·温特认为，体系结构是可以建构的，根据敌人、竞争对手、朋友这三种角色所占据的主导地位，无政府状态在宏观层次上可以形成三种不同的结构。这里所说的体系结构，与强调权力分配的沃尔兹所指并不相同，是一种观念结构，随着国家施动者间的互动，霍布斯文化、洛克文化、康德文化这三种体系文化得以造就、再造并有时发生变化。[①] 然而，把日本放在温特的建构主义里，我们却发现了不少问题。近代日本进行明治维新，制定大陆政策，侵略朝鲜、中国，打败俄国，成为最早步入发达国家行列的非西方国家，但后来却尝试建立以八纮为宇的肇国大精神[②]为基本理念的大东亚共荣圈。温特的建构主义告诉我们，通过国家施动者的互动，可以形成不同的体系文化，但日本向西方学习进行维新，却不像温特所描述的，把角色理解为敌人、竞争对手或朋友，形成霍布斯文化、洛克文化、康德文化，而是试图建立基于类家族制度的大东亚共荣圈，与所谓的霍布斯文化或洛克文化形成对照。[③]

---

* 　本章内容发表于《日本学刊》2013 年第 2 期，作者为游国龙。在论文写作过程中，本书作者参与了设计和讨论。该论文属于心理文化学视角研究国际关系的一部分，经作者同意，略做调整，收入本书。

① 　〔美〕亚历山大·温特：《国际政治的社会理论》，秦亚青译，上海人民出版社，2008，第 245 页。

② 　情报局记者会『大東亜共同宣言』、新紀元社、1943 年、142 頁。

③ 　温特认为，17 世纪欧洲进入了洛克文化，但在有些地方是通过霍布斯式的殖民主义进程建立的。参见〔美〕亚历山大·温特《国际政治的社会理论》，秦亚青译，上海人民出版社，2008，第 245 页。

那么，日本为什么要建立"大东亚共荣圈"，它的内在动力是什么，是什么因素导致它的行为不像温特所预测的？日本是第一个步入发达国家之列的非西方国家，以它为例检视温特的建构主义，不但可以分析日本的国家行为，还可以探讨国际政治理论，而运用心理文化学对二战时期日本的国家行为进行解读，属于新的尝试，别具意义。

一 "大东亚共荣圈"的性质与内涵

1931 年日本发动"九·一八"事变，揭开侵华战争序幕，但直到 1940 年 8 月 1 日外相松冈洋右发表"皇道外交宣言"，大东亚共荣圈才作为基本国策被提到议程上来："我虽然主张向世界宣布皇道是皇国的使命，从国际关系来看，皇道要让各国民、各民族得到好处。也就是作为我国现行的外交方针是皇道之精神的体现，首先必须力图确立日、满、支大东亚共荣圈，为树立公正的世界和平颁布皇道作贡献。"[①] 事实上，"大东亚共荣圈"与 19 世纪 70 年代日本鼓吹的"大亚细亚主义"，或者 20 世纪 30 年代的"东亚联盟论"，在本质上都没有根本的差别。[②] 它还有"大东亚协国经济圈""大东亚的建设""大东亚新秩序"等类似名称。它是日本尝试建立国际秩序的总体思想，酝酿了几十年之久，最后以"大东亚共荣圈"为名，成为基本国策。

1940 年的"荻洼会议"上提及的"大东亚共荣圈"构想包括："日、满、华为基本，旧属德国委任日本统治诸岛，法属印度支那、法属太平洋岛屿、泰国、英属马来亚、英属婆罗洲、荷属东印度、缅甸、澳大利亚、新西兰及印度等。"[③] 日本在战败投降前，实际控制了中国部分地区、菲律宾、关岛、英属马来亚、缅甸、俾斯麦群岛、爪哇、苏门答腊、婆罗洲、西里伯斯、帝汶

---

① 转引自林庆元、杨齐福《"大东亚共荣圈"源流》，社会科学文献出版社，2006，第 389 页。
② 转引自林庆元、杨齐福《"大东亚共荣圈"源流》，社会科学文献出版社，2006，第 357 页。
③ 张跃斌：《"大东亚共荣圈"的迷梦》，载李玉主编《太平洋战争新论》，中国社会科学出版社，2000，第 224 页。橋川文三ほか『近代日本政治思想史 II 近代日本思想史大系 4』、有斐閣、1976 年、366 頁。

等。① 根据日本的说法（第二次近卫声明），"帝国所期求者，即建设确保东亚永久和平的新秩序"。换言之，日本对中国侵略的主要目的，不在于领土或者其他资源，而在于建立新秩序。这个新秩序是相对于欧美的旧秩序（相当于温特所谓的霍布斯文化或洛克文化）而言。它表明了日本企图用新秩序取代欧美在亚洲的统治秩序。②

按照日本天皇的诏书，"大东亚共荣圈"建设的基本理念，源自日本独特国体八纮为宇的肇国大精神，它与西方殖民体系强调国家间主权平等有很大差异。"弘扬大义于八纮，缔造坤舆为一宇，实我皇祖皇宗之大训……八纮一宇的大精神是大东亚建设的基调，也是我国世界政策的基本。八纮一宇的大精神，一言蔽之，是全世界恰如其分地如一家的思想。家族制度是日本大家族国家的基底，是维持了三千年的国体传统……它的本质就是以联结亲子、兄弟、夫妇之间的血缘情义、情爱，同时联结于各民族之间……使万邦各得其所，兆民悉安其位……这个八纮为宇的大精神必须由日本人来把握。在建设世界新秩序时，教导给其他的民族……"③ "八纮一宇"是建立大东亚共荣圈的核心概念，它最早可追溯至神武天皇"橿原建都"的诏书，是神武天皇东征西讨，最后建立"大和朝廷"所立的文书。它的本义，是指使天下与日本合为一家。④ 据《古事记》记载，伊奘诺尊、伊奘冉尊男女二神开天辟地，通过交合生殖，生下百千诸神以及主宰这些神的天照大神，而日本第一个天皇是天照大神的后裔，所以，日本被视为神国，日本人也成了神孙，形成了独特的日本"国体"。

1937 年日本文部省发行的《国体之本义》指出："大日本帝国乃奉万世一系之天皇皇祖之神敕永远统治之国家，此乃我万古不易之国体。基于此大义，作为一大家族国家，亿兆一心奉体圣旨，发挥克忠克孝之美德。此乃我国体精华之所在。"可是，在日文中，"国体"一词的内涵不甚清晰，曾任日本首相

---

① 西伯利亚地区以及印度、新西兰、澳大利亚未被日本染指。参见张跃斌《"大东亚共荣圈"的迷梦》，载李玉主编《太平洋战争新论》，中国社会科学出版社，2000，第 226 页。
② 林庆元、杨齐福：《"大东亚共荣圈"源流》，社会科学文献出版社，2006，第 382 页。
③ 企画院研究会编『大東亜建設の基本綱領』、同盟通信社、1943 年、14～17 頁。
④ 文部省教育調査部編『大東亜新秩序建設の意義』、目黒書店、1942 年、58 頁。

的冈田启介在贵族院答辩时说道："我国国体实乃尊严，无法用语言表达之。"① 事实上，没有经过比较，即便日本人也难指出其国体的独特性。它与西方政治学中表示国家体制的"国体"（constitution polity）在内涵上并不相同，并不是按照主权所属，如君主制、共和制等来区分的国家形态。庄娜的研究表明，日本的国体包括了三个侧面：（1）政治侧面。国体不仅是政治制度（天皇制）还是其背后的运作原理。（2）社会侧面。它还是一套社会组织原理和价值体系。（3）宗教侧面。通过国家神道形成一个以天皇为顶点的金字塔形的国家祭祀体系，支配国民的信仰。② 因此，日本尝试建立的"大东亚共荣圈"实际上是使之成为一个日本"国体"式的新秩序。在建立"大和朝廷"时，日本是基于八纮为宇的精神，而建立"大东亚共荣圈"仍旧是基于同样的精神。八纮为宇的精神，可以说是日本人独特"国体"的向外投射。

二 序列意识的根源

投射是心理学的概念。弗洛伊德认为，"所谓投射，自我将本身所具有的驱力和感觉归到别人或物上，这是一种防卫的过程"。③ 文化与人格学派大量利用投射机制进行实验，如罗夏克墨迹测验（Rorschach Test）、主题统觉测验（Thematic Apperception Test）等，揭示了不同社会文化体系下的个人行为模式差异。④ 这个学派的主要代表人物本尼迪克特（Ruth Benedict），也利用了投射心理来分析日本的国家行为。"日本人对国际关系的全部问题也都是用等级制这种观念来看待的。在过去的十年间，他们把自己描绘成已高居于国际等级制的金字塔的顶端，现在，这种地位虽已被西方各国所取代，但他们对现状的

---

① 增田知子『天皇制と国家』、青木書店、1999 年、263 頁。
② 参见庄娜《日本"国体论"研究——以近代国家建构为视角》，中国社会科学出版社，2016，第三、四、五章。
③ 参见〔美〕维特·巴诺《心理人类学：文化与人格之研究》，瞿海源、许木柱译，（台北）黎明文化事业公司，1979，第 341 页。
④ 〔美〕理查德·格里格、菲利普·津巴多：《心理学与生活》（第 16 版），王垒、王甦译，人民邮电出版社，2003，第 412～413 页。

接受，仍然深深根植于等级制观念。"① 在《菊与刀》中，本尼迪克特谈到日本参加二战的起因。日本认为，只要各国拥有绝对主权，世界上的无政府状态就不会结束。日本必须为了建立等级秩序而战斗。只有日本是唯一建立起自上而下的等级制度的国家，也最了解各得其所的必要性。必须由日本来领导这个国际秩序，帮助落后的兄弟之邦——中国，将美国、英国、俄国赶出东亚，使之各得其所。而万国应在国际等级结构中确定其位置，才能形成统一的世界。② 本尼迪克特的研究，为美国在太平洋战争中制定对日作战方针与战后对日治理，起到重要作用。她饶富洞见地指出，日本是为了建立由它领导的等级秩序而战斗，但她并没有令人信服地论证其因果关系。虽然有一些学者对本尼迪克特的研究方法提出批评③，不过，必须肯定，本尼迪克特已窥及日本尝试建立"大东西共荣圈"的心理动因。在这件事情上，她的问题在于美化了美国加入战争的原因。④

许烺光曾谈道，日本的"大东亚共荣圈"，对世界的规划，是一种家元模型的世界建制。⑤ 他对于"大东亚共荣圈"的看法，也许有助于我们来解释日本的国家行为。

"家元"（iemoto）指的是有某种特殊技艺者的组织，是在传统技艺领域里负责传承正统技艺、管理一个流派事务、发放有关该流派技艺许可证、处于本家地位的家族或家庭。它是日本传统的次级团体（secondary group），茶道、花道、剑道等都属于一种家元组织。许烺光认为，"家元"体系的结构，尤其是内容，提供了现代日本企业最重要的组织性忠诚和组织性力量的资源。所以，日本从 17 世纪 60 年代起，对西方的挑战反应如此平静，在二战全面溃败

---

① 〔美〕鲁思·本尼迪克特：《菊与刀：日本文化的类型》，吕万和、熊达云、王智新译，商务印书馆，2000，第 31 页。

② 〔美〕鲁思·本尼迪克特：《菊与刀：日本文化的类型》，吕万和、熊达云、王智新译，商务印书馆，2000，第 15～16 页。

③ 参见游国龙《文化与人格研究和心理人类学的方法论剖析——以〈菊与刀〉与〈家元〉为例》，《日本学刊》2010 年第 5 期。

④ 许多材料显示，日本侵华之后，美国还卖给日本很多物资，包括油、武器等。美国对日宣战的主因是日本偷袭珍珠港，并不是因为弱小民族被日本侵略，要维持正义。

⑤ 〔美〕许烺光：《许烺光著作集 8：家元：日本的真髓》，于嘉云译，（台北）南天书局，2000，第 212 页。

后又复兴得如此之快。① 许烺光研究日本的目的，是解释其现代化如此之快的原因，他认为根本原因是家元的内容起了作用。换言之，家元这种广泛流行的次级团体的内容，不只在家元组织中发挥作用，在新型的现代日本企业及其他的次级团体如政党、社团、学校等各式各样的团体中，家元的内容仍然发挥着作用。这是许烺光次级团体假说的主要观点，社会组织的内容，作为一种"隐性结构"，② 体现着同一文化背景下人们行为的一些基本原理。作田启一把"家元"这样的组织称为"原组织"，认为它是具体组织特征的抽象概括，而不是某种具体的组织体。③ 许烺光提醒我们，日本的国际秩序也是一种家元模型的建制，那么，根据次级假说的观点，也许可以找到日本建立"大东亚共荣圈"的根本原因。

家元的内容，指的是它的缔结方式，在这里就是缘约原理（Kin-tract principle）。所谓缘约，是指一种固定化了的不变的等级制度，一群人为了某一共同的目标，在共同的意识形态下采取共同的行动、遵守共同的规定并自发地结合在一起。"Kin-tract principle" 是许烺光造的一个新词④，由 "kinship"（亲属）的前半部分和 "contract"（契约）的后半部分组成。这一原理部分根植于亲属组织，因为它体现的某些特点（如等级制、自发性等）反映了日本亲属集团的特点，但另一部分又根植于契约，因为个人有选择是否加入家元组织的意志。所以，家元既有家族组织的特点，又有契约集团的特点。一方面，它具有超越亲属集团的性质，可以接受那些具有不同血缘资格的人；另一方面，它的一部分成员（至少是那些处于最高地位的家元成员）的资格是基于血缘，那些非血缘关系者以一种类似亲属关系相互联结起来，但它内部的主从关系、权威以及成员之间的等级排列，完全是对日本亲属集团诸特征的临摹和强化。⑤

缘约原理具有一定的优点，它比亲属原理更具有弹性，不像亲属原理是基

---

① Francis L. K. Hsu, *Iemoto: The Heart of Japan*, Cambridge, Mass.: Schenkman Pub. Co., 1975, pp. 218 – 219.

② 中根千枝『タテ社会の人間関係』、東京：講談社、1967 年、185 頁。

③ 参见尚会鹏《心理文化学要义》，北京大学出版社，2013，第 127 页。

④ 根据许烺光的说法，这个词是根据托马斯·罗伦（Thomas Rohlen）的提议使用。

⑤ 参见尚会鹏《心理文化学要义》，北京大学出版社，2013，第 152 页。

于血缘资格进行缔结，不易形成较大规模的组织，缺乏扩张性。它虽然也具有选择的意志，但也不像契约原理那样不受拘束，可以自由来去同时加入数个社团。一般来说，一旦成为组织的一员，终身就是组织的成员，没有改变机会。而且，家元组织也不喜欢带艺投师的成员。但由于家元都是论资排辈，所以在一个组织中待的时间越长，对个人来说也越有利，特别是那些技艺不太出众的成员，也可以靠着资历得到一定的地位，因此一般也不倾向于改变身份。然而"缘约原理也有其缺点。由于其资格不像血缘那般牢靠，处于这种家族组织中的个体具有相当大的不安全感。他们自发对家元长等高位者无限效忠的主要原因是害怕失去其在家元或准家元中的位置。因此日本人对于序列中的位置有相当大的敏感。许多学者已经观察到，日本人在与他人互动前，通常须先确定对方的身份，才能使用恰当的语言与人交谈，以最自在的方式相处。认为日本人在生活中无时无刻不在为自己定位，以便做出最适合的反应，并不为过。

每一个社会应该说都有不同程度的等级制度，如印度的种姓制度、欧洲的封建时代的身份制度等，但不论是印度教徒抑或西方人，都没有产生日本人那样敏感的序列意识。它的形成，与家元的缔结原理有关。它不只影响日本人在家元里的行为模式，还有可能影响日本的国家行为。

三　序列意识在日本国家行为中的表现

许多日本学者把建立"大东亚共荣圈"的因果关系追溯到百年之前。林房雄认为，这场战争从美国人佩里的黑船来到日本海岸的1853年之前就开始了。他指出，日本发动战争的主要理由是为了阻止西洋入侵东洋，同时为了"促使清国的改革"。① 服部卓四郎谈道："英国不在欧洲大陆上谋求建立自己的势力范围，却专门依靠大陆上列强间的势力均衡，在世界范围内广泛地掠夺殖民地，剥削文化落后的弱小民族。与此相反，苦于土地狭窄、物质贫乏、人口增多的日本，唯一的出路就是要和亚洲大陆保持紧密的联系，这是它为谋求生存的必要的

---

① 　林房雄『大東亜戦争肯定論』、番町書房、1970 年。

行动。"① 这些学者的主要目的是为日本发动战争辩护，他们强调日本发动战争的根本原因，是面对西方国家扩张所采取的必要举动。应当承认，每个民族面临生存危机都不会坐以待毙，但以侵略他国的方式作出回应并非理所当然。这些学者的观点明显是一种强辩。这些言论的价值在于透露出，日本恐惧自己在国际秩序的序列中落后他国，甚而沦为殖民地，故发动战争侵略朝鲜、中国以图强。

福泽谕吉是日本近代的启蒙思想家，他对于近代日本发展的重要性如何强调也不为过。他把世界上的国家依文明发达程度分为三个等级："现代世界的文明情况，要以欧洲各国和美国为最文明的国家，土耳其、中国、日本等亚洲国家为半开化的国家，而非洲和大洋洲的国家算是野蛮的国家。这种说法已经成为世界的通论。"②（见图 15-1）他认为中国与日本属于相同序列的国家，并且以避免被西方视为与中国、韩国一样落后、不思进取的国家，来鼓吹日本进行革新。"假如支那、朝鲜政府的陈旧专制体制无法律可依，西洋人就怀疑日本也是无法律的国家；假如支那、朝鲜的知识人自我沉溺不知科学为何物，西洋人就认为日本也是阴阳五行的国家；假如支那人卑屈不知廉耻，日本人的侠义就会因此被掩盖；假如朝鲜国对人使用酷刑，日本人就会被推测也是同样的没有人性。如此事例，不胜枚举。"③ 这是著名"脱亚入欧论"的内容。福泽是以日本人对于序列的敏感性，丧失地位的恐惧，来激发日本的行为动力。身处家元中的日本人，清楚地知道较低的序列意味着什么，把这种忧虑投射于国际秩序的序列中，积极地进行改革，甚至是发动侵略战争。与福泽同时代的学者不在少数，但他成为近代日本的精神导师，可以说是他的言论符合了日本的心理需要。有一些学者指出，福泽是日本第一位军国主义理论家，但假若不是因为福泽的言论满足了日本人的心理需要，他的言论也有可能被束之高阁，无人问津。

日本进行明治维新，用六七十年的时间，走完了英法老牌资本主义国家150~200年走过的路程，④ 在日俄战争一举打败了俄国，可以说爬上了福泽所

① 〔日〕服部卓四郎：《大东亚战争全史》第一册，张玉祥等译，商务印书馆，1984，第3页。
② 〔日〕福泽谕吉：《文明论概略》，商务印书馆，1991，第9页。
③ 福沢諭吉『福沢全集 続第2巻』、岩波书店、1933、40~42页。
④ 参见汤重南等《日本文化与现代化》，辽海出版社，1999，第126~128页。

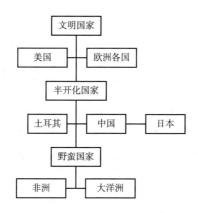

图 15 - 1　福泽谕吉描述的国际秩序中的序列

资料来源：作者自制。

谓的文明国家的序列。许烺光描述过日本人在家元组织中相互竞争的几种情况。日本人会努力学艺争取成为大家元长之下最大的分支家元；如果他们已经爬升到归属某师傅，则会尝试创立新的更大的家元；如果他们已经是家元长，那么就会设法招募更多的弟子或随从等。[①] 作为一个国家，日本表现出类似的心理动力。为了追求更高的国际秩序中的序列位置，不顾虑其他国家的意愿，试图建立与西方分庭抗礼的"大东亚共荣圈"，给世界带来动乱。日本试图建立一个与西方分庭抗礼的东亚国际秩序，可由图 15 - 2 所示。

1942 年 7 月，日本举行了一个名为"近代的超克"（现代性的超越）的学术讨论会，旨在为 1941 年 12 月发动的太平洋战争提供思想依据和正当性基础。[②] 论者指出，以前世界秩序的主导者是西方国家，它们凭借启蒙时代以来的科技优势，获得了君临全球的政治优势乃至文化优势。但这种近代观念在文化上显示出极大弊端，是造成近代危机的根源。[③] 下川寅太郎说："我们所称的'近代'是由来于欧洲的，至少成为今天要超克的问题'近代'不外乎如

---

① 〔美〕许烺光：《许烺光著作集 8：家元：日本的真髓》，丁嘉雲译，（台北）南天书局，2000，第 210 页。

② 赵京华：《"近代的超克"与"脱亚入欧"——关于东亚现代性问题的思考》，《开放时代》2012 年第 7 期。

③ 李河：《东亚国家的文化民族主义与中华文明圈的解构》，《战略与管理》2010 年第 9/10 期。

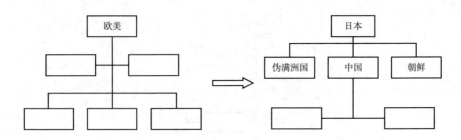

图 15 - 2　尝试建立与西方分庭抗礼的国际秩序目标

资料来源：作者自制。

此。因此，如果说我们可以将近代的超克作为问题的话，那具体而言，无非是与欧洲近代的对决。"① 铃木成高指出，如果说大东亚战争要颠覆欧洲近代对世界秩序的外在支配，那么，"近代的超克" 则应该是针对内在秩序的变革，即人类精神的变革。② 与会学者对这个问题有不同的不同看法，被分为浪漫派、哲学京都学派、现代科学技术相关的学者，但总的来说，他们高度强调日本需要承担起用东洋精神拯救世界的责任，表现出超越西方的渴望。

　　不可否认，对于一个研讨会探讨的内容不可过高地估计，但二战后日本面对世界格局发生大变化，日本学者便再度提起 "近代的超克"。1959 年，竹内好等学者在冷战形成、日本面临新的世界格局位置的定位时，重提 "近代的超克"。1995 年，子安宣邦面对冷战结束，反思日本现代化道路乃至国家未来走向的时刻，重提 "近代的超克"。正如竹内好所指出的，那些在战争中引发学者思考的问题，如日本的近代化、日本在世界史上的地位等问题，仍是日本人面向未来为自己制定生存发展目标时不可缺少的认识现状之重要组成部分，在战争后日本人仍要认真地回答。③ 事实上，对这些问题的关心，所反映出的正是日本人的序列意识。早先日本国力较弱，担心被西方视为落后、不思进取的国家。后来，随着国力提升，又积极地制定了超越西方的目标。但随着战败，面临世界格局变化，日本又不断地重新进行自我定位。

---

①　转引自刘岳兵《日本近现代思想史》，世界知识出版社，2010，第301页。

②　竹内好『近代の超克』、富山房百科文库、1979年、175～180页。转引自赵京华《"近代的超克" 与 "脱亚入欧" ——关于东亚现代性问题的思考》，《开放时代》2012年第7期。

③　〔日〕竹内好：《近代的超克》，李冬木等译，生活·读书·新知三联书店，2005，第295页。

四　心理、文化因素与国际关系理论

经由以上讨论，笔者认为，日本尝试建立"大东亚共荣圈"是为了追求更高的国际秩序中的序列。家元是基于缘约原理进行缔结的，它可以把非血缘关系者以一种类似亲属关系相互联结起来。但由于缺乏确切恒定的资格，日本人产生了独特的序列意识。最早发动战争侵略朝鲜、中国，是恐惧沦为殖民地，在国际秩序中的序列落后，后来尝试建立"大东亚共荣圈"，则为了追求更高的国际秩序中的序列。过去不少学者把日本的国家行为，解释为资本主义国家的对外掠夺。他们认为，日本国内市场过于狭小，资源缺乏，原料产地没有保证，封建的农业国的特征仍十分明显，由于无法逃脱经济危机的冲击，通过发动侵略战争转嫁危机。这种解释指出了日本建立所谓"共存共荣"共荣圈的虚假性，但在因果关系的解释上，忽略了社会文化因素的影响。本尼迪克特注意到了日本等级秩序的特点，却没有给出有信服力的解释。本书提供了一个新的视角的解释，可以弥补既有研究的不足。

笔者把日本比拟为一个巨型的家元组织，利用"国际关系是人际关系的投射，人际关系又受到亲属关系的影响"这个研究假设进行讨论。[①] 由于日本独特的国体，把日本人的群体心理视为自变量，在学理上可以进行解释。而温特假定国家是有意图的行为体，将国家拟人化，从微观的个体层次上，来建构宏观的体系理论。二者在前提假设上并不相同。温特认为，国家的行为更多受到国家间互动的影响。然而，本研究结果表明，家元的缔结原理起到决定性的作用。事实上，放宽历史的视野，作为一个东亚国家，日本也没有完全内化（internalization）由中国长期主导东亚的国际秩序。[②] 日本在朝贡体系中的地位不像朝鲜、安南（今越南）那样稳固，定期、频繁地向中国朝贡，仅仅是在

---

① 参见游国龙《许烺光的"大规模文明"比较理论研究：内容、方法及其对国际政治研究的启示》，北京大学博士学位论文，2011，第156页。尚会鹏在讨论中指出，这个假设需要增加一个"文明体"的概念，才能使之更具有说服力。

② 这个国际秩序所反映出的是伦人的服国与天下模式。参见尚会鹏《"伦人"与"服国"——从"基本人际状态"的视角解读中国的国家形式》，《国际政治研究》2008年第4期。

有经济需要时，才向中国朝贡。① 而且，研究发现，日本还尝试与外围国家建立小"华夷秩序"。罗伯特·酒井的研究显示，琉球同时对中国与日本进行朝贡，他有信服力地指出，琉球与中国和日本的关系在程度和种类上都是不同的。② 这说明了日本虽然自公元 7 世纪起即进行大化改新，模仿唐朝的各种制度，但仍旧保有其文化特性。日本历史上进行了两次重要的社会变革，使得社会文化体系发生较大的变化，日本文化也加入更多异文化的色调，但日本始终保持着其文化特性，文化基因没有根本的改变。③ 表面上看，社会组织结构发生了很大变化，但社会组织的内容发挥着一定的作用，还没有像温特认为的那样形成了一种体系文化。

人类行为会受到各种不同因素的影响，国家行为同样如此。温特的贡献在于把国家拟人化，讨论国家间互动对社会共有观念（socially shared knowledge）形成的影响，使得国际政治理论发生了社会学转向。如今，在他的影响下，许多学者从事国际关系文化研究的理论建构。理查德·勒博（Richard N. Lebow）提出了欲望（appetite）、精神（spirit）、理性（reason）、恐惧（fear）四种人类心理动机，探讨其与社会秩序之间的关系，对国际关系中的变革作出解释。④ 勒博认为，理性世界是有序的，恐惧世界是无序的。如果理性不能有效实现约束和教导欲望或精神，恐惧便会产生。在恐惧世界中，人们担心其他成员会剥夺其利益，每个人都试图使自己变得足够强大以威慑和打败所有可能的对手。社会成员追求的目标及其手段都不受规范约束，冲突不可避免而且愈

① 作为朝贡的前提是朝贡国以接受中国对当地国王的承认并加以册封，在国王交替之际以及庆慰谢恩等等之机去中国朝见，是以围绕臣服于中央政权的各种活动，作为维系其与中国的关系的基本方式，但朝贡体制的根本点是靠贸易关系在支撑。参见〔日〕滨下武志《近代中国的国际契机：朝贡贸易体系与近代亚洲经济圈》，朱荫贵、欧阳菲译，中国社会科学出版社，1999，第 34 ~ 35 页。

② 参见〔美〕费正清编《中国的世界秩序：传统中国的对外关系》，杜继东译，中国社会科学出版社，2010，第 125 页。

③ 游国龙曾利用模因学的视角检视温特的进程理论，指出他在文化选择建构上的问题。参见游国龙《模因学与温特建构主义进程理论——文化选择的剖析与探讨》，《国际政治研究》2011 年第 3 期。

④ Richard N. Lebow, *A Cultural Theory of International Relations*, Cambridge：Cambridge University Press, 2008.

演愈烈。① 尽管勒博的研究还有完善的空间，但他指出主流的体系理论过于强调理性的缺陷，并且论证了恐惧在国际关系中同样起到关键的作用，可以说突破了以往心理学从微观层次解释国际现象的局限。笔者在本书中所指的序列意识，有一部分就是源于日本人恐惧在序列中处于落后的位置。尽管笔者与勒博所指的恐惧的成因不尽相同，但符合国际关系研究强调心理、文化的因素的新动向，希望也能作为一个有效分析国家行为的视角。

笔者专门探讨了序列意识在日本二战时期的表现。战后，序列意识当然还会作用在日本的国家行为中。日本在二战中对美国表现出极度狂妄自大的态度，但战后却极力讨好美国，凡事唯美国马首是瞻，形成了极大的反差。日本几任首相虽然提出了"全方位外交""等距离外交"等目标，但实际上从属于"对美协调外交"。日本几乎只关心美国在想什么，美国的外交政策发生了什么变化，似乎根本没有自己独立的外交政策，以致在多数美国人心目中，日本是"一个没有独立人格的客观存在"，或者说在国际事务中只不过是美国的一个影子而已。② 但是，如果把美国视为家元长，把日本看成美国这个大家元组织中的一个成员，就可以理解日本的国家行为。日本所做的就是在序列中"各安其位"。跟随着家元长的脚步，日本从而获得了极大的安全感。前些年中日关系持续走低，与20世纪七八十年代中日友好的盛况形成很大反差。中日友好初期，日本正上演新一轮的经济的奇迹，而中国的经济正处在起步阶段。但世事难料，短短几十年间，中国的综合国力越来越强，成为世界第二大的经济体，而日本泡沫经济后，长年处于萧条阶段，拖累了日本引以为豪的经济发展。对日本人来说，当年中国百废待兴，还需要日本的援助，认为中国不会威胁到他们在国际秩序中的序列。但随着中国近些年经济取得越来越大的成就，日本人随之产生了序列变动的焦躁不安。"中国威胁论"在日本甚嚣尘上，日本媒体对于中国的偏见报道，甚至对中国的恶意攻击，都与此心态密切相关。③

---

① 参见邓子方《国际关系的社会心理学——评〈国际关系的文化理论〉》，《国际政治科学》2011年第2期。

② 参见《美国人如何看日本：一个没有独立人格的客观存在》，http://news.sina.com.cn/cul/2005-02-18/4022.html。

③ 参见《日本媒体热衷于恶意炒作中国形象》，http://int.gmw.cn/2012-09/12/content_5050444.htm。

第十六章
文化传统与西方式政治制度在印度的确立[*]

印度和中国都是古老的文明国家，近代以来都经历了西方殖民主义者的入侵和统治，又几乎是在同时摆脱了殖民主义统治而独立。但不同的是，在政治上，印度推行的是西方式政治体制，议会制、多党选举、权力的相对分散等是其主要特点。而中国则选择了中国特色社会主义制度，"一党领导下的多党参政""民主集中制""人民代表大会制"以及权力的相对集中等。这两种制度的性质，以及利弊得失，不同的人会有不同的看法，例如印度人炫耀自己是"世界上人口最多的民主国家"，"发展中国家中最民主的国家"。中国人也因选择了社会主义道路而感到庆幸，并且对西方的民主制度表现出巨大的反感和排斥。对这不同的看法，做断然的结论是不科学的。在这方面，有两点是可以肯定的。第一，对于这两个古老的社会而言，各自所选择的政治体制都是一种崭新的东西，它们或理论、实践均来自西方（印度的选择），或理论上来自西方（中国的选择）。第二，经过半个多世纪的实践运行，各自选择的体制基本上在本国扎下了根，并且没有迹象表明会在可预料的将来土崩瓦解，因此可以说都符合各自的国情。

对中国和印度为什么会做出这种不同的选择，人们可以从政治、经济、历史以及国际国内各具体条件进行分析。但除此之外，笔者认为还与文化传统有关。也就是说，这两个文明各自十分不同的特点决定了它们与一种新的政治形

---

 * 本章内容发表在《南亚研究》1994 年第 2 期，收入本书有修改。

式有"亲和性"而与另一种形式的新政治制度没有"亲和性"。

就印度而言，西方式政治制度是随着西方殖民地的统治建立起来的。英国人在向印度输入商品的同时也把议会民主制度搬到了印度。我们固然可以说西方式政治制度是殖民者强加给印度的，但必须承认这样的一个事实：印度这个拥有几千年文化传统的国家几乎是在没有任何排斥的情况下全盘接受了这种新的政治制度。这同中国形成了鲜明的对比。笔者认为，传统印度与近代西方式政治制度之间有着一定的"亲和性"。本章拟就这方面进行探讨。

在讨论这个问题之前，对近代西方政治制度做一番界定是必要的。但限于篇幅，不可能详细讨论这个问题。我们只能从比较的角度指出它的一些特点。需要说明，这里的"比较"有两方面的含义。第一，通过"近代西方政治制度"与"前近代政治制度"的比较，概括出近代西方政治制度的特点。与前近代政治制度比较，近代西方政治制度在权力构成上具有分散、多元的特点，在决策程序上，具有"非权威化"特点，在统治方式上，具有"法治"（而非"人治"）的特点。第二，通过传统印度与传统中国政治制度的比较，考察印度政治模式与近代西方政治制度的契合点。

一　多元、复合的文化传统与现代政治制度

从整体上看，印度的文化传统具有复合、多元和分散的性质，缺乏像中国那样的"大一统"特点。这与现代西方政治制度体现的某些原则相吻合。

印度文化传统的复合、多元和分散的性质可以从政治、社会和文化（狭义上的）三个层面来阐述。

（1）政治层面长期的分裂、中央政府对地方力量控制能力的相对弱小，与现代西方政治制度体现的"权力分散"原则相吻合。

印度历史上长期缺乏政治统一，大部分时间处于分裂状态，一个时期内常常有多个权力中心存在。这同中国长期处于统一状态形成鲜明对照。对比两个社会的历史，可得出以下几点结论。

第一，中国统一时期大大长于分裂时期，而印度的情况完全相反。中国统一时期与分裂时期的时间比大约为7∶3，而印度统一与分裂的时间比则不到3∶7。

第二，如前所述，中国即便是在分裂时期，无论哪一个统治者都不认为分裂是正常状态，都不想把分裂永久化。他们都以统一大业为己任，并且只要有可能总是试图实行统一。印度历史上除了孔雀王朝、笈多王朝和莫卧儿王朝出现了试图统一全印度的努力外，大都是诸王国为"生存"而竞争。即便是在统一时期，也没有一个王朝的版图囊括整个印度，温德亚山以南的地方一直保持着相对的独立。

第三，印度历史上的大部分王朝不仅是短命的，而且就每个王朝的政治控制能力来看也远不能与中国的王朝相比。类似中国的"郡县制"的建立是很晚（公元 13～14 世纪）的事，并且一直没有发展到中国那样的完备程度。这就影响了王朝对社会的控制力。即便是在一个权力统治之下的统一时期，王权对社会的影响也是较弱的。以与中国的秦王朝大体同一时代的孔雀王朝为例，帝国对地方上的统治在很大程度上只是象征性的，因为帝国当时并没有发行统一的货币，也没有像秦王朝那样采取"车同轨、书同文"的统一措施，真正的权力重心仍在地方王公。其他几个较大的王朝也都没有实行像中国那样的彻底的中央集权制，皇帝只不过是个"众王之首"（rajatiraja）罢了。

政治上的分裂以及国家政权对社会相对弱小的控制能力，常常使印度出现"政治权力真空"，这使外来民族较容易建立统治。由于没有足够的力量抵抗外来民族的挑战，历史上异民族像走马灯一样征服并统治印度。当西方殖民主义者来到印度的时候，遇到的就是这样一个四分五裂、政治上患"虚脱症"的对手。英国人采取各个击破的策略征服了印度。与此相对照，当西方来敲中国的大门时，遇到的是一个政治上统一的对手。当时的"天朝"虽腐败透顶，但它的一套政治制度还行之有效。靠着绝对专制力量的震慑，仍基本上有效地统治着中国，在外来挑战面前，也能有效地动员社会进行抵抗。显然，要在这样的社会确立一套新的政治制度会比在印度遇到更大的困难。另外，长期分裂和异民族的一次次征服，又钝化了人们的国家意识，这使英国人在印度推行其政治制度时受到的抵抗较小。西方式的政治制度是建立在地方政权有较大权力和自治的基础上的，英国人的统治并没有触动几百个土邦（约占印度国土的 2/5，人口的 1/3），即便是英国人直接统治的"英属印度"，也不是"一竿子捅到底"的统治方法，省（管区）、县地方政府仍有较大的自治权。而对于社会生活，英国人采取的是行政与社会分离的原则，只要无碍殖民统治和殖民掠夺，没有太多地干预宗教、风俗和村落事务，至少在其统治的早期是如此。从这一点上说，英国人的统治与古代异民族对印度的征服没有什么不同。这样，印度人对西方式的政治制度出现了一种顺应的趋势。当然，对西方式政治制度的顺应同对殖民统治的顺应不是一回事。英国人的殖民统治遭到印度人民的强烈反抗，高涨的民族独立运动不断打击并最终结束了英国的殖民统治。但除了少数提倡复古倒退者（如圣雄甘地）外，反对的只是"英国的统治"而不是英国人确立的西方式政治制度本身。英国人被赶走了，而西方式的政治制度却在印度扎下了根。

（2）社会制度层面，种姓制度制约着国家权力，由此形成的权力模式与现代西方政治制度体现的"利益分享""权力平衡"原则相接近。

从社会制度上看，传统的印度社会与中国社会最大的不同点是，印度社会是一个等级森严的社会。它分割成许许多多的种姓集团。这是一个以婆罗门僧侣为顶端、以广大"不可接触者"为底层的等级体系，每个种姓亦进一步分化为许多亚种姓。这些集团以相同的出身和世袭职业为基础，相互隔离，自我维持，不通婚，不来往。种姓以不平等为基础，这当然与现代西方式政治制度体现的"平等"思想格格不入。但这一制度与现代西方式政治制度有某种亲合性。首先，种姓是一种利益集团，具有现代利益集团的某些潜质。种姓与中国的宗族集团都是以血缘资格为基础缔结的集团，但种姓与宗族的不同在于，前者有共同的职业、共同的宗教信仰。即它既基于血缘关系又超越血缘关系。共同的职业使种姓大体处在一个相同的经济地位上，有共同的利益追求。共同的宗教信仰使同一个种姓的人保持了共同的生活方式。因此，同中国的宗族集团相比，种姓是一个比较划一的集团，更接近现代西方社会的"阶级"。"种姓评议会"等组织为维护本种姓的经济利益，或为争取在种姓体制中更高的礼仪地位，常常动员本种姓成员同其他种姓作针锋相对的斗争，这一点同现代西方政治制度的重要因素——政党的作用有些相似。婆罗门僧侣主要从事圣职工作，但一些大婆罗门贵族也窥视政治权力，与王族阶级（按规定他们应属刹帝利种姓）发生矛盾。刹帝利种姓也分成许多亚种姓集团，这些集团为争取更多的政治权力和经济利益也总是争斗不已。这样，在世俗和僧侣势力、国家统治者内部各集团以及高种姓与低种姓之间形成一个相互争夺、相互牵制的体制来维护种姓秩序以使社会不因过度的争斗而破坏。国家政府不能不在各利益集团之间"走钢丝"。与此相对照，中国的皇族阶层对国家政权是绝对垄断性的，缺乏像印度僧侣势力和世袭贵族集团这样的竞争和制约。在亲属集团和国家之间，也缺乏中间性的利益集团。我们知道，现代西方式的政治制度建立的一个基本前提是各利益集团的权力分配和利益平衡。例如，农场主与机器制造商发生了矛盾，工人和雇主发生了利害冲突，便由政府来协调（包括采取镇压措施）。从一定意义上说政府是作为各利益集团之间的平衡器出现的。从这一点上看，毋宁说种姓社会的政治传统与近代西方式政治制度更接近。其次，种姓有很强的自律性和自我维持的能力。种姓有自己的法规，"种姓评议会"负责种姓的执法、司法、治安和行政事务，有审批婚姻、解决争端、对违反种姓法规者罚款乃至开除种姓、调节同一种姓中的职业竞争等权力。种姓评议会由种姓中的长者组成，具有较大的权威，他们做出的决定对种姓成员有很大的规范力。显然，它发挥着地方政府的作用，替代了政府的某些职能。由于这一特点，印度社会在"有政府"状态之下种姓内部事务不受什么干涉，在"无政府"状态之下也能照常运行。这种情况与中国社会的"泛政治化"特点相对照，而与现代西方政治制度体现的政治与社会生活相对分离的原则相吻合。

（3）文化（狭义上的层面），语言、宗教信仰、哲学流派的极其多样性，与现代西方政治制度体现的多元价值观、言论、信仰自由原则相吻合。

与政治上长期分裂、缺乏绝对专制主义传统相一致，印度在思想意识层面表现出极大的多样性。印度教本身就是一个十分庞杂的体系。在这个体系中，有数不清的派别，信奉数不清的神祇，有数不清的礼拜仪式，有完全不同甚至完全对立的教义。在印度教之外，更有许多宗教。说印度是"宗教博物馆"一点也不过分。各个宗教和哲学流派都有一定的信者群，都有悠久的历史，都没有吞掉其他流派的企图，所以也都没有被消灭的危险。孔雀王朝时代或可以说是个例外。阿育王在统一印度的过程中，曾试图用佛教取代当时各地方信仰。但即便这时，佛教也未能完全取代旧的信仰。

在中国历史上，周王朝崩溃后，社会陷于分裂，在思想领域出现了"百花齐放、百家争鸣"的局面。诸子百家著书立说，设学讲道，思想空前活跃。但这种局面维持不长，随着秦王朝政治上的统一，人们的思想也越来越受到禁锢。中国"大一统"的文化传统，在政治上表现为长期的统一和绝对的专制集权制，在思想意识方面表现为用强制的办法消灭"异端邪说"，定思想信仰于一尊。利用政治力量限制对当权者不利的思想派别是中国历史上专制集权的特点之一。秦始皇"梵书坑儒"可以说是这方面极端的例子，而这种情况在印度历史上较少见。如果说思想流派上的相对单一在中国历史上是常态，而"百花齐放"的情况只是一种例外的话，那么印度则完全相反，文化上的无比多样性是一种常态，定于一尊的情况只是例外。文化上的无比多样性既是政治上长期缺乏绝对专制制度造成的，又可解释为后者的基础，因为在一个想想信仰、价值观和行为方式极其多样的社会里，成功的政治统治都必须以较宽容的政策为前提。这种情况下的权力形式很难想象是绝对专制主义的。

二　分散型权力模式与现代民主制度

超自然中心主义的文化传统冲淡了独裁者的权力，使印度缺乏拥戴绝对专制君主的文化思想基础，这同近代西方政治制度的"非权威化"特点相吻合。

在传统的印度思想中，"至尊"、"至强"和"至富"从来就不是一回事。至尊者未必至强至富，至强者未必至富至尊。与中国社会生活的"泛政治化"特点不同，印度教文化传统具有高度精神化、宗教化的特点，追求宗教上的"解脱"是每个有教养的印度教徒的生活目标。这一目标的重要，常常使对政治上的"功名"和经济上的"利禄"的追求降至次要地位。在实际生活中，具有至高无上地位的是婆罗门僧侣而非国王，婆罗门即便是一个乞丐（实际生活中这种情况非常之多），也会受到很高的礼遇。国王有很大的权力却未必有至尊的地位。"国主与婆罗门相比，后者为尊。""在路上一个100岁的国王与一个婆罗门小孩相遇，国王应给婆罗门让路，因为大地属于婆罗门。"《摩奴法论》① 第七章第 37 条规定，"国王于黎明即起，应当向通晓三典和伦理知识的婆罗门教致敬，根据他们的教益立身行事。"有的国王的权力实际上非常有限，如有的法典规定国王的任务是遵照神的旨意保护婆罗门和牛。印度的佛教文化也没有给世俗统治者的国王什么地位，例如佛经劝诫人们，不要参与世事，去结交贵人。有时甚至走到极端的地步，如佛典中把国王与盗贼相提并论，说人民是很可怜的，白天遭国王官吏的掠夺，夜晚受盗贼偷窃。所以当有国王或盗贼来到举行宗教仪式的地方，便应立即中止仪式。这在中国是完全不可想象的。由于国王地位不高，印度历史上主动放弃王位、过隐修生活者大有人在。释迦牟尼本人的参悟得道正是由于放弃王位，鄙弃世俗权力而告成。印度教传统中也有许多这样的例子。这就是说，在印度教文化传统中，"一国之君"的皇帝只是凡人一个，没有什么了不起。这与"皇权至上"、"朕即国家"、至尊的地位与最高的权力集于皇帝一身的中国形成对照。当不崇王权的佛教传入王权至上的中国时，沙门与皇帝孰为尊贵曾有一个旷日持久的争论。一些书生气十足的沙门振振有词地主张不应跪拜皇帝，这显然是权威十足的中国皇帝们不能接受的。南朝的皇帝宋孝武下令，对于不跪拜皇帝的和尚一律用鞭子抽脸，然后杀掉（"鞭颜皱面而斩之"）。从此再没有人敢提及此事，佛教只好乖乖地做了适合中国国情的改变。中国古代圣人孟子也赞成"天无二日，人无二主"的看法。中国有拥裁绝对专制君主的文化传统，人们深信君主为至尊至强至富者。在我们的民间故事和传说中，皇帝通常神圣无比，并具有神的一些特点，如皇帝"金口玉言"，具有超自然力量，而僧侣没有什么地位。但在印度，具有超自然能力的人通常不是国王而是婆罗门祭司、苦行者、星象家等，国王却没什么地位。我们的文化传统趋向于接受这样一种观念：至尊者必至强，至强者必至富，至尊至强至富常连在一起。印度文化传统中，这是几个完全不同的东西。也就是说印度人在这方面的认识比中国人更丰富，更复杂。印度教文化传统中的这一思想非常重要。法国社会学家路易·杜蒙（Louis Dumon）在分析了印度种姓制度后，强调了这一思想对于现代人的启示，他指出，印度社会"差不多早在

---

① 又译作《摩奴法典》，本章采用蒋忠新译法。见《摩奴法论》，蒋忠新译，中国社会科学出版社，1986。

基督之前的 8 个世纪，传统便将权力（power）和阶序地位（hierarchical status）作了绝对的区分，而这正是当代研究未能以自己的方法阐明的重要之点"。① 现代西方式政治制度的一个重要特点，就是权力、地位和财富的相对分离。譬如在美国，总统有很大的政治权力，但其受尊敬的程度未必赶得上一个知名科学家，富有程度未必赶得上一个商人和一个球星。西方人是到了近代以后才明白这个道理的，而印度人几千年前就明白了。印度教文化传统的这一遗产使印度社会在接触近代西方式政治制度时有一种"似曾相识"的感觉。今日印度人对政治领袖的轻慢令人吃惊。笔者在印度尼赫鲁大学进修时曾亲眼遇到这样的事：我的印度朋友、尼赫鲁大学研究生德隆，在自己的屋子里贴了一张"群狗图"，每有中国人到这里来，他总是指着那一群狗道："这是印度的国会议员。"从当年佛陀劝诫人们举行宗教仪式时要规避国王，到人们向演讲的国家总理英迪拉·甘地投掷臭鸡蛋，以及笔者的这位印度朋友的言行，这之间似乎有着某种心理文化上的联系。

既然君主与凡人无异，从理论上说便不再有决定一切的权威。皇权不是至高无上，评价和监督君主的决策过程便成为可能。同中国的君主相比，印度的君主至少在两方面受到更大的制约。第一，超自然力量的制约。在人人笃信宗教、追求解脱的文化氛围下，国王的行为也不能不受到更大的约束。《摩奴法论》第五章第 35 条告诫国君："将恶德和死亡比较，恶德被认为是最可怕的东西，因为，多行恶德的人堕入地狱最深处，无恶德的人死后升入天界。" 对神明的崇拜以及对死后能否解脱的担心，像一把悬在头上的利剑，制约着国君的政策制订、权力行使和日常行为，使他们无论是在好的方面还是坏的方面都不至于走得太远。与此相比，中国的国君一般并不怎么相信超自然。中国的皇帝虽然也以"祭天"等形式向超自然力量祈祷，但基本上是在人为努力不见成效的情况下才这样做，其统治行为并不太受超自然力量的约束。最有名的例子是隋朝的一个皇帝向佛求雨未验便下令砍掉所有佛像的脑袋。由于不受超自然力量的制约，中国的皇帝常常出现两个极端：好的皇帝雄才大略，兴利除

① Louis Dumon, *Homo Hierachicus*, *The Caste System and Its Implications*, Weidenfeld and Nicolson, 1996, p. 37.

弊，对内对外表现出极大的活力和主动精神。坏的皇帝穷奢极欲，暴虐无道。第二，受婆罗门顾问、大臣等辅佐者们的制约。在印度教神话传说里，甚至强大无比的神明也不是专制暴君，如传说中的诸神之王因陀罗（帝释天），下有100名圣仙组成的"Mantri-Parisad"的组织。这大约是一个类似美国社会的"总统顾问委员会"的智囊班子，负责向决策者提供各种信息、建议并帮助作决定。因陀罗神又称"千眼神"，其实并非其真有1000只眼睛，而是指有1000个圣仙作耳目、助手。有的经典还对国王作决定的程序做了规定，例如，《利论》第1章第8条说，"王权依助力者而完成。一个车轮无法转动，所以，应该任命大臣，听取他们的意见"。《利论》第1章第15条说，国王"应该不轻视任何人，听取所有人的意见。贤者即便是对孩童之言，只要合理，也应采用"。《摩奴法论》第七章第56条、57条明确规定，"应当经常和这些大臣们考究需要共同讨论的问题，和平与战争、国势、岁入、人身与国家安全，以及确保既得利益的方法。""先分别、后集中地听取他们的不同意见，在处理事务时，可采取认为最有利的措施。"国王必须尊敬婆罗门，听取他们的意见。这些规定是作为国王的行为规范写入法典的，因而具有法律上的约束力。中国人也把是否能"纳谏""举贤"当作评定皇帝好坏的一个标准，但缺乏法律上的保证。所以对中国皇帝来说，是否"纳谏""举贤"是一种选择，而在印度则是必须。这种决策上的"非权威化"无疑更接近现代西方式政治制度中决策的"民主化"原则。

三 印度教之"法"与现代政治制度

一定的"法治"传统与现代西方政治的"法制"特点相接近。

"法"（dhama，汉音译为"达磨"或"达摩"）是印度教文化的一个非常重要的概念。它的大意是"法则、规范、秩序、习俗、职业、职责"等。印度教宣布人生有"三德"（或称三大目标），即"法"、"利"（artha）、"欲"（kama，尤指性方面的快乐），"法"为三德之首。这里的"法"同现代西方意义上的"法律"不是一回事，它是印度教之法，是种姓之法，是印度教伦理道德体系的中心。不过其中包括法律的内容，如《摩奴法论》中就至少包括下述现代法律的某些内容：（1）宪法；（2）刑法；（3）婚姻法；（4）民法；（5）行政法；（6）动物保护法等。以《摩奴法论》为代表，印度教有各式各样的法典。这些法典虽不是现代意义上的"法律汇编"，却是指导人们日常生活的准则。它在印度教徒的生活中所起的作用无论怎样估计也不会过高。从这个意义上说，印度教社会也是一个"法制"社会，人们习惯"依法行事"。传统中国是一个强调"德治"的社会，中国的圣人们不赞成把外在的"法律"强加给人们，认为理想的社会不用法典，而靠教化启发人内在的"德"，以"德"规范自己的行为。为此，中国古代圣人们发明了一整套概念来表达这种"德"，如"孝""悌""仁""忠""节""义"等。如果每人都能遵守符合自己身份的道德，社会就会达到最大的和谐。从理论上说，这种思想是极不错的，但实际操作起来十分困难。社会各阶层的地位、权利、义务和行为方式既没有印度社会那样的神学基础，也没有像《摩奴法论》那样以条文的形式明细化。即便是那些条文化了的"律条"也常常随政权更迭或统治者个人情况而变化。故传统中国名义上是"德治"，实际上是"人治"。这种情况反过来又影响人们，淡化了人们的法律意识。印度教社会中的"法"以及人们的"守法"传统虽不能与现代意义上的"法治社会"相提并论，但它在下述三点与现代意义上的法治相接近，而与中国的"人治"传统形成对照。

第一，法的神圣性和一定意义上的普适性。依照印度教的看法，自然界和人类社会都是依照"法"运行的，社会各个阶层都必须守"法"。中国历代君主以及皇族阶层是在法律约束范围之外的，有所谓"刑不上大夫"的儒家训条为证。而印度国王的权力和活动却是在"法"的规定之内。例如，《摩奴法论》十二章中有三章是专讲"国王之法"的。国王"应在自己国家内根据法律行事"。①《利论》中说，"国王不得违背众生的根本义务，因为只有使众生履行各自的义务，他才能在来世获得幸福"（第三章）。《利论》对国王的权力、官员的任命、政治机构的设置等也都做了具有法律效力的规定。国王的任务就是保护"法"。一个理想的社会应是"子民恪守正法""各种姓安守本分""没有种姓混杂"。理想的个人应是"以正法为魂"，追求利、欲而不超越

---

① 《摩奴法典》，马香雪转译，商务印书馆，1982，第157页，第32条。

"法"度。在传统的印度教社会，每个人都属于固定的种姓，都有本集团的道德规范，即种姓"法"。人的举手投足都必须考虑是否合"法"。"法"的神圣性还因法的制订者婆罗门僧侣的故弄玄虚而得以加强，如他们说，《摩奴法论》是造化之神梵天（Brahma）之子摩奴所传授。

法典的内容也都是神的旨意，只有遵守种姓之法才能获得解脱，否则就可能从通往解脱的阶梯上跌落下来，永远失去解脱的资格。这种法律与神学密切结合的传统更增强了人们对"法"的敬畏态度。每个人都在"法"的约束之内。当然，每个阶层的"法"是不一样的。对于同样的"违法"行为，不同的阶层受到的惩罚完全不同。婆罗门僧侣和统治者的特权显而易见。这里所讲的印度教徒之法的"普适性"并非现代西方政治制度中的"法律面前人人平等"的意思，而是指任何人的行为都在法的约束之内。在法制较发达的现代西方社会，法律高于一切，大到国家政务，小到一个人的衣食住行、养狗养猫皆有法可依。在这方面印度与西方社会有某种相似性。

第二，立法与执法的相对独立。近代西方政治制度的一个显著特点是所谓"三权分立"，即立法、司法和行政三种权力互相制约。在传统的印度社会中，婆罗门僧侣是各类 sastra（律、论）的制订者，所以，尽管"法"被假托为神谕，但实际出自僧侣之手。而按种姓之"法"的规定，国家的管理者不是婆罗门而是刹帝利。从理论上说，国王虽有很大行政权力但必须"依法行事"。在社会实际中，国王并非总是遵守婆罗门制订的"法"，他们常常企图削弱婆罗门的力量。但每当这时，总是遭到婆罗门僧侣的抨击。这样，在世俗势力和僧侣势力即执法者与立法者之间，形成了一种相互制约的关系。由于"法"的制订和执行相对独立，并且赋予"法"神圣的性质，故印度社会的各类法典并不因政治变动而变动。印度历史上王朝屡屡更迭，异民族征服接二连三，但印度教的"法统"却一直未断。这一点与当代西方许多国家尽管政府更迭，总统、总理易人而法律政策不变的情形十分相似。与此相对照，中国历代的"律条"，都是由政府直接制订，一些重要的律令都由皇帝亲自签署。皇帝既是最高的立法者，又是最高的行政官和执法者，但不是法律约束的对象。法律既缺乏像印度"法"那样的神圣性，其制订和实施过程中也没有印度社会那种僧侣与世俗势力的相互制约，故法律常随王朝的更迭而兴废，依统治者个人兴趣的变化而变化，显然，这种传统与西方以"三权分立"为特征的政治制度差别甚大。

第三，"法"的条文性。虽然印度教之"法"的内容与现代法律不同，但从根本上说它们都是一种外在的、可掌握的条文，而非难以掌握的内在的"德"。当然，无论是现代西方社会的法律还是印度教文化传统强调的"法"，都可以说是一种道德体系，它是一个社会的各种道德、价值观的总和。但它是外在化和条文化了的道德，更容易操作掌握。譬如，对于君主，中国的圣人教导说要"仁"，怎样做才算"仁"，孔子说"仁者爱人"。至于爱什么人，怎么爱法，做到这一点会怎样做不到这一点又会怎样等等，只有靠自己去理解，自己觉悟，自己掌握。《摩奴法论》也告诫君主"爱其子民"，但规定要详细具体得多。如其中一项对税收的规定："国王可预先征收家畜和每年利息金或银的五十分之一，根据土壤性质和所需照管，征收食粮的八分之一，六分之一，或十分之一。"（第7章第130条）超过这个税率，就是"横征暴敛"，就不是"爱民"。"国王要发给使女和全部奴仆适合其地位与职务的日薪"。"对最低级奴仆每天应给一个铜钵那，每年两次各给一套衣服，每月给一陀罗那粮食。而对最高级奴仆则给六铂那，每年两次各给六套衣服，每月六陀罗那粮食。"（第7章第125条、第126条）不这样做就不是"爱民"。不爱子民、倒行逆施的昏君，不仅会"丧失国家、生命和一切亲族"（第7章第111条），死后还会下地狱（第7章第53条）。我们知道，现代西方社会的法治传统，文化根源来自基督教教义，"摩西十诫"是西方最早的成文法。与之相比，《摩奴法论》不仅包括了"摩西十诫"的大部分内容，而且更详细，更具体。对婆罗门、国王、工商业者、奴隶等各阶层的地位、权利、义务以及行为方式的规定都条文化了，有很强的操作性。这使人想到当今印度的宪法。印度宪法被认为是世界上最长的宪法。从各邦的边界到总理、总统和邦长的宣誓词，它的条款之详细、规定之完备，甚至超过西方国家的宪法。从文化传统上看，这或许并非出自偶然。从印度的宪法上我们似乎可以看到《摩奴法论》编纂者的后裔们的智慧（印度宪法的主要起草人之一的安培德卡尔就被称为"现代摩奴"）。

第十七章
古代南亚国际体系:"大法体系"的
特点及原理[*]

南亚历史上是否曾存在一个国际体系?本章依据历史材料,从新的视角论证了古代南亚地区存在一个以印度为核心文明体的独特的国际体系即"大法体系"。为什么称该体系为大法体系?这个体系的运作原理和特点是什么?它与印度教徒的基本人际状态——"阶序人"是一种怎样的联系?它在今日有何影响?探讨这些问题对于认识非西方国际体系并进一步理解今日国际体系或能带来某种启示。

一 "大法体系"的定义

现在一般称有三大国际体系即古罗马体系、古代东亚的天下体系(或称朝贡体系),以及产生于近代西欧、现已扩散至全世界的现代国际体系(或称"威斯特伐利亚体系"),似乎没有一个南亚国际体系。认为南亚地区不存在国际体系的一个通常依据是,该地区历史上长期处于四分五裂状态并不断遭受异族入侵。不可否认,缺乏可信的历史资料、政治统一时间较短及受异族征服较多都是事实,但似乎尚不能由此得出次大陆没有一个国际体系的结论。原因如下:第一,该地区历史上也出现过较大的帝国,如孔雀王朝(约公元前321~

* 本章内容发表在《国际政治研究》2015年第6期,收入本书有修改。

公元前 180 年）、笈多王朝（约 320～约 550 年）和莫卧尔王朝（1526～1707 年）等，这些帝国曾统治了次大陆大部分地区并形成了某种国际体系，只不过时间相对较短（相比中国和古代罗马帝国）而已；第二，该地区政治上的分裂和遭受异族入侵只是相对而言，因为中国和欧洲历史上也存在政治分裂、诸小国间相互征战、杀戮、异族入侵的问题。在欧洲，至少从西罗马帝国崩溃到近代威斯特伐利亚体系建立的近 1000 年时间里，一直陷于政治分裂状态，无论是征战的次数抑或战争烈度并不逊于南亚地区。所以，倘若承认罗马帝国时代的西方及古代中华帝国之下存在一种国际体系的话，那么，就没有理由不把南亚历史上统一时期建立的超越国家的秩序也称为一种国际体系。[①]

实际上，南亚次大陆历史上有无一个国际体系，关键取决于怎样定义国际体系概念。目前，学界使用的国际体系概念一般指"由民族主权国家组成的，有国际法和国际制度规范的抽象的实体，是国际领域内各种行为体（主要是国家）相互作用形成的固定关系组合"。[②] 此定义指近代以来的国际体系，但民族国家的出现仅有几百年的历史，若根据这个定义，古代罗马和中华帝国下的政治秩序都不能算是国际体系。仅从民族国家的角度考察国际秩序是短视的，笔者倾向于使用这样一个较为宽泛的定义："国际体系是国家行为体（通常存在某种核心行为体）之间的关系网络。"[③] 根据该定义，历史上存在过多

[①] 关于非西方国际体系的讨论已引起国际关系学界的关注。如前所述，巴里·布赞和阿米塔夫·阿查亚在 2005 年发起了"为什么没有非西方国际关系"的研究项目，提出了"全球国际关系学"的理念。"通过仔细观察国际体系或地区世界秩序的非西方前身，我们能够得到许多认识。阿玛纳宗教体系、中国的世界秩序及东南亚的曼荼罗都是明显而重要的例子。这里至关重要的是，我们要以文明研究的思考作为民族国家思考的补充。民族国家的视野，让我们回到 500 年前，而文明的视角能让我们回到 5000 年前。民族国家的视角与西方的主导地位相一致，而文明的视角显示出人类进步的多元力量。"参见〔美〕阿米塔夫·阿查亚《全球国际关系学与国际关系理论的中国学派：两者是否兼容》，《世界经济与政治》2015 年第 2 期。

[②] 关于"国际体系"的定义有多种，与"国际体系"相近的概念还有"国际秩序""国际社会"等。对几个概念的详细界定见刘鸣《国际体系与世界社会、国际秩序及世界秩序诸概念的比较》，《社会科学》2004 年第 2 期。

[③] 笔者使用的这个定义与英国学派的代表人物马丁·怀特（Martin Wight）对国际体系的定义相近。他认为，体系就是国家间的互动所形成的合作与冲突形式，这种互动联系可以是直接的，也可以是相关联或者是无关联的。但他又认为，这是一种为了共同目标的关系体系，所以它要有一定程度的文化统一，否则国家体系就不可能产生。参见刘鸣《国际体系与世界社会、国际秩序世界秩序诸概念的比较》，《社会科学》2004 年第 2 期。

种国际体系，如古希腊城邦体系、古罗马体系、中世纪欧洲体系、古代南亚次大陆及东亚的国际体系等。如前所述，笔者曾提出国家行为体存在组织体与文明体两个侧面（见本书第三章），根据这个看法，文明体通常与组织体结合而构成国家行为体，但也不尽然，有时，同一文明体下有不同组织体，有时，相同组织体的国家则属于不同文明体。在历史上，某一地区长时间缺乏明确的国家形式，即国家作为一种组织体的特征并不明显，但作为一种文明体，则能够看出其完整性和统一性。南亚地区就属于这种情况。今日国际关系学者们使用的国际体系概念具有强调国家的组织体侧面、忽视或冻结文明体侧面的特点，故不利于考察像印度、中国这样的既是古老文明体同时又具有现代国家组织体形式的非西方世界。

南亚历史上有一个什么样的国际体系呢？这是本章重点探讨的问题。

在南亚历史上，孔雀王朝曾建立过一个覆盖次大陆大部分地区的庞大帝国，史称孔雀帝国。该帝国第三代君主阿育王（公元前 268？ ~ 公元前 232年）具有明显的国际视野并尝试建构一种国际体系。他基于印度宗教（印度教和佛教）的宇宙观，提出了依据"大法"（*Dharma*）[①] 实施统治。"大法"是一种由永恒的超自然力量规定的自然界和人类社会的秩序。这个概念反复出现在孔雀王朝时代的各种文献（尤其是刻在许多地方的摩崖上的诏敕）中，成为帝国及其治下的国际体系的合法性基础。阿育王声称自己要做"法王"，认识到"依法之胜利，此才是最上之胜利"。[②] 鉴于此，称以孔雀帝国为核心行为体的国际体系为"大法体系"或无不当。严格说来，"大法"是阿育王的一种理想的世界秩序，但阿育王确曾为建立这种秩序而努力并在某种程度上成功了，"大法体系"不仅在孔雀帝国时代存在于次大陆大部分地区，并在帝国崩溃后仍影响深远，故笔者认为，用它来称呼南亚国际体系（或国际秩序）是恰当的。

将孔雀王朝时代南亚地区出现的国际体系称作"大法体系"并将其置于与其他国际体系相并立的地位，或会遇到这样的质疑：孔雀帝国统治时间短

---

① 有的佛教典籍将其译为"佛法"，但 Dharma 本是一个印度教概念，故"佛法"不能完全表达其意。该词音译为"达磨"或"达摩"。

② 《汉译南传大藏经》第 65 卷，《阿育王刻文·第十三章》。

（只存在了 100 多年），其治下的国际体系能否代表整个南亚地区的国际体系？笔者的回答是，不能根据一个王朝统治时间的长短来判断其重要性。中国的秦王朝统治时间也很短，但意义重大，其创立的政治制度——郡县制在中国一直延续下来。在孔雀王朝时代，南亚地区出现的国际体系虽然时间较短，但影响重大。现在主流国际关系理论在把握国际体系时，有过于强调"结构"、轻视"内涵"的倾向。[①] 南亚历史上大多数时期的确缺乏一个明确的政治结构，但如果把"国际结构"理解成各个国家行为体关系的组合，那么，即便是孔雀帝国崩溃之后，各个国家行为体之间的关系还是存在的，只是在较长时间内该体系缺乏明显的"核心行为体"而已。次大陆历史上长期缺乏一个由组织体意义上的国家组成的明晰的结构，但作为一种文明体，是一直延续下来的。

　　另一个可能的疑问是，南亚历史上曾出现过三个分别建立在不同宗教（孔雀王朝的佛教、笈多王朝的印度教和佛教、莫卧尔王朝的伊斯兰教）基础上的大帝国，代表南亚次大陆的国际体系为什么不是笈多帝国或莫卧尔帝国时代的国际体系？这里需要指出，笈多王朝时代佛教虽已衰落，但仍有相当大的影响，甚至在有些地区仍占统治地位，统治者推行扶持佛教和印度教的政策，而且佛教也开始与印度教融合，故可以说与孔雀王朝有相同的宗教基础。另外，公元 1~2 世纪北印度出现的另一个具有国际性质的帝国贵霜帝国，亦是以佛教为宗教基础。佛教虽也属印度文化一部分，但与纯粹的印度教不同，实为印度教的一种变体，它具有的开放性更适合作为一种国际性体系的思想基础。阿育王在其统治范围内大力推行佛教，佛教亦是在此一时期成为一种国际宗教，为次体系的单位提供了共同性的宗教基础。若无此，"大法体系"就不可能产生。莫卧尔王朝虽为穆斯林所建立，其治下的印度教土邦数目超过伊斯兰教土邦，而且，许多所谓伊斯兰教土邦，主要是统治者信奉伊斯兰教，其基础民众仍是印度教徒[②]，故可以说，在莫卧尔帝国时期，印度教性质的文明体

---

① 针对"结构分析法"的缺陷，许烺光提出了"内涵"（content）分析法。他将结构定义为："把各种角色连接在一起的时间和空间上的责任和义务网络。"对内容的定义是"社会组织中的内容是人与人之间互动的质性（qualitative）模式"。参见〔美〕许烺光《许烺光著作集 9：彻底个人主义的省思》，许木柱译，（台北）南天书局，2002，第 269 页。

② 据 2011 年印度人口普查，印度教徒占印度人口的 79.8%，穆斯林占人口的 13.4%。

仍在延续。

还需要说明的是，无论是孔雀王朝时代还是后世的历史文献，都没有"国际体系"意义上的"大法体系"这个概念。但没有这个概念并不等于不存在这种体系，因为人们常常将生活其中的某种体系视为理所当然而感觉不到其存在，以至于在语言和文献中没有表述的需要。例如，在传统中国语境中也没有"朝贡体系"概念（此概念是后来西方学者概括出来的），但事实上这个体系是存在的。

二 "大法体系"的运作原理

"大法体系"具有怎样的特点呢？由于孔雀王朝时代留下来的可信材料相对丰富（包括阿育王摩崖石刻、孔雀王朝的典籍《利论》及佛经等），我们可据此得出一些判断。以下根据两条阿育王石刻诏敕，[①] 尝试还原这个时代的国家和国际体系的某些特点。

> 过去长期之间，未曾有为法大官者。是故朕过灌顶十三年之年，设立法大官。彼等〔法大官〕于一切宗派之间为法之树立，为法之增长，或叟那人（Yona）、東埔寨人（Camboia）、犍陀罗人（Kandara）、罗提迦人（Latiga）、美提尼加人（Vitiniga），或凡其他西方邻邦人之间，专心于法者为利益安乐，忙碌掌事、从仆与主人、婆罗门与毘舍、孤独与老人，在此中专心于法者为益安乐，为无障碍，忙碌掌事，配与囚人之费，示无障碍，或若多子女，或所蛊惑，或因老衰者，对其任何者，为释放此，忙碌掌事。又于此婆多利弗多 [国都] 并地方之一切都市，朕之兄弟及姊妹之后宫，或有关朕其他之亲族而于一切处劳力掌事。更于法大官是否依止于人法？是否树立法？是否专心于布施而考虑之。关于专心于法者，于朕

---

① 此种敕文称十四章法敕，另有附录两章。敕文较长，发现于 19 世纪，用七种不同的印度古文字刻在七处不同地方（主要分布于阿育王时代孔雀帝国边境地区）的岩石上，内容是倡导大法，劝人行善布施等，为研究这个时代的极宝贵材料。刻文有英、日等多种译本，汉译亦有多种版本。经比较，此处译文引自《汉译南传大藏经》第 65 卷，《阿育王刻文·第十三章》。

领内之到处，劳力掌事。①

　　然，天爱思惟、依法之胜利，此才是最上之胜利。而此胜利，天爱既再三于〔此朕之领内〕并至六百由旬止，凡于诸邻邦人之间——于此有称为安提瑜迦（Antiyoga）之臾那（Yona）王，又越过其安提瑜迦（Antiyoga）王，有称为土罗耶（Tula-maya）王、安提奇那（Amtekina）王、摩迦（Maka）王、阿利奇修达罗（Alikyasudale）王之四王，在南方可得周达（Coda）诸王、般提耶（Pamdiya）诸王，以至锡兰（Tambapamni）王。如此，在此〔天爱〕王之版图于臾那人（Yona）、于柬埔寨人（Kamboja）之间的那婆加人（Nabhaka）、于那婆般提人 Nabhaba-mti 之间的普阇人（Bhoja）、于美提尼奇耶人（Pitinikya）之间的安睹罗人（Amdhra）、于波邻达人（Parimda）之间亦到处随顺天爱法之教勒。更于天爱之使臣未到之处，诸人闻而进行随顺于法，以实行天爱之法、制规及法之教勒，又将来亦应随顺。依如此之事，于一切处所得之胜利，不问其如何者，即于，何处皆是此喜悦为本质之胜利。然，此喜悦实轻微之事而已。天爱思惟，唯关于后世者持大果也。②

　　第一条石刻大体说明了帝国治理下的情况。当时帝国疆域内居住着臾那人、柬埔寨人、犍陀罗人、罗提迦人、美提尼加人，当时的社会是分为种姓的，故出现了婆罗门、吠舍（毘舍）种姓名，可见当时是一个多种族、多种姓的社会。阿育王希望这些族群、种姓能和平相处，遵守大法，以仁爱之心相处。"专心于法者为利益安乐，忙碌掌事。"这就是"大法体系"，至少，这反映了阿育王大法之下的一种理想或一种期待的秩序。

　　第二条材料反映的是帝国疆域及与邻国的关系。材料说孔雀帝国疆域"六百由旬"（约相当于方圆 9000 公里，基本涵盖了今日整个次大陆），此处数字应为帝国最盛时版图。这里提到族群既有疆域内也有疆域外的，材料中提

---

① 《汉译南传大藏经》第 65 卷，《阿育王刻文·第五章》。
② 《汉译南传大藏经》第 65 卷，《阿育王刻文·第十三章》。

到的许多"王"，皆为帝国的邻邦，可见当时的确存在一个以孔雀帝国为核心行为体的国际体系。值得注意的是，统治者希望将期待中的帝国体系——"大法体系"——推及帝国以外，在与邻邦的关系中也"实行天爱之法、制规及法之教勒"。"大法"是统治者的一种统治理念，一种理想的秩序和道德基础。作为核心行为体的统治者力图将这个统治理念推行到与所有国家行为体的关系中。

佛教徒把阿育王诏敕看作弘扬佛法的例证，我们则从中读出了当时南亚国际体系的结构、理念和运行模式的一些信息。由此判断，随着孔雀帝国对外征服的成功，次大陆的确出现了一种超越族群、超越国家的政治秩序。而且，这个秩序下国家之间的关系明显既不同于古代罗马秩序下奴役与被奴役、殖民与被殖民的关系，也不同于古代东亚秩序下以远近亲疏划分的礼制关系，它似乎是基于大法理念、基于一种多元性认识的在独特等级体制下相对独立的关系。这里"大法"的作用类似朝贡体制下"德"与"礼"的理念。

孔雀帝国时代南亚地区的国际体系还从考底利耶（Kautilya）在《利论》（Arthashastra）① 中构建的"国王圈"（rajamandala）的模型中得到部分印证。考底利耶称那些力争胜利的国王（vijigishu）处在"曼荼罗"② 的中心，其邻国是天然的敌人，而邻国的邻国（敌人的敌人）则成为天然的朋友（mitra）。这样就形成了一个由朋友和敌人构成的同心圆即国王圈（如图 17 - 1）。

这个模型反映的是一个由若干同心圆组成的世界秩序。《利论》说，凡具有一定实力的国王，都应该而且可以争夺霸权并完成统一，成为"未来的征服者"，国王的终极目标是征服整个次大陆，然后依据"大法"来施行统治。

---

① 《利论》手抄本发现于 20 世纪初，相传为阿育王时代孔雀帝国宰相考底利耶所作。印度学者沙玛萨斯特里（R. Shamasastry）于 1909 年首次将其翻译成英文发表，1915 年首次出版全译本：Kautilya, Arthashastra, translated by R. Shamasastry, Bangalore：Bangalore Government Press, 1915. 此后该书又有多个英文版本，如 The Arthasastra / Kautilya, edited, rearranged, translated and introduced by L. N. Rangarajan, New Delhi：Penguin Books India, 1992；The Kautilya Arthashastra, Part II, 2nd edition, translated and edited by R. P. Kangle, New Delhi：Motilal Banardisass, 1992.

② 曼荼罗（mandala），佛教和印度教用语，意为"坛""场"，亦指所有圆形图案。

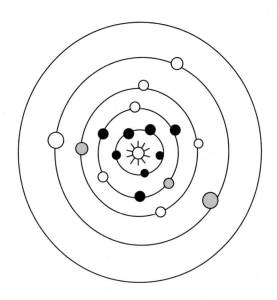

图 17－1 《利论》中"国王圈"示意

资料来源：笔者根据《利论》第六卷第二章的描述绘制。图中心的太阳表示作为"征服者"的核心国家行为体，黑圆表示"敌人"，白圆表示"盟友"，灰圆表示"中立者"。

值得注意的是，考底利耶不仅提出了建构一种国际体系的任务（古代印度的其他思想家也想过这些），同时还提出了完成任务的手段。印度历史上的思想家大都惯于空想，例如，佛教的大师们就把建立世界秩序的希望寄托于"转轮圣王"（Cokravartirāja），渴望某一天会有持轮宝的大王出现，轮宝所到之处皆为一统江山。"转轮圣王"具有 32 种形象，即位时由天得其轮宝，转其轮宝而降服四方。在印度教和佛教系统中，君王通常是一个神，君主在轮回的世界中有一个位置，但也逃不脱轮回的命运，只是一个轮回的主体躯壳而已。甚至，自国君主地位是否高于他国的君主也是有疑问的。《利论》则不同，它提出的"国王圈"是南亚历史第一次出现的现实版国际体系模型。值得注意的是，这个模型与古代中国的"服国"模型及东亚朝贡体制模型的重要不同之处是：它不是从亲属体系外推、依照远近亲疏而关系和义务逐渐淡化的一种秩序。在这个模型中，最内的一圈（邻国）反而是敌人，而距离较远的（即"敌人的敌人"）则是盟友。这个模型提示的国家间关系完全由实力决定，带有彻底的现实主义特点。但它没有涉及国家间在经济、文化上的联系纽带及交往规范。

考察阿育王的大法理念和《利论》中描述的国际秩序模型，我们可判断，孔雀帝国时代南亚地区的国际体系具有明显的"强文明体、弱组织体"性质。其重要表现是，在此一体系下，国家的认同和凝聚主要是宗教上的，而经济、文化上的联系十分脆弱，政治上通常是分裂和离心的。将"大法体系"视为一种主要基于宗教认同的国际体系或无不当。

"大法体系"基于印度教、佛教的"法"这一理念，而由于这一理念特殊的宗教性质，它与现实中的国家秩序之间存在着矛盾。其一，"大法体系"是想象中的"人与超自然的彻底合一"这一印度文化理想下的秩序，该体系给这个地区提供的最主要公共产品不是现实中行为体的交往规范，以及基于政治安全和经济关系的机制设计，而是一种虚幻的、缺乏实际操作可能性的精神产品；其二，印度教、佛教之"法"下的世界秩序是阶序主义秩序，它是通过赋予每个行为体在等级结构中一个特定位置而形成的，族群基本上是通过限制交往、限制通婚而保持其独立性，说到底，这是一个接近于"互不来事"的种姓秩序。因此，"大法体系"下族群之间缺乏融合，国家间的联系松散而脆弱，国家力量也有限。这是造成该体系具有强文明体、弱组织体特点的主要原因。

在孔雀帝国版图内，帝国与地方势力在很大程度上只是一种象征性隶属关系，国家统治力量薄弱，多种族、多种姓集团分离，政治上分裂。这不仅在帝国强盛时如此，更是帝国崩溃后次大陆地区的常态。对于《利论》关于当时最大的国家组织——孔雀帝国及国际体系的描述不能估计过高。《利论》中所说的帝国只是若干王国松散、不定型的联合，统治十分薄弱，帝国与周边国家的关系亦不稳定。《利论》中讲到的那些责有专司的许多政府部门是否真的存在也是令人怀疑的。其中提及的看似政府官吏的人员，应是不同政治实体的领袖，如土邦首领、地方贵族等。书中涉及的政治实体更像是自治单位的联合体或自治单位，它们似乎各有自己完整的管理机构、领袖、法律和习俗。也就是说，即便在孔雀帝国最盛时期，国家的统治力量亦十分有限，次大陆松散的政治关系模式本质上没有改变。这也意味着，政治上统一的孔雀帝国的建立和兴盛、衰落和灭亡，对这个南亚地区国际政治秩序的维持所起的作用并不那么大。

但是，次大陆作为文明体的统一性无论是在孔雀王朝时代还是在其崩溃以后都十分明显。尽管凝聚各族群的宗教派别的学说有很大不同，但他们都对此岸世界持否定态度，都承认在此岸世界中有精神在活动，而精神被物质性世界所污染，清除这种污染达到清净圆满的境地是人生的最终目的。几乎所有的派别都接受业报轮回之说，并都将摆脱轮回达到解脱树为人生最高目标。知识分子都关心着相同的问题即探讨纷繁世界背后的统一性和接近这个统一的途径。在次大陆，无论走到哪里，也不管哪个种族，操怎样的语言，吠陀知识及掌握这些知识的婆罗门普遍受到尊敬，不可接触者受歧视的地位也都得到承认。印度教经典《吠陀》和《往世书》有许多地方版本，为多数人所了解。古老的宗教能给次大陆各地的人民以慰藉。两大史诗——《罗摩衍那》和《摩诃婆罗多》——被翻译成许多地方语言在次大陆广为流传，由这两部史诗改编的故事、戏剧、传说在民众中更为普及。这样，两大史诗不仅是印度文化的重要组成部分，还起着统一和凝聚印度文化的重要作用。"在操泰米尔语和卡纳拉语的地方的宫廷里，古代史诗《罗摩衍那》和《摩诃婆罗多》就像在西旁遮普的旦叉始罗和恒河流域上游的奈米莎林（Naimisharanya，印度教圣地，在今锡塔普尔县，相传是古代圣者撰写《往世书》的地方）的知识界中一样被虔诚地研读着。"[①] 孔雀王朝以佛教教义为宗旨，主张彻底的和平主义，禁止相互残杀，甚至禁止一切杀生行为。在阿育王留下的摩崖石刻中，有大量不杀生及忏悔自己杀戮行为的内容。理想中的秩序是"以仁慈为旨，使赏罚之道不误"。[②] 禁止杀生，奖掖民众以正义而脱离恶业。这一和平主义思想几乎贯穿于次大陆所有的教派。"大法体系"虽然是一种理想，但这并不能阻止印度的政治家朝着这个目标努力。印度历史上的许多著名国王，被人们记住的功绩似乎不是其政治的征服和版图的扩张，而是对大法的热心。次大陆的同一性在于

---

① 〔印〕R. C. 马宗达、H. C. 赖乔杜里等：《高级印度史》上卷，张澍霖等译，商务印书馆，1986，第 14 页。

② 《佛学大辞典》，"阿育王刻文"释义，见 http：//www.fodian.org/DCD9/2011 - 05 - 21/74228.html，访问日期：2015 年 11 月 1 日。

文明的同一性，孔雀王朝的灭亡，只是作为组织体的国家形式灭亡了，但作为文明体的国家形式没有灭亡。

与"强文明体、弱组织体"这一特点相联系，宗教理念与现实国家间关系的巨大张力也一直存在于孔雀帝国时代及其以后的次大陆国际体系中。

《利论》最令人印象深刻的可能是作者考底利耶在构筑国际体系中所鼓吹的"极端现实主义"。他认为，本国君主地位高于他国君主，本国利益高于他国利益，君主须用一切手段保护和扩大国家的疆土，国家的意义在于征服他国，而道德、正义、仁慈等这些通常被奉为统治合法性基础的东西，在这部政治教科书中是找不到的。《利论》中设想的"国王圈"是依据极端现实主义推导出来的世界秩序模型，鼓吹的是典型的"丛林法则"。虽然不能肯定地说阿育王完全按照这种方法建立了孔雀帝国，但从阿育王大量杀戮战俘及晚年的忏悔行为看，可以肯定这种方法给了阿育王很大影响。以"仁慈为旨""各种族、种姓、信仰，以慈爱视之"为理想的阿育王的"大法体系"竟是以这种无道德的、与大法理念完全相悖的手段建立的。

那么，《利论》为什么鼓吹一种与大法的彻底的和平主义精神相对立的极端现实主义，并且在一定程度上用其指导国家行为呢？这与前述的"大法"理念与现实之间所具有的深刻矛盾有关。将宗教思想作为连接各个族群的纽带，会带来宗教主义，它能增加同一种信仰者之间的凝聚，却妨碍不同信仰族群的融合，削弱国家和统治者的力量，阻碍一种更大区域内的某种秩序的建立。要在长期缺乏政治上的统一传统、各个国家相互征战的地区建立一种秩序，唯一的办法是利用实力，实力强大才可削弱和控制他国，并最终将其纳入自己的版图。另外，以一种彻底的和平主义作为一个秩序的合法性基础，在现实中会带来如何在这种原则下建立一个组织体意义上的国家及以此为基础的政治秩序的问题。因为如果坚持阿育王诏敕中提倡的完全不杀生，不仅根本无法建立一个组织体意义上的国家及以此为核心的政治秩序，甚至连日常生活也会成问题。这样，采取极端的方式建立一种较大范围内的政治秩序就是可以理解的。考底利耶作为孔雀王朝和阿育王的佐臣，首次将一种国际体系的理想变成现实，采用极端现实主义的手段也许是不得已而为之。

极端现实主义外交政策与大法理念是矛盾的，《利论》的作者面临的一个任务是如何把吞并他国、建立霸业的丛林行为解释为合乎宗教大法。不过，在印度教语境中，解释这种矛盾性并不困难。"法"的本质是事物按其固有法则运行，丛林中山羊吃草、老虎吃掉山羊，可解释为山羊和老虎都在以其"法"行事。婆罗门主持宗教仪式和武士在战场上杀戮，也都是在依"法"行事。这方面最著名的案例可能是印度教经典《薄伽梵歌》所提供的：般度族的首领阿周那，在与敌军交战前突发悲悯之心，大神克里希纳借助阿周那的车夫之口，对他宣讲宇宙之真理：灵魂是不死的，战场上杀人是刹帝利的"法"。阿周那听了克里希纳的劝告，一反忧伤悲悯之态，竟用极不道德手段战胜了敌人。[①] 不杀、宽容、节制思想和"杀即非杀"的"丛林法则"，两种相互对立的思想均体现在印度教经典中。我们完全可以合理地想象，在一个战前会议上或在一次征伐途中，阿育王也像当年般度族军队的首领阿周那那样犹豫不决，考底利耶向他讲起大神克里希纳向阿周那宣讲"杀即非杀"的道理（一般认为，两大史诗当时已在民间流传），才使阿育王痛下征伐的决心。另外，考底利耶奉劝阿育王采用极端现实主义手段建立霸业，不是不要大法，而是"法""利""欲"兼顾。[②] 从《利论》的前后语境来看，考底利耶认为，采取无情手段建立一个和谐的海内帝国不是最终目的，最终目的是弘扬大法——即遵照神立的原则运作的永恒道德秩序。作者考底利耶似乎认为只有建立了一种稳定的政治秩序后才能更好地推行大法，征服是手段，推行大法是目的，这实乃一种"先兵后礼"的做法。鼓吹"丛林法则"与大法理念之间的矛盾或可这样解释。

尽管文化上做出了处理宗教理念与现实之间矛盾的设计，但在现实生活中，统治者在处理此类问题时仍不能不产生内心的严重纠葛。这表现在历史上印度君王总是在宗教大法与现实主义之间徘徊不定。根据佛教的资料记载，阿育王晚年认识到了通过残暴手段建立国家政权的缺陷，从对征服羯陵迦国的杀

① 《薄伽梵歌》是印度史诗《摩诃婆罗多》的一部分。《摩诃婆罗多》讲述古代俱卢和般度两大亲族大战的故事。参见中文版《薄伽梵歌》，张宝胜译，中国社会科学出版社，1989，第15～24页。

② "深思熟虑的王权，是给臣民带来法、利、欲。"见《利论》第一卷第四章。印度教将"法""利""欲"作为人生三大目标，专门讲"法"的典籍构成《法经》系列，另还有专门讲"欲"的典籍，称为《欲经》。

戮中醒悟、忏悔，放弃王位，皈依了大法——成为虔诚的佛教徒。^① 阿育王也许是人类历史上对自己的暴力行为反省最为深刻、改正最为彻底的君王，他这种基于宗教信仰的反省和舍弃行为可以说也是孔雀王朝在很短时间内衰落的直接原因。帝国的统治者主动放弃国家暴力，却付出了权力丧失、帝国衰落的代价。在南亚地区以外的人类历史上，似乎很少有统治者能做到这一点。在南亚历史上，像阿育王这样的君王还不止其一人。据记载，阿育王的祖父（孔雀王朝的创立者）旃陀罗·笈多（Candra Guputa）晚年皈依了耆那教。虽然完全可以判断，阿育王皈依佛教后出现神迹之类的故事是信徒为宣教而杜撰的（这在印度历史上很常见），但南亚历史上有多位君王皈依宗教是有资可证的。更为重要的是，这些君王不惜政权衰落而皈依宗教的行为，不仅没有受到指责反而受到高度赞扬，这更说明了印度文明体的特性。这样，宣扬以宗教大法作为道义基础，又采用极端现实主义手段建立现实世界的秩序；对极端现实主义进行鼓吹，对极端现实主义手段又进行最为深刻的反省。这都体现在次大陆的政治文化中。

对宗教大法的强调使得南亚次大陆对外部的影响主要是宗教上的。这个体系对世界的影响主要不是武力征服，而是文化的扩张与传播。"大法体系"下没有殖民地。历史上，南亚次大陆对外部的武力征服和冒险很少（只有公元11世纪的朱罗王朝对东南亚进行过武力扩张）。基辛格在《世界秩序》中对古代中国和印度秩序进行比较："中国认为没有必要走出国门去发现世界，认为通过在内部弘扬道德，已经在世界上建立了秩序，而且是最合理的秩序。……印度教相信历史的轮回，认为超自然现实高于现世体验，把自己的信仰世界当成一个完整的系统，不会通过征服或劝说去争取新的皈依者。"^② 印度文明向外传播的主要是宗教。阿育王曾派出包括王子、公主在内的大批使者和僧侣到邻近国家传教，佛教就是在这个时代在印度以外的地方传播开来的。孔雀王朝

---

① "灌顶八年过后而天爱喜见王，征服迦陵迦国。由其地［捕房］而移送之生类，唯有十五万数，于其处被杀唯有十万数，或死者有几倍。由此以后，今既领迦陵迦国，天爱热心法之遵奉，对于法之爱慕及行法之教勒。此即天爱对征服迦陵迦国之悔谢。不论如何，征服未曾征服之国者，于彼杀戮苍生、或死亡或移送，天爱对此一切感苦恼，又思虑与悲痛故。"参见《汉译南传大藏经》第65卷，《阿育王石刻·第十三章》。
② 〔美〕基辛格：《世界秩序》，胡利平等译，中信出版社，2015，第476页。

（以及后来的贵霜帝国的迦腻色伽王）时代积极向外传播佛教的行为，与今日许多国家传播"文化软实力"的行为有类似的意义。值得注意的是，与西方基督教和伊斯兰教在传教活动中带有的强制性不同，佛教在亚洲地区主要是以和平方式流行的，即主要是传播地区自愿接受、主动内化的，在传播过程中，佛教与当地文化相结合从而形成了不同特色：中国、日本和韩国的大乘佛教，东南亚国家的南传佛教，中国西藏、蒙古地区的藏传佛教等。在如此大的地域内，人们自觉接受一种原来只是作为一个地区公共产品的佛教，以至于将其作为连接人们的重要精神纽带，此种文化现象堪称世界奇迹，而强调以宗教（主要是佛教）为核心的文化软实力的传播而非武力征服，或许正是南亚国际体系遗留给人类最重要的政治经验。

三　"大法体系"的心理文化根源

前文曾从心理文化学的视角分析过"伦人"这种基本人际状态与古代中国人的天下理念，以及以中国为核心的东亚国际体系之间的关系（见本书第五、六章）。依此思路，下面将讨论南亚地区国际体系的特点与印度教徒基本人际状态的关系。

"阶序人"（Homo Hierarchicus）这个概念最早由法国社会学家路易·杜蒙在《阶序人：种姓体系及其衍生现象》提出，我们用它来指称印度教徒的基本人际状态。杜蒙把"阶序"界定为"一个整体的各个要素依照其与整体的关系来排列等级所使用的原则，当我们知道在大多数的社会里面提供整体观的是宗教，因此分等常常是宗教性的"。在传统印度教社会，宗教性的阶序渗透到社会生活各个领域，社会组织和人们的生活是阶序主义的，印度教社会带有明显的阶序特征。"阶序人"就是指印度教社会中按照阶序原理统合和分割的、相互依赖的人的存在状态。① 从类别上看，"阶序人"也是一种以"强调

---

① Louis Domont, *Homo Hierarchicus: The Caste and Its Implications*, translated by Mark Saintsbury, Louis Dumont and Basia Gualti, 1980。中文版另见〔法〕杜蒙《阶序人：卡斯特体系及其衍生现象》，两卷本，王志明译，张恭启校订，（台北）远流出版事业股份有限公司，2007。他还用"平等人"（Homo Aequalis）和"个人"（Homo Individualis）来称呼近代西方人。

人的相互性、弱化人的个体性"为特点的基本人际状态，是与"个人"相对应的"间人"类型中的一个亚类型。从心理文化学视角看，这种基本人际状态的最大特点是：神明、圣职者在"生命包"（心理－社会均衡体的第3层）中占据重要位置以至于冲淡了亲属成员的作用。人的位置及与之相联系的责任、义务和权利处在一个主要基于宗教上意义上的"净"与"不净"观念的长长的阶梯之中，并以种姓（Caste）的形式缔结成集团，种姓构成印度教社会的基础。建立在这种基本人际状态上的社会称为"阶序人社会"，"阶序人社会"崇尚的价值观有"梵"（Brahma）、"我"（Atman）、"法"（Dharma）、"幻"（Maya）、"解脱"（Mokosa）等（在印度教诸经典中得到最完整的表述），称为"阶序人主义"，印度文明可以说是人类在"阶序人"这种基本人际状态下结出来的最为灿烂的果实。[①]

如果把一种国际体系理解为一种特殊的族群关系模式，那么种姓这种阶序人最重要的社会集团也会影响国际体系中行为体的排列秩序。这个问题在心理文化学中可表述为：处于某种"基本人际状态"之下的人会以与其基本人际状态相适应的方式看待和处理"外部世界"[②]。

根据我们的分析逻辑，南亚地区的国际体系——"大法体系"既不同于基于中国"伦人"状态的古代东亚的天下体系，也不同于基于西方"个人"状态的现代国际体系，它是一种与"阶序人"这种印度教徒的基本人际状态相联系的国际体系。在印度宗教中，"法"就是一种基于种姓的秩序，"大法体系"是基于"阶序原理"外推的宇宙秩序，在一定程度上可视为种姓秩序的外化。由各个族群构成的秩序只是宇宙总秩序的一部分。一种国际体系也是一种"社会"，核心行为体的价值观和行为方式会影响体系内非核心行为体，亦即会出现"社会化"现象。"大法体系"下出现的"社会化"或可称为种姓体制的泛化。

与世界上其他社会的等级集团相比，种姓是基于"阶序原理"缔结的，"阶序原理"是依据人与超自然力量（"终极实在"）的距离将人排列，测量

---

① 尚会鹏：《心理文化学要义：大规模文明社会比较研究的理论与方法》，北京大学出版社，2013。

② 属于心理－社会文化均衡体的最外层（第0层）。

距离的标准是宗教上的"洁净"与"污秽"程度。"阶序原理"使得种姓集团在限制交往、接触、通婚方面具有了神圣性质而更为固化。那些异民族通常被视为"不净"，印度教徒不与其通婚和交往，而使其成为一个事实上的种姓集团。种姓制度是一种很好的自我保护机制，它使印度教文明在不断的外来打击下存活了下来，但它阻碍了族群的融合，影响了民族间的文化吸收，也决定了南亚地区族群间的关系模式和国际体系的特点。①

　　"梵化"（sanskritization）② 是一个用来描述种姓秩序下族团之间关系互动的概念。在印度教社会，高种姓信仰的神明、思想及生活方式等大都记录在梵文文献中，低种姓以及处在种姓体制外的部落等，为了提高社会地位，会放弃自己的信仰和生活方式而模仿高种姓，这个过程称为"梵化"。尽管在现实中，那些模仿高种姓信仰和生活方式的低种姓并不一定能够提高自己的社会地位，但这个概念揭示了印度教社会集团之间交往、融合的特点，即那些处在种姓体制底层或该体制之外的族群，主要是通过"阶序化"——在种姓阶梯中获得一个被认可的位置——的形式而接受印度教社会秩序的。印度教文明在从核心区向周边扩散的过程中，那些居住在边缘地区的部落或族群，通常不是被"同化"，而是通过接受印度教的一些信仰和行为规范之后成为一个独特的、内部通婚的种姓集团。当然，我们也可以把这些族群加入印度教种姓体制的过程称为"同化"，但这是性质不同的另一种同化方式。这种方式是将边缘地区的族群作为一个相对独立的部分，承认其信仰和习俗但并不与之通婚，使其成为阶梯中一个特殊的种姓集团而与核心民族并立存在。这种方式带来的一个明

---

① 日本学者中根千枝对印度与西藏交界地带汉人与藏人、印度人与藏人关系的考察，提供了了解印度教徒与异民族交往的真实材料。根据她的报告，这里的汉人与藏人的交往造成一些具有特点的族际通婚，例如，汉人男子与藏人女子通常都生活在藏区，而很少见到藏族妻子迁往并生活在汉人地区。同时，那些在藏区生活了几代的汉人家庭都被藏化了，根本看不出来他们是藏人还是汉人。但在印度一侧的印藏相邻地区，几乎没有印度人生活在藏区。印度人与藏人的接触比起汉人与藏人的接触要少得多。尽管许多藏人对印度有着崇拜心情，但印藏之间的通婚极少发生，因为印度人在他们内部一直严格地实行种姓内婚制（参见〔日〕中根千枝《中国与印度：从人类学视角来看文化边陲》，马戎译，《北京大学学报》（哲学社会科学版）2007 年第 2 期）。中根千枝阐述的实际上是印度教徒与异族打交道的普遍模式。

② "Sanskritization"是印度社会学家斯利尼瓦斯提出来的一个概念，笔者曾专门讨论过这个问题。参见尚会鹏《种姓与印度教社会》（北京大学出版社，2001）。中根千枝敏锐地注意到，这个概念类似描述中国社会中非汉人接受汉人习俗和思想的"汉化"概念。

显结果是，印度教文化不是一个"熔炉"而更像一个拼盘。我们看到的南亚历史上存在的以及历史文献中提到国家和地区，大多以族群命名，因为一个族群的认同主要不是其地缘性而是基于宗教和种姓。① 在此秩序下，世界或可视为一个放大了的种姓系统。

"梵化"也体现在印度教徒对待外来民族的态度和关系上。我们知道在世界大多数地方，当代表不同文明的两个族群遭遇时，一般所遵循的整合路线是：或者代表后起文明的征服者取代原来的文明，或者被原来的文明所同化。但在次大陆，由于受种姓制度的影响，来到次大陆的异民族大都没有被同化，也未取代原有文化形态，而是作为一个相对独立的部分存在，从而增加了印度在族群和文化上的多样性。例如，推测中的游牧民族雅利安人与土著民族（达罗毗荼人）就未完全融合。中世纪土耳其人的入侵和统治带来了伊斯兰文化和印度教文化（同时也是穆斯林与印度教徒）的对立。到达印度的波斯人也保持着自己独特的宗教和文化而与印度教徒区别开来。有的进入印度的少数民族在印度定居以后，逐渐接受了印度教文化，成为印度教徒，但即便这样，他们通常也不是被同化，而是作为一个特殊的种姓集团保持着相对独立的文化和种族特性。例如，曾征服过北印度的匈奴人、塞种人等，征服之后，婆罗门祭司为他们举行宗教仪式以使他们"梵化"，他们便成为一个种姓集团（属刹帝利），但仍保持着自己的文化个性。"印度则不同，对于外来侵略者，它并不企图使他们皈依印度的宗教，接受印度的文化，而是泰然自若地接受他们。印度对外国人带来的成就和五花八门的理念照单全收，从不表现出对于任何一方特别的尊崇。入侵者尽可能为自己建造雄伟的纪念碑，似乎是在遭遇了当地人的冷遇后要极力证明自己的伟大。但印度民众的核心文化对外国影响怡然自若，水火不侵。"② 原因在于印度的种姓制度。笔者倾向于认为，"梵化"不仅是印度种姓变动的一种形式，也是次大陆族群融合的方式以及"大法体系"下国际行为体特有的"社会化"方式。行为体通过"梵化"（承认种姓体制并

---

① 如古吉拉特、比哈尔、阿萨姆、泰米尔等名称，都是基于此地的主要族群的名字。这与中国许多地名基于地理特点的认知（如河北、河南、湖北、湖南、山东、山西、黑龙江等）形成对照。尚会鹏：《印度文化传统研究：比较文化的视野》，北京大学出版社，2004，第 235 页。

② 〔美〕基辛格：《世界秩序》，胡利平、林华，曹爱菊译，中信出版社，2015，第 247 页。

自觉为自己在这个体制中确定一个位置）方式而成为体系的一部分。

种姓制度阻碍民族的融合，这使较难形成大范围政治秩序成为南亚地区的常态。在这种情况下，国家缺乏强有力的组织形式和社会动员力量是很自然的。种姓这个阶序之梯最终指向神明，从这个秩序自身无法推导出强有力的国家组织及以其为核心行为体的国际秩序。印度历史上国王的权力受到很大限制，国家的统治者只是种姓秩序的保护者，国家权力有时被解释为仅限于"保护牛和婆罗门"（《摩奴法论》语），而僧侣的地位总是高于官员甚至国王。从孔雀王朝时代建立的"大法体系"的经验来看，南亚地区在较大范围内建立并维持某种政治秩序似乎需要两个条件：一是通过极端现实主义手段征服各个势力，形成某种超越族群的政治秩序；另一个是推行一种能在一定程度上削弱种姓制度的意识形态，这就是阿育王力推的佛教。佛教在教义上是否定种姓制度的，在佛教盛行的孔雀王朝时代，虽然种姓仍构成社会的基础，但受到了一定程度的抑制，其封闭性有所减弱。这表现在：婆罗门教法律文献对种姓制度做了新的补充和解释，承认了许多因不同职业集团、不同部落或民族通婚而产生的"混杂种姓"。[①] 除了孔雀王朝时代，后来出现的统治整个北印度的贵霜帝国，也是在用武力征服许多王国，在今日北印度和中亚地区形成了一种国际性秩序，统治者也是积极推行佛教的佛教徒。[②] 但是，如前所述，在这种秩序下，作为组织体的国家一直是脆弱的，统一终不能维持太久，在短暂的统一秩序崩溃后，总又陷入分裂的常态。

四　"大法体系"对近代南亚的影响

南亚国际体系的"强文明体、弱组织体"特点一直影响到近代，这注定了近代在面临西方挑战的时候，印度完全沦为西方殖民地的命运。近代印度接

---

① 《摩奴法论》对曾经侵入印度的波斯人、希腊人、塞种人等都说成是"堕落了的刹帝利"，表明当时跨种姓通婚者增多。参见《摩奴法论》第十章，蒋忠新译，中国社会科学出版社，1986。

② 说明较开放的佛教受到异族统治者欢迎的另一个例子，是具有希腊人血统的弥兰陀国王（约公元前 165～公元前 130 年在位）。

受了源于西方的国际体系，或者说近代建立的南亚次大陆政治秩序是近代西方国际体系的一部分。近代南亚地区在较大范围内政治秩序的建立和维持，也是满足了上文提到的两个条件。第一是通过现实主义的手段征服各个地方势力。当西方殖民者入侵南亚时，此地区正处于政治上四分五裂，族群、宗教相互对立的状态，英国人用武力征服了各小王国，建立了一种政治秩序，印度成为西方国家的殖民地。第二是削弱种姓制度。西方的政治制度为这个地区分裂的各族群提供了一个联系纽带，与这一制度相联系的世俗主义原则起着削弱种姓制度和宗教的作用。现代政治民主制度成为印度各地方、各种姓和各教派凝聚和认同的新基础，形成了一种可称为"胶合板"式的凝聚。印度虽然是现代民族国家体系的一部分，但"民族国家"概念不足以表达印度的丰富性，它是一个文明体，自身就是一个世界，它也像中国一样面临着把丰富的文明体内涵挤压在"民族国家"这一狭窄概念中进行表述的困境。

现代民主政治制度的凝聚纽带并不牢固，印度国家力量的脆弱性或许是印度从古代继承的政治遗产之一。英国虽然统一了印度，但这种统一是很脆弱的，除了英印统治下仍有几百个土邦不属于英殖民政府管理外，种姓的、教派的对立仍很严重。宗教使一个群体联合、团结，为人们提供凝聚力和信任感，成为族群凝聚的"粘合剂"，同时，宗教也是产生部落主义、造成族群分裂的根源。特别是当这种宗教与一种对人类族群的分类的文明设施——种姓制度——相联系的时候，更是割裂人们的一把刀。在近代历史上，圣雄·甘地等民族运动领导人采用印度教语言和手段唤醒人们的爱国主义，这种方法对凝聚印度教徒有效，但客观上却疏远了穆斯林和其他非印度教徒，加剧了印度教徒与穆斯林之间的教派矛盾。印－穆教派矛盾最后造成印度与巴基斯坦分治的政治后果以及随之而起的两大教派大屠杀。这表明，在印度强调民族认同必然与强调宗教联系在一起，而这与印度政府一直推行的世俗主义政策相矛盾，会带来加剧宗教矛盾和冲突的后果。今日印度政府想通过"我们都是印度人"之类的宣传来凝聚印度人，但苦于难以找到具体凝聚的有力纽带。因为现代民族国家的认同基础通常是民族主义，民族国家的认同需要与共同语言、共同宗教信仰等文明内容联系在一起，但强化宗教、语言等认同的作用，在印度常常刺激民族宗教矛盾。近年来，印度教民族主义力图以印度教的复兴作为整合和统一印度文明的精神和文化纽带，以此向外扩展，促成印度的崛起和"印度世纪"的到来。印度国内存在教派冲突、种姓矛盾（主要是"不可接触者"与种姓印度教徒之间的矛盾）和民族矛盾（如东北部的民族分离运动）。近年来，国内外的发展显示出印度教民族主义非但缺乏统一印度文明的向心力和凝聚力，而且常常变为内部分裂的动因。在印度国内，印度教民族主义成为刺激穆斯林、低种姓及其他族群离心主义的主要因素，也经常是极端主义暴力的根源。① 在 2014 年的印度大选中，印度人民党（BJP，前任总理帕杰瓦伊及现任总理德拉·莫迪均属于此党）胜出。印度人民党被认为是一个民族主义的政党，它曾提出"印度教特性"（Hindutva）带有明显教派特色的口号。如果他们囿于党见，对于民主制度会产生相当的破坏，因为在宗教和种族相当多样化的印度，如以宗教和种族因素建立民族认同，势必撕裂现代国家的基础。教派、种姓与民主制度结合，导致国家政府社会动员力的薄弱。沉重的历史遗产负担使今日印度成为一个政治上的"步履蹒跚的巨人"。

有研究认为，南亚地区的"大法体系"作为一种集体记忆，至今对人们的影响主要表现在印度某些政治和知识精英心中的"大印度圈"与"大国"梦想。② 例如，印度一些学者提出构建以印度为中心的"曼荼罗共同体"的想法，一些政治人物还公开表示对考底利耶国际政治思想遗产的钦佩。印度前外长亚施旺·辛哈就曾直截了当地用"曼荼罗模式"来阐释印度外交战略。他强调："考底利耶谈论的'曼荼罗圈'已日渐成为思考印度外交政策的一个有益的框架。"③ 但我们对古代政治经验对今日印度的影响不能估计过高。历史

---

① 美国《外交》杂志网站 2015 年 3 月 26 日发表了素密·甘古利（Sumit Ganguly）的一篇文章，题为《莫迪的两面手法》。该文认为，自 2014 年 5 月右翼的印度人民党执政以来，印度教极端主义有所抬头，政府对此态度暧昧，这与莫迪出任总理以来卓有成效的外交努力背道而驰。参见 Sumit Ganguly, "Modi's Balancing Act, India's Conservative Social Agenda Threatens Its Foreign Policy," *Foreign Affairs*, March 26, 2015。

② 张金翠在《〈利论〉与印度外交战略的古典根源》中，提出了《利论》中的政治思想对现代印度外交战略仍有影响的若干证据。参见张金翠《〈利论〉与印度外交战略的古典根源》，《外交评论》2013 年第 2 期。

③ Imtiaz Ahmed, *State and Foreign Policy: India's Role in South Asia*, New Delhi: Vikas Publishing House, 1993, pp. 217–218, 转引自张金翠《〈利论〉与印度外交战略的古典根源》，《外交评论》2013 年第 2 期。

记忆或许可以成为今日印度民族自豪感的一个源泉，但古代"大法体系"能够为今日印度人提供的国际政治遗产实在太薄弱，记忆中的"曼荼罗共同体"主要体现在文本意义上，南亚历史上作为组织体意义上的大国及以其为核心行为体的国际秩序出现的时间短暂且联系薄弱，无法为今日印度构筑一种稳定的地区性国际秩序提供可借鉴的经验。即便有人在现实主义影响下试图参考"大法体系"在今日南亚地区构筑以印度为核心行为体的"大印度圈"，所遇到的困难将比孔雀王朝时代大得多。这不仅因为现代国际体系能够阻止对任何一个主权国家采取《利论》中鼓吹的赤裸裸的武力征服行为，而且还因为，作为昔日"大法体系"合法性基础及连接"大法体系"下各行为体的精神纽带的佛教，在今日这个地区已发生很大变化：印度本身是一个印度教徒占多数的国家，佛教徒仅占人口的0.2%。斯里兰卡、泰国、缅甸和柬埔寨等为佛教国家，而另一些国家（如巴基斯坦和孟加拉国）则已成为以伊斯兰教为主要宗教的国家。今日南亚地区合作的现实或者可以作为一个例子证明这一点：在地区合作日益频繁的今天，由于南亚地区国家间宗教、民族矛盾尖锐，缺乏文化凝聚的基础，南亚的地区合作进展极其缓慢。尽管1985年成立了南亚地区合作组织——"南亚区域合作联盟"（成员国为孟加拉国、不丹、印度、马尔代夫、尼泊尔、巴基斯坦、斯里兰卡、阿富汗8国），并在贸易、旅游、环境、教育等方面签署了一些合作文件，但南亚在地区合作方面难以取得实质性进展的状况在可预见的将来是不大可能改变的。

主要参考文献

〔美〕A. 马塞勒等：《文化与自我：东西方人的透视》，任鹰等译，浙江人民出版社，1988。

《薄伽梵歌》，张宝胜译，中国社会科学出版社，1989。

《摩奴法论》，蒋忠新译，中国社会科学出版社，1986。

阿米塔夫·阿查亚：《全球国际关系学与国际关系理论的中国学派：两者是否兼容》，《世界经济与政治》2015 年第 2 期。

〔英〕安东尼·吉登斯：《现代性与自我认同》，赵旭东等译，生活·读书·新知三联书店，1998。

〔美〕彼得·卡赞斯坦主编《世界政治中的文明：多元多维的视角》，秦亚青等译，上海人民出版社，2012。

〔日〕滨下武志：《近代中国的国际契机——朝贡贸易体系与近代亚洲经济圈》，朱荫贵、欧阳菲译，中国社会科学出版社，1999。

〔美〕道尔：《拥抱战败：第二次世界大战后的日本》，胡博译，生活·读书·新知三联书店，2008。

〔美〕弗朗西斯·福山：《历史的终结与最后的人》，陈高华译，孟凡礼校，广西师范大学出版社，2014。

〔美〕弗朗西斯·福山：《政治秩序的起源》，毛俊杰译，广西师范大学出版社，2014。

〔美〕汉斯·摩根索：《国家间政治：权力斗争与和平》，徐昕、郝望译，北京大学出版社，2006。

〔美〕何天爵：《中国人本色》，张程、唐琳娜译，中国言实出版社，

2006。

黄光国、胡先缙等著，黄光国编订《面子：中国人的权力游戏》，中国人民大学出版社，2005。

〔美〕基辛格：《世界秩序》，胡利平、林华、曹爱菊译，中信出版社，2015。

〔澳〕加文·麦考马克：《附庸国：美国怀抱中的日本》，于占杰、许春山译，社会科学文献出版社，2008。

〔印度〕杰伦·兰密施：《理解 CIINDIA：关于中国与印度的思考》，蔡枫、董万峰译，刘毅审校，宁夏人民出版社，2006。

〔瑞士〕卡尔·古斯塔夫·荣格：《未发现的自我》，张敦福译，国际文化出版公司，2007。

〔美〕肯尼斯·华尔兹：《国际政治理论》，信强译，苏长和校，上海人民出版社，2003。

〔美〕理查德·格里格、菲利普·津巴多：《心理学与生活》（第 16 版），王垒、王苏等译，人民邮电出版社，2003。

梁漱溟：《梁漱溟全集》第四卷，山东人民出版社，2005。

梁漱溟：《梁漱溟全集》第一卷，山东人民出版社，1987。

林庆元、杨齐福：《"大东亚共荣圈"源流》，社会科学文献出版社，2006。

刘鸣：《国际体系与世界社会、国际秩序及世界秩序柱概念的比较》，《社会科学》2004 年第 2 期。

〔美〕罗伯特·杰维斯：《国际政治中的知觉与错误知觉》，秦亚青译，世界知识出版社，2003。

〔英〕罗伯特·莱顿：《他者的眼光：人类学理论入门》，蒙养山人译，华夏出版社，2005。

〔英〕马丁·雅克：《当中国统治世界：中国的崛起和西方世界的衰落》，中信出版社，2010。

潘一禾：《文化与国际关系》，浙江大学出版社，2005。

〔日〕平野健一郎：《国际文化论》，张启雄等译，中国大百科全书出版社，2011。

秦亚青：《关系与进程》，上海人民出版社，2012。

秦亚青：《国际政治的关系理论》，《世界经济与政治》2015年第2期。

〔印度〕R.C.马宗达、H.C.赖乔杜里等：《高级印度史》上卷，张澍霖等译，商务印书馆，1986。

〔美〕塞缪尔·P.亨廷顿：《第三波——20世纪后期的民主化浪潮》，欧阳景根译，中国人民大学出版社，2013。

〔美〕塞缪尔·P.亨廷顿：《文明的冲突与国际秩序的重建》，周琪、刘绯、张立平、王圆译，新华出版社，2002。

〔美〕塞缪尔·亨廷顿、劳伦斯·哈里森主编《文化的重要作用：价值观如何影响人类进步》，程克雄译，新华出版社，2010。

〔美〕瑟夫·奈：《软力量：世界政坛成功之道》，吴晓辉、钱程译，东方出版社，2005。

尚会鹏：《心理文化学要义》，北京大学出版社，2013。

盛洪：《为万世开太平》，中国发展出版社，2010。

谭中等主编《中印大同：理想与实现》，宁夏人民出版社，2007。

王缉思：《国际政治的理性思考》，北京大学出版社，2006。

王晓德：《美国文化与外交》，世界知识出版社，2000。

〔美〕维特·巴诺：《心理人类学：文化与人格之研究》，瞿海源、许木柱译，（台北）黎明文化事业公司，1979。

肖伟：《战后日本国家安全战略》，新华出版社，2000。

〔美〕许烺光：《许烺光著作集5：宗族、种姓与社团》，黄光国译，（台北）南天书局，2002。

〔美〕许烺光：《许烺光著作集7：美国梦的挑战》，单德兴译，（台北）南天书局。

〔美〕许烺光：《许烺光著作集8：家元：日本的真髓》，于嘉云译，（台北）南天书局，2000。

〔美〕许烺光：《许烺光著作集9：彻底个人主义的省思》，许木柱译，（台北）南天书局，2002。

薛涌：《直话直说的政治——美国：不情愿的帝国》，广西师范大学出版社，2004。

〔美〕亚历山大·温特：《国际政治的社会理论》，秦亚青译，上海人民出版社，2000。

杨栋梁：《日本近现代经济史》，世界知识出版社，2010。

〔德〕尤尔根·哈贝马斯：《包容他者》，曹卫东译，上海人民出版社，2002。

〔美〕约翰·伊肯伯里编《美国无敌：均势的未来》，韩召颖译，北京大学出版社，2005。

〔美〕约瑟夫·奈：《硬权力与软权力》，门洪华译，北京大学出版社，2005。

岳庆平：《中国的家与国》，吉林文史出版社，1990。

张跃斌：《"大东亚共荣圈"的迷梦》，载李玉主编《太平洋战争新论》，中国社会科学出版社，2000。

赵汀阳：《天下体系：世界制度哲学导论》，江苏教育出版社，2005。

〔日〕中根千枝：《中国与印度：从人类学视角来看文化边陲》，《北京大学学报》（哲学社会科学版）2007年第2期。

〔日〕中根千枝：《纵向社会的人际关系》，陈成译，商务印书馆，1994。

〔日〕竹内好：《近代的超克》，李格木等译，读书·生活·新知三联书店，2005。

公文俊平『情報文明論』、東京：NTT出版株式会社、1994年。

平間洋一『日本の外交政策に及ぼす民族性の影響』、外交政策決定要因研究会編『日本外交政策の決定要因』、PHP研究所、1999年。

松田武『戦後日本におけるアメリカのソフト·パワー——半永久的依存の起源』、岩波書店、2008年。

土居健郎『「甘え」の構造』、弘文堂、1977年。

見筑紫哲也『世界の日本人観』、自由国民社、1985年。

Kautilya, *Arthashastra*, translated by R. Shamasastry, Bangalore: Bangalore Government Press, 1915.

"Structure, Function, Content and Process", *American Anthropologist*, Vol. 61, 1959, pp. 790 – 850.

Louis Domont, *Homo Hierarchicus: The Caste and Its Implications*, translated by Mark Saintsbury, Louis Dumont and Basia Gualti, 1980〔中文版:〔法〕杜蒙:《阶序人: 种姓体系及其衍生现象》, 两卷本, 王志明译, 张恭启校订, (台北) 远流出版事业股份有限公司, 2007〕。

图书在版编目（CIP）数据

人、国家与国际关系：心理文化学路径/尚会鹏著
. −−北京：社会科学文献出版社，2021.8
（心理文化学研究丛书）
ISBN 978 − 7 − 5201 − 8545 − 5

Ⅰ.①人… Ⅱ.①尚… Ⅲ.①心理学 − 文化学 − 应用
− 国际政治 − 研究 Ⅳ.①D5 − 05

中国版本图书馆 CIP 数据核字（2021）第 109108 号

·心理文化学研究丛书·

人、国家与国际关系
——心理文化学路径

著　　者／尚会鹏

出 版 人／王利民
组稿编辑／高明秀
责任编辑／宋浩敏

出　　版／社会科学文献出版社·国别区域分社（010）59367078
地址：北京市北三环中路甲 29 号院华龙大厦　邮编：100029
网址：www.ssap.com.cn
发　　行／市场营销中心（010）59367081　59367083
印　　装／三河市龙林印务有限公司

规　　格／开　本：787mm × 1092mm　1/16
印　张：21　字　数：341 千字
版　　次／2021 年 8 月第 1 版　2021 年 8 月第 1 次印刷
书　　号／ISBN 978 − 7 − 5201 − 8545 − 5
定　　价／98.00 元

本书如有印装质量问题，请与读者服务中心（010 − 59367028）联系